ALTER ego 1

GUIDE PÉDAGOGIQUE

EMMANUELLE DAILL   GWENDOLYN BLIN

VÉRONIQUE M. KIZIRIAN   BÉATRIX SAMPSONIS

MONIQUE WAENDENDRIES

Crédits photographiques
p. 202 : © Café des deux Moulins/Nicolas Dailly, © Illustration Lara Croft/Eidos Interactive France
p. 215 : © Ponomareff Michel/GAMMA, © Flores Gilbert/Celebrityphoto/GAMMA, © Benainous Alain/GAMMA, © Hoch Zwei/GAMMA, © Pele Coll/Stills/GAMMA, © Marchi Alexandre/GAMMA
DR : Affiche Amélie Poulain

Nous avons fait notre possible pour obtenir les autorisations de reproduction des textes et documents publiés dans cet ouvrage. Dans le cas où des omissions ou des erreurs se seraient glissées dans nos références, nous y remédierions dans les éditions à venir. Dans certains cas, en l'absence de réponse des ayants-droits, la mention D.R. a été retenue. Leurs droits sont réservés aux éditions Hachette.

Tous nos remerciements à Nicolas Dailly et Eidos Interactive France pour les autorisations de reproduction de documents.

Intervenants
Couverture : Amarante
Création maquette intérieure : Médiamax/Amarante
Réalisation : Médiamax
Coordination éditoriale : Vanessa Colnot
Illustrations : Jean-Marie Renard

Pour découvrir nos nouveautés, consulter notre catalogue en ligne, contacter nos diffuseurs ou nous écrire, rendez-vous sur Internet : www.hachettefle.fr

ISBN 978-2-01-155422-2

© Hachette Livre 2006, 43, quai de Grenelle, F 75 905 Paris Cedex 15.

Sommaire

Introduction

Présentation de la méthode

Alter Ego est une méthode de français sur quatre niveaux destinée à des apprenants adultes ou grands adolescents. *Alter Ego* couvre les niveaux A1 à B2 du *Cadre européen commun de référence pour les langues (CECR)*.

Alter Ego 1 s'adresse à des débutants et vise l'acquisition des compétences décrites dans les niveaux A1 et A2 (en partie) du *CECR*, dans un parcours de 120 heures d'activités d'enseignement/apprentissage et de tâches d'évaluation. Il permet de se présenter au nouveau DELF A1.

LES COMPOSANTS

Pour chaque niveau, l'ensemble pédagogique comprend :
– un livre de l'élève avec un CD encarté, reprenant les documents déclencheurs des leçons,
– un cahier d'activités,
– un guide pédagogique,
– une vidéo (DVD ou VHS).

→ Pour ceux qui souhaitent renforcer la préparation aux examens du DELF, un carnet complémentaire, *Évaluation/Entraînement au DELF,* est disponible avec un CD audio inclus.

• Le livre de l'élève *Alter Ego 1*
Il comprend :
– un tableau des contenus,
– un dossier d'ouverture, *Fenêtre sur...*, qui permet une entrée en matière à travers des situations d'initiation aux langues auxquelles les apprenants pourront s'identifier,
– 9 dossiers composés de trois leçons, d'un *Carnet de voyage* et d'une fiche de réflexion *Vers le portfolio* (à partir du dossier 3),
– un dossier final, *Horizons,* qui met l'accent sur l'interculturel et permet un retour ludique sur le chemin parcouru,

En fin d'ouvrage, se trouvent les transcriptions des enregistrements, un précis grammatical, des tableaux de conjugaison et un lexique multilingue (anglais, espagnol, allemand, portugais, grec).

• Le matériel audio pour la classe (CD et cassettes audio)
Les CD et les cassettes contiennent l'ensemble des enregistrements pour les leçons du livre de l'élève (documents déclencheurs, activités de phonétique...) et les activités de compréhension orale des évaluations du guide pédagogique (tests et bilans).

• Le cahier d'activités
En complément du livre de l'élève, il permet un travail en autonomie :
– les **exercices de réemploi** permettent à l'apprenant de vérifier et de renforcer ses acquis : lexique, grammaire, communication (actes de parole),
– les **activités de compréhension et d'expression** renforcent le travail sur les compétences écrites (rubrique *En situation*),
– le **portfolio** (12 pages) permet à l'apprenant de suivre de façon active et réfléchie son parcours d'apprentissage et de s'auto-évaluer.
Les corrigés des activités se trouvent à la fin du guide pédagogique.

• Le guide pédagogique
Il comprend :
– une introduction avec la présentation de la méthode, de ses composants et de ses principes méthodologiques,
– un accompagnement à l'utilisation du livre de l'élève (objectifs détaillés et scénario de chaque leçon, précisions sur la démarche et l'animation de classe, corrigés et points info),
– un dossier évaluation : une introduction présentant le concept, les descripteurs du CECR, 9 tests (1 par dossier), les corrigés et les transcriptions,
– les corrigés du cahier d'activités.

• La vidéo
La vidéo complémentaire est construite à partir d'extraits d'émissions de TV5.

Principes **méthodologiques**

I *Alter Ego* et le *CECR* : apprendre, enseigner, évaluer

Alter Ego intègre les principes du *CECR* et reflète ses trois approches : apprendre, enseigner, évaluer.

1 Apprendre avec *Alter Ego* : la centration sur l'apprenant

Dans *Alter Ego*, la place de l'apprenant est primordiale.

L'approche retenue lui permet d'acquérir de véritables compétences de communication écrite et orale, de compréhension et d'expression, à travers des **tâches communicatives**. Les activités proposées offrent à l'apprenant de nombreuses opportunités d'**interagir** avec les autres dans des situations variées et implicantes : de manière authentique, en fonction de son ressenti, de son vécu et de sa culture, mais aussi de manière créative et ludique.

Les thèmes abordés ont pour principal objectif de susciter chez l'apprenant un réel intérêt pour la société française et le monde francophone et lui permettre de **développer des savoir-faire et savoir-être** indispensables à toute communication réussie. Les supports sont très variés. Dès le début de l'apprentissage, les documents authentiques sont nombreux et motivants.

Avec *Alter Ego*, « apprendre à apprendre » est une priorité. L'apprenant est actif, il développe ses aptitudes d'observation et de réflexion pour s'approprier la langue, autant de stratégies d'apprentissage qui l'amènent progressivement vers l'autonomie.

Enfin, la démarche **interculturelle** lui permet de découvrir la culture de l'autre, tout en réfléchissant sur sa propre culture.

▓ Une démarche actionnelle

Alter Ego favorise la réalisation de tâches communicatives, dans des situations proches de l'authentique, comme moteur de l'apprentissage. Les tâches proposées s'appliquent à différents domaines (personnel, public, professionnel, éducatif…) afin de favoriser la motivation de l'apprenant et son implication. En fonction du niveau, on amène l'apprenant à agir « comme dans la vie » : avec une intention et dans une situation donnée. Dans cette perspective, la morphosyntaxe, le lexique et la phonétique sont des outils au service des compétences de communication, qui sont étroitement liées aux contenus socioculturels.

Les compétences de compréhension (orale, écrite) sont travaillées de manière à rendre l'apprenant actif. Elles visent à vérifier de manière concrète la compréhension des supports grâce à :

– des échanges avec l'enseignant par des questions/réponses ouvertes,

– des tâches pédagogiques (items, QCM, appariements, classements, repérages…),

– des tâches de communication proches de l'authentique : lire pour s'orienter, pour s'informer et discuter, pour repérer des indices et faire des déductions, écouter pour noter un message, compléter un document, répondre à des besoins concrets ou réagir.

De même, les activités d'expression (orale, écrite) sont le reflet d'une communication authentique. Les paramètres de la communication sont donc clairement définis : interlocuteurs, contexte, canal, finalité… La réalisation des tâches fait appel à l'interaction et à la médiation[1] qui interviennent naturellement dans la communication.

Les exemples suivants, tirés des leçons, permettent d'illustrer cette démarche actionnelle.

---

[1] Action de passer par différentes tâches pour la réalisation d'une activité.

Compétences réceptives : compréhension écrite, compréhension orale	Compétences productives : expression écrite, expression orale
Tâches de vérification de la compréhension	**Activités de transfert : Tâches d'expression**
– comprendre un dialogue où une personne demande son chemin et repérer sur le plan de la ville le trajet indiqué	→ écrire un mél à un ami indiquant l'itinéraire pour venir chez vous
– comprendre un dialogue dans une médiathèque et compléter la fiche d'inscription	→ faire une inscription dans un club de sport, une école de musique : questionner, donner des informations à l'oral et compléter une fiche de renseignements
– comprendre des présentations de restaurants et choisir le lieu qui correspond aux envies ou projets décrits / annoncés (dîner avec un ami végétarien, recherche d'un repas à prix raisonnable pour un groupe d'amis...)	→ dans la perspective d'un dîner au restaurant avec la classe, présenter un restaurant de la ville particulièrement apprécié À l'issue des présentations, la classe choisit dans quel restaurant aura lieu le dîner.
– comprendre un menu et identifier les produits à acheter sur une liste de courses	→ rédiger une liste de courses pour une situation précise (pique-nique en famille, dîner en amoureux...) et ensuite effectuer les courses nécessaires pour l'occasion, au marché (simulation)
– comprendre un programme de visite touristique ou culturel et choisir des lieux ou activités en fonction de ses goûts	→ rédiger un programme de visite dans un court article informatif pour un magazine de tourisme, dans le cadre d'un job à l'office du tourisme
– comprendre des personnes qui s'expriment sur des spectacles et retrouver les affiches de spectacle dont elles parlent, identifier sur ces affiches les informations permettant de faire des réservations – comprendre une réservation de spectacle par téléphone	→ faire une réservation de spectacle par téléphone

▨ Une démarche inductive : La conceptualisation

Alter Ego fait appel à la capacité d'observation et de réflexion de l'apprenant. Tout au long de l'apprentissage, il lui est donné à observer des phénomènes linguistiques issus des supports travaillés dans les activités de compréhension (corpus grammaticaux, lexicaux, discursifs...). Ainsi, l'apprenant est amené à dégager de son observation des règles de fonctionnement. La réflexion nécessaire à toute véritable appropriation de la langue émane donc de l'apprenant lui-même.

▨ L'approche interculturelle

Alter Ego permet à l'apprenant de développer des compétences culturelles allant de pair avec l'acquisition des compétences communicationnelles et linguistiques. L'accès aux savoirs culturels se fait de deux manières dans les *Carnets de voyage* et les *Points culture* : apports d'informations et recherche/ interprétation de données, par le biais de tâches. Par ailleurs, de nombreuses activités sont proposées afin de favoriser les échanges interculturels.

En cela, la méthode est un reflet du *CECR* dans lequel l'ouverture vers la culture de l'autre est un élément fondamental de l'apprentissage et du pluriculturalisme.

2 Enseigner avec *Alter Ego* : une méthode au service de l'enseignant

Alter Ego propose à l'enseignant un guidage clair et progressif.

Le fil conducteur du manuel correspond rigoureusement aux savoir-faire décrits par le *CECR*. Ces savoir-faire sont la colonne vertébrale de la méthode et structurent chaque leçon. Une des priorités d'*Alter Ego* est la transparence, le contrat partagé – tant du côté de l'enseignant que de l'apprenant. Les objectifs sont donc explicitement indiqués dans les leçons, ainsi que les compétences visées.

Dans *Alter Ego*, la construction de la compétence de communication se fait pas à pas et prévoit tous les paramètres nécessaires à l'exécution des tâches. Cela implique la prise en compte, comme dans la vie, de la coexistence de différents niveaux : compréhension globale de la situation et des paramètres socioculturels, articulation du discours, actes de parole, lexique, morphosyntaxe, phonétique...

C'est pourquoi *Alter Ego* propose dans le livre de l'élève toutes les activités nécessaires à la réalisation des tâches, toutes les étapes de l'apprentissage. La démarche est à la fois simple d'utilisation et fluide : les activités sont reliées entre elles, chaque activité en amenant logiquement une autre.

La progression en spirale permet également d'amener l'apprenant à de vraies compétences communicatives. Les principaux contenus communicatifs et linguistiques sont travaillés et enrichis de manière progressive, dans différents contextes et thématiques.

3 Évaluer avec *Alter Ego* : l'évaluation, un contrat partagé

Alter Ego se propose d'entraîner l'apprenant à une véritable évaluation formative, c'est-à-dire centrée sur l'apprentissage. La politique linguistique du Conseil de l'Europe et le *CECR* ont souligné l'importance de l'évaluation comme outil d'apprentissage, non comme simple préparation aux certifications, mais en tant que réflexion formative, intégrant et préparant à l'utilisation du portfolio et menant à l'autonomie. Dans ce projet, l'apprenant et l'enseignant se trouvent alors engagés l'un et l'autre dans un véritable contrat partagé.

Ainsi, dans *Alter Ego*, l'évaluation a pour but d'aider l'apprenant à faire le point sur ses savoir-faire, à prendre conscience de ses mécanismes d'apprentissage, à valider ses compétences de communication à travers la réflexion menée dans les fiches *Vers le portfolio* et les tests qui les accompagnent. C'est le moyen pour l'apprenant de s'approprier le portfolio qui lui est proposé grâce à un accompagnement étape par étape. Pour l'enseignant, c'est une possibilité de mettre en place un véritable contrat d'apprentissage avec l'apprenant, de faire le point sur les acquis, de réviser sa façon d'enseigner, de motiver pour faire progresser.

C'est pourquoi l'évaluation est présente dans tous les composants de la méthode : par l'auto-évaluation (fiche de réflexion *Vers le portfolio*) dans le livre de l'élève, par des *Tests* dans le guide pédagogique, et grâce au *Portfolio* dans le cahier d'activités. Enfin, un carnet complémentaire, ***Évaluation/Entraînement au DELF A1***, propose 6 évaluations qui reprennent les savoir-faire et les outils linguistiques acquis dans le manuel et permettent à l'apprenant de s'entraîner à la validation officielle de ses compétences aux niveaux de communication en langues correspondant au *CECR* : niveaux A1 et une partie de A2 pour *Alter Ego 1*.

Pour plus de détails sur la démarche, un dossier spécifique traite de l'évaluation et des moyens de sa mise en place aux pages 192 et suivantes du guide.

▌▌▌ Les activités d'apprentissage

1 La notion de parcours : de la compréhension à l'expression

Dans *Alter Ego*, tout parcours d'enseignement/apprentissage correspond à un objectif communicatif/savoir-faire à atteindre, en relation avec une thématique. Ce parcours est clairement balisé, il a comme point de départ des activités de compréhension (signalées par les pictos : 👁 lire et 🎧 écouter) et comme point d'arrivée des activités d'expression (signalées par les pictos : 💬 parler et ✍ écrire), et inclut des exercices de réemploi.

En règle générale, chaque leçon est constituée de deux parcours (un par double-page) et mobilise les quatre compétences. Dans *Alter Ego*, les différentes compétences sont travaillées à part égale, et ce dès le début de l'apprentissage. Les activités proposées dans les leçons tiennent compte des spécificités inhérentes à chacune des compétences.

Les compétences de compréhension (à l'écrit, à l'oral) sont souvent travaillées en complémentarité, à l'intérieur d'un scénario donné. Ainsi, on proposera par exemple de lire un questionnaire d'enquête, puis d'écouter un enregistrement où l'enquêteur interroge un passant et enfin, « comme l'enquêteur », de compléter le questionnaire à partir des réponses obtenues.

Les activités d'expression sont variées. Selon les objectifs fixés, des transferts sont proposés à l'oral et à l'écrit. Dans certaines activités, les deux types d'expression sont travaillés en complémentarité. On demandera par exemple aux apprenants d'échanger en petits groupes pour envisager une fête pour la classe, puis de rédiger le projet pour le soumettre au groupe.

Enfin, pour éviter toute lassitude, certains parcours débutent par une courte activité d'expression qui constitue une « mise en route », une sensibilisation à la thématique. Ces activités ont souvent pour déclencheur un document iconique : une affiche, une photo... Elles reposent la plupart du temps sur le vécu des apprenants. Ainsi, avant de travailler sur un article commentant la relation des personnes avec leur animal, on propose aux apprenants des photos d'animaux et on leur demande quel est leur animal préféré, s'ils en ont un, etc.

▦ Les stratégies de compréhension

La démarche proposée dans les activités de compréhension va du plus facilement perceptible au plus difficile, du connu vers l'inconnu, du global au particulier, du sens vers les formes.

Dans la majorité des cas, on retrouve les étapes suivantes :

• Compréhension globale

Les questions et tâches proposées visent à identifier le type de document et à vérifier la compréhension de la situation de communication : *Qui parle ? À qui ? De quoi ? Où* et *Quand cela se passe ? Pourquoi* et *Pour quoi communique-t-on ?*

• Compréhension finalisée

Cette étape de la démarche permet d'affiner la compréhension du document. La réécoute/relecture des documents a une **finalité** bien définie. Chaque réexposition au support se base sur un projet de recherche : l'apprenant relit ou réécoute le document pour effectuer des tâches, pour repérer des informations précises, pour comprendre la structure discursive des textes. Les consignes sont essentiellement sémantiques : les repérages correspondent en général aux actes de parole les plus significatifs dans le document. Selon les supports, la nature et le nombre de tâches sont variables. Le travail de compréhension finalisée, essentiellement sémantique, permet d'aboutir à l'étape suivante : la conceptualisation des formes repérées, dans le *Point langue*.

▦ L'acquisition des formes linguistiques

Le parcours qui mène de la compréhension à l'expression intègre un travail rigoureux sur les formes linguistiques (étapes d'observation et de formulation de règles, vérification et renforcement des acquis).

• Du sens vers les formes : l'étape de conceptualisation

Dans les *Points langue*, on revient sur les éléments repérés en compréhension finalisée et on passe à l'étape de conceptualisation. La démarche est inductive : on guide l'apprenant dans l'observation des formes linguistiques, on vérifie ses hypothèses et ses acquis.

Chaque *Point langue* correspond à un objectif, clairement indiqué. Les objectifs sont variés : ils peuvent concerner les actes de parole (formulations pour demander un produit dans un magasin, commander au restaurant, inviter quelqu'un à sortir...), la grammaire, le lexique. Dans le parcours d'enseignement/apprentissage, le *Point langue* représente un préalable essentiel en vue des activités d'expression à venir. Chaque *Point langue* renvoie à un exercice de réemploi, en fin de leçon (rubrique *S'exercer*). Selon les contextes, le public et les objectifs, les exercices peuvent être faits en classe ou à la maison, pour une mise en commun le cours suivant.

• L'Aide-mémoire

L'*Aide-mémoire* reprend les formulations d'actes de parole et les termes « à retenir ». Il représente une « boîte à outils » particulièrement utile pour les activités d'expression prévues en aval.

• S'exercer

Les exercices de systématisation sont situés en fin de leçon. Ils permettent de réemployer immédiatement les acquisitions communicatives et linguistiques. Chaque point abordé dans les *Points langue* est ainsi repris et systématisé dans un ou deux exercices. L'enseignant peut les faire faire en classe ou à la maison.

• La phonétique

La phonétique fait partie intégrante des leçons. Les objectifs phonétiques sont étroitement liés aux objectifs communicatifs et linguistiques travaillés en amont et en aval. Les activités visent l'acquisition d'outils et le perfectionnement de la prononciation, mais représentent aussi une véritable préparation aux activités d'expression orale. Les tâches sont variées : écoute, discrimination, conceptualisation, reproduction.

La progression dans *Alter Ego 1* part du schéma rythmique et mélodique, mène vers la découverte des voyelles et aussi vers celle des consonnes, de manière plus globale. Une attention toute particulière est accordée à l'intonation expressive, afin de développer la perception auditive et de faciliter les activités d'expression orale.

▓ Les activités d'expression

Les activités d'expression amènent l'apprenant à transférer ce qui a été travaillé tout au long de la leçon et permettent à l'enseignant de vérifier si les objectifs d'enseignement/ apprentissage (pragmatiques, linguistiques, socioculturels) ont été atteints. Ces activités mettent ainsi en place une véritable évaluation formative en permettant à l'enseignant et aux apprenants d'évaluer la production et l'adéquation de l'expression et de réfléchir sur les difficultés rencontrées, afin d'y remédier.

Les activités d'expression se fondent sur les consignes données dans le livre de l'élève. Elles peuvent aussi avoir comme point de départ des documents déclencheurs : photos, publicité... De nombreux conseils de mise en place, d'animation et de mise en commun/ correction sont donnés pour chaque activité dans ce guide pédagogique.

• L'expression écrite

En fonction du niveau, les tâches se veulent variées et proches de l'authentique (rédiger une carte postale, une lettre, un mél, un petit article, une page de journal intime...). Les modalités de travail sont diverses : l'apprenant est amené à écrire en classe (seul, ou en coopération avec d'autres) ou à la maison. Certaines tâches donnent lieu à une mise en commun/correction en grand groupe, d'autres à une correction individualisée.

• L'expression orale

En fonction du niveau et du contexte, les tâches sont proches de la communication authentique ou ont une dimension imaginaire, ludique, créative. Dans l'éventail d'activités proposées, deux rubriques sont récurrentes :

– *Jouez la scène !*

De nombreuses simulations sont proposées afin d'amener les apprenants à communiquer « comme dans la vie ». Grâce à ces activités, les apprenants transfèrent leurs acquis dans des situations bien ciblées, auxquelles ils sont susceptibles d'être confrontés (faire un achat, réserver une place de spectacle, inviter quelqu'un à sortir...).

– *Échangez !*

Sous cet intitulé, les apprenants sont amenés à communiquer de manière plus personnelle. Il s'agit de moments où ils échangent en petits groupes à partir de leur vécu, leur avis, leur ressenti, leur propre culture.

Afin de ne pas inhiber la parole, il est recommandé de ne pas interrompre les activités d'expression orale pour corriger les erreurs des apprenants. Des conseils pour la mise en commun et la correction sont donnés dans ce guide pédagogique.

Introduction

2 L'approche (inter)culturelle

⅏ Le *Point culture*

Lorsqu'il apparaît à la suite d'une activité de compréhension, le *Point culture* amène l'apprenant à revenir sur le support étudié afin d'y interpréter des données culturelles. Il apporte des précisions ou éclaircissements sur ces données parfois implicites dans les supports. L'apprenant est aussi amené à interagir, en partageant son vécu et sa culture avec la classe. Enfin, le *Point culture* permet à l'apprenant d'accéder à des informations complémentaires concernant la société française et le monde francophone.

⅏ Le *Carnet de voyage*

Le *Carnet de voyage* propose sur une double page un parcours indépendant des leçons d'apprentissage avec des activités (inter)-culturelles et interactives. Les thèmes sont en rapport avec ceux abordés dans le dossier et permettent d'aller plus loin ou d'élargir les connaissances des apprenants concernant la culture-cible. Les supports et les activités sont variés et visent autant les savoirs culturels que le savoir-être. Enfin, de nombreuses activités à dominantes interactive, ludique et créative y sont proposées.

3 L'évaluation au cœur de l'apprentissage

Les outils de l'évaluation dans *Alter Ego* :

Fiches de réflexion : *Vers le portfolio*	→ Livre de l'élève
Tests	→ Guide pédagogique et CD classe
Portfolio	→ Cahier d'activités
Évaluation/Entraînement au DELF	→ Carnet complémentaire

Pour les principes, voir l'introduction aux tests dans ce guide, p. 192.

▐▐▐ Structure d'un dossier

Chaque dossier est constitué de 16 pages.

▨ **Une page d'ouverture :** le contrat d'apprentissage annonce les objectifs communicatifs et les savoir-faire pour chaque leçon, ainsi que les contenus culturels et les thématiques abordés dans le *Carnet de voyage*.

▨ **Trois leçons** de 4 pages (deux doubles pages).

▨ Un *Carnet de voyage*, double page proposant des activités (inter)culturelles et interactives.

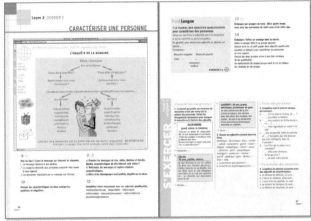

▨ **Une fiche *Vers le portfolio*,** fiche de réflexion préparant à l'auto-évaluation, à la fin de chaque dossier (à partir du dossier 3).

Zoom sur une leçon

Chaque leçon développe une thématique. Elle est composée de deux doubles pages et correspond à 3 ou 4 heures de cours selon les publics.
Elle est structurée autour de deux ou trois objectifs communicatifs/savoir-faire qui forment les parcours d'apprentissage de chaque leçon.

↪ Chaque parcours correspond à un **objectif communicatif/savoir-faire**, clairement annoncé, qui constitue le fil conducteur.

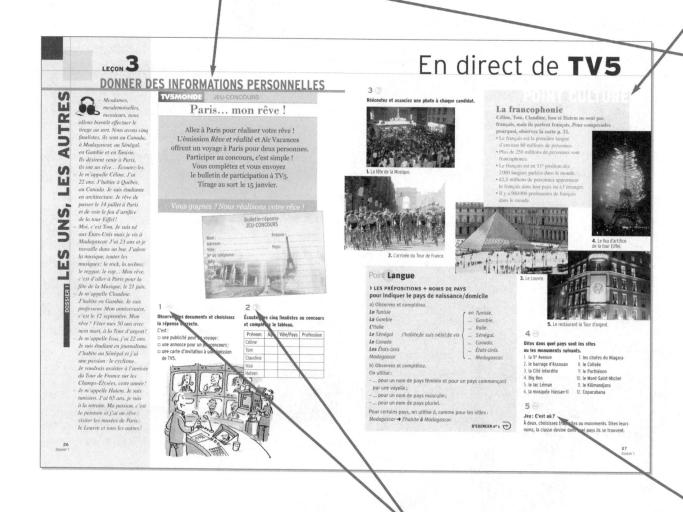

↪ Chaque parcours comprend les étapes suivantes : *Comprendre, S'exercer, S'exprimer.* La démarche est **progressive** et **guidée**.

↪ Chaque leçon mobilise les **quatre compétences**, signalées par des pictos :

– picto écouter ◎ ;   – picto parler ◎ ;

– picto lire ◎ ;   – picto écrire ◎.

➡ Les contenus (pragmatiques, linguistiques, culturels) sont découverts et s'articulent au fur et à mesure du déroulement :

le *Point culture* relie les notions culturelles à l'apprentissage de la langue,

le *Point langue* permet la conceptualisation et l'assimilation des contenus communicatifs et linguistiques,

l'*Aide-mémoire* rappelle et permet de fixer certains contenus communicatifs et linguistiques,

La *phonétique* est en lien avec les contenus linguistiques et communicatifs et prépare aux activités d'expression orale.

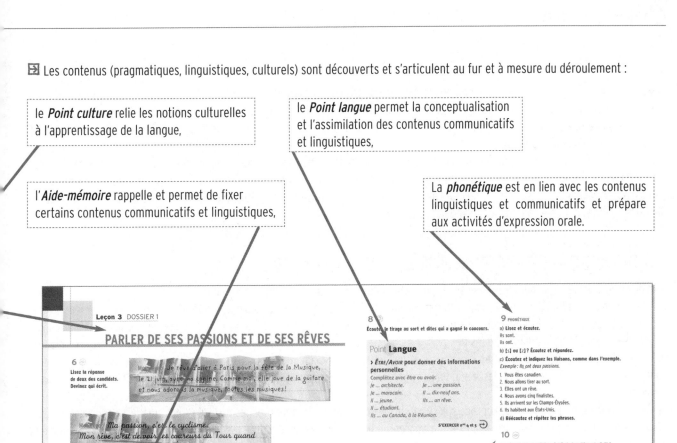

➡ Chaque parcours se termine par des activités d'**expression** variées, proposant des tâches proches de l'authentique ou ludiques.

➡ À la fin de chaque leçon, les exercices de **systématisation** sont regroupés dans l'encadré *S'exercer*.

Conclusion : Pour le plaisir

POUR LE PLAISIR D'ENSEIGNER

Avec *Alter Ego*, la perspective d'enseignement est résolument positive, rassurante et gratifiante : on part de ce que l'apprenant sait faire, de son vécu ; on va du connu vers l'inconnu, du global vers le spécifique, du sens vers les formes. Le rôle de l'enseignant est celui d'un guide qui balise les chemins à parcourir pour arriver à la réalisation de tâches, reflets du quotidien des apprenants ou faisant appel à l'imaginaire, au ludique.

L'enseignant tient compte essentiellement des réussites et des progrès des apprenants dans la réalisation des tâches, évalue leur progression au niveau de leur capacité à communiquer, envisage l'erreur dans ce qu'elle a de positif et de formateur. L'enseignant a un rôle essentiellement constructif : il facilite l'apprentissage, met en place des activités implicantes et motivantes, aide à lever les obstacles d'ordre culturel, communicatif, linguistique, affectif.

POUR LE PLAISIR D'APPRENDRE ET D'INTERAGIR

Une des priorités de ce manuel est le plaisir d'apprendre. Dès les premières activités, tout contribue à faciliter les interactions et à donner envie de communiquer en langue étrangère. Pour ce faire, les activités prévoient des modalités de travail variées (grand groupe, sous-groupe, travail individuel) qui amènent tout naturellement à créer des échanges riches et alternés (enseignant/apprenants et entre apprenants en autonomie, dans des prises de parole diversifiées). Au cours d'une même leçon, l'espace-classe se modifie grâce à l'alternance entre les activités « calmes » et les activités « dynamiques ». Dès le début de l'apprentissage, les apprenants sont amenés à se déplacer dans la classe afin qu'ils se sentent rapidement à l'aise pour participer à des jeux de rôles et à des activités ludiques.

Les interactions sont aussi favorisées grâce aux situations mises en place qui sont proches de la vie. Elles amènent l'apprenant à avoir véritablement quelque chose à dire à l'autre et à apprendre de l'autre, ce qui constitue les bases d'une communication véritable et de la coopération en classe.

Dans une démarche actionnelle, tout passe par l'expérience du sujet-apprenant : l'apprentissage se fait par l'action, la réalisation de tâches, et à travers le regard que l'apprenant porte sur la réussite de ces tâches.

Pour susciter le désir d'apprendre et d'interagir en langue étrangère, on prend en compte l'être-apprenant dans sa globalité, en mobilisant ses différents canaux sensoriels et en faisant appel à son ressenti, à son vécu et à son imaginaire.

Le pari d'*Alter Ego* : l'en-vie amène au plaisir d'apprendre et..., par voie de conséquence, à mieux apprendre.

ACCOMPAGNEMENT
à l'utilisation
du livre de l'élève

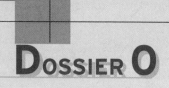

DOSSIER 0

CONTENUS SOCIOCULTURELS – THÉMATIQUES

Les rencontres internationales

OBJECTIFS SOCIOLANGAGIERS

OBJECTIFS COMMUNICATIFS & SAVOIR-FAIRE	
Être capable de...	
Se présenter (1)	– comprendre de courtes conversations dans lesquelles quelqu'un se présente (nom, prénom, nationalité) – se présenter : dire son nom, son prénom et sa nationalité – épeler, noter son nom et son prénom
Faire connaissance	– saluer – dire quelle langue on parle – s'informer sur l'identité de l'autre (nom, prénom, nationalité)
Compter	– comprendre quand quelqu'un indique un nombre – dire un nombre – noter un nombre
Communiquer en classe	– comprendre les différentes formules utiles pour interagir en classe
OBJECTIFS LINGUISTIQUES	
GRAMMATICAUX	– les adjectifs de nationalité (masculin/féminin) – les verbes *s'appeler* et *être*
LEXICAUX	– les langues – les nationalités – les nombres : de 0 à 69 – l'alphabet
PHONÉTIQUES	– l'accentuation de la dernière syllabe

SCÉNARIO DU DOSSIER

Le dossier se compose de sept parcours qui peuvent être regroupés selon quatre grands axes :

D'abord, dans le cadre d'une initiation aux langues, les apprenants seront amenés à identifier différentes langues, à se présenter simplement et à épeler leur nom (parcours 1, 2 et 3). Les situations présentées ont lieu dans le cadre d'un Salon des langues et des cultures.
Ensuite, dans une situation de cocktail de bienvenue, ils diront quelle langue ils parlent, ils apprendront à faire connaissance et à dire leur nationalité (parcours 4 et 5).
Puis, en écoutant de courts messages, toujours dans la situation du Salon, ils identifieront les nombres et apprendront à compter (parcours 6).
Enfin, ils découvriront un certain nombre de formules utiles pour communiquer en classe (parcours 7).
Toutefois, avant de commencer à travailler avec le manuel, quelques activités de « mise en route » du cours seront proposées pour « briser la glace ».

MISE EN ROUTE

Avant d'aborder les activités du manuel, prévoir une activité de présentation destinée autant à faire connaître les prénoms qu'à former le groupe. Pour ce faire, une disposition de l'espace classe en « U » favorisera les déplacements et les interactions.

Accueillir les apprenants. Selon le contexte, prévoir un accueil personnalisé des apprenants à l'entrée de la salle : accueillir chaque personne en disant « bonjour » et en lui serrant éventuellement la main.

Se présenter en disant son prénom.

■ Inviter les apprenants à former un cercle, debout au milieu de la classe. Amorcer l'activité en disant à son voisin dans le cercle : *« Je m'appelle... et vous ? »*. À ce stade, les gestes et la répétition de la formule *« je m'appelle »* suivie du prénom du professeur seront fondamentaux pour faire comprendre le message. Inciter l'apprenant à répondre puis à poser la même question à son voisin... et ainsi de suite, de manière à ce que tous se présentent. Cette activité permet à chaque apprenant de communiquer avec deux personnes : celle qui le précède et celle qui le suit dans le cercle.

■ Proposer ensuite l'activité suivante, qui amènera les apprenants à interagir avec les autres : se déplacer dans la classe en disant, au fur et à mesure des rencontres : *« Bonjour... je m'appelle... et vous ? »*. Donner deux ou trois exemples, en incitant les apprenants à faire de même. Cette courte activité aide à faire connaissance d'une manière plus détendue ; certains amorceront même une communication authentique. Laisser faire... même si c'est en langue maternelle. Le but est que chacun trouve sa place dans la classe, qu'il s'adresse à l'autre, qu'il prenne possession de l'espace... Il sera toujours temps de « corriger » les éventuelles erreurs et d'imposer un travail dans la langue cible. N'intervenir que si un apprenant se trouve en difficulté ou hésite à aller vers les autres. Y aller en douceur... le début de l'apprentissage est souvent un moment délicat, voire déstabilisant, pour certaines personnes.

Vérifier la mémorisation des prénoms. Lorsque tous les apprenants auront eu la possibilité d'échanger avec un maximum de personnes, refaire former le cercle. Vérifier alors s'ils ont retenu les prénoms : désigner chaque apprenant en demandant au groupe : *« Comment il/elle s'appelle ? »*. Cette activité sera l'occasion d'introduire de manière naturelle les pronoms *il/elle* + verbe *s'appeler*. Faire comprendre aux apprenants qu'il est important de mémoriser le prénom de chacun. Ne pas hésiter à « refaire un tour » rapide pour vérifier si les prénoms ont été retenus. Puis inviter les apprenants à s'asseoir pour une première activité avec le manuel.

IDENTIFIER UNE LANGUE

→ OBJECTIF DE L'ACTIVITÉ 1 ← **Poser le contexte du dossier : l'initiation aux langues étrangères, dans le cadre du Salon des langues et des cultures.**

1 Faire observer l'affiche afin d'identifier l'événement présenté : le Salon des langues et des cultures. Puis faire observer le programme : après l'identification du document *(c'est le programme du Salon)*, effectuer une compréhension globale en attirant l'attention des apprenants sur les quatre rubriques qui le composent *(initiation aux langues/films et conférences/concerts/cocktail international de bienvenue)*. Ne pas rentrer dans le détail des rubriques, le but de cette activité est uniquement de poser le contexte.

Procéder ensuite à l'écoute de l'enregistrement, qui est en continuité avec l'activité de présentation effectuée en début de cours. Montrer le programme afin de situer dans quel cadre on entend ces énoncés : il s'agit de « bribes » de cours d'initiation aux langues. Faire réécouter l'enregistrement (en effectuant éventuellement une pause après chaque énoncé) afin d'identifier les langues (celles-ci figurent dans le programme).

→ **CORRIGÉ :** français – chinois – anglais – polonais – portugais – allemand

SE PRÉSENTER

→ OBJECTIF DES ACTIVITÉS 2 ET 3 ← **Élargir le travail sur la présentation (« dire son prénom ») : on observe ici des questions à la 2ᵉ personne du singulier et du pluriel ainsi que la demande d'épeler.**

2 Avant d'effectuer l'activité, faire observer les dessins pour identifier la situation : *les personnes font connaissance*. Faire écouter les dialogues afin de les associer aux dessins. Lors de la mise en commun, faire réécouter les situations avec des pauses entre chaque dialogue pour justifier les réponses. Expliquer au fur et à mesure les nouveaux éléments *(tu/vous, épeler)*.

→ **CORRIGÉ :** 1c – 2a – 3b

3 Cette activité vient renforcer la précédente : faire associer les dialogues transcrits aux dessins.

ÉPELER SON NOM. L'ALPHABET

> ➡ OBJECTIF DES ACTIVITÉS 4, 5 ET 6 ⬅ Savoir épeler (savoir-faire nécessaire dès les premières heures de l'apprentissage). L'activité 4 présente l'alphabet et est suivie de deux activités de transfert : dans l'activité 5, l'apprenant transcrit des prénoms étrangers ; dans l'activité 6, il épelle son prénom.

4 Avant d'effectuer l'activité, faire écouter l'enregistrement une première fois afin d'identifier ce dont il s'agit : l'alphabet est associé à des prénoms. Effectuer l'activité 4 : faire d'abord regarder le tableau avec l'alphabet p. 11 du manuel afin de faire le lien avec l'enregistrement entendu. Demander ensuite aux apprenants d'écouter l'enregistrement pour trouver les erreurs. Cette consigne ayant pour seul but de donner un sens à l'écoute, ne pas s'attarder sur un repérage qui risque d'être laborieux. Proposer par exemple aux apprenants de dire « *stop* » chaque fois qu'il y a erreur. Effectuer alors une brève pause pour donner le prénom adéquat, puis continuer.

➡ **CORRIGÉ :** A comme Alice – C comme Clémentine – F comme Florent – I comme Ivan – J comme Jeanne – O comme Olivia – S comme Sophie

5 Faire d'abord écouter les enregistrements afin d'identifier le type de situation : dans chaque dialogue, un étranger dit son prénom, qui n'est pas compris par l'interlocuteur. Pour se faire comprendre, l'étranger est alors amené à épeler son prénom. Ensuite, effectuer l'activité : faire réécouter les dialogues avec la consigne : *Écrivez les prénoms*. Lors de la mise en commun, faire réécouter au fur et à mesure les dialogues pour confirmer les réponses.

■ **POUR ALLER PLUS LOIN :** Faire repérer les formules pour demander d'épeler : *Vous pouvez épeler ? Comment ça s'écrit ?* Enfin, attirer l'attention des apprenants sur un fait culturel : en France, pour lever l'ambiguïté concernant une lettre dite, on l'associe à un prénom, tandis que dans certaines cultures l'association est faite avec un lieu géographique (les Italiens disent *V comme Venise*) ou un objet (les Brésiliens disent *B comme ballon*).

➡ **CORRIGÉ :** 1. Nenad – 2. Schin – 3. Yamamoto

6 Cette activité se fait par deux : chaque personne épelle son prénom à son voisin. La mise en commun peut se faire sur le modèle du tableau p. 11 du manuel : à tour de rôle, les apprenants épellent leur prénom au professeur, qui écrit « *l'alphabet de la classe* » au tableau.

■ **POUR ALLER PLUS LOIN :** Inviter les apprenants à se lever afin de former un cercle... par ordre alphabétique de prénoms. Vérifier que la consigne est bien comprise, en amorçant le travail avec la classe : *A ? A comme... Ana ! B ? B comme... Bob !* Placer ainsi trois ou quatre apprenants, puis se mettre en retrait. Rapidement, certains apprenants prendront la situation en main pour « guider les opérations ». Observer le groupe : petit à petit, les apprenants se détendent, rient, se déplacent sans difficulté dans l'espace souvent réservé au professeur, le milieu de la classe ; exécuter l'activité devient plus important que faire attention à ce que l'on dit. Lorsque le cercle est formé, vérifier l'ordre alphabétique (pas si simple ! Ana vient avant Andy, qui vient avant Annie !). L'activité peut se terminer par l'oralisation des prénoms par quelques apprenants (et par le professeur aussi !), à tour de rôle.

DIRE QUELLE LANGUE ON PARLE

> ➡ OBJECTIF DES ACTIVITÉS 7 ET 8 ⬅ Identifier différentes langues à l'écrit et dire quelle langue on parle.

7 Toujours dans le cadre du Salon des langues et des cultures, cette activité propose une première approche des langues à partir de l'invitation au cocktail de bienvenue (annoncé dans le programme). Faire d'abord observer l'invitation et vérifier si les apprenants font bien le lien avec le Salon des langues et des cultures. Pour cela, revenir rapidement sur le programme du salon, travaillé précédemment. Ensuite, faire remarquer que le mot « *bienvenue* » est écrit dans plusieurs langues et que chaque inscription est accompagnée d'un nombre (oraliser les nombres de 1 à 8).

Faire effectuer l'activité en petits groupes : les apprenants doivent associer les inscriptions de l'affiche aux langues données. Inciter les apprenants à consulter les autres groupes, si l'identification d'une langue pose problème. La mise en commun se fait en grand groupe : demander aux groupes de donner les réponses, à tour de rôle. Les écrire au tableau.

➡ **CORRIGÉ :** anglais : 3 – espagnol : 6 – russe : 8 – français : 2 – chinois : 1 – vietnamien : 7 – thaïlandais : 5 – arabe : 4

8 Cette activité permet de vérifier les acquis et d'élargir le lexique des langues parlées. Deux cas de figure se présentent :
– **Le groupe est constitué de différentes nationalités :** centrer l'activité sur la seule langue maternelle. Demander par exemple au groupe de se lever et de se mettre en cercle. Commencer par donner le modèle, puis interroger un apprenant (*Je parle français. Et vous, quelle langue parlez-vous ?*). À partir de sa réponse (*je parle...*), vérifier si d'autres parlent la même langue (*qui parle... ?*) afin de former des sous-groupes à l'intérieur du cercle, en fonction des langues parlées. Cela permettra d'introduire le pronom *nous*

(*nous parlons…*). À la fin de l'activité, observer la constitution du groupe : dominante anglophone, hispanophone… Bien entendu, cette activité donnera lieu à un élargissement lexical, en fonction des langues représentées.

– **Le groupe est de même nationalité :** centrer l'activité sur les langues étrangères parlées (ou en cours d'apprentissage…) et procéder comme ci-dessus.

FAIRE CONNAISSANCE, DIRE LA NATIONALITÉ

➡ OBJECTIF DES ACTIVITÉS 9, 10 ET 11 ⬅   Comprendre de courtes conversations dans lesquelles des personnes font connaissance, dans le cadre du cocktail de bienvenue. Pour faciliter la compréhension des formules, alterner l'oral et l'écrit. Les dialogues reprennent ce qui a été travaillé dans la première partie du dossier (saluer, dire son prénom, s'enquérir de l'identité de l'autre) et permettent d'introduire la nationalité.

9   Avant d'effectuer l'activité, faire écouter une première fois l'enregistrement afin de situer le contexte : les personnes sont au cocktail de bienvenue et elles font connaissance. Demander aux apprenants quels types d'informations on a sur les personnes, lors des présentations (le prénom et la nationalité, essentiellement). Puis, montrer les dessins et faire comprendre qu'ils correspondent à chacun des dialogues.
Effectuer l'activité : lors de la réécoute de l'enregistrement, demander aux apprenants d'associer les dialogues aux dessins. Donner un exemple : dialogue 1 → dessin c (1c).
Lors de la mise en commun, confirmer chaque réponse en faisant réécouter le dialogue concerné. Vérifier à cette occasion la compréhension des nouveaux termes.
➡ **CORRIGÉ :** 1c – 2b – 3d – 4a

10   Cette activité peut se faire par deux. Montrer les dessins et demander aux apprenants de placer les phrases données dans les bulles vides. Donner un exemple : 1. C'est le responsable de la communication. Il s'appelle Mathias Lorenz. → dessin a.
■ **VARIANTE :** Si l'activité semble difficile, ne pas hésiter à la faire faire à partir de la réécoute des dialogues. Lors de la mise en commun, confirmer chaque réponse à partir de la réécoute du dialogue concerné et vérifier la compréhension des nouveaux termes.
➡ **CORRIGÉ :** phrases 1 et 3 : dessin a – phrase 2 : dessin c – phrase 4 : dessin d – phrase 5 : dessin b

11   Après la mise en commun effectuée précédemment, cette activité permet de réécouter les quatre dialogues à la suite. Cela aidera les apprenants à fixer les formules utilisées et à confirmer la prononciation de certains termes, par exemple.
Cette activité peut être supprimée si la mise en commun effectuée dans l'activité 10 est suffisante.

Point **Langue**   ⟩ **LES ADJECTIFS DE NATIONALITÉ**

Après le travail sur le sens, on abordera ici pour la première fois l'observation des formes de la langue.
a) Faire observer le tableau afin de constater qu'il s'agit d'adjectifs de nationalité, au masculin et au féminin. Puis, à partir de l'observation des suffixes des adjectifs au masculin, faire compléter la colonne « *féminin* » en indiquant les marques correspondantes. Ce travail peut être fait individuellement. Lors de la mise en commun, faire remarquer que le « e » est la marque du féminin en français. Attirer l'attention sur les cas particuliers : féminin des formes en -*ien* et invariabilité des adjectifs comme *russe*, terminés en -*e* au masculin.
b) Faire écouter l'enregistrement afin d'observer si la prononciation est identique ou différente. Lors de la mise en commun, confirmer les réponses en procédant à des réécoutes partielles (par groupes d'adjectifs appartenant à la même catégorie).

➡ **Corrigé :**

	Masculin	Féminin	Prononciation identique	Prononciation différente
français – française	-ais	+ -e		✗
chinois – chinoise	-ois	+ -e		✗
américain – américaine	-ain	+ -e		✗
autrichien – autrichienne	-ien	+ -ne		✗
allemand – allemande	-and	+ -e		✗
espagnol – espagnole	-ol	+ -e	✗	
russe – russe	-e	ø	✗	

S'EXERCER n° 1

Corrigé
▶ p. 21

Point **Langue**

> **SE PRÉSENTER, PRÉSENTER QUELQU'UN**

Faire observer que le Point langue présente deux verbes : *s'appeler* et *être*, donnés de manière incomplète (seuls les pronoms travaillés jusqu'à présent figurent sur ce tableau ; « nous », « ils » et « elles » seront introduits ultérieurement). Vérifier pour l'instant la compréhension de *je / tu / il / elle* et *vous*. Ne pas insister sur les différences entre tu et vous, cela sera travaillé dans le dossier 1, leçon 1.
Faire effectuer la tâche : compléter les déclinaisons des verbes en s'appuyant d'une part sur les propositions données, d'autre part sur les dialogues.

> ➥ **Corrigé :** *S'appeler :* Je m'appelle Michal. – Il s'appelle Mathias Lorenz. – Elle s'appelle Pierrette.
> *Être :* Il est allemand. – Elle est française. – Vous êtes russe.

S'EXERCER n° 2 Corrigé ▶ p. 21

➥ OBJECTIF DE L'ACTIVITÉ 12 ◄   **Phonétique : L'accentuation de la dernière syllabe.**

12 L'accentuation de la dernière syllabe des groupes est l'une des premières choses à faire intégrer aux apprenants débutants. Il faut qu'ils s'imprègnent du rythme dès le tout début de l'apprentissage.
a) C'est pourquoi, proposer d'abord une première phase d'imprégnation de cette accentuation par simple écoute des énoncés proposés. Dans la troisième partie de l'enregistrement, leur faire remarquer que cette accentuation se déplace, pour se retrouver toujours à la fin du groupe.
b) Faire reproduire ce schéma rythmique aux apprenants à partir de la lecture des énoncés. Solliciter quelques apprenants individuellement pour la reproduction.
c) Faire trouver la fin de prénoms vus dans la leçon. Les faire reproduire avec insistance par celui/celle(s)/ceux qui les auront découverts avant les autres. Ainsi l'accentuation de la dernière syllabe des prénoms se fera de manière mécanique, grâce à l'enjeu de l'exercice.
➥ **CORRIGÉ :** **c)** Olga – Ivan – Clara – Nenad

➥ OBJECTIF DE L'ACTIVITÉ 13 ◄   **Transférer tous leurs acquis depuis le début de la leçon (saluer, dire son prénom, sa langue maternelle, sa nationalité...)**

13 Pour poser le contexte de ce jeu de rôles, ne pas hésiter à se référer aux documents travaillés pour rappeler la situation du cocktail de bienvenue. Inviter les apprenants à se lever et faire comprendre qu'ils sont invités au cocktail et qu'ils vont faire connaissance avec d'autres personnes. Dans un premier temps, jouer la scène avec un ou deux apprenants, puis inciter le groupe à évoluer dans la classe afin de « faire connaissance » avec les autres « invités ». À ce stade, laisser les apprenants interagir librement, sans intervenir. Dans un deuxième temps, proposer au groupe de se mettre en cercle. À tour de rôle, inciter des tandems à se former et à présenter le dialogue au milieu du cercle, de manière rapide et enchaînée. Ne pas insister sur toutes les erreurs, faire corriger seulement les plus importantes (celles qui touchent au sens comme par exemple l'utilisation pertinente des pronoms, et les erreurs linguistiques, comme les verbes *s'appeler* et *être*, le masculin/féminin des adjectifs de nationalité).
■ **POUR ALLER PLUS LOIN :** Pour poser réellement le contexte de cocktail, il est possible de prévoir quelques jus de fruits... Ce moment convivial peut s'avérer non seulement agréable mais aussi efficace, pour faciliter les échanges.

IDENTIFIER UN NOMBRE, COMPTER

➥ OBJECTIF DES ACTIVITÉS 14, 15 ET 16 ◄   **À partir d'une situation à l'entrée du cinéma du Salon des langues et des cultures, aborder les nombres de manière progressive : identifier les nombres et apprendre à compter.**

14 Avant le début de l'activité, faire observer le dessin et proposer une première écoute de l'enregistrement sans consigne. Ensuite poser la question de l'activité, proposer une seconde écoute : les apprenants écoutent les nombres dits par l'employé du cinéma en suivant sur le manuel. Faire répondre à la question.
➥ **CORRIGÉ :** Il y a seize places.

15 Cette activité permet d'observer et de comprendre le système de formation des nombres.
a) Faire observer le tableau, l'utilisation des deux couleurs attire l'attention des apprenants sur la différence de formation des nombres et leur permet de répondre aux questions posées par la consigne. Pour expliquer le terme « *simples* », dire qu'ils sont *formés d'un seul mot* et le terme « *composés* », de plusieurs mots.

b) Les apprenants sont amenés à observer de plus près les nombres composés donnés dans le tableau pour pouvoir faire l'activité. Ils doivent déduire les quatre derniers de ce qu'ils ont pu observer pour les trois premiers. Faire conceptualiser la règle de formation : pour ceux qui finissent par *un*, on utilise *et* ; pour ceux qui finissent par les autres chiffres, on emploie un tiret (-).

c) Faire écouter l'enregistrement avec une pause après chaque nombre pour prendre le temps de corriger au tableau.

d) Lorsque les apprenants comptent à voix haute, circuler entre les groupes, écouter et corriger lorsque cela est nécessaire.

e) Faire compléter le tableau. À la fin, proposer une inter correction : chaque apprenant vérifie son tableau avec celui de son voisin.

▸ CORRIGÉ : **a)** 1. Les nombres en vert sont simples. − 2. Les nombres en rouge sont composés.

b) 1. vingt et un − 2. vingt-deux − 3. trente et un − 4. cinquante-neuf − 5. trente-quatre − 6. quarante et un − 7. soixante et un

e) 23 : vingt-trois − 24 : vingt-quatre − 25 : vingt-cinq − 26 : vingt-six − 27 : vingt-sept − 28 : vingt-huit − 29 : vingt-neuf − 32 : trente-deux − 34 : trente-quatre − 35 : trente-cinq − 36 : trente-six − 37 : trente-sept − 38 : trente-huit − 39 : trente-neuf − 42 : quarante-deux − 43 : quarante-trois − 45 : quarante-cinq − 46 : quarante-six − 47 : quarante-sept − 48 : quarante-huit − 49 : quarante-neuf − 52 : cinquante-deux − 53 : cinquante-trois − 54 : cinquante-quatre − 55 : cinquante-cinq − 57 : cinquante-sept − 58 : cinquante-huit − 59 : cinquante-neuf − 62 : soixante-deux − 63 : soixante-trois − 64 : soixante-quatre − 65 : soixante-cinq − 66 : soixante-six − 67 : soixante-sept − 68 : soixante-huit

6 Le dessin permet de situer le contexte de l'activité : on est toujours dans le cadre du Salon des langues et des cultures. Procéder à l'activité : les apprenants doivent écrire le nombre qui correspond au numéro du stand de chaque pays.

■ VARIANTE : Si le groupe classe en a besoin, proposer d'abord une première écoute de l'enregistrement pour laisser à chacun le temps de repérer les numéros des stands cités, puis, lors de la seconde écoute, demander de noter, comme indiquer dans la consigne.

▸ CORRIGÉ : Brésil : n° 9 − Allemagne : n° 14 − Espagne : n° 5 − États-Unis : n° 7 − Inde : n° 13 − Mexique : n° 28 − Chine : n° 12

---

1. M. Kangulu : camerounais − Mme Solderberg : suédoise − M. Johnson : américain − M. Wong : chinois − Mlle Trace : canadienne − Mlle Del Rio : espagnole − M. Martins : portugais − M. Lindley : australien − M. Ibanez : mexicain − Mme Müller : allemande − M. Costapoulos : grec − Mme Chaïbi : tunisienne − M. Volgorof : russe

2. Je m'appelle Sophie. *ou* Je m'appelle Antoine.

Je suis français. *ou* Je suis chinois. *ou* Je suis anglaise. *ou* Je suis américaine.
Tu t'appelles Antoine. *ou* Tu t'appelles Sophie.
Il s'appelle Antoine.
Elle est américaine. *ou* Elle est anglaise.
Vous êtes français. *ou* Vous êtes chinois. *ou* Vous êtes anglaise. *ou* Vous êtes américaine.

COMMUNIQUER EN CLASSE

▸ OBJECTIF DES ACTIVITÉS 1, 2 ET 3 ◂   Comprendre, puis commencer à s'approprier des formules utiles pour communiquer en classe.

1 La première activité peut se faire manuels fermés : proposer une première écoute des dix-neuf phrases. Après l'écoute, demander *Qui parle ?* et *Où ?*, il s'agit d'une compréhension globale de l'enregistrement. L'objectif n'est pas encore de leur faire repérer qui dit chaque phrase mais qu'ils comprennent que ces phrases sont dites en classe, par les apprenants et leur professeur.

▸ CORRIGÉ : Des professeurs et des étudiants parlent en classe.

2 Cette deuxième activité propose la transcription des phrases écoutées. Faire ouvrir les manuels. Chaque apprenant lit une phrase à voix haute et essaie de dire qui parle. Les transcriptions ici données permettront aux apprenants de mieux mémoriser ces formules et d'y revenir, selon leur besoin, lors des séances suivantes.

▸ CORRIGÉ : Phrases employées par le professeur : 1 − 3 − 5 − 6 − 7 − 8 − 10 − 11 − 13 − 15 − 16
Phrases employées par les étudiants : 2 − 4 − 9 − 12 − 14 − 17 − 18 − 19

3 Lors de cette dernière activité, les apprenants sont amenés à classer les différentes formules en fonction du matériel impliqué dans chaque action : un stylo, une cassette (ou un CD selon les cas) et un livre. Faire faire cette activité en binôme. Lors de la mise en commun en grand groupe, faire expliquer (ou expliquer si personne n'y arrive) le sens des formules en donnant des exemples concrets dans la classe, notamment pour celles qui ne font pas partie du classement.

▸ CORRIGÉ : **a.** 5, 7, 8, 14 − **b.** 1, 6 − **c.** 3, 11, 13, 19

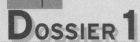
DOSSIER 1

CONTENUS SOCIOCULTURELS – THÉMATIQUES

L'usage de « *tu* » et de « *vous* », les salutations formelles et informelles

OBJECTIFS SOCIOLANGAGIERS

OBJECTIFS COMMUNICATIFS & SAVOIR-FAIRE	
Être capable de...	
Saluer	– comprendre de courtes conversations dans lesquelles des personnes se saluent – identifier les circonstances de l'échange (situation, lieu, moment...) – identifier les types de relation (informelle, formelle) – saluer et prendre congé dans diverses situations
Se présenter (2)	– comprendre un message Internet simple (appel à bénévoles) – comprendre un mél de présentation simple (activités, études, disponibilités) – dire son âge – informer sur ses activités générales, ses études, ses disponibilités
OBJECTIFS LINGUISTIQUES	
GRAMMATICAUX	– le verbe *avoir* au présent de l'indicatif – la négation *ne ... pas* – l'article défini – les adjectifs possessifs (1)
LEXICAUX	– formules de salutations formelles et informelles – les jours de la semaine – les éléments de l'identité
PHONÉTIQUES	– l'intonation montante et descendante – la discrimination [y]/[u]

SCÉNARIO DE LA LEÇON

La leçon se compose de deux parcours :

Dans le premier parcours, par l'observation de dessins et l'écoute de courts dialogues, les apprenants pourront identifier plusieurs situations de salutations et de prises de congé. Ils apprendront à distinguer l'emploi de *tu* et de *vous* pour, à leur tour, saluer et prendre congé de manière informelle ou formelle.

Dans le second parcours, certains éléments de présentation seront repris (nom, nationalité, langues parlées) et élargis (âge, études, disponibilités). Le contexte est le même que dans le premier parcours (l'université), mais les supports donnés à comprendre sont écrits (appel à bénévoles et candidatures sur Internet), afin de permettre une activité de transfert en fin de leçon : écrire un courriel de présentation pour répondre à l'appel à bénévoles lancé par l'université.

SALUER

𝄞 Comprendre Oral Act. 1, 2 et 3	𝄞 Point culture L'usage de *tu* et de *vous* **S'exercer n° 1**	𝄞 Phonétique Act. 4	𝄞 Aide-mémoire Saluer et prendre congé **S'exercer n° 2**	𝄞 Phonétique Act. 5	𝄞 S'exprimer Oral Act. 6

Courtes conversations

→ OBJECTIF DES ACTIVITÉS 1, 2 ET 3 ← Comprendre des salutations et des prises de congé, dans le cadre de la journée d'une étudiante. Les supports sont de deux sortes : des dessins et les dialogues enregistrés qui correspondent aux échanges. Pour faciliter l'accès au sens, ils seront travaillés en alternance/complémentarité.

1 Avant l'activité, faire observer les dessins afin de vérifier la compréhension de la situation : un personnage est constant (Sandrine), elle est à l'université, à différents moments de la journée (*cf.* pendules sur chaque dessin) ; elle salue les personnes qu'elle rencontre ou leur dit au revoir (prend congé). Différents indices non verbaux peuvent faciliter l'identification des actes de parole et la relation entre les personnages : les personnes se serrent la main/se font la bise/font au revoir de la main (se contenter de faire observer, ne pas exploiter linguistiquement). Puis faire effectuer l'activité 1, après avoir vérifié la compréhension du vocabulaire des différentes questions. Faire répondre en grand groupe, poser les trois questions pour le premier dessin, puis pour le deuxième et ainsi de suite.

→ CORRIGÉ :

Dessins	Où ?	Qui ?	Quand ?
a.	à l'accueil de l'université	une jeune fille/un monsieur/un jeune homme	le matin
b.	dans un couloir	une jeune fille (la même)/un jeune homme	le matin
c.	dans une salle de classe	trois jeunes filles : la même jeune fille + deux autres	l'après-midi
d.	dans une salle de classe	la jeune fille/un monsieur	l'après-midi
e.	dans l'escalier	la même jeune fille + d'autres jeunes	le soir

2 Cette activité permet de vérifier la compréhension globale de l'enregistrement. Faire écouter les cinq dialogues, manuels fermés. Faire le lien avec les dessins et vérifier la compréhension de la situation : *à l'université, les personnes se saluent (disent « bonjour ») et prennent congé (disent « au revoir »). Le personnage principal s'appelle Sandrine.* Puis faire l'activité 2 : faire écouter chaque échange et effectuer une brève pause afin que les apprenants identifient les dessins correspondants.

→ CORRIGÉ : 1b – 2d – 3a – 4e – 5c

3 **a)** Vérifier la compréhension du vocabulaire contenu dans l'activité (*arriver/partir* ; *saluer/prendre congé*). Faire réécouter l'enregistrement et demander aux apprenants de compléter les réponses. (En fonction du niveau, il est possible de faire cette activité à partir des dessins.)
b) Dans cette activité, on propose une compréhension finalisée des dialogues. Les apprenants sont amenés à repérer les formules utilisées pour saluer et prendre congé. Pour faciliter le relevé, effectuer une écoute séquencée (avec pauses après chaque échange) et inscrire au fur et à mesure au tableau les formules repérées. À partir du repérage effectué, faire observer les différentes formules pour : saluer de manière formelle/ informelle ; prendre congé de manière formelle/ informelle. Veiller à bien pointer la différence entre « *bonjour* », uniquement pour prendre contact, et « *bonne journée* », pour prendre congé, formules qui ne sont pas interchangeables. « *Bonsoir* » est possible également pour prendre congé.

→ CORRIGÉ : **a) 1.** dialogues 1, 3, 5 – **2.** dialogues 2, 4
b) Formules pour saluer : dialogue 1 : *Bonjour, Sandrine ! Tu vas bien ?* – dialogue 3 : *Bonjour, monsieur Levêque/monsieur Leblanc, comment allez-vous ?* – dialogue 5 : *Bonjour ! Salut, Sandrine ! Vous allez bien ?*
Formules pour prendre congé : dialogue 2 : *Au revoir, monsieur. Au revoir, Sandrine, à demain !* – dialogue 4 : *Au revoir, tout le monde ! Salut, Sandrine ! Tchao ! Bonne soirée !*

POINT CULTURE

L'usage de *tu* et de *vous*

Le travail sur les salutations permet d'aborder la différence entre *tu* et *vous*. De préférence, faire observer les différents usages lors de l'activité 3 b) puis, vérifier les acquis en faisant compléter le Point culture.
→ **Corrigé :**
J'utilise *tu* pour parler à une personne dans une relation informelle (amicale, familiale, etc.) / J'utilise *vous* pour parler à une personne dans une relation formelle (commerciale, professionnelle ou hiérarchique, etc.) ; à deux personnes ou plus, dans une relation formelle ou informelle.

S'EXERCER n° 1 Corrigé ▶ p. 26

→ OBJECTIF DE L'ACTIVITÉ 4 ← **Phonétique :** Discriminer et identifier les sons [y], comme dans « *tu* », et [u], comme dans « *vous* ».

4 Parallèlement à la mise en place progressive du schéma rythmico-mélodique, on commence l'étude des sons proprement dite en suivant une progression récurrente pour chaque son étudié et qui débute par un exercice d'écoute. La discrimination auditive permet aux apprenants étrangers de différencier des sons qu'ils peuvent confondre, soit que ces sons n'existent pas dans leur système phonique, soit qu'ils les rapprochent des sons qu'ils connaissent.

a) Procéder à l'écoute d'une dizaine de paires minimales ou de paires de mots identiques en demandant aux apprenants de dire si les deux mots entendus sont identiques ou s'ils sont différents. Faire dessiner aux apprenants une grille de ce type :

	=	≠
1.	✓	
2...		✓

L'activité se fait seul car chaque apprenant a une écoute spécifique en fonction de son origine. La correction se fait en grand groupe.

b) Une fois la discrimination auditive effectuée, demander aux apprenants d'identifier les phonèmes étudiés, dans des phrases. Leur faire écouter les énoncés et leur demander de compter combien de fois ils entendent les sons [y] ou [u] dans chaque énoncé.

c) L'étude des sons se termine par un exercice de reproduction en faisant répéter des énoncés comportant les deux sons. Habituer les apprenants à répéter une première fois les énoncés sans les lire dans leur manuel, et une deuxième fois avec le manuel, pour qu'ils mettent en relation la graphie des sons et leur prononciation. Demander alors comment s'écrit le son [y] et comment s'écrit le son [u].

➜ CORRIGÉ : **a)** mots différents : 1, 2, 3, 4, 6, 7 et 8 – **mots identiques** : 5, 9 et 10

          b) 1. [u] = 2 fois, [y] = 2 fois – 2. [y] = 3 fois, [u] = 1 fois

AIDE-MÉMOIRE

Cet Aide-mémoire sert de synthèse au repérage effectué au cours de l'activité 3 b), il permet aux apprenants de fixer les actes de paroles entendus dans les dialogues.

S'EXERCER n° 2 Corrigé ► p. 26

➜ OBJECTIF DE L'ACTIVITÉ 5 ⬅   **Phonétique : Intonation montante et descendante.**

5 L'intonation montante et descendante fait partie du schéma rythmico-mélodique de base du français, au même titre que l'accentuation de la dernière syllabe. Il est donc indispensable que les apprenants entendent ces deux mélodies et puissent les reproduire puisque leur différence fait sens en français pour différencier la question ouverte de l'affirmation.

a) Faire écouter les deux items et demander pour chacun si la voix monte ou si elle descend. On peut demander aux apprenants de symboliser la mélodie par un mouvement du bras vers le haut ou vers le bas. Demander ensuite aux apprenants lequel des deux items est une question, pour finalement faire énoncer la règle suivante : *Pour poser une question, la voix monte, pour répondre ou donner une information, la voix descend.*

b) L'exercice suivant propose de mettre en application la règle précédemment vue en faisant reconnaître les questions et les affirmations parmi les items de l'enregistrement. Faire écouter l'enregistrement de l'exemple pour être sûr que tous comprennent bien la consigne. L'exercice se fait individuellement et la correction en grand groupe.

c) Faire ensuite réécouter afin de faire répéter chaque énoncé avec l'intonation à reproduire.

d) Procéder enfin à la lecture des énoncés proposés, qui, à chaque fois, font apparaître les deux intonations. Pour s'aider, les apprenants peuvent accompagner leurs mots d'un mouvement de bras vers le haut ou vers le bas, selon le cas.

➜ CORRIGÉ : **b)** questions : 1, 5 et 6 – affirmations : 2, 3 et 4

➜ OBJECTIF DE L'ACTIVITÉ 6 ⬅   Vérifier l'acquisition des actes de parole *saluer/prendre congé* et l'usage de *tu/vous* dans le cadre d'un jeu de rôle.

6 La mise en place du jeu de rôles passe tout d'abord par l'aménagement de l'espace : proposer aux apprenants de se lever et de se mettre en cercle. Pour distribuer les rôles, prévoir par exemple des petits papiers sur lesquels seront inscrits : le nom du personnage/du groupe de personnages et son/leur statut. Proposer aux apprenants de se déplacer dans la classe et, à chaque fois que le professeur dit « *stop* », ils s'arrêtent, prennent connaissance de leurs interlocuteurs (pour définir la relation), ils choisissent la situation et le moment, puis effectuent les salutations/prises de congé. Tous les sous-groupes « jouent » la situation en parallèle. Puis écouter un seul sous-groupe qui « rejoue » la situation choisie devant la classe : être vigilant quant à l'intonation, primordiale dans ce type de situation. Un moyen de mettre en commun, de corriger, peut être alors de demander à la classe d'identifier : le moment – la relation – si les gens arrivent ou se séparent.

SE PRÉSENTER

⅍ Comprendre Écrit	⅍ Point langue	⅍ Aide-mémoire	⅍ Point langue	⅍ Comprendre Écrit	⅍ Point langue	⅍ S'exprimer Écrit
Act. 7, 8 et 9	Le verbe *avoir* au présent **S'exercer n° 3**	Les jours de la semaine Dire l'âge L'adjectif possessif	La négation *ne ... pas* **S'exercer n° 4**	S'exprimer Oral Act. 10	L'article défini **S'exercer n° 5**	Act. 11

Message sur Internet

> ➔ OBJECTIF DES ACTIVITÉS 7, 8 ET 9 ◄

Comprendre un message Internet dans lequel on demande des informations personnelles dans le cadre d'un appel à candidature et comprendre les réponses écrites à cet appel.

7 Le support permet de poser le contexte : dans cet appel à bénévoles, l'université René-Descartes s'adresse directement aux étudiants allant sur son site. Faire d'abord identifier le document : *une page de site Internet de l'université René-Descartes*. Puis vérifier la compréhension des différents paramètres en proposant de dire si les affirmations énoncées dans l'activité sont vraies ou fausses. Pour faire le lien avec les messages proposés en support de compréhension dans l'activité suivante, demander : *Comment poser sa candidature ?* La réponse attendue est qu'il faut envoyer à l'université une brève présentation par écrit (nom, prénom, nationalité, âge, études et disponibilités).

➔ **CORRIGÉ :** 1. faux – 2. On ne sait pas. – 3. vrai – 4. vrai

8 Faire d'abord identifier les documents : *il s'agit de trois courriels de réponse à l'appel à candidatures de l'université*. Avant de faire répondre à la question, vérifier si les apprenants ont bien saisi que l'université recherche des personnes parlant des langues étrangères et ayant du temps libre, car c'est ce type de personne qui sera sélectionné. Lors de la mise en commun, faire justifier les réponses. Vérifier ensuite si les apprenants ont identifié le type d'informations contenues : nom, âge, nationalité, langues parlées, études, disponibilités. Ces différentes informations seront observées lors de l'activité 9.

➔ **CORRIGÉ :** L'université choisit Alfonso et Ricardo, car ils parlent trois langues (français, portugais et anglais) et sont libres l'après-midi. Hugo n'est pas sélectionné car il est libre seulement une matinée.
Éric n'est pas sélectionné car il ne parle pas bien anglais.

9 Cette activité d'appariement permet de vérifier la compréhension d'éléments plus ciblés.

➔ **CORRIGÉ :** 1. Hugo et Éric – 2. Éric – 3. Hugo, Alfonso et Ricardo – 4. Hugo – 5. Alfonso, Ricardo et Éric

---

Point **Langue**

> ❯ **LE VERBE** *AVOIR* **AU PRÉSENT DE L'INDICATIF**

Ce Point langue permet de conceptualiser la conjugaison du verbe *avoir* à partir de l'observation de l'appel à candidature et des réponses. Faire compléter le Point langue à partir des deux documents exploités.

➔ **Corrigé :** j'ai – tu as – il/elle a – nous avons – vous avez – ils/elles ont

S'EXERCER n° 3 Corrigé ▶ p. 26

AIDE-MÉMOIRE

Cet Aide-mémoire permet de fixer trois points contenus dans les supports travaillés : les jours de la semaine, l'âge et certains adjectifs possessifs. Pour renforcer les acquis, il est possible de prévoir des activités complémentaires interactives.

• **Les jours de la semaine : jeu de la balle.** Le groupe est debout, en cercle. Lancer la balle à un Apprenant 1 (A1), en disant « lundi » ; A1 la lance à A2 en disant « mardi » et ainsi de suite... C'est un excellent exercice d'écoute et de correction mutuelle, car on incite les apprenants à s'entraider, en cas de doute ou difficulté.

■ **VARIANTE :** Après une rapide présentation de la page d'agenda correspondant à la semaine en cours, identifier le jour où l'on est en disant « aujourd'hui » ; à partir de ce point de repère, introduire les repères hier/avant-hier/demain/après-demain. Ensuite, faire le jeu de la balle sous formes d'interrogations/réponses. Exemple : Prof : *aujourd'hui ?* – A1 : *lundi* – A1 à A2 : *demain ?* – A2 : *mardi* – A2 à A3 : *avant-hier ?* – A3 : *samedi* – Et ainsi de suite.

• **Dire l'âge.** Demander aux apprenants de se lever et de se mettre en cercle. Interroger celui qui vous semble le plus jeune : *Quel âge avez-vous ?* Vérifier s'il s'agit bien du plus jeune, en interrogeant deux autres apprenants et en les plaçant côté à côte, en ordre croissant. Dire par exemple : *16 ans, 18 ans, 20 ans... à vous !* Faire comprendre qu'il s'agit pour eux de se mettre par ordre croissant (expliciter éventuellement la consigne en écrivant au tableau les symboles « moins » et « plus » avec une flèche).
Lors de la mise en commun, le professeur peut se placer dans le cercle en fonction de son âge (s'il le souhaite...) et vérifier avec les apprenants si tout le monde est à la bonne place. Pour ce faire, chacun dit son âge ; par exemple : *J'ai 16 ans*. À la fin de l'activité, faire une rapide synthèse en observant les « dominantes » de la classe (tranche 20-30 ans par exemple).

• **L'adjectif possessif.** Les adjectifs possessifs, nécessaires très tôt dans la communication (notamment dans la classe), apparaissent ici dans un but de sensibilisation. Il ne s'agit pas d'un travail sur l'ensemble des possessifs, qui seront travaillés dans le dossier 5. L'exercice 5 pourra permettre de reprendre les adjectifs possessifs vus ici : il s'agit d'utiliser à bon escient les articles définis et les possessifs.

Point **Langue**

> **LA NÉGATION** *NE ... PAS*

Ce Point langue permet de revenir sur la syntaxe des phrases négatives extraites des trois messages. Faire compléter le Point langue à partir de l'observation des exemples donnés.

➲ **Corrigé : b)** *ne* se place avant le verbe ; *pas* se place après le verbe.

S'EXERCER n° 4 Corrigé ▶ p. 26

➲ **OBJECTIF DE L'ACTIVITÉ 10** ◀ Élargir le lexique et faire parler les apprenants des matières qu'ils étudient.

10 **a)** Cette partie de l'activité permet de revenir sur les messages étudiés en support de compréhension. Les matières étudiées à l'université font partie des informations personnelles données par les étudiants dans leurs méls. Faire d'abord repérer en grand groupe quelle matière est étudiée par chaque étudiant auteur d'un message. Puis, demander à l'ensemble des apprenants ce qu'ils savent des autres matières : ceux qui comprennent les mots nouveaux peuvent expliquer aux autres.

b) Il s'agit d'un échange rapide en grand groupe, afin d'identifier les apprenants qui font des études et les amener à les nommer (à partir du vocabulaire acquis dans l'activité + élargissement en fonction des réponses). Aux plus jeunes (et à ceux qui n'ont pas suivi un cursus universitaire), on peut demander les matières préférées au lycée. Et aux plus âgés, on demandera qui a fait des études (le passé composé n'étant utilisé que dans la question du prof, par ex. : *Et vous ? vous avez étudié...*).

➲ **CORRIGÉ : a)** Hugo : les sciences politiques – Alfonso et Ricardo : la littérature française – Éric : l'économie

---

Point **Langue**

> **L'ARTICLE DÉFINI**

Il est ici proposé d'observer les articles définis utilisés dans les messages et dans la liste de matières données dans le a) de l'activité 10. Faire compléter seul avec une mise en commun en grand groupe.

➲ **Corrigé :** le commerce international – la médecine – l'université René-Descartes – les nouveaux étudiants

S'EXERCER n° 5 Corrigé ▶ p. 26

➲ **OBJECTIF DE L'ACTIVITÉ 11** ◀ Transférer ce qui a été appris dans le parcours.

11 Les étudiants peuvent s'appuyer sur les matrices des messages de candidature donnés à comprendre en début de parcours (messages 1 et 3, notamment). En fonction du temps disponible, la rédaction du message peut se faire en classe ou à la maison.

S'EXERCER – CORRIGÉ

1. a. vous – **b.** tu – **c.** Vous

2. a. Tu vas bien ? – **b.** Très bien, et vous ? – **c.** Bonjour, mademoiselle, vous allez bien ? – **d.** Salut !

3. a. as, ai – **b.** avez, avons – **c.** as, ai, ont – **d.** a, a – **e.** as, ai

4. a. Elle étudie l'économie ou elle n'étudie pas l'économie ? – **b.** Nous travaillons le matin ou nous ne travaillons pas le matin ? – **c.** Ils sont français ou ils ne sont pas français ? – **d.** Je travaille le mardi ou je ne travaille pas le mardi ? – **e.** Tu es étudiant ou tu n'es pas étudiant ? – **f.** Vous êtes bénévoles ou vous n'êtes pas bénévoles ?

5. Votre nom : *Fabien BOREL*
Votre âge : *21 ans*
Votre nationalité : *suisse*
Vos études : *les mathématiques, la chimie*
Vos heures libres : *le matin : mardi / l'après-midi : jeudi*
Merci pour votre participation !

M comme **médiathèque**

CONTENUS SOCIOCULTURELS – THÉMATIQUES

Les numéros de téléphone en France

OBJECTIFS SOCIOLANGAGIERS

OBJECTIFS COMMUNICATIFS & SAVOIR-FAIRE	
Être capable de...	
Demander des informations	– comprendre une demande de renseignements simples – demander poliment – demander le prix de quelque chose
Questionner sur l'identité	– comprendre un formulaire d'inscription – comprendre des demandes d'informations sur l'identité (date de naissance, nationalité, adresse, numéro de téléphone)
Comprendre/donner des coordonnées	– comprendre des informations sur des cartes de visite – comprendre/donner un numéro de téléphone – comprendre/donner une adresse électronique – questionner/répondre sur l'identité
OBJECTIFS LINGUISTIQUES	
GRAMMATICAUX	– l'article indéfini – l'adjectif interrogatif *quel, quelle*
LEXICAUX	– les mois de l'année – les nombres de 70 à 99
PHONÉTIQUES	– la prononciation des nombres – la liaison et les nombres

SCÉNARIO DE LA LEÇON

La leçon se compose de trois parcours :

Dans le premier parcours, le cadre de la leçon est posé : une étudiante demande des informations dans une médiathèque. Ce contexte permet une première approche du questionnement simple ainsi que de la demande polie.

Dans le deuxième parcours, le travail proposé permettra d'aller plus loin dans la demande d'informations. Il s'agira ici de comprendre un formulaire d'inscription à une médiathèque et des questions concernant l'identité (date de naissance, nationalité, adresse, numéro de téléphone). La situation proposée est en prolongement avec celle de départ : ici, l'étudiante revient à la médiathèque pour effectuer son inscription.

Dans le troisième parcours, l'apprenant travaillera sur les coordonnées (numéro de téléphone et adresse électronique). Après une rapide sensibilisation aux nombres de 70 à... l'infini, il s'appuiera sur des cartes de visite pour comprendre le fonctionnement des numéros de téléphone en France et la manière de lire une adresse électronique. Ces notions acquises, les apprenants sauront donner leur numéro de téléphone et leur mél. Un jeu de rôles clôt le parcours, amenant les apprenants à réutiliser l'ensemble des acquis de la leçon dans une situation d'inscription, comme celle étudiée au début de la leçon.

DEMANDER DES INFORMATIONS

🎬 Comprendre	🎬 Point langue	🎬 Aide-mémoire
Oral	L'article indéfini	Demander poliment
Act. 1 et 2		Demander le prix de quelque chose

Demande d'informations

➡ OBJECTIF DES ACTIVITÉS 1 ET 2 ⬅ Comprendre un échange au cours duquel une jeune femme demande poliment des informations pour s'inscrire à la médiathèque.

1 Avant l'activité, pour faciliter l'accès au sens, proposer d'abord l'observation de la photo. Faire identifier le contexte : on est dans une médiathèque (vérifier la compréhension du terme). Faire faire des hypothèses simples sur les personnes (un employé et une jeune femme) et le type d'échange (demander une information, faire une inscription...), afin de préparer l'écoute de l'enregistrement. Faire ensuite écouter le dialogue pour effectuer l'activité afin de faire confirmer les hypothèses formulées auparavant. Les questions posées permettent de procéder en grand groupe à la compréhension globale du dialogue.

➡ CORRIGÉ : 1. dans une médiathèque – 2. une étudiante – 3. un employé – 4. pour une inscription

2 Avant de faire effectuer l'activité 2, repasser uniquement le début du dialogue pour faire repérer comment l'étudiante aborde l'employé : « *Excusez-moi... c'est pour une inscription... Je voudrais des informations, s'il vous plaît.* ». Faire remarquer la demande polie avec « *je voudrais...* » et les autres marques de politesse *(excusez-moi... s'il vous plaît)*. Observer aussi la manière de présenter sa requête : « *c'est* pour *une inscription* » (le présentatif « c'est » sera étudié dans le dossier 2, leçon 1, puis dans le dossier 5). Ensuite, effectuer l'activité 2 qui permet de finaliser la compréhension : faire réécouter le dialogue dans sa totalité pour identifier quels documents sont demandés pour l'inscription. Pour expliquer la consigne ou renforcer les réponses lors de la mise en commun, s'appuyer sur les photos données. Veiller à expliciter le terme « papier d'identité » : en France, trois documents sont acceptés pour attester de l'identité : passeport, carte d'identité et permis de conduire. Les réponses données seront reprises dans le Point langue suivant.

➡ CORRIGÉ : La personne doit présenter une pièce d'identité et une photo ; il y a un formulaire à remplir.

Point **Langue** ⟩ L'ARTICLE INDÉFINI

Il s'agit de la première approche des articles indéfinis (masculin/féminin/pluriel). À cette occasion, vérifier si les apprenants ont compris la règle de base du pluriel en français : l'ajout du *s* (en s'appuyant sur le repérage *des photos/une photo*). La spécificité de l'utilisation des articles indéfinis/définis sera traitée dans le dossier 2, leçon 1.

➡ **Corrigé** : un formulaire d'inscription – une pièce d'identité – des photos

---

AIDE-MÉMOIRE

Cet Aide-mémoire permet de fixer les actes de parole vus dans le dialogue. Pour « *demander poliment* », il est possible de faire ajouter : « *excusez-moi* » et « *s'il vous plaît* », formules elles aussi contenues dans le dialogue.

QUESTIONNER SUR L'IDENTITÉ

| 〰 Comprendre
Écrit/Oral
Act. 3, 4, 5 et 6 | 〰 Point langue
L'adjectif interrogatif
quel, quelle
S'exercer nᵒˢ 1 et 2 | 〰 Aide-mémoire
Les mois de l'année | 〰 S'exprimer
Oral
Act. 7 |

Formulaire d'inscription
Demande d'informations sur l'identité

➡ OBJECTIF DES ACTIVITÉS 3, 4, 5 ET 6 ⬅ Comprendre deux supports complémentaires : un formulaire d'inscription, qui est ici un document déclencheur, et le dialogue entre l'étudiante et l'employé qui la questionne sur son identité.

3 Remplir un formulaire d'inscription est une tâche fréquente de la vie quotidienne, c'est pourquoi les apprenants sont exposés à ce type de demande d'informations sur l'identité. Avant l'activité, faire d'abord identifier le document : *c'est le formulaire d'inscription de la médiathèque de la ville de Paris.* Mais il y a un problème : on a renversé du café dessus, on ne voit donc plus bien les inscriptions. Proposer alors de retrouver le type d'informations demandées dans le formulaire, grâce à l'activité.

➡ CORRIGÉ : 1. le nom de famille – 2. le prénom – 3. la date de naissance – 4. la nationalité – 5. l'adresse – 6. le numéro de téléphone

4 Faire écouter le dialogue afin de vérifier en grand groupe les réponses trouvées dans l'activité précédente. L'écoute du dialogue a certainement permis de mieux comprendre la situation : l'employé a renversé du café sur le formulaire et, en le lisant, il doit confirmer certaines informations qui sont effacées. Ne pas hésiter à faire reformuler la situation par la classe, demander par exemple : *Pourquoi il y a un problème sur le formulaire ?* (il est possible de montrer la photo sur le manuel pour être sûr d'être compris) : *Il y a une tache de café.*

5 Proposer une autre écoute du dialogue afin de faire compléter les informations portées par Diane sur la fiche : celles dont l'employé demande confirmation.

> **CORRIGÉ :** Nom :   MARTINEZ
>   Prénom :   Diane
>   Date de naissance :   le 9 février 1980
>   Nationalité :   française
>   Adresse :   30, rue du Théâtre – 75 015 Paris
>   Numéro de téléphone :   01 40 35 29 18

6 Après l'identification des informations, demander aux apprenants, au cours d'une dernière écoute, de repérer les questions posées par l'employé. Les questions relevées permettent d'avoir un corpus de phrases qui seront reprises et observées dans le Point langue suivant.

> **CORRIGÉ :** Quel est votre numéro de téléphone ? – Quelle est votre date de naissance ? – Quelle est votre adresse ?

Point **Langue**   › L'ADJECTIF INTERROGATIF *QUEL, QUELLE* POUR QUESTIONNER SUR L'IDENTITÉ

L'identification des questions lors de l'activité 6 permet d'observer les interrogations avec *quel/quelle*. Attirer l'attention sur la différence d'orthographe et s'appuyer sur le genre de l'article pour faire trouver la règle.

Le pluriel de ces adjectifs interrogatifs sera traité dans le dossier 4, leçon 3. Mais, en fonction du niveau du groupe, il est possible de proposer un élargissement.

Exemple :

	singulier		pluriel	
masculin	Le prénom →	Quel prénom ?	Les prénoms →	Quels prénoms ?
féminin	La date →	Quelle date ?	Les dates →	Quelles dates ?

> **Corrigé : b)** Quel est votre nom ? → le nom (masculin sing.)
> Quelle est votre nationalité ? → la nationalité (féminin sing.)

S'EXERCER nᵒˢ 1 et 2 Corrigé ▶ p. 32

AIDE-MÉMOIRE

Les supports proposés introduisent différentes notions qui seront travaillées ultérieurement : le numéro de téléphone (dans le troisième parcours de la leçon) et l'adresse (dans la leçon 3 du dossier 2). À ce stade, on peut donc se contenter d'une simple compréhension des informations. En revanche, il est possible de clôturer ce parcours en travaillant sur la date de naissance. L'activité suivante suppose un pré requis : la connaissance des mois de l'année. Une « parenthèse » s'impose donc pour vérifier si les étudiants les connaissent ; l'Aide-mémoire permet de fixer ce nouveau vocabulaire. Un rapide « jeu de la balle » (A1 → janvier ; A2 → février ; A3 → mars, etc.) peut aider à mémoriser le lexique.

> **OBJECTIF DE L'ACTIVITÉ 7**   Donner sa date d'anniversaire et demander celle des autres apprenants.

7 Dans un premier temps, faire observer le libellé de la date de naissance de Diane : l'article « le » précède le jour, il n'y a pas de préposition entre les différents éléments. (Ne pas faire dire l'année de naissance, car les apprenants ne connaissent pas encore les nombres au-dessus de 69.) Après avoir donné le modèle, interroger quelques étudiants : *Quelle est votre date d'anniversaire ?* → Le 15 février. Proposer ensuite aux apprenants de se mettre en groupe (5 ou 6 personnes) afin d'établir la liste des anniversaires. La mise en commun permettra de vérifier les acquis et… d'établir la liste des anniversaires de la classe !

COMPRENDRE / DIRE DES COORDONNÉES

| 🎵 Comprendre Oral/Écrit Act. 8 et 9 | 🎵 Phonétique Act. 10 | 🎵 Aide-mémoire **S'exercer n° 3** | 🎵 Point culture Les numéros de téléphone | 🎵 Comprendre Oral Act. 11 | 🎵 Phonétique Act. 12 **S'exercer n° 4** | 🎵 S'exprimer Oral Act. 13 | 🎵 Comprendre Écrit/Oral Act. 14 | 🎵 S'exprimer Oral/Écrit Act. 15 et 16 |

Les nombres de 70 à 99   Numéros de téléphone   Adresses électroniques

> ➡ OBJECTIF DES ACTIVITÉS 8 ET 9 ⬅   **Apprendre les nombres de 70 à 99.**

8 **a)** Proposer une première écoute des trois nombres pour les faire découvrir.
Les étapes b) et c) peuvent se faire en parallèle, par groupe de deux avec mise en commun en grand groupe.
b) Cette partie de l'activité permet de faire le lien entre l'oral et l'écrit.
c) Ici, il s'agit d'expliciter l'opération mathématique qui rend compréhensible la juxtaposition des nombres. Cette explication aidera les apprenants à mieux comprendre cette « bizarrerie » de la langue française.
➡ **CORRIGÉ : b) et c)** 70 : soixante-dix ($= 60 + 10$) – 80 : quatre-vingts ($= 4 \times 20$) – 90 : quatre-vingt-dix ($= 4 \times 20 + 10$)

9 **a)** L'objectif est de faire entendre les nombres de 70 à 99 et en même temps d'aider les apprenants à les mémoriser, car chaque fois qu'ils entendent le « bip » ils doivent dire le nombre qui lui correspond. Faire trouver les premiers nombres manquants par l'ensemble de la classe puis, quand l'activité est en place, désigner un apprenant différent pour chaque « bip ».
b) Cette partie de l'activité peut être effectuée seul avec une inter correction avec son voisin, puis une mise en commun en grand groupe pour nuancer la règle vue auparavant. En effet, lors de l'activité 15 du dossier « Fenêtre sur... » (p. 15 du manuel), les apprenants étaient amenés à repérer la règle de formation des nombres jusqu'à soixante-neuf. Ici, à partir de soixante et onze, la règle est différente puisqu'on utilise le mot *et* pour former un nombre qui ne finit pas par *un* (soixante *et* onze) et on ne l'utilise pas pour quatre-vingt-*un*.
➡ **CORRIGÉ : a) 1.** 70, 71, 72, 73, *74, 75, 76, 77,* 78, 79 – **2.** 80, 81, 82, *83, 84,* 85, 86, *87, 88, 89* – **3.** 91, 92, 93, 94, *95, 96, 97,* 98, 99
         b) 71 : oui – 72, 81, 82, 91 et 92 : non

> ➡ OBJECTIF DE L'ACTIVITÉ 10 ⬅   **Phonétique : Liaison et nombres.**

10 La prononciation des nombres en français est très liée au phénomène de liaison qui apparaît ou disparaît selon les nombres et leur formation ou origine. C'est pourquoi il est indispensable de faire écouter, en vue de faire reproduire correctement, les nombres et les liaisons, présentes ou non dans ces nombres.
a) Faire écouter l'enregistrement une première fois avant l'activité. Puis, faire lire les questions posées dans l'exercice et faire réécouter l'enregistrement pour que les apprenants puissent répondre, individuellement.
b) Après la mise en commun, faire réécouter une troisième fois l'enregistrement de façon séquentielle afin de laisser aux apprenants sollicités le temps de répéter les nombres proposés.
➡ **CORRIGÉ : a) 1.** Faux. On ne fait pas toujours la liaison après *vingt* : on la fait dans *vingt et un* mais pas dans *quatre-vingt-un* ni dans *quatre-vingt-onze*. – **2.** Vrai. On ne fait pas la liaison après *et* : cette liaison est interdite.

AIDE-MÉMOIRE

Le travail sur les nombres se clôt par l'observation de l'Aide-mémoire. Pour un emploi immédiat des nombres donnés dans cet Aide-mémoire, il est possible, juste pour vérifier la fabrication des nombres longs, de faire dire en quelle année on est, puis l'année d'avant, l'année suivante, l'année de leur naissance, etc.

S'EXERCER n° 3 ➡ Corrigé ▶ p. 32

Les numéros de téléphone   POINT CULTURE

L'objectif de ce Point culture est de comprendre à quoi correspondent les indicatifs téléphoniques en France et d'observer comment on les écrit (par nombres de deux chiffres), puis de préparer l'activité de transfert (13), où les apprenants devront donner leur numéro de téléphone.

.../...

.../...

Tout d'abord, faire identifier les documents déclencheurs : ce sont des cartes de visite. Faire nommer les éléments inscrits : le prénom et le nom, l'adresse, le code postal, la ville, l'adresse électronique (ou adresse mél), le numéro de téléphone (fixe et portable). Faire observer qu'une carte de visite est personnelle, que l'autre est professionnelle (la profession y est indiquée : photographe).

Passer ensuite aux activités sur les indicatifs téléphoniques, qui peuvent être précédées de l'observation suivante : il y a deux numéros de téléphone sur chaque carte : le portable (les deux commencent par 06) et le fixe, l'un commençant par 01, l'autre par 04. Faire observer le lien entre les villes et la carte des indicatifs téléphoniques, puis vérifier la compréhension de la formation des numéros de téléphone en France.

➲ **Corrigé : B.** Le numéro de M. Broutier à Marseille : 04 49 45 48 20 – Le numéro de Mlle Moreira à Bordeaux : 05 56 91 00 69 – Le numéro de M. Billot à Lille : 03 20 88 31 21
C. Tous les numéros de téléphone français ont 10 chiffres. – Les numéros de téléphone portable commencent par 06.

▸ OBJECTIF DE L'ACTIVITÉ 11 ◂   Comprendre et noter des numéros de téléphone.

11 L'enregistrement proposé permet de tester la compréhension des numéros de téléphone. Faire une pause entre chaque numéro pour laisser le temps aux apprenants de noter. Lors de la mise en commun, faire observer la manière de les énoncer (par nombre de deux chiffres).

▸ CORRIGÉ : **a)** zéro, un/quarante-deux/quatre-vingt-quatre/douze/quatre-vingt-seize → 01 42 84 12 96
b) zéro, six/dix-huit/soixante-treize/cinquante-huit/quarante-trois → 06 18 73 58 43
c) zéro, cinq/quatre-vingt-huit/soixante-quatre/quatre-vingts/zéro, zéro → 05 88 64 80 00
d) zéro, un/trente/soixante et onze/quinze (deux fois) → 01 30 71 15 15
e) zéro, cinq/soixante et un/soixante-quinze/zéro, deux/douze → 05 61 75 02 12
f) zéro, deux/quarante/soixante-huit/soixante-seize/quatre-vingt-quatorze → 02 40 68 76 94

▸ OBJECTIF DE L'ACTIVITÉ 12 ◂   Phonétique : Discrimination des nombres à la prononciation proche.

12 Certains nombres ont une prononciation très proche et sont la cause de confusion pour les apprenants. Il est donc utile d'apprendre à différencier et à reconnaître ces nombres, pour comprendre ou donner un numéro de téléphone, par exemple. L'enregistrement propose une série de numéros de téléphone composés chacun de nombres qui peuvent être confondus par les étrangers. Pour chaque numéro de téléphone, l'apprenant doit identifier le nombre écrit, repérer sa place dans le numéro de téléphone entendu et cocher la case qui correspond. Ce travail est individuel, mais la correction en grand groupe peut être précédée d'une confrontation des réponses par binômes d'apprenants.

▸ CORRIGÉ :

76		✗		
44			✗	
75	✗			
67			✗	
12				✗

S'EXERCER nº 4 ➲

▸ OBJECTIF DE L'ACTIVITÉ 13 ◂   Transférer les acquis : Donner et prendre note de numéros de téléphone.

13 Former des petits groupes pour effectuer l'activité. Il est peut-être souhaitable de leur préciser auparavant qu'ils ont le droit de donner un numéro imaginaire...
Effectuer une mise en commun en grand groupe afin de corriger les erreurs, très fréquentes à ce niveau.

▸ OBJECTIF DE L'ACTIVITÉ 14 ◂   Comprendre une adresse électronique.

14 Revenir sur les cartes de visite afin de rappeler la présence des adresses électroniques dans les coordonnées. Puis, effectuer l'activité, en s'arrêtant à chaque adresse afin de repérer le lexique nécessaire pour donner ce type d'adresse (arobase, point, tiret).
En vue de l'activité 15, élargir en donnant deux autres adresses avec des configurations un peu différentes.
Par exemple : martherambaud@free.fr → marthe rambaud en attaché/arobase/free/point/fr
ken_duteil@hotmail.com → ken/tiret bas/duteil/arobase/hotmail/point/com

➡ OBJECTIF DE L'ACTIVITÉ 15 ⬅ | Transférer les acquis : Donner et prendre note d'une adresse électronique.

15 En petits groupes, les apprenants donnent et prennent note de leurs adresses électroniques respectives. Ici aussi, il peut être souhaitable de leur préciser auparavant qu'ils ont le droit de créer une adresse imaginaire... ou au contraire cela peut être l'occasion pour eux d'échanger leurs coordonnées.

➡ OBJECTIF DE L'ACTIVITÉ 16 ⬅ | Transférer tout ce qui a été travaillé dans la leçon.

16 Par ce jeu de rôles, les apprenants sont amenés à jouer à deux une situation similaire à celle de la médiathèque, où l'on demande/donne des informations sur son identité et ses coordonnées. Pour rendre la situation plus crédible, distribuer aux « employés » un formulaire comme celui de la médiathèque (mais neutre : sans y préciser « médiathèque » pour que chaque groupe puisse décider de la situation : club de sport...), qu'ils auront à remplir lors du jeu de rôles en fonction de l'identité des « usagers ».

S'EXERCER - CORRIGÉ

1. – Bonjour, c'est pour une inscription, s'il vous plaît.
– **Quel** est votre nom ?
– Bourdier.
– **Quel** est votre prénom ?
– Sandra
– Vous habitez à **quelle** adresse ?
– 15, rue du Temple, 75 001 Paris.
– **Quelle** langue étudiez-vous ?
– L'espagnol.
– Les cours d'espagnol, c'est le mercredi ou le vendredi à 18 heures. **Quel** jour préférez-vous ?
– Le vendredi.

2. Quel est votre prénom ? – Quelle est votre date de naissance ? – Quelle est votre nationalité ? – Quelle est votre adresse ? – Quel est votre numéro de téléphone fixe ? – Quel est votre numéro de portable ?
3. a. 70 + 1 = 71 : soixante et onze – **b.** 100 + 80 = 180 : cent quatre-vingts – **c.** 95 + 10 = 105 : cent cinq – **d.** 1 000 + 2 000 = 3000 : trois mille

En direct de **TV5**

CONTENUS SOCIOCULTURELS - THÉMATIQUES

Quelques événements culturels et festifs à Paris
La francophonie

OBJECTIFS SOCIOLANGAGIERS

OBJECTIFS COMMUNICATIFS & SAVOIR-FAIRE	
Être capable de...	
Donner des informations personnelles	– comprendre un extrait d'émission de télé (jeu-concours)
	– comprendre et donner des informations personnelles (âge, études/profession, pays de naissance/domicile, goûts et rêves)
Parler de ses passions et de ses rêves	– comprendre de courts témoignages écrits dans lesquels des personnes parlent de leur rêve
	– se présenter et parler de son rêve
OBJECTIFS LINGUISTIQUES	
GRAMMATICAUX	– les prépositions + noms de pays
	– les verbes en -er au présent de l'indicatif
	– être/avoir pour donner des informations personnelles
LEXICAUX	– l'expression des goûts (1)
PHONÉTIQUES	– la discrimination [s]/[z]
	– la liaison avec [z]

SCÉNARIO DE LA LEÇON

La leçon a pour cadre une émission de télévision. Cette émission « *Rêve et réalité* » et le jeu-concours « *Paris... mon rêve !* » sont fictifs. En revanche, la référence à TV5 renvoie bien à la chaîne de télévision câblée, suivie par beaucoup de francophones dans le monde entier. Tout au long de la leçon, la compréhension des différents supports permet de saisir les modalités du jeu-concours.

La leçon se compose de deux parcours :

Dans le premier parcours, les apprenants seront amenés à lire l'annonce et le bulletin de participation, pour entrer dans la thématique. Puis ils écouteront un extrait de l'émission dans laquelle les finalistes donnent des informations personnelles. La compréhension de ces supports, complétée par l'observation de photos, permettra à nouveau d'exposer les apprenants à certains éléments de la présentation (âge, nationalité, études) et d'en introduire d'autres (pays de naissance/domicile, quelques professions, centres d'intérêt et rêves).

Dans le second parcours, le principal objectif sera l'expression des passions et des rêves. Pour que l'observation des formes linguistiques soit plus aisée, deux extraits de bulletin de candidats sont donnés en support de compréhension. Pour finaliser le scénario du jeu-concours, une compréhension orale est proposée en fin de leçon : il s'agit du tirage au sort et de l'annonce du gagnant. Enfin, les apprenants pourront, à leur tour, se présenter et parler de leur rêve.

DONNER DES INFORMATIONS PERSONNELLES

🎞 Comprendre	🎞 Comprendre	🎞 Point langue	🎞 Point culture	🎞 S'exprimer
Écrit	Oral	Les prépositions	La francophonie	Oral
Act. 1	Act. 2 et 3	+ noms de pays		Act. 4 et 5
		S'exercer n° 1		

Annonce pour un jeu-concours | Extrait d'une émission de télévision

➡ OBJECTIF DE L'ACTIVITÉ 1 ⬅ Comprendre une annonce pour un jeu-concours et le bulletin de participation qui l'accompagne.

1 Tout d'abord, travailler sur l'annonce du jeu-concours. Après l'identification du document proposé par l'activité, demander aux apprenants de lire le texte, puis vérifier la compréhension globale : le jeu-concours s'appelle « *Paris... mon rêve !* » ; il est organisé par TV5, dans le cadre de l'émission « *Rêve et réalité* ». Vérifier ensuite que les apprenants comprennent les modalités du concours : *pour gagner le voyage à Paris, les candidats doivent compléter le bulletin de participation ; le tirage au sort a lieu le 15 janvier.* Pour faciliter l'accès au sens de certains termes (« émission », « candidats », « tirage au sort »...), ne pas hésiter à s'appuyer sur les photos et les dessins. Si l'explication du mot « *rêve* » semble difficile, il peut être utile de s'appuyer sur la notion opposée, « *réalité* » (transparent dans beaucoup de langues, notamment en anglais, connu par beaucoup d'apprenants). Par exemple : « La réalité : je ne connais pas Paris (ou l'Égypte, la Grèce...) ; mon rêve ? Connaître Paris/l'Égypte/la Grèce... » Enfin, faire rapidement observer le bulletin de participation. Son rôle étant plutôt d'expliciter l'idée du concours, il n'est pas utile de s'attarder sur les différentes composantes, connues pour la plupart. Vérifier seulement que les apprenants comprennent que les candidats doivent y inscrire des informations personnelles et leur rêve.

➡ CORRIGÉ : une annonce pour un jeu-concours

➡ OBJECTIF DES ACTIVITÉS 2 ET 3 ⬅ Comprendre un extrait d'émission de télévision au cours de laquelle des candidats se présentent et parlent de leur rêve.

2 Avant de faire écouter l'enregistrement, faire une rapide observation du dessin p. 26 du manuel pour poser le contexte : pendant l'émission « *Rêve et réalité* », le présentateur qui est à Paris communique avec les cinq finalistes par vidéoconférence (ne pas oublier que les personnes qui fréquentent TV5 sont en majorité des francophones habitant hors de France).

Faire ensuite écouter l'enregistrement, manuels fermés, et vérifier la compréhension globale en posant des questions à l'ensemble de la classe : *Il s'agit de la finale du concours, avant le tirage au sort. Le présentateur en liaison multiplexe s'adresse aux cinq finalistes, qui sont dans leur pays. Les finalistes prennent la parole pour se présenter (ils disent leur âge, leur profession/leurs études, ville ou pays, leurs passions) et pour parler de leur rêve.*

Faire enfin réécouter l'enregistrement, en veillant à ce que les apprenants ne lisent pas la transcription, pour effectuer l'activité. Il est possible de partager la classe en trois sous-groupes afin de faire repérer comment les candidats expriment : **a)** leur âge – **b)** leur ville/pays – **c)** leur profession. Cela permet aux apprenants d'avoir une écoute ciblée pour sélectionner l'information qui les intéresse. Faire une mise en commun en grand groupe.

➡ CORRIGÉ :

Prénom	Âge	Ville/Pays	Profession
Céline	22 ans	Habite à Québec, au Canada	Étudiante en architecture
Tom	23 ans	Né aux États-Unis mais vit à Madagascar	Travaille dans un bar
Claudine	(49 ans)	Habite en Gambie	Professeur de français
Issa	22 ans	Habite au Sénégal	Étudiant en journalisme
Hatem	65 ans	Tunisien	À la retraite

3 Afin de repérer le rêve de chacun, matérialisé par les photos données, faire réécouter l'enregistrement. Le repérage se fait seul avec une mise en commun en grand groupe.

➡ CORRIGÉ : **1.** La fête de la Musique → Tom – **2.** L'arrivée du Tour de France → Issa – **3.** Le Louvre → Hatem – **4.** Le feu d'artifice de la tour Eiffel → Céline – **5.** Le restaurant la Tour d'argent → Claudine

Point **Langue**

> **LES PRÉPOSITIONS + NOMS DE PAYS POUR INDIQUER LE PAYS DE NAISSANCE/DOMICILE**

À partir de l'activité 2, revenir sur le repérage de la ville/du pays où les personnes habitent. Attirer l'attention des apprenants sur le fait que les candidats habitent dans des lieux très différents, mais tous francophones (cela sera développé dans le Point culture). Le repérage permet aussi de faire observer les différentes manières de dire son lieu de naissance/de domicile : *j'habite/je suis né/je vis*. Faire remarquer qu'en fonction des pays, la préposition change.

a) Faire observer la colonne de gauche, où les pays sont précédés de l'article qui leur correspond, puis faire compléter la colonne de droite.

.../...

.../...

b) À partir de l'observation des différentes formes de pronoms, les apprenants sont en mesure d'énoncer la règle en complétant les phrases données.

➡ **Corrigé : a)**

J'habite/Je suis né(e)/Je vis
{ *en* Tunisie.
{ *en* Gambie.
{ *en* Italie.
{ *au* Sénégal.
{ *au* Canada.
{ *aux* États-Unis.
{ *à* Madagascar.

b) On utilise : *en* pour un nom de pays féminin et pour un pays commençant par une voyelle
au pour un nom de pays masculin
aux pour un nom de pays pluriel.

S'EXERCER n° 1 Corrigé ▶ p. 37

La francophonie

POINT CULTURE

Faire observer la carte p. 32 du manuel et vérifier la compréhension du terme « francophonie ». Faire remarquer que les différentes couleurs indiquent les degrés de francophonie dans le monde. Enfin, faire lire le Point culture et vérifier la compréhension des données. (Pour aller plus loin : consulter www.agence.francophonie.org)

➡ **OBJECTIF DES ACTIVITÉS 4 ET 5** ◀ | **Associer des sites connus (ou monuments) aux pays (ou villes) où ils se trouvent, réemployer les prépositions suivies de noms de pays.**

4 L'activité 4 sert de transition vers l'activité 5. Elle peut être faite individuellement, sous forme de jeu. Sur des petits papiers, chaque apprenant prend le soin d'inscrire ses réponses et son prénom. Lors de la mise en commun, faire échanger les papiers entre les apprenants afin qu'ils les « corrigent » et donnent à la fin une note sur 12 (correspondant au nombre de questions). Les champions sont bien sûr ceux qui obtiennent 12/12 !

➡ **CORRIGÉ :** **1.** à New York – **2.** en Égypte – **3.** en Chine – **4.** à Londres, en Angleterre – **5.** à Genève, en Suisse – **6.** à Casablanca, au Maroc – **7.** aux États-Unis – **8.** à Rome, en Italie – **9.** à Athènes, en Grèce – **10.** en France – **11.** en Tanzanie – **12.** à Rio de Janeiro, au Brésil

5 Cette activité peut être faite en binôme : chaque sous-groupe liste quelques lieux (cinq maximum). Lors de la mise en commun, chaque binôme interroge les autres sous-groupes. Et... on compte les points au fur et à mesure, afin de savoir à la fin de l'activité quel est le groupe champion en culture.

PARLER DE SES PASSIONS ET DE SES RÊVES

| 🎞 Comprendre Écrit Act. 6 et 7 | 🎞 Aide-mémoire Parler d'une passion Parler d'un rêve | 🎞 Point langue Les verbes en *-er* au présent S'exercer n°s 2 et 3 | 🎞 Comprendre Oral Act. 8 | 🎞 Point langue *Être/avoir* S'exercer n°s 4 et 5 | 🎞 Phonétique Act. 9 | 🎞 S'exprimer Oral Act. 10 |

Un témoignage

Le tirage au sort d'un concours

➡ **OBJECTIF DES ACTIVITÉS 6 ET 7** ◀ | **Comprendre des extraits de bulletins de participation au jeu-concours, dans lesquels les candidats expriment leur rêve.**

6 Tout d'abord, faire observer les deux extraits de bulletin afin d'en vérifier l'identification : il s'agit de la rubrique « rêve » des bulletins de participation au concours de deux candidats. À partir des informations trouvées dans l'activité 3, faire identifier qui a écrit chaque texte.

➡ **CORRIGÉ :** 1er bulletin : Tom – 2e bulletin : Issa

7 Cette activité sert de transition vers la conceptualisation : après avoir identifié les formules équivalentes, passer à l'Aide-mémoire. L'observation des différentes formules permet de préparer la production orale proposée en fin de leçon.

➤ **CORRIGÉ :** **Pour parler d'une passion :** *j'ai une passion : le cyclisme – ma passion, c'est le cyclisme – nous adorons la musique.*

Pour parler d'un rêve : *j'ai un rêve : aller à Paris pour la fête de la musique – je rêve d'aller à Paris pour la fête de la musique – mon rêve, c'est de voir les coureurs du Tour...*

AIDE-MÉMOIRE

Cet Aide-mémoire permet de fixer les actes de parole repérés dans les documents supports de compréhension.

Point **Langue** ❭ LES VERBES EN *-ER* AU PRÉSENT DE L'INDICATIF

Les deux documents travaillés permettent d'observer le présent des verbes en *-er*. La démarche est progressive.

a) Faire repérer les formes dans les textes afin d'observer que pour les verbes en *-er*, il y a une seule base (= radical) pour toutes les personnes, qui est la base de l'infinitif (sans *-er*), et que seule la terminaison change.
b) Vérifier la compréhension de la règle en faisant conjuguer un verbe du même type.
c) Attirer l'attention sur la prononciation de certaines formes et faire prendre conscience qu'une seule prononciation correspond à plusieurs personnes, donc, qu'on ne prononce pas certaines lettres finales. Il est très important de faire observer la prononciation dès la découverte de cette conjugaison, car cela « prépare le terrain » pour pouvoir corriger par la suite les prononciations erronées qui ne manqueront pas d'apparaître.
d) Faire observer les différences et similitudes au niveau de la phonie et de la graphie.

➤ **Corrigé : a)** je rêve – tu rêves – il/elle rêve – nous rêvons – vous rêvez – ils/elles rêvent
b) j'adore – tu adores – il/elle adore – nous adorons – vous adorez – ils/elles adorent
c) 1. même prononciation – **2.** prononciation différente – **3.** prononciation différente – **4.** même prononciation
d) 1. s'écrivent de manière différente – **2.** se prononcent de la même manière

S'EXERCER nᵒˢ 2 et 3 Corrigé ▶ p. 37

➤ **OBJECTIF DE L'ACTIVITÉ 8** ⬅ Clore le scénario du jeu-concours et vérifier les acquis, en demandant aux apprenants d'identifier le gagnant.

8 Faire d'abord écouter l'enregistrement sans la consigne en demandant aux apprenants de quoi il s'agit : *c'est le tirage au sort du concours.* Puis, si nécessaire après une seconde écoute, faire répondre à la question de l'activité : trouver le gagnant à partir de la présentation faite par le présentateur.

➤ **CORRIGÉ :** Céline a gagné le concours.

Point **Langue** ❭ *ÊTRE/AVOIR* POUR DONNER DES INFORMATIONS PERSONNELLES

Dans cette leçon où l'on donne des informations personnelles, l'utilisation des verbes *être* et *avoir* est fréquente. Il semble alors important d'intégrer ce Point langue visant à vérifier et à renforcer les acquis.

➤ **Corrigé :**   Je suis architecte.   J'ai une passion.
Je suis marocain.   Il a dix-neuf ans.
Il est jeune.   Ils ont un rêve.
Il est étudiant.
Ils sont au Canada, à la Réunion.

S'EXERCER nᵒˢ 4 et 5 Corrigé ▶ p. 37

➤ **OBJECTIF DE L'ACTIVITÉ 9** ⬅ **Phonétique :** La discrimination [s]/[z] et la liaison avec [z].

9 a) Cette distinction doit être faite au début de l'apprentissage de la langue, notamment pour différencier le verbe *être* et le verbe *avoir* à la troisième personne du pluriel. Faire d'abord prendre conscience de ces deux sons par une écoute des deux formes verbales qui constituent une paire minimale : seuls les phonèmes [s] et [z] sont permutés et permettent d'obtenir ainsi deux unités de sens différentes. Les apprenants prennent conscience de la prononciation proche des deux formes, due aux caractéristiques proches des sons [s] et [z] qui ne se différencient que par le trait de tension, ou de sonorité. [s] est tendue ou sourde alors que [z] est relâchée ou sonore (les cordes vocales vibrent). Proposer aux apprenants de mettre la main sur la gorge pour ressentir la vibration lors de la prononciation de [z].

b) Après cette prise de conscience, procéder à l'exercice qui consiste à reconnaître les deux sons dans des phrases. Demander alors aux apprenants de symboliser la différence entre ces deux sons, à savoir la tension et le relâchement, par un geste de la main, qui permettra par la suite de corriger la prononciation des erreurs se rapportant à ces mêmes traits. Les apprenants font le geste convenu pour chaque son en fonction de ce qu'ils entendent dans les phrases.

c) La troisième partie de l'activité propose de faire indiquer par les apprenants les liaisons avec [z] dans une série de phrases qu'ils ont sous les yeux et qu'ils écoutent en même temps. Le repérage des liaisons se fait seul avec une mise en commun en grand groupe.

d) Après ce repérage, les apprenants doivent être en mesure de répéter ces mêmes phrases avec, notamment, la liaison entre le pronom personnel et le verbe.

➡ CORRIGÉ : **b) 1.** [s] – **2.** [z] – **3.** [s] – **4.** [z] – **5.** [s] – **6.** [z]

   c) 1. Vous êtes canadien. – **2.** Nous allons tirer au sort. – **3.** Ils ont un rêve. – **4.** Nous avons cinq finalistes. – **5.** Ils arrivent sur les Champs-Élysées. – **6.** Ils habitent aux États-Unis.

   d) On fait la liaison : – entre *nous, vous, ils, elles* + voyelle ;
   – entre *aux* et un nom au pluriel qui commence par une voyelle ;
   – *Champs-Élysées* et *États-Unis* se prononcent toujours avec la liaison.

➡ OBJECTIF DE L'ACTIVITÉ 10 ◀   Transférer ce qui a été travaillé tout au long de la leçon.

O Pour poser le contexte, il est possible de revenir sur le dessin de la p. 26 afin de faire comprendre que les candidats du concours « *Paris... mon rêve* » sont à présent... les apprenants. Pour les impliquer davantage dans le jeu, prévoir une étape préalable à l'activité d'expression orale : faire remplir le bulletin du concours (après l'avoir photocopié). Puis, ramasser les bulletins, pour le tirage au sort ultérieur. Ensuite, demander aux apprenants de se lever et de former des sous-groupes de quatre ou cinq personnes, afin que chacun fasse comme dans l'émission : se présenter (cela peut être de manière fictive), parler de sa/ses passion(s) et dire son rêve. Lors de la mise en commun, le professeur joue le rôle du présentateur : tirer au sort cinq finalistes qui se présentent au groupe, comme dans l'émission. Puis, tirer au sort à nouveau et faire comme dans le dialogue : présenter le gagnant sans le nommer, afin que le groupe devine.

■ VARIANTE : Pour les apprenants qui sont déjà à Paris, leur demander de choisir un lieu qui représente un rêve pour eux.

S'EXERCER – CORRIGÉ

1. a. aux États-Unis – **b.** en Chine, en France – **c.** en Angleterre, au Canada – **d.** en Suisse, au Maroc – **e.** en Pologne, aux Pays-Bas

2. Le présentateur : Tom, bonjour. Comme les autres candidats, vous **désirez** aller à Paris, n'est-ce pas ?
Tom : Oui, je **rêve** de voir Paris. J'**aime** la langue et la culture françaises et j'**adore** la musique. Je **désire** assister à la fête de la Musique le 21 juin.
Le présentateur : Vous **travaillez**, vous êtes musicien professionnel ?
Tom : Avec des amis, nous **formons** un groupe de rock, nous **jouons** dans un bar mais nous **travaillons** le week-end seulement.

4. – Bonjour, Marta. Ça va ?
– Ça va bien. Je **suis** très contente ; j'**ai** de nouveaux amis : Marion et Vincent. Ils **sont** français et ils **sont** étudiants en architecture comme moi. Ils **sont** mariés et ils **ont** un bébé : il **a** six mois !

5. – Quel **est** votre nom ?
– Adrien Martin.
– Quel **est** votre âge ?
– Vingt ans.
– Vous **êtes** étudiant en architecture ?
– Non, j'**étudie** l'informatique.
– Vous **êtes** libre ?
– Oui, deux jours par semaine.
– Vous **avez** votre carte ?
– Oui, voilà ma carte d'étudiant.

Le `Carnet de voyage`, qui a ici une fonction essentiellement informative, propose un parcours à dominante culturelle et interactive. Ces activités peuvent être utilisées « à la carte » à la fin du dossier ou, selon les besoins et l'organisation des cours, ponctuellement, au cours du dossier.

Ce `Carnet de voyage` se compose de trois volets :

Le premier, intitulé *La France en Europe*, met l'accent sur l'appartenance de la France à l'Europe. L'apprenant est amené à repérer la France sur le continent européen et à situer les pays qui l'entourent.

Le deuxième, nommé *Quelques symboles*, propose des activités au cours desquelles les apprenants sont d'abord amenés à prendre connaissance de symboles qui représentent certains pays européens, dont la France ; pour ensuite dire quelles autres représentations pourraient aussi, selon eux, symboliser la France.

Le troisième propose de donner *Quelques chiffres*, d'abord pour situer Paris par rapport aux autres grandes villes européennes, puis pour connaître des données essentielles afin d'appréhender la réalité française.

La France en Europe

1 Faire d'abord retrouver la France sur la carte, puis la faire comparer aux formes géométriques proposées. Leur préciser que l'Hexagone est l'appellation qui est souvent donnée à la France métropolitaine en raison de sa forme géométrique.

➜ **CORRIGÉ :** un hexagone

2 Former des équipes de quatre (ou moins de quatre si la classe a un petit effectif) et faire retrouver la place de tous les pays cités. Cette activité permet de façon ludique de repérer quels sont les voisins de la France. Si plusieurs apprenants sont européens veiller à ce qu'ils soient répartis dans différents groupes pour que l'activité ne soit pas trop facile pour certains et trop difficile pour d'autres.

3 Par le biais de cette activité les apprenants sont amenés à entrevoir l'appartenance de la France à un ensemble politique et économique plus vaste : l'Union Européenne. L'activité se fait en grand groupe.

➜ **CORRIGÉ :** Ce sont les pays de l'Union européenne. Consultez : europa.eu.int/index_fr.htm ou www.info-europe.fr/ pour tout complément d'information.

Quelques symboles

4 Lors de cette activité, les apprenants sont amenés à vérifier la connaissance qu'ils ont de la culture européenne. Les photos reprennent différents éléments qui participent à la richesse culturelle de l'Europe (les monuments, l'alimentation, l'art, les croyances populaires, les textes fondateurs...). Il s'agit ici de montrer différentes facettes de l'identité européenne, et française, puisque trois photos, de trois domaines très différents, représentent la France. Il est possible de proposer cette activité sous forme de jeu : former de petites équipes, celle qui gagne est la première qui trouve quel pays correspond à chaque photo.

➜ **CORRIGÉ :** Le trèfle, c'est l'Irlande. – Le parfum, la baguette et la Déclaration des Droits de l'Homme de 1789, c'est la France. – Big Ben, c'est le Royaume-Uni. – Chopin, c'est la Pologne. – Les spaghettis, c'est l'Italie. – Les tulipes, ce sont les Pays-Bas. – Le Manneken-Pis, c'est la Belgique. – La danseuse de flamenco, c'est l'Espagne. – L'Acropole, c'est la Grèce – Le chocolat, c'est la Suisse.

5 Distribuer à chaque apprenant une carte découpée dans du carton ou du papier épais. Selon le temps dont on dispose, cette activité peut être en partie réalisée à la maison, en dehors du cours. Dans ce cas, lors du cours suivant, chaque apprenant apporte le dessin réalisé et compare avec d'autres au sein de petits groupes. Les cartes peuvent être le point de départ d'une petite discussion et d'une sensibilisation à l'interculturel : comment l'autre, de part son origine, son vécu, voit la France. Ces courts échanges permettent de commencer à nuancer sa vision en l'exposant à celle des autres. Si la salle occupée est celle dans laquelle le groupe a l'habitude de se retrouver, il est possible de garder les dessins réalisés et de les afficher dans la classe.

Quelques chiffres

6 Cette activité d'appariement donne la possibilité aux apprenants de connaître l'échelle des distances en Europe. Il est possible de faire revenir les apprenants à la carte de l'Europe pour qu'ils puissent mieux se représenter et évaluer la distance de ces capitales à Paris.
➤ CORRIGÉ : Bruxelles : 293 km – Madrid : 1 243 km – Prague : 1 005 km – Varsovie : 1 587 km – Rome : 1 362 km – Dublin : 846 km

7 L'activité ne le propose pas explicitement mais les données fournies permettent aux apprenants d'avoir un point de comparaison entre la France et leur pays que se soit au sujet de la taille du pays, de la population ou du niveau de vie.
➤ CORRIGÉ : les habitants : 60 millions – la superficie : 549 000 km^2 – les régions : 22 – le salaire minimum : 8 € (brut)/heure –
le nombre d'habitants à Paris (ville + banlieue) : 10 millions

Le **quartier** a la parole

CONTENUS SOCIOCULTURELS – THÉMATIQUES

La ville, le quartier où l'on habite – Les lieux et monuments parisiens

OBJECTIFS SOCIOLANGAGIERS

OBJECTIFS COMMUNICATIFS & SAVOIR-FAIRE	
Être capable de...	
Parler de son quartier, de sa ville	– comprendre un micro-trottoir sur un sujet familier
	– comprendre quelqu'un qui parle de sa ville, de son quartier, d'un lieu dans la ville
	– comprendre quand quelqu'un localise un lieu de façon simple
	– nommer un lieu dans sa ville
	– localiser un lieu simplement
Demander, donner une explication	– comprendre quand quelqu'un explique pourquoi il aime ou n'aime pas quelque chose
	– parler de ses goûts et justifier en quelques mots
OBJECTIFS LINGUISTIQUES	
GRAMMATICAUX	– les articles définis/indéfinis
	– les prépositions de lieu + articles contractés
	– *pourquoi*/*parce que*
LEXICAUX	– quelques lieux dans la ville
	– quelques expressions de localisation
PHONÉTIQUES	– prononciation de *un/une* + nom

SCÉNARIO DE LA LEÇON

La leçon se compose de deux parcours :

Dans le premier parcours, les apprenants seront amenés à écouter un micro-trottoir dans lequel des personnes parlent de leur lieu préféré dans la ville. Pour faciliter le travail de repérage des formes, deux supports complémentaires seront proposés : une page de magazine correspondant au micro-trottoir et le plan du quartier. À la fin de ce premier parcours, les apprenants pourront localiser des lieux sur un plan de quartier. **Dans le second parcours**, après la lecture d'un extrait d'interview et un travail sur la langue pour apprendre à demander ou à donner une explication, les apprenants pourront, à leur tour, parler de leur quartier et témoigner par écrit pour dire quel est leur endroit préféré.

PARLER DE SON QUARTIER, DE SA VILLE

🎞 Comprendre Oral Act. 1 et 2	🎞 Point langue Les articles **S'exercer nᵒˢ 1 et 2**	🎞 Comprendre Écrit/Oral Act. 3	🎞 Point langue L'article contracté **S'exercer nᵒ 3**	🎞 Phonétique Act. 4	🎞 S'exprimer Oral Act. 5

Micro-trottoir   Plan de la ville

➡ OBJECTIF DES ACTIVITÉS 1 ET 2 ⬅   Comprendre un micro-trottoir où l'on parle de son lieu préféré dans le quartier. Faciliter l'identification des lieux cités dans l'enregistrement par l'observation d'une page de magazine et permettre un travail progressif sur les manières de se référer à un lieu (de façon imprécise/précise).

1 Avant l'activité, faire écouter le dialogue une première fois afin de vérifier la compréhension de la situation : *il s'agit d'un micro-trottoir ; un journaliste interviewe les passants, dans un quartier, et pose à tous la même question.* La prise en compte des bruitages (bruits de rue), du nombre de voix (6 personnes au total : le journaliste + 5 passants) et de la même question répétée, peut faciliter l'accès au sens de ce document. Avant de passer à l'activité 1, vérifier la compréhension des termes proposés dans les consignes. Le terme « halles » peut notamment poser problème ; l'expliquer en disant que c'est le bâtiment où se tient un marché permanent. Proposer cette activité en grand groupe.

➡ CORRIGÉ : **1.** « Vous avez un endroit préféré dans votre quartier ? » – **2.** un marché/un café/une église/une place/ un restaurant

2 **a)** Faire observer le document afin que les apprenants puissent faire le lien avec le dialogue entendu : *il s'agit d'une page du magazine « Hebdomag » qui fait suite au micro-trottoir entendu.* Faire remarquer l'intitulé « *Votre quartier a la parole* » et la reprise de la question posée aux passants : « *Vous aimez votre quartier... Quel est votre endroit préféré ?* » Puis, revenir sur les lieux identifiés dans l'activité précédente afin de faire reconnaître la photo qui correspond à chaque endroit.

b) Repasser l'enregistrement pour faire repérer les légendes des photos (c'est-à-dire les noms précis des lieux). Pour renforcer la consigne, s'appuyer sur la photo 1 : le café *Au père tranquille.*

➡ CORRIGÉ : **a)** un café : **1** – un marché : **2** – un restaurant : **3** – une place : **4** – une église : **5**

   b) 1. le café *Au père tranquille* – **2.** le marché des Écoles – **3.** le restaurant *Le petit bistrot* – **4.** la place de la République – **5.** l'église Sainte Marie

Point **Langue**   › **LES ARTICLES POUR NOMMER DES LIEUX DANS LA VILLE**

À partir du relevé fait lors de l'écoute du micro-trottoir, ce Point langue permet aux apprenants d'observer un corpus organisé en deux, de formuler, puis d'élargir la règle (on y introduit l'article au pluriel). Faire aussi remarquer l'utilisation de *c'est* pour le singulier et de *ce sont* pour le pluriel.

➡ **Corrigé :** On utilise les articles indéfinis *un*, *une*, *des* pour donner une information non précise. – On utilise les articles définis *le*, *la*, *les* pour donner une information précise.

S'EXERCER n°ˢ **1 et 2** ➡   Corrigé ▶ p. 43

➡ OBJECTIF DE L'ACTIVITÉ 3 ⬅   Lire un plan du quartier pour localiser les lieux cités par les personnes interrogées lors du micro-trottoir.

3 **a)** Avant l'activité, faire observer le plan afin d'amener les apprenants à comprendre qu'il s'agit du plan du quartier évoqué dans le micro-trottoir. Faire justifier cette réponse en demandant aux apprenants d'identifier les lieux mentionnés précédemment. Ne pas s'attarder sur cette partie de l'activité, car le principal objectif est de faire comprendre le lien avec ce qui précède et préparer la suite.

b) Faire d'abord observer les petits dessins proposés dans l'Aide-mémoire « Localiser », sur lesquels les apprenants pourront s'appuyer pour exécuter la tâche proposée. Puis, faire réaliser l'activité par groupe de deux.

c) Lors de la mise en commun, proposer une autre écoute de l'enregistrement pour vérifier et confirmer les réponses.

➡ CORRIGÉ : **b) 1.** le café *Au père tranquille* – **2.** la place de la République – **3.** l'église Sainte Marie – **4.** le restaurant *Le petit Bistrot* – **5.** le marché des écoles

Point **Langue**   › **L'ARTICLE CONTRACTÉ**

Ce Point langue donne l'occasion d'observer et de comprendre la formation des articles contractés employés dans l'activité 3 pour localiser les différents lieux de la ville. Avant de faire compléter les pointillés, attirer l'attention sur le fait qu'on utilise ici des prépositions de localisation composées (à côté *de*, près *de*, en face *de*). Faire ensuite compléter les pointillés à partir des indications données dans l'activité 3. Les réponses trouvées permettent d'observer les articles contractés *du* et *des* et d'expliciter la règle à partir des articles définis donnés.

➡ **Corrigé :** à côté *du* théâtre – près *de la* banque – en face *de l'* hôtel – à côté *des* écoles

S'EXERCER n° **3** ➡   Corrigé ▶ p. 43

→ OBJECTIF DE L'ACTIVITÉ 4 ← **Phonétique :** Prononcer *un/une* suivis d'un nom.

4 Faire prendre conscience à l'apprenant débutant de la différence de prononciation de l'article, en fonction de la voyelle initiale d'un nom, précédée ou non d'un « h » muet.

a) Avec un nom qui commence par une consonne, l'article masculin se prononce [ɛ̃], avec un nom qui commence par une voyelle ou un « h » muet, il se prononce [ɛ̃] + [n]. La première activité consiste à faire écouter les exemples et à demander aux apprenants s'ils entendent une différence de prononciation de l'article. Faire écouter l'enregistrement afin d'observer les liaisons. À la fin, faire énoncer la règle : *Devant un nom masculin qui commence par une voyelle ou un « h » muet on fait la liaison après « un ».*

b) Faire écouter, puis répéter les mots de l'exercice en veillant à la prononciation correcte de la liaison.

c) Faire prendre conscience à l'apprenant qu'il n'y a pas de différence de prononciation de l'article féminin devant un nom, que celui-ci commence par une consonne, une voyelle ou un « h » muet. L'enchaînement se prononce avec le [n], de même qu'on prononce le [n] devant un nom qui commence par une consonne.

→ **CORRIGÉ : b)** mots pour lesquels on fait la liaison : un_office du tourisme – un_hôpital – un_institut de langues – un_immeuble

→ OBJECTIF DE L'ACTIVITÉ 5 ← **Vérifier si les apprenants sont capables de nommer et de localiser des lieux sur un plan de quartier.**

5 D'abord, faire observer à nouveau le plan du quartier afin de nommer les différents lieux (reprise rapide des endroits cités dans l'enregistrement + la mairie, l'hôpital, le cinéma UGC, le café Riche, le théâtre, le supermarché Caro...). Puis, pour être sûr que tous comprennent bien la consigne, donner un (ou deux) exemple(s) : choisir successivement un ou deux lieux sans les nommer ; indiquer leur localisation afin que les apprenants devinent de quel endroit il s'agit. Faire comprendre l'expression « *se trouver* ». Ex : – *Elle se trouve sur la Place de la République (= la mairie)* – *Elle se trouve dans la rue principale, à côté du restaurant Chez Marcel (= la banque de France)*. Enfin, demander aux apprenants de travailler par deux, en alternance (dire la localisation/deviner le lieu). Passer dans les groupes pour effectuer les corrections nécessaires.

DEMANDER/DONNER UNE EXPLICATION

▨ Comprendre	▨ Aide-mémoire	▨ S'exprimer	▨ S'exprimer
Écrit	Demander/donner	Oral	Écrit
Act. 6	une explication	Act. 7	Act. 8
	S'exercer n° 4		

Extraits d'interviews
publiées dans un magazine

→ OBJECTIF DE L'ACTIVITÉ 6 ← **Comprendre des témoignages dans un magazine, où des personnes expliquent pourquoi elles aiment un endroit de leur quartier. Cette justification permet de travailler de manière simple sur les occupations des personnes dans le lieu en question.**

6 Faire observer les textes afin de faire comprendre que c'est la suite de l'article paru dans *Hebdomag*, travaillé dans le parcours précédent (activité 2).

Faire lire les deux extraits pour vérifier la compréhension de la situation : deux des cinq personnes interviewées répondent à la question « *Pourquoi aimez-vous cet endroit ?* » ; elles expliquent les raisons pour lesquelles elles aiment un endroit de la ville.

Ensuite, vérifier la compréhension des témoignages en demandant de nommer l'endroit dont parlent Alice et Vincent.

Puis, demander aux apprenants de dire quelles sont les activités de ces personnes dans ces lieux, et quand elles y vont. Il est possible de terminer la compréhension des textes en demandant pour quelles autres raisons la première personne aime le marché (*parce qu'il y a de tout... les commerçants sont sympathiques*).

→ **CORRIGÉ : 1.** « *Pourquoi aimez-vous cet endroit ?* » – **2.** le marché des écoles/la place de la République –
3. Alice : *je fais mes courses/le samedi* – Vincent : *je retrouve mes copains là-bas pour faire du roller, pour discuter... c'est notre lieu de rencontre !/après le lycée... tous les après-midi.*

AIDE-MÉMOIRE

Pour clore l'activité, faire lire l'Aide-mémoire afin de vérifier la compréhension de l'usage de *pourquoi/parce que*. Cet Aide-mémoire permet de fixer les outils employés dans l'extrait de l'interview : le journaliste demande une explication avec « *pourquoi* » ; les personnes interrogées donnent des explications avec « *parce que* ».

S'EXERCER n° 4 Corrigé ▶ p. 43

→ **OBJECTIF DES ACTIVITÉS 7 ET 8** ← Vérifier l'acquisition des objectifs de la leçon : parler de l'endroit que l'on préfère dans son quartier (ou sa ville), justifier son choix, dire ce qu'on y fait.

7 Amorcer l'activité en la situant, par exemple, dans le quartier de l'école où ont lieu les cours de français. Demander à un ou deux apprenants de dire quel est leur lieu préféré dans ce quartier, où cet endroit se trouve et pourquoi ils l'aiment. Puis former des petits groupes afin que les apprenants échangent les mêmes informations par rapport à un lieu de la ville ou du quartier où ils habitent.

8 Procéder d'abord à la compréhension du document déclencheur : le site Internet du magazine *Hebdomag* fait un appel à témoignages sur le thème du micro-trottoir étudié dans la leçon. Puis, expliciter la consigne, la tâche pouvant être réalisée en classe ou à la maison selon le temps dont on dispose. Voici un exemple de production attendue :

Bonjour,
Dans mon quartier, il y a un café : le café « Jardin ». Il se trouve près du métro. J'aime cet endroit parce il y a une terrasse très calme avec des plantes, des fleurs... Tous les jours, je retrouve mes amis là-bas, après le travail !
Martine

1. *culture* : le cinéma – le théâtre – le musée ; *alimentation* : la pâtisserie – les halles – le restaurant – le café – le marché – le supermarché ; *autres* : la banque – l'hôpital – l'école – la mairie

2. a) Cet exercice peut être entièrement fait à l'oral avant le passage à l'écrit. Faire observer le plan afin d'amener à dire qu'il s'agit d'un plan de Paris, sur lequel sont indiqués certains monuments et lieux. Pointer les dessins, puis amener à faire le lien avec la précision donnée.

b) Il y a un musée, c'est le musée du Louvre – Il y a une cathédrale, c'est la cathédrale Notre-Dame de Paris – Il y a un jardin, c'est le jardin du Luxembourg – Il y a un cimetière, c'est le cimetière du Père Lachaise – Il y a un monument en forme d'arc, c'est l'Arc de Triomphe – Il y a un bois, c'est le Bois de Boulogne – Il y a une basilique, c'est la basilique du Sacré-Cœur – Il y a des tours, ce sont les Tours de la Défense – Il y a un parc, c'est le Parc Montsouris – Il y a des portes, ce sont les portes de la Chapelle, de Vanves et d'Ivry

3. a. sous – **b.** sur – **c.** à côté de – **d.** devant – **e.** en face de

4. *Plusieurs réponses sont possibles. En voici quelques-unes :*
J'aime le restaurant *Chez Marcel* parce que c'est très animé/l'ambiance est très agréable/c'est tranquille/le décor est beau.
J'aime le musée du Louvre parce qu'il y a des statues très belles/il y a des tableaux magnifiques/ il a une belle architecture.
J'aime le magasin *Tati* parce que c'est très animé/ce n'est pas cher.
J'aime le parc Montsouris parce que c'est tranquille.
J'aime la place des Vosges parce que c'est très animé/il y a des statues très belles.

Passer **une nuit...**

CONTENUS SOCIOCULTURELS – THÉMATIQUES

Les auberges de jeunesse et les lieux d'hébergement

OBJECTIFS SOCIOLANGAGIERS

OBJECTIFS COMMUNICATIFS & SAVOIR-FAIRE	
Être capable de...	
S'informer sur l'hébergement	– comprendre une fiche descriptive simple sur un hébergement
	– comprendre une demande de réservation d'hébergement
	– comprendre un court échange téléphonique
	– justifier simplement un choix d'hébergement
	– s'informer/donner des informations sur un hébergement
	– remercier, réagir, s'exprimer avec politesse
Indiquer un itinéraire	– comprendre l'indication d'un itinéraire
	– indiquer de façon simple un itinéraire/une direction
OBJECTIFS LINGUISTIQUES	
GRAMMATICAUX	– les questions fermées pour s'informer
	– le présent des verbes *prendre* et *descendre*
LEXICAUX	– les termes liés à l'hébergement
	– quelques verbes et indications de direction
	– quelques formules de politesse
PHONÉTIQUES	– l'intonation de la question (1)

SCÉNARIO DE LA LEÇON

La leçon se compose de deux parcours :

Dans le premier parcours, les apprenants seront amenés à lire la page d'un site Internet d'une auberge de jeunesse et à écouter un entretien téléphonique dans lequel un jeune homme demande des renseignements pour une réservation. Ces activités de compréhension, complétées par un travail linguistique sur les questions et un enrichissement lexical, permettront aux apprenants, en fin de parcours, de parler du mode d'hébergement qu'ils préfèrent et de jouer une scène dans laquelle ils auront à s'informer en vue d'une réservation.
Dans le second parcours, le scénario de départ est prolongé puisque les apprenants retrouveront le même jeune homme, le jour de sa réservation. Ils auront à lire les indications de l'itinéraire pour se rendre à l'auberge de jeunesse, puis, comme le jeune homme est perdu, à écouter les indications données par téléphone par la réceptionniste de l'auberge. Après avoir observé les divers moyens d'indiquer un itinéraire, ils pourront, à leur tour, écrire à un ami pour expliquer comment venir chez eux.

S'INFORMER SUR L'HÉBERGEMENT

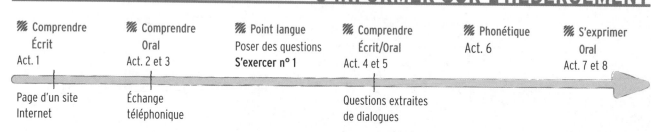

▓ Comprendre Écrit Act. 1	▓ Comprendre Oral Act. 2 et 3	▓ Point langue Poser des questions **S'exercer n° 1**	▓ Comprendre Écrit/Oral Act. 4 et 5	▓ Phonétique Act. 6	▓ S'exprimer Oral Act. 7 et 8
Page d'un site Internet	Échange téléphonique		Questions extraites de dialogues		

➡ OBJECTIF DE L'ACTIVITÉ 1 ⬅   Comprendre une page de site Internet présentant la fiche descriptive d'une auberge de jeunesse. Elle permet de situer le contexte de la leçon : l'hébergement à l'auberge de jeunesse de Carcassonne.

1 Avant l'activité, faire identifier le document : il s'agit de la fiche descriptive de l'auberge de jeunesse de Carcassonne, figurant sur le site de la FUAJ (Fédération unie des auberges de jeunesse). Faire observer qu'on y donne les coordonnées de l'auberge et des renseignements divers. La photo de la ville permet d'avoir des informations qui seront importantes pour la compréhension des situations proposées dans la leçon. Sans rentrer dans une description minutieuse, faire observer l'essentiel : il s'agit d'une cité médiévale, avec des remparts (la « ville haute ») ; on aperçoit aussi la ville basse. L'auberge s'appelant « cité médiévale », on comprend qu'elle se trouve dans la ville haute.

L'activité permet d'affiner la compréhension du support. Faire lire le document afin d'y repérer le type d'informations contenues ; faire justifier les réponses.

➡ **CORRIGÉ :** **informations données :** dates d'ouverture − horaires d'ouverture − équipements − coordonnées (adresse, numéro de téléphone...)

➡ OBJECTIF DES ACTIVITÉS 2 ET 3 ⬅   Comprendre un échange téléphonique de demande d'informations pour une réservation en auberge de jeunesse. Pour vérifier la compréhension : faire compléter le mél où le personnage, Philippe, transmet les informations obtenues à un ami.

2 Avant l'activité, faire écouter le dialogue et vérifier la compréhension de la situation : *Qui parle à qui ?* Deux personnes (une employée de l'auberge de jeunesse de Carcassonne et un jeune homme) parlent au téléphone. *Pour quoi faire ?* Le jeune homme appelle pour demander des renseignements/faire une réservation.

Faire réécouter le dialogue afin de repérer les questions posées par Philippe (pour demander des renseignements) et celles de l'employée de l'auberge (pour effectuer la réservation).

➡ **CORRIGÉ :** questions de l'employée : 2 et 6 − questions de Philippe : 1, 3, 4 et 5

3 Cette tâche a pour but de vérifier les principales informations données dans le dialogue. Au préalable, faire identifier le document (un mél de Philippe confirmant à son ami Frank la réservation). Au besoin, élucider le vocabulaire inconnu. Puis, faire réécouter le dialogue afin de compléter le message. Cette activité peut être effectuée seul, proposer une vérification en binôme, puis une mise en commun en grand groupe.

➡ **CORRIGÉ :** Salut Frank

J'ai téléphoné à l'auberge de jeunesse pour faire la réservation et c'est OK.
– Réservation pour deux nuits, à partir de samedi prochain.
– Chambre à trois lits, avec les douches et les WC à l'étage.
– 15 € 80 par personne, petit déjeuner et draps inclus dans le prix.
– Carte d'adhérent obligatoire, bien sûr !
Voilà ! N'oublie pas les billets de train ! Je t'appelle demain.
Philippe

Point Langue   › POSER DES QUESTIONS POUR S'INFORMER

Ce Point langue permet de clore le travail sur les demandes de renseignements, en observant la formulation des questions fermées (entraînant une réponse « oui » ou « non »).

a) À partir des exemples donnés, amener l'apprenant à comprendre que les deux questions sont équivalentes au niveau du sens, mais différentes du point de vue de la formulation :
Est-ce que vous avez de la place pour samedi prochain ? (Interrogation avec « est-ce que »)
=
      Vous avez de la place pour samedi prochain ? (Intonation montante, pas de marque syntaxique de l'interrogation)

b) Faire trouver d'autres exemples de questions fermées dans l'activité 2, puis formuler les mêmes équivalences :
Exemple : Vous avez la carte d'adhérent ? = Est-ce que vous avez la carte d'adhérent ? N.B. : Deux questions (**Quel** est le prix par personne ? – Vous voulez rester **combien de temps** ?) ne se prêtent pas à ces reformulations. Elles seront traitées ultérieurement dans le manuel.

S'EXERCER n° 1   ➡   Corrigé ▸ p. 48

→ **OBJECTIF DES ACTIVITÉS 4 ET 5** ← Renforcer le travail sur la demande de renseignements, en vue de l'activité d'expression orale à venir.

4 Cette activité est dans la continuité du Point langue précédent et permet, en variant les situations proposées, d'enrichir le lexique lié aux différents types d'hébergement. Pour faciliter la compréhension des questions, celles-ci sont d'abord données à l'écrit et il s'agit de faire deviner le contexte dans lequel elles ont été posées. Cette activité peut se faire à deux : chaque apprenant peut alors se concerter avec son voisin et émettre des hypothèses quant aux diverses situations.

➔ **CORRIGÉ :** dans une auberge de jeunesse : 1, 3 et 5 – dans un hôtel de luxe : 2 et 6 – les deux sont possibles : 4

5 La réécoute des dialogues permet de confirmer/justifier en grand groupe les réponses données dans l'activité précédente. Dans le premier échange, par exemple, la réponse de l'employée « *seulement des chambres à trois, quatre ou cinq lits* » permet de saisir que la question « *Est-ce que vous avez des chambres doubles ?* » est posée dans une auberge de jeunesse.

→ **OBJECTIF DE L'ACTIVITÉ 6** ← L'intonation de la question avec ou sans « *est-ce que* ».

6 L'activité consiste à sensibiliser les apprenants à la différence de mélodie de deux sortes de questions (en français). La question dite « globale » ou fermée, sans mot interrogatif, a une intonation montante qui la différencie d'une affirmation. La question avec « *est-ce que* » a une mélodie généralement descendante. À ce stade de l'apprentissage, on ne fera pas entendre de question avec « *est-ce que* » avec une mélodie montante, même si celle-ci est possible, afin de mieux faire différencier les deux sortes de questions par les apprenants.

a) Faire d'abord écouter la question de l'exemple et poser la question à tout le groupe. Convenir avec l'ensemble de la classe d'un code pour dire si la mélodie est montante (comme dans l'exemple) ou descendante, ce code écrit peut être accompagné d'un signe de la main. Ex. : *Vous avez des chambres doubles ?* → ↗. Le reste de l'activité se fait ensuite de manière individuelle. Faire remarquer que la question sans « *est-ce que* » est toujours montante ↗.

b) Après la correction de l'exercice d'écoute en grand groupe, faire mettre les apprenants par binômes et leur proposer de faire la seconde partie de l'activité en se posant mutuellement les questions : l'un répète la question de l'enregistrement (deuxième écoute) et le partenaire doit trouver l'autre formulation, puis c'est l'inverse, et ainsi de suite. Laisser quelques secondes après chaque question entendue pour laisser le temps aux apprenants de la répéter, puis de la reformuler.

➔ **CORRIGÉ : a)** 2. ↘ – 3. ↗ – 4. ↗ – 5. ↘ – 6. ↗ – 7. ↗ – 8. ↗ – 9. ↘ – 10. ↗

b) 1. Est-ce que vous avez des chambres doubles ? ↘ – 2. Vous acceptez les animaux ? ↗ – 3. Est-ce que c'est possible de faire la cuisine ? ↘ – 4. Est-ce qu'il y a une douche dans la chambre ? ↘ – 5. Les chambres sont mixtes ? ↗ – 6. La suite présidentielle est libre ? ↗ – 7. Est-ce que vous restez le week-end ? ↘ – 8. Est-ce que vous avez de la place ? ↘ – 9. Le petit-déjeuner est inclus ? ↗ – 10. Est-ce que vous avez la carte d'adhérent ? ↘

→ **OBJECTIF DE L'ACTIVITÉ 7** ← Parler du type d'hébergement que l'on aime : faire justifier simplement un choix d'hébergement, en fonction de ses goûts et préférences.

7 Trois documents déclencheurs sont proposés. La photo de l'auberge de jeunesse permet de rompre avec le stéréotype auberge = hébergement modeste et sans cachet : celle des Rousses se trouve au cœur de la montagne et offre probablement une vue magnifique, le bâtiment a de l'allure... L'hôtel de Wissant semble être un lieu calme, tranquille, les chambres qui donnent sur la rivière ont un côté très romantique... L'hôtel Martinez est, quant à lui, un lieu luxueux (c'est le palace où vont les grandes stars de cinéma, lors du festival de Cannes). En fonction des profils des apprenants, les avis seront très différents... et le rêve a toute sa place. Par exemple :
– *Je préfère aller dans une auberge de jeunesse ! L'endroit est beau et simple. Je n'aime pas les endroits chics, j'aime être avec des jeunes...* – *Je rêve d'aller dans un hôtel luxueux ! Je voudrais voir des stars de cinéma, boire du champagne...*
Ne pas s'attarder sur les trois exemples proposés. L'essentiel est ici l'appel au vécu des apprenants mais... sans aller trop loin, compte tenu de leur niveau linguistique.

AIDE-MÉMOIRE

Cet Aide-mémoire permet de reprendre et de fixer les formules de politesse employées dans l'échange téléphonique (support des activités 2 et 3) afin que les apprenants puissent les avoir en tête au moment de la préparation du jeu de rôles, pour qu'ils pensent à les réutiliser dans la scène jouée lors de l'activité suivante.

→ **OBJECTIF DE L'ACTIVITÉ 8** ← Transférer ce qui a été appris dans ce premier parcours.

8 Dans une situation d'accueil dans un hôtel/auberge de jeunesse, on vérifiera s'ils sont capables de préciser et/ou de demander : – les dates/la durée du séjour – le nombre de personnes – le prix de la chambre – le confort des chambres. Ces indications donnent une trame permettant à chaque sous-groupe de préparer son jeu de rôles.

Compte tenu des situations proposées (auberge de jeunesse ou hôtel de luxe), les apprenants peuvent donner libre cours à leur imagination en ce qui concerne la personnalité des interlocuteurs (réceptionniste serviable, client snob, jeune très « cool »...) Quelques groupes jouent la scène devant l'ensemble de la classe, à ce moment-là, veiller à une écoute active du reste du groupe : la correction peut se faire en demandant à ceux qui ont vu jouer la scène d'en identifier les différents paramètres (*Où ? Qui ? Quand ? Pour combien de jours ?...*)

INDIQUER UN ITINÉRAIRE

✎ Comprendre Écrit Act. 9	✎ Comprendre Oral Act. 10	✎ Point langue Les articles **S'exercer nos 2 et 3**	✎ Comprendre Oral Act. 11	✎ Aide-mémoire *Prendre* et *descendre* à l'indicatif présent	✎ S'exprimer Écrit Act. 12
Page d'un site Internet	Indication d'un itinéraire par téléphone		Plusieurs indications d'itinéraires		

→ **OBJECTIF DE L'ACTIVITÉ 9** ←   **Comprendre un itinéraire simple, donné sur le site Internet de l'auberge de jeunesse de Carcassonne.**

9 L'apprenant est placé dans la situation authentique du voyageur qui, arrivant en train, doit consulter le plan de la ville afin de suivre l'itinéraire lui permettant d'aller à pied à l'auberge. Avant l'activité elle-même, proposer une compréhension globale du document. Dans un premier temps, faire identifier le document : *il s'agit d'une page du site de la FUAJ.* Puis, faire observer qu'il s'agit de la page « *Comment accéder à l'auberge ?* ». Dans un deuxième temps, faire observer le plan de la ville. Faire remarquer que deux points sont signalés : la gare et l'auberge de jeunesse, ce qui amène à comprendre que les personnes qui consultent ce plan arrivent en train et doivent ensuite se rendre à la cité médiévale. Ce plan est aussi l'occasion de rappeler/donner certaines informations sur Carcassonne : il existe la ville haute, médiévale, et la ville basse (entre les deux, un fleuve : l'Aude). Dans le cas présent, le voyageur doit se rendre de la gare (ville basse) à l'auberge (ville haute) et on constate que c'est relativement loin. Dans un troisième temps, faire lire la suite du document, intitulé « *pour venir à pied depuis la gare SNCF* », et vérifier la compréhension de la situation : *il s'agit d'instructions indiquant l'itinéraire à suivre pour aller à l'auberge.*

Cette activité peut être faite individuellement ou par deux. Lors de la mise en commun en grand groupe, tracer progressivement sur le plan les étapes de l'itinéraire, en élucidant les instructions données. C'est ici qu'il sera utile de vérifier si les apprenants font bien le lien entre les instructions et le contexte (ce qu'ils ont appris de la ville) : « *traverser le pont* » (car il y a le fleuve), « *quelle belle vue sur la cité !* » (la cité se détache du reste, elle est en hauteur), « *ça commence à monter !* » (on passe de la ville basse à la ville haute), « *Vous voici à la porte narbonnaise (entrée principale de la cité)* » (la cité est entourée de remparts), « *L'auberge de jeunesse se trouve dans la rue "Trencavel", en haut à gauche de la rue principale [...] Ouf !...* » (le chemin jusqu'à l'auberge est en pente, demandant un certain effort).

→ **OBJECTIF DE L'ACTIVITÉ 10** ←   **Comprendre un itinéraire donné à l'oral lors d'un entretien téléphonique. Le plan de la ville est ici aussi le support indispensable pour comprendre les instructions.**

10 Faire d'abord écouter le dialogue afin de vérifier la compréhension de la situation : *Un jeune homme* (Philippe, le personnage du dialogue du premier parcours) *téléphone à l'auberge de jeunesse, parce qu'il est perdu ; l'employée lui donne des instructions pour venir à l'auberge.* Pour faciliter l'accès au sens, faire observer le ton de la voix des personnages : le jeune homme est fatigué, découragé ; l'employée est encourageante, rassurante.

Faire ensuite réécouter le dialogue afin d'effectuer les repérages indiqués dans la consigne de l'activité. Lors de la mise en commun, faire constater que l'itinéraire indiqué par l'employée correspond à celui donné sur le site (à partir du Pont vieux). Une réécoute supplémentaire peut être souhaitable, afin d'observer comment l'employée formule les instructions. Il est possible de proposer le tableau suivant pour conceptualiser les deux façons d'indiquer un itinéraire :

Itinéraire écrit	Itinéraire oral
traverser le pont	vous traversez le Pont vieux
aller toujours tout droit sur la rue Trivalle	vous allez tout droit, rue Trivalle
tourner à gauche rue Nadaud	vous tournez à gauche, rue Nadaud
Les formulations sont à l'infinitif.	*Les formulations sont au présent.*
Conclusion : *Pour indiquer un itinéraire en français, on peut utiliser l'infinitif à l'écrit et le présent à l'oral.*	

→ **CORRIGÉ : 1.** Il est rue du Pont-Vieux – **2.** Vous traversez le Pont vieux/vous allez tout droit, rue Trivalle/vous tournez à gauche, rue Nadaud/vous arrivez à la porte Narbonnaise/l'auberge se trouve dans la rue Trencavel, en haut à gauche de la rue principale, la rue Cros-Mayrevieille.

Point **Langue**
> **INDIQUER UN ITINÉRAIRE**

Pour vérifier et consolider les acquis lexicaux, proposer aux apprenants de repérer les formules utilisées dans l'itinéraire p. 40 du manuel.

→ **Corrigé : 1.** Prendre la rue... – **2.** Tourner à gauche. – **3.** Traverser le pont. – **4.** Aller tout droit/Aller toujours tout droit.

S'EXERCER nᵒˢ 2 à 4 Corrigé ▶ p. 48

→ **OBJECTIF DE L'ACTIVITÉ 11** ← Consolider les acquis et amener à observer la conjugaison des verbes « prendre » et « descendre ».

11 Avant l'activité elle-même, faire écouter les dialogues et en vérifier la compréhension globale : *il y a trois dialogues/à chaque fois, une personne demande un renseignement, mais on n'entend pas de quel lieu il s'agit/l'autre personne indique l'itinéraire pour y aller.* Après avoir précisé que le point de départ est toujours l'auberge, faire réécouter les dialogues tout en faisant regarder le plan afin que les apprenants puissent suivre les itinéraires et comprendre de quel lieu il s'agit.

■ **POUR ALLER PLUS LOIN :** Vous pouvez faire réécouter les dialogues pour faire repérer les manières de : – aborder quelqu'un : *excuse-moi... pardon...* – demander où se trouve un lieu : *Où est la place..., s'il te plaît ?/ je cherche la porte.../ pour aller à la rue... ?* – indiquer les itinéraires : *tu vas tout droit, tu traverses la place du château, tu continues...*
Vérifier les acquis en faisant observer que les instructions sont données au présent. Pour les deux premiers dialogues, faire remarquer que le tutoiement se justifie par le fait que l'on demande des renseignements à l'auberge, donc à d'autres jeunes.

→ **CORRIGÉ :** dialogue 1 : Place Saint Jean – dialogue 2 : Porte Narbonnaise – dialogue 3 : rue du grand puits

AIDE-MÉMOIRE

À partir de l'observation des formes des verbes *prendre* et *descendre* sur la transcription des dialogues de l'activité précédente, cet Aide-mémoire permet de fixer la conjugaison de ces deux verbes.

S'EXERCER nᵒ 5 Corrigé ▶ p. 48

→ **OBJECTIF DE L'ACTIVITÉ 12** ← Vérifier si les apprenants sont capables d'écrire un message à un ami pour indiquer un itinéraire.

12 Avant de lancer l'activité, il est préférable de vérifier les acquis en ce qui concerne les formules d'appel et de clôture d'un mél amical. Veiller à ce que chaque apprenant soit précis pour indiquer à son ami le point de départ et l'arrivée, ces deux informations doivent être très clairement données pour garantir la réussite de la tâche à effectuer. Proposer à chacun de faire un plan simple, préalable à l'écriture du mél. La rédaction peut se faire en classe ou à la maison.

1. *R :* Hôtel du lac, bonjour !/*C :* Bonjour, madame, je voudrais une chambre pour ce soir. C'est possible ?/*R :* Pour combien de personnes ?/*C :* Une personne. Vous avez une chambre avec salle de bains ?/*R :* Ah, non, désolée monsieur, nous avons seulement une chambre avec douche à vous proposer./*C :* Vous acceptez les chiens ?/*R :* Oui, mais les petits chiens seulement./*C :* Quel est le prix de la chambre ?/*R :* 26 € petit déjeuner inclus./*C :* Bien, je prends la chambre. C'est loin de la gare ?/*R :* Non, c'est tout près. Nous sommes à cinq minutes de la gare.
2. – (Est-ce que) tu achètes les billets ? – Oui, j'achète les billets cet après-midi. – (Est-ce que) tu achètes les billets à la gare ? – Non, pas à la gare, à l'agence SNCF à côté de mon appartement. – (Est-ce que) le train part à 6 h ? – Non, il part

à 6 h 17. – (Est-ce que) le rendez-vous est à la gare ? – Oui, le rendez-vous est à la gare, devant la voie nᵒ 10. – (Est-ce que) le rendez-vous est à 6 h ? – Non ! 6 h 00, c'est trop tard ! Le rendez-vous est à 5 h 45 ! – (Est-ce que) tu prends un appareil photo ? – Oui, je prends un appareil photo numérique.
3. *Parmi les réponses possibles :* Vous tournez à gauche/à droite. – Vous allez tout droit/à droite/à gauche. – Vous traversez la place. – Vous prenez le boulevard/la rue. – Vous descendez le boulevard/la rue/à gauche/à droite/tout droit.
4. a. tourner/prendre à gauche – **b.** aller/continuer tout droit – **c.** traverser la rue – **d.** descendre la rue
5. a. prenez, prenons – **b.** descend, descend – **c.** prends, prends, descends – **d.** prend, prennent, descendent

Bons **baisers** de...

CONTENUS SOCIOCULTURELS – THÉMATIQUES

Le code postal et les départements – Le libellé d'une adresse en France

OBJECTIFS SOCIOLANGAGIERS

OBJECTIFS COMMUNICATIFS & SAVOIR-FAIRE	
Être capable de...	
Écrire une carte postale	– comprendre une carte postale de vacances – identifier l'expéditeur et le destinataire d'un message écrit – identifier la relation entre les personnes dans la carte postale – indiquer le lieu cité dans la carte postale, comprendre les sentiments exprimés sur ce lieu – comprendre des informations météo simples
Indiquer la provenance, la destination	– identifier/indiquer la provenance, la destination d'un message écrit – comprendre des messages courants sur un répondeur téléphonique – utiliser des formules de salutation dans la correspondance amicale – parler de ses vacances (lieux, activités, impressions ou sentiments) – rédiger une carte postale amicale
OBJECTIFS LINGUISTIQUES	
GRAMMATICAUX	– les adjectifs démonstratifs – les prépositions + noms de pays (2)
LEXICAUX	– termes liés à la correspondance – formules pour commencer/terminer une carte postale amicale – les nombres ordinaux
PHONÉTIQUES	– la syllabation et l'accentuation de la dernière syllabe (2)

SCÉNARIO DE LA LEÇON

La leçon se compose de deux parcours :

Dans le premier parcours, les apprenants liront différentes cartes postales de vacances.
À partir de cette lecture, ils travailleront sur les différentes informations contenues dans ces cartes postales.
Dans le second parcours, la correspondance étant le thème principal de la leçon, les apprenants auront à lire des avis de lettre recommandée, puis à écouter des messages de retour de vacances afin de comprendre comment s'expriment la provenance et la destination. L'ensemble des activités proposées aboutira alors à la rédaction d'une carte postale.

PARLER DE SON QUARTIER, DE SA VILLE

▓ Comprendre Écrit Act. 1, 2 et 3	▓ Point langue Écrire à ses amis, sa famille **S'exercer n⁰ˢ 1 et 2**	▓ Comprendre Écrit Act. 4	▓ Point langue Les adjectifs démonstratifs **S'exercer n° 3**	▓ Aide-mémoire Donner des impressions sur un lieu Parler de ses activités en vacances

Cartes postales

Extraits de cartes postales

➔ OBJECTIF DES ACTIVITÉS 1, 2 ET 3 ⬅ | Identifier les principaux éléments qui composent une carte postale de vacances, comprendre les informations contenues dans ces cartes, identifier les formules de salutation utilisées dans la correspondance amicale ou familiale.

1 Faire d'abord identifier le type d'écrit, pour cela un seul coup d'œil suffit : *ce sont des cartes postales.* Cette identification effectuée, demander aux apprenants de les lire afin de vérifier la compréhension de la situation : *ce sont des cartes postales de vacances.* L'activité elle-même permet de vérifier si les apprenants identifient le destinataire, l'expéditeur et le type de relation qu'il y a entre eux.

➡ **CORRIGÉ : carte a :** Annie écrit à sa mère = relation familiale – **carte b :** Monique écrit à Max = relation amicale – **carte c :** Catherine écrit à des collègues (« les filles » + adresse professionnelle sur la carte) = relation professionnelle

2 Par cette activité, faire identifier le lieu d'où les personnes écrivent, c'est-à-dire où elles sont en vacances. Pour renforcer la compréhension, demander aux apprenants de justifier leurs réponses en citant des indices repérés dans les cartes : « *pyramides* » et « *souk* » pour l'Égypte ; « *Amazonie* », « *carnaval* » et « *samba* » pour le Brésil ; « *Central park* », « *Chinatown* » pour les États-Unis (New York).

➡ **CORRIGÉ : carte a :** Égypte (photo 4) – **carte b :** Brésil (photo 1) – **carte c :** États-Unis (photo 5)

3 Il s'agit ici de faire repérer l'essentiel des informations contenues dans les cartes. Pour cela, renforcer à l'oral la consigne donnée dans le manuel : le lieu = où la personne se trouve, ce qu'on apprend sur son voyage ou sur la ville/le pays visité ; les activités = ce qu'elle fait ; les impressions = ce qu'elle ressent ; le temps = la météo.

Diviser la classe en sous-groupes : chaque groupe doit trouver un ou deux types d'informations. La mise en commun peut se faire sous forme de tableau, puis faire observer les différentes manières employées pour parler du lieu/des activités/des impressions et de la météo : cela aidera les apprenants, lorsqu'ils auront à rédiger une carte postale en fin de leçon.

➡ **CORRIGÉ : carte a.** lieu : *Je suis aujourd'hui devant les pyramides.* – activités : *Demain, je fais du shopping dans un souk.* – impressions : *C'est extraordinaire !* – temps (météo) : *Il fait très chaud dans ce pays : 36° !*
carte b. lieu : *Deuxième ville dans cet immense pays. Hier l'Amazonie, aujourd'hui une magnifique plage.* – activités : *Le carnaval commence demain. Quatre jours de samba non-stop !* – impressions : *C'est un pays de contrastes !* – temps : *Et il fait beau...*
carte c. lieu : *Imaginez l'avenue la plus chic du monde... Imaginez les restaurants : toutes les cuisines du monde ! Imaginez l'architecture...* – activités : *Je marche beaucoup, je visite les musées, je me promène dans Central Park... Tout à l'heure, je visite Chinatown !* – impressions : *J'adore cette ville !*

Point **Langue**   › ÉCRIRE À SES AMIS, SA FAMILLE

a) Demander aux apprenants de revenir sur les cartes afin d'y repérer les formules pour commencer et pour terminer.
b) Faire compléter cette liste par les éléments donnés. Lors de la mise en commun, faire observer :
Sur le plan de la forme : les formes variables de « *cher* » (masculin, féminin, pluriel) précédé ou pas du possessif. Mais, ne pas aller plus loin, car l'accord des adjectifs sera traité au cours du prochain dossier.
Sur le plan du sens : les degrés de familiarité. Pour commencer : *coucou/salut les filles.* Pour finir, du plus au moins familier : *bisous → bises → je t'embrasse → amitiés/amicalement.*

➡ **Corrigé : a)** Pour commencer : *Chère maman/Cher Max/Salut les filles !* – Pour terminer : *Je t' embrasse/Bisous/Bises*
b) Pour commencer : *Chers amis/Coucou/Ma chère Sonia/Mon cher Paul* – Pour terminer : *Amicalement/Amitiés*

S'EXERCER nᵒˢ 1 et 2 ➔ Corrigé ▶ p. 53

➔ OBJECTIF DE L'ACTIVITÉ 4 ⬅ | Approfondir le travail effectué sur la correspondance simple afin que les apprenants disposent d'un bagage linguistique suffisant pour écrire une carte postale à la fin de la leçon.

4 **a)** Faire d'abord lire les messages afin de les identifier : *il s'agit d'extraits de cartes postales, donnant le même type d'informations que celles travaillées précédemment.*

b) Si possible, distribuer des cartons vierges aux apprenants et leur demander de dessiner la carte postale qui correspond au texte sélectionné.

c) Pour vérifier la compréhension et faire transférer les acquis en ce qui concerne les formules d'appel/de clôture d'une carte postale, demander à chacun de copier le message choisi au dos de « sa carte », celui-ci doit être complété par une formule pour commencer et une formule pour terminer. Ensuite, demander aux personnes de circuler dans la classe et de former des groupes selon les messages choisis, afin de comparer leurs productions. Cette activité suscite souvent des réactions spontanées, positives, chez les apprenants – peu importe leur âge. C'est l'occasion de découvrir des talents, de comparer l'interprétation du message et de clarifier la compréhension de certains termes.

Point Langue

> **LES ADJECTIFS DÉMONSTRATIFS POUR DÉSIGNER QUELQUE CHOSE**

Les cartes postales de départ et les extraits proposés dans l'activité 4 présentent de nombreux exemples d'adjectifs démonstratifs. C'est donc l'occasion de les faire observer : dans les messages de cette activité, ils servent à désigner les lieux qui figurent sur la photo de la carte postale – le démonstratif n'est justifié que par la photo au dos – (en fait, le dessin effectué par les apprenants) : *je vois **ces** merveilleuses montagnes de ma fenêtre… je me baigne tous les jours sur **cette** belle plage… j'habite dans **cet** hôtel très moderne… **ce** château est magnifique…* Faire ensuite compléter le Point langue.

➡ **Corrigé :** masculin singulier : ce pays, cet hôtel – féminin singulier : cette plage/ville – pluriel : ces paysages, ces montagnes

S'EXERCER n° 3 Corrigé ▶ p. 53

AIDE-MÉMOIRE

Compte tenu de la production écrite proposée à la fin de la leçon, il est important de renforcer certains acquis, notamment en ce qui concerne les formulations utilisées pour :
– donner ses impressions sur un lieu : → la construction « C'est + (nom +) adjectif » est récurrente : *c'est (un endroit) extraordinaire !* Une variante possible, « C'est un pays (une ville) + une précision » : *c'est un pays de contrastes/c'est une ville fantastique…* ; → Le verbe « adorer » : *j'adore cette ville !* ; → L'expression « passer des vacances » + adjectif : *je passe des vacances inoubliables !*
– pour parler de ses activités de vacances : les verbes sont utilisés au présent.
L'observation de l'Aide-mémoire peut bien sûr être l'occasion de mettre en commun d'autres expressions pour accomplir les actes de parole travaillés.

INDIQUER LA PROVENANCE, LA DESTINATION

| 🎞 Comprendre Écrit Act. 5 | 🎞 Point culture Le code postal et les départements | 🎞 Point langue Les prépositions pour indiquer le pays de provenance, de destination **S'exercer n° 4** | 🎞 Phonétique Act. 6 et 7 | 🎞 Comprendre Oral Act. 8 | 🎞 Aide-mémoire Dire le temps qu'il fait | 🎞 S'exprimer Écrit Act. 9 |

Avis de lettre recommandée

Messages téléphoniques

➡ **OBJECTIF DE L'ACTIVITÉ 5** ⬅ **Comprendre des avis de lettre recommandée, savoir indiquer la provenance et la destination.**

5 Faire identifier le type d'écrit : *ce sont des avis de lettre recommandée*. Faire observer la partie complétée de ces avis et demander combien de parties sont repérables : *il y a deux parties bien distinctes : les coordonnées de l'expéditeur (celui qui écrit) et celles du destinataire (celui qui va recevoir le courrier)*. Pour effectuer l'activité, en grand groupe, demander où habitent les expéditeurs (*en France*) et où habitent les destinataires (*à l'étranger*).
➡ **CORRIGÉ :** **Provenance :** les trois lettres viennent de France. **Destination :** la lettre 1 est adressée aux États-Unis – la lettre 2 en Italie – la lettre 3 au Brésil.

Le code postal et les départements

POINT CULTURE

Ce Point culture permet de comprendre comment on libelle une adresse en France, il s'agit aussi d'aborder de manière simple le découpage administratif, par le biais du code postal. À partir de l'observation des adresses des expéditeurs et de la carte de France, faire compléter la règle de rédaction du code postal.

➡ **Corrigé : A. 1.** adresse en banlieue parisienne – **2.** adresse en province – **3.** adresse à Paris
B. Le code postal est composé de *cinq* chiffres ; les deux premiers chiffres correspondent au numéro du *département*.

Point **Langue** › LES PRÉPOSITIONS POUR INDIQUER LE PAYS DE PROVENANCE, DE DESTINATION

Ce Point langue permet de vérifier la compréhension de la règle observée dans l'activité 5 qui donne lieu à l'étude des prépositions indiquant le pays de provenance et de destination. À partir des réponses proposées, faire remarquer que les pays indiquant la provenance sont tous précédés de la préposition « de » ou d'un article contracté (puisqu'on dit « *venir de* »). Ensuite, faire observer la destination (« *la lettre est adressée* » qui peut être reformulée en classe par « *la lettre va* »).

Par observation des différentes formes, on souhaite faire comprendre la règle :

Pays	indiquer la provenance (*venir de*) : La lettre *vient*...	indiquer la destination (*aller à*) : La lettre *est adressée/va...*
la France	→ de France	→ en France
l'Italie	→ d'Italie	→ en Italie
le Brésil	→ du Brésil	→ au Brésil
les États-Unis	→ des États-Unis	→ aux États-Unis

Faire compléter le Point langue.

▶ **Corrigé :** La lettre vient du Portugal/d'Espagne/d'Équateur/de Pologne/des Pays-Bas.
La lettre est adressée au Japon/en Angleterre/en Iran/en Tunisie/aux Philippines.

S'EXERCER nº 4   Corrigé
▶ p. 53

➡ OBJECTIF DE L'ACTIVITÉ 6 ⬅ **Phonétique :** Rendre plus audible le phénomène d'élision : la voyelle « e », de la préposition « de », ou la voyelle « u », de l'article contracté « du », disparaît devant les noms de pays qui commencent par une voyelle.

6 Faire écouter, puis répéter chaque question. Il est aussi possible d'envisager de faire répondre aux questions. Les apprenants répondent en choisissant l'un des deux pays de provenance.

➡ OBJECTIF DE L'ACTIVITÉ 7 ⬅ **Phonétique :** Syllabation, accentuation. Faire prendre conscience de la spécificité de la chaîne parlée en français.

7 La chaîne parlée se découpe en groupes, composés de syllabes, alors qu'à l'écrit, les énoncés sont composés de mots. Dans l'objectif d'obtenir une prononciation respectant le schéma rythmico-mélodique français, il paraît donc important de faire comparer, à l'apprenant débutant, un énoncé écrit et le même énoncé oralisé. Ainsi, il se rend compte qu'on ne dit pas les mots de façon distincte à l'oral, mais que les énoncés sont composés de syllabes ayant toutes la même durée, sauf la dernière, qui est accentuée et qui est deux fois plus longue que les autres. Ces syllabes sont enveloppées dans un schéma mélodique montant ou descendant selon que le groupe est un groupe de souffle ou un groupe rythmique.
a) Faire observer l'énoncé donné en demandant de compter les mots écrits, puis à l'écoute faire compter les syllabes et observer que la dernière est plus longue (ou « s'entend mieux »).
b) Faire écouter chaque phrase, une à une, en laissant le temps aux apprenants de compter les syllabes entendues. Puis, proposer une deuxième écoute de l'ensemble, sans pause, pour vérification et confirmation des réponses. Après la correction, faire répéter les énoncés en veillant à la tenue des syllabes et à l'allongement de la dernière.
▶ CORRIGÉ : **a)** 4 mots – 6 syllabes – la dernière est accentuée.
b) 1. = 3 – 2. = 4 – 3. = 7 – 4. = 3 – 5. = 5. Accentuation sur « -mis » – « -lie » – « -iables » [jabl] – « -dresse » – « -âtre ».

➡ OBJECTIF DE L'ACTIVITÉ 8 ⬅ Comprendre de courts messages dans lesquels les personnes parlent de leur retour de vacances.

8 Avant l'activité, faire écouter l'enregistrement pour faire deviner de quoi il s'agit : *des personnes laissent des messages sur le répondeur téléphonique de leur ami(e) pour dire qu'elles sont rentrées de vacances.* Les repérages demandés lors des deux étapes de l'activité peuvent être effectués lors d'une seule et même écoute : faire une pause après chaque message et demander à chacun de noter les réponses pour les questions 1 et 2. Proposer une dernière écoute pour la mise en commun qui sera l'occasion de revenir sur l'emploi des prépositions pour indiquer la provenance.
▶ CORRIGÉ : **1. 1.** Elle rentre du Canada. **2.** Elle vient du Sénégal. (justification : *Dakar*) **3.** Il rentre d'Égypte. (justification : *le Nil, les pyramides*) **4.** Elle vient d'Italie. – **2.** Pour dire le sentiment de chaque personne, il y a des indices verbaux ou non verbaux (le ton). **1.** Elle est gaie. **2.** Elle est triste. **3.** Il est gai. **4.** Elle est triste.

AIDE-MÉMOIRE

Cet Aide-mémoire fournit quelques exemples de phrases simples pour permettre aux apprenants de parler du temps qu'il fait dans leur carte postale. Cet acte de parole sera approfondi dans le dossier 6.

➡ OBJECTIF DE L'ACTIVITÉ 9 ⬅ Transférer tout ce qui a été appris au long de la leçon en écrivant une carte postale amicale.

9 Pour stimuler leur motivation à effectuer la tâche donnée, plusieurs situations peuvent être proposées aux apprenants :

1. Les destinataires des cartes sont les apprenants. Au préalable, penser à écrire le nom des apprenants sur des petits papiers. Ensuite, chacun pioche un petit papier pour savoir à qui il va écrire. Le message devra contenir des indices sur le lieu (entre autres), mais ne pas le nommer. Ceci afin que la lecture ultérieure de la carte postale s'accompagne de la découverte du lieu à partir des indices donnés (comme pour l'activité 2, 1er parcours). Une fois que tous auront écrit leur texte, l'un d'eux « fera le facteur » et distribuera les « cartes » aux personnes concernées. Après lecture individuelle, proposer une mise en commun : chaque personne confirme auprès de l'expéditeur de la « carte », le lieu d'où elle vient.

2. Choisir des lieux de vacances et écrire une « vraie » carte postale à une personne de la classe. Prévoir pour cette activité de « vraies » cartes postales (de France, du pays où se déroule le cours, du monde entier...) en nombre suffisant, et des papiers de taille correspondant au verso d'une carte postale. Chaque étudiant choisit une carte, qui devient le lieu de vacances « où il se trouve ». Avant la mise en commun, ramasser les cartes postales et les afficher (côté photo) sur le mur ou le tableau. Enfin, à tour de rôle, après avoir pris connaissance du message qui leur est destiné, les destinataires sont amenés à reconnaître la carte postale qui leur correspond.

1. un timbre – une carte postale – une lettre – le destinataire – l'expéditeur – le code postal...

2. a. Bonjour, monsieur – **b.** Au revoir !

3. 1 : cette maison – 2 : cette avenue – 3 : ces marchés – 4 : cet hôtel – 5 : ce ciel bleu, ce soleil – 6 : cet endroit, ce quartier – 7 : ces fleurs, ces couleurs – 8 : cette jolie église

4. L'avion vient du Japon et va en Grèce. – L'avion vient d'Allemagne et va au Brésil. – L'avion vient de France et va en Écosse. – L'avion vient d'Iran et va aux États-Unis. – L'avion vient des Philippines et va au Portugal.

Ce Carnet de voyage propose un parcours à dominante socioculturelle, il se compose d'un seul volet :

Ce volet, intitulé *Paris insolite*, permet de découvrir Paris au-delà des lieux touristiques les plus connus, de comprendre l'organisation de Paris en arrondissements et de situer certains lieux selon leur arrondissement, sur la carte de Paris.

Une visite inhabituelle de la capitale de la France est offerte aux apprenants qui sont ainsi sensibilisés à la richesse et à la diversité de cette ville cosmopolite : la « balade » ne s'arrête pas uniquement sur les lieux consacrés et très connus de Paris, mais elle donne à voir des endroits différents, originaux, souvent liés à des cultures étrangères.

Pour aller plus loin sur le thème de ce *Carnet de voyage*, il est possible de consulter l'ouvrage de Rodolphe Trouilleux, *Paris secret et insolite*, Éditions Parigramme, 2003.

Paris insolite

1 Les photos et la consigne permettent de faire le lien avec le reste du dossier : il est question de vacances et de cartes postales. Le principal objectif de cette activité est d'identifier et de comparer les représentations que les apprenants ont de la capitale française, première destination du tourisme mondial.

Faire observer les photos afin d'en identifier le point commun : Paris. Demander aux apprenants d'imaginer qu'ils sont dans cette ville et qu'ils veulent envoyer trois cartes postales. Leur demander de choisir les trois photos qui représentent le mieux Paris, pour eux. Puis, leur dire de comparer leur choix avec celui de leur voisin. Au bout de quelques minutes, effectuer une rapide mise en commun afin de constater si les apprenants ont les mêmes représentations. S'agissant de lieux très connus, leurs noms viendront peut-être naturellement... mais ce n'est pas l'objectif, compte tenu de l'activité 3.

En fonction du niveau de la classe, il est possible d'aller plus loin, en demandant aux apprenants qui connaît Paris, s'ils ont d'autres représentations...

2 Cette activité permet de « briser » les stéréotypes : demander aux apprenants d'indiquer quelles sont les photos qui, pour eux, ne représentent pas Paris. Lors de la mise en commun, essayer d'identifier les raisons de leur choix : *le lieu est d'inspiration étrangère ou remonte à l'Antiquité (Chine, Rome, Orient...), on se croirait à la campagne...* Les apprenants ne seront probablement pas capables de nommer les lieux à ce stade du parcours ; se contenter de faire citer le numéro correspondant, en attendant l'activité 3.

En fonction du niveau de la classe, aborder rapidement (et simplement !) le côté cosmopolite de Paris, l'influence de certaines cultures. Si c'est possible, montrer à ce moment-là d'autres photos de lieux insolites, sans que cela ne devienne pour autant une activité.

3 Avant de faire faire l'activité, faire identifier le document : *il s'agit de légendes correspondant aux photos.* Faire nommer rapidement, sans entrer dans les détails, ce qui les compose : *nom du lieu/adresse/métro/commentaire.* Conclure qu'il s'agit peut-être de fiches touristiques. Former des sous-groupes pour effectuer l'activité. Lors de la mise en commun, se contenter de vérifier si les lieux ont été bien identifiés, comme dans le corrigé.

> ➡ CORRIGÉ : photo 1 : la mosquée de Paris – photo 2 : la Seine avec ses ponts – photo 3 : la Défense –
> photo 4 : les arènes de Lutèce – photo 5 : Isbas russes – photo 6 : le Sacré-Cœur – photo 8 : les vignes
> de Montmartre – photo 9 : station de métro Abbesses

4 Revenir sur les légendes et demander aux apprenants d'observer comment on indique la localisation des lieux : *adresse/arrondissement/station de métro.* Pour faire comprendre la notion d'arrondissement, faire observer le plan donné : Paris est divisé en vingt « zones » : les arrondissements, le premier arrondissement se trouve au centre de Paris (la partie la plus ancienne de la ville), les arrondissements sont numérotés en spirale, comme un escargot.

Important : L'exécution de l'activité suppose un pré requis : les nombres ordinaux. En effet, cette activité amènera les apprenants à localiser les lieux sur le plan en formulant des énoncés du type *« la Maison Loo est ici dans le **huitième** arrondissement ».*

AIDE-MÉMOIRE

Les nombres ordinaux

Faire observer l'Aide-mémoire afin d'arriver à la règle :
– Pour former un nombre ordinal, on ajoute « *-ième* » au nombre : *deux* → *deuxième* ; *trois* → *troisième*.
– Faire observer les changements : *quatre* → *quatrième* ; *cinq* → *cinquième* ; *neuf* → *neuvième*.
– Le masculin et le féminin sont identiques, sauf dans le cas de *premier/première* (et *second/seconde*, qui ne sont pas donnés ici)
Pour vérifier la compréhension de la règle, faire énoncer les nombres ordinaux jusqu'à 20 (attirer l'attention sur la formation des nombres de 11 à 16 : *douze* → *douzième* ; *treize* → *treizième*...)

5 Cette activité représente un moment d'expression libre, et, qui sait, une parenthèse pour le rêve... Faire d'abord regarder les photos pour que les apprenants puissent choisir les lieux qu'ils veulent connaître s'ils vont à Paris (ou la prochaine fois qu'ils iront à Paris, s'ils connaissent déjà la ville), par ordre de préférence : 1re visite : .... 2e visite : .... 3e visite : ....
Puis, faire comparer leur choix avec leur voisin. Une mise en commun rapide en grand groupe permettra peut-être de constater des récurrences ou... une diversité de choix, ce qui, dans les deux cas, est intéressant.

6 Cette activité permet aux apprenants de parler de la ville où a lieu le cours de français ou de leur propre ville. En petits groupes, les apprenants disent d'abord quels lieux touristiques ils font visiter en premier à des touristes qui ne connaissent pas la ville. En fonction du niveau de la classe et de l'intérêt suscité par l'activité, on peut les encourager à justifier leur priorité.
Puis, ils disent quels sont les lieux insolites à découvrir. Ils sont amenés à poser un regard nouveau sur leur ville pour chercher ce qui y sort de l'ordinaire. Comme précédemment dans le cas où tout le monde parle de la même ville, une mise en commun rapide avec l'ensemble de la classe permettra peut-être de constater des points communs dans les endroits à découvrir ou, au contraire, des propositions très différentes.

Tel maître, **tel chien**

CONTENUS SOCIOCULTURELS – THÉMATIQUES

Les (nouveaux) animaux de compagnie, les animaux préférés des Français

OBJECTIFS SOCIOLANGAGIERS

OBJECTIFS COMMUNICATIFS & SAVOIR-FAIRE	
Être capable de...	
Parler de ses goûts, de ses activités	– comprendre un article de magazine écrit avec des mots simples
Parler de sa profession	– comprendre un témoignage sur un sujet quotidien – présenter une personne/se présenter par ses goûts, ses activités, sa profession, son animal
Parler de ses activités, de son animal	– comprendre des témoignages écrits – parler de ses activités (sportives, culturelles...), de ses déplacements – comprendre les résultats d'un sondage et comparer simplement ces résultats
OBJECTIFS LINGUISTIQUES	
GRAMMATICAUX	– présent des verbes *faire* et *aller* + articles contractés – masculin/féminin des professions – les articles contractés (2)
LEXICAUX	– quelques professions – expression des goûts et des activités
PHONÉTIQUES	– distinction masculin/féminin des professions à l'oral

SCÉNARIO DE LA LEÇON

La leçon se compose de trois parcours :

Dans le **premier parcours**, on amènera les apprenants à réagir à partir de photos d'animaux, pour entrer dans la thématique. Puis, ils liront un article de magazine sur les animaux de compagnie en France. Cet article présente également des profils de personnes correspondant à tel ou tel animal. Il s'agit d'une première sensibilisation qui leur permettra par la suite de s'exprimer sur leurs goûts, leurs activités, leur animal préféré, leur profession.

Dans le **deuxième parcours**, on approfondira la découverte des professions. Le support travaillé en compréhension orale et la systématisation linguistique (lexique et masculin/féminin des professions) aideront les apprenants à parler de leur profession.

Dans le **troisième parcours**, des témoignages de personnes parlant de leurs activités et de leur animal permettront de consolider les acquis et de mieux préparer les activités d'expression (parler de ses goûts, de ses activités de loisir, de son travail et de sa vie avec son animal).

PARLER DE SES GOÛTS, DE SES ACTIVITÉS

▨ S' exprimer	▨ Comprendre	▨ Point langue
Oral	Écrit	Parler de ses goûts
Act. 1	Act. 2 et 3	**S'exercer n° 1**
		Les articles contractés
		S'exercer n⁰ˢ 2 et 3

Photos d'animaux · Article de magazine

➡️ **OBJECTIF DE L'ACTIVITÉ 1** ⬅️ Entrer dans la thématique et identifier le contexte de la leçon.

1 Les photos représentent des personnes avec leur animal ; les légendes renseignent sur la relation affective : *mon rat adoré, mon petit chat chéri, mon serpent bien aimé.*

1. Faire observer les photos et demander aux apprenants quelles photos ils préfèrent. Leur demander de justifier leur réponse.
Ex. : *Je préfère la photo b parce que j'adore les chats/j'ai un chat/les chats sont adorables...*
Les apprenants manifesteront probablement leur étonnement quant aux photos a et d. Faire justifier afin d'arriver à l'explication : *Ce ne sont pas des animaux familiers/animaux de compagnie comme les autres.*

2. Demander aux apprenants s'ils ont un animal, et lequel. Pour répondre, ils peuvent s'appuyer sur les photos données.

➡️ **OBJECTIF DES ACTIVITÉS 2 ET 3** ⬅️ Comprendre un article de magazine. Tout d'abord, cet article donne des informations sur les animaux de compagnie en France, ce qui permet de faire le lien avec l'activité précédente et de présenter un véritable fait de société. Ensuite, il fait le lien, par le biais de fiches *Profil*, entre la manière d'être des personnes et le type d'animal qui leur correspond.

2 Avant de faire l'activité 2, faire identifier le type de document : *Il s'agit d'un article de magazine.* Puis, faire faire l'activité 2 afin de vérifier la compréhension globale du texte.

a) Faire lire l'article silencieusement, puis vérifier oralement si les apprenants ont compris de quoi il s'agit : *Les 54 millions d'amis, ce sont les animaux familiers des Français ; les NAC sont les nouveaux animaux de compagnie.* Pour vérifier la compréhension de « nouvel animal de compagnie », demander aux apprenants de montrer les exemples sur les photos.

b) Faire relire l'article individuellement afin d'effectuer l'activité vrai/faux. Vous pouvez proposer une mise en commun en binôme, pour la comparaison des réponses. Puis, procéder à la mise en commun en grand groupe en demandant à chaque fois aux apprenants de justifier leurs réponses, à partir d'éléments du texte.

Après l'activité 2, faire observer l'organisation du texte : à gauche, les deux premiers paragraphes donnent des informations sur les animaux familiers et les NAC. Attirer l'attention des apprenants sur le dernier paragraphe, car il fait le lien avec les fiches *Profil* données sur la droite. Vérifier que les apprenants comprennent que l'article a un aspect « test psychologique » : « Vous désirez adopter un animal de compagnie ? Répondez à la question *"Qui êtes-vous ?"* Et nous vous dirons quel animal adopter ».

➡️ **CORRIGÉ** : **a) 1.** Les 54 millions d'amis sont les animaux de compagnie des Français. – **2.** Les NAC sont des animaux de compagnie différents : des reptiles ou d'autres animaux rares. Ex. : photos a (rat), d (serpent), e (tortues).
b) 1. vrai – **2.** vrai – **3.** faux : chaque description de personne contient des informations sur la psychologie de la personne, ses goûts, son mode de vie et sa profession.

3 Dans cette activité, on se concentrera sur les fiches *Profil* afin de travailler sur les goûts, les activités de loisirs et les professions. Avant de passer à l'activité 3 a), revenir sur la phrase qui termine chaque fiche : *Pour connaître votre animal, lisez la dernière page du magazine.* Puis, annoncer l'activité, en disant que ce sont les apprenants qui vont décider du type d'animal, en fonction de la psychologie et du mode de vie des personnes.

a) Faire relire silencieusement les fiches *Profil* et demander à chaque apprenant d'imaginer l'animal conseillé pour chaque personne. Ensuite, les apprenants échangent par deux avant de procéder à la mise en commun en grand groupe. Il n'y a bien sûr pas de réponse correcte, mais les réponses permettent des échanges du type : *pour le profil n° 1, je choisis le chat, parce que les artistes aiment cet animal/pour le profil n° 2, c'est le perroquet, parce que c'est original, exotique...*

b) Cette activité amène à faire des repérages qui permettront de comprendre le texte de manière plus approfondie. Diviser la classe en trois groupes (à l'intérieur desquels on peut travailler en binôme) et donner une tâche à chaque groupe (consignes 1, 2 et 3).

➡️ **CORRIGÉ** : **a)** *Réponses à titre indicatif :*
Profil n° 1 : un animal de compagnie, comme le chat, le chien.
Profil n° 2 : un NAC comme le serpent, le rat, le perroquet.
b) 1. Profil n° 1 : les personnes aiment les beaux objets/aller à la campagne ou à la mer.
Profil n° 2 : les personnes adorent le mystère et l'exotisme. Elles détestent la routine.
2. Profil n° 1 : faire de la peinture, de la photo/aller au cinéma, au théâtre... seul ou avec des amis.
Profil n° 2 : faire de l'équitation, de la voile, du vélo.
3. Profil n° 1 : un métier artistique ou intellectuel : acteur, chanteur, architecte, ingénieur, professeur.
Profil n° 2 : chercheur, scientifique, photographe, pilote, chirurgien, journaliste, explorateur...

Point **Langue** > PARLER DE SES GOÛTS

Maintenant que les apprenants ont repéré dans les fiches *Profil* ce que les personnes aiment et n'aiment pas, le Point langue permet de les sensibiliser aux différentes manières de parler de ses goûts.

Tout d'abord, faire observer qu'il y a deux colonnes : l'une positive, avec des cœurs, l'autre négative, avec des cœurs barrés. Faire compléter les phrases en partant à chaque fois des énoncés donnés : *un cœur = vous aimez* ; *deux cœurs = vous adorez*. De même pour le négatif : *un cœur barré = vous n'aimez pas* ; *deux cœurs barrés = vous détestez*. Enfin, faire observer que deux types de formulations sont possibles, les verbes *aimer/adorer/détester* pouvant être suivis d'un nom ou d'un verbe à l'infinitif. Vérifier la compréhension en demandant quelques exemples, que vous pourrez noter au tableau.

➡ **Corrigé :** Vous adorez aller à la mer. – Vous détestez aller à la campagne.

S'EXERCER n° 1

Point **Langue** > LES ARTICLES CONTRACTÉS POUR PARLER DE SES ACTIVITÉS

L'activité 3 ayant amené les apprenants à repérer dans les fiches *Profil* les activités de loisir/temps libre, les formules *aller à + lieu* et *faire de + nom d'activité sportive/culturelle* doivent être travaillées en association avec les articles contractés. Faire observer les deux colonnes : l'une contient des expressions avec *aller à + nom de lieu*, l'autre des expressions avec *faire de + nom d'activité*. Demander ensuite aux apprenants de compléter à partir des fiches *Profil*.

Les articles contractés avec *de* ont été vus dans le dossier 2, leçon 2, vous pouvez donc vous appuyer sur les acquis des apprenants afin de rappeler la règle et la faire transférer sur les articles avec *à*.

➡ **Corrigé :** Vous allez au cinéma, au théâtre, à la campagne, à la mer, à l'université.
Vous faites du vélo, du théâtre, de la voile, de la photo, de l'équitation, de l'escrime.

S'EXERCER n°s 2 et 3 Corrigé ▶ p. 61

PARLER DE SA PROFESSION

🎞 Comprendre	🎞 S'exprimer	🎞 Point langue	🎞 Phonétique	🎞 S'exprimer
Oral	Oral	Le masculin/féminin	Act. 6	Oral/Écrit
Act. 4	Act. 5	des noms de profession		Act. 7 et 8
		S'exercer n° 5		

Témoignages

➡ OBJECTIF DE L'ACTIVITÉ 4 ⬅   Travailler de manière ciblée sur les professions et arriver à la conceptualisation du masculin et du féminin de ces noms.

4 **a)** Avant de procéder à l'activité, faire observer rapidement les dessins afin que les apprenants en identifient le point commun : *ils représentent tous des professions*. Vous pouvez aussi faire écouter l'enregistrement une fois pour une compréhension globale : *les personnes parlent de leur profession*.

Puis, faire écouter l'enregistrement afin d'associer les personnes aux dessins. En fonction du niveau du groupe, effectuer une courte pause entre chaque énoncé, pour que les apprenants aient le temps d'effectuer la tâche.

b) Pour chaque dessin, faire associer le nom de la profession correspondante (au masculin et au féminin). Cette activité sert de transition vers le Point langue.

➡ CORRIGÉ : **a)** 1f – 2b – 3d – 4c – 5e – 6g – 7h – 8a

b) a. pharmacien/pharmacienne – **b.** boulanger/boulangère – **c.** coiffeur/coiffeuse – **d.** journaliste/journaliste – **e.** photographe/photographe – **f.** réalisateur/réalisatrice – **g.** opticien/opticienne – **h.** couturier/couturière

Point **Langue** > LE MASCULIN ET LE FÉMININ DES NOMS DE PROFESSION

Ce Point langue est l'aboutissement de l'activité 4. Faire faire l'activité a) afin d'observer qu'il s'agit des terminaisons des noms de professions vus précédemment, au masculin et au féminin, puis enchaîner sur l'activité b), en demandant aux apprenants de trouver un (ou des) exemple(s) pour chaque catégorie. Ce travail peut être fait individuellement ou en binôme.

.../...

... /...

Point **Langue**

Pour effectuer la tâche, les apprenants pourront citer les professions vues dans l'activité 4 a), mais aussi les professions qu'ils connaissent déjà. Lors de la mise en commun, attirer l'attention sur la marque du féminin (+e), les changements (-er → -ère, -eur → -euse, -teur → -trice) et aussi sur les terminaisons qui ne changent pas (-iste, -e).

➡️ **Corrigé :** *Plusieurs réponses sont possibles.* Les apprenants citeront les professions qui figurent dans la leçon mais aussi, probablement, celles vues précédemment.

-ien/ienne : opticien, pharmacien
-er/ère : boulanger, couturier
-eur/euse : coiffeur, chanteur, chercheur

-teur/trice : réalisateur, acteur, explorateur
-iste : journaliste, fleuriste
-e : photographe, architecte, pilote

S'EXERCER n° 5   Corrigé
▸ p. 61

➡️ OBJECTIF DE L'ACTIVITÉ 5 ⬅️   **Transférer les acquis des apprenants, en parlant de leur métier.**

5 Demander aux apprenants de dire à tour de rôle quelques mots à propos de leur métier, comme dans l'enregistrement travaillé précédemment. Demander à chaque fois à la classe de deviner de quelle profession il s'agit.

■ **VARIANTE :** Demander à la classe de se lever et de se mettre en cercle. Demander à chacun de mimer sa profession, les autres essaient de deviner. Une fois la profession trouvée, la personne dit quelques phrases sur son activité professionnelle, comme dans l'enregistrement de l'activité 4.

➡️ OBJECTIF DE L'ACTIVITÉ 6 ⬅️   **Phonétique : Distinction du féminin et du masculin des professions à l'oral.**

6 Cette activité a pour but de faire distinguer à l'oral, les professions au masculin et au féminin. Quand elles sont précédées de l'adjectif démonstratif *cet/cette*, la reconnaissance du genre est neutralisée par une prononciation identique de l'adjectif. La terminaison des professions reste dans ce cas le seul indice du genre et la prise de conscience de cette distinction devrait induire une prononciation plus correcte en production.

Faire écouter l'enregistrement, s'arrêter après la première phrase pour demander à tout le groupe s'il s'agit d'un homme ou d'une femme. Passer ensuite la fin de l'enregistrement pour un travail individuel avec une correction en grand groupe après une confrontation des résultats en binôme. Il est possible de proposer une écoute supplémentaire et séquentielle afin de faire répéter chaque item par quelques apprenants.

➡️ **CORRIGÉ :** homme : 2 – 3 – 4 – 5 – 8– 10 – 12 ; femme : 1 – 6 – 7 – 9 – 11

➡️ OBJECTIF DE L'ACTIVITÉ 7 ⬅️   **Transférer ce qui a été travaillé en compréhension, depuis le début de la leçon.**

7 Avant de donner la consigne de production, revenir rapidement sur les fiches *Profil* du document « *54 millions d'amis* » afin de rappeler leur composition : les goûts et le mode de vie, la profession et l'animal idéal.

Demander aux apprenants d'écrire un troisième profil sur le modèle de ces fiches. En fonction du temps dont on dispose, ce travail peut se faire en classe, en petits groupes, individuellement, ou à la maison.

➡️ OBJECTIF DE L'ACTIVITÉ 8 ⬅️   **Transférer ce qui a été travaillé en compréhension depuis le début de la leçon en faisant appel au vécu des apprenants.**

8 Former des petits groupes (deux ou trois personnes), de préférence avec des personnes qui se connaissent peu, afin qu'il y ait de véritables échanges. En fonction du nombre d'apprenants, laisser une dizaine de minutes pour les échanges. Puis, procéder à une mise en commun en grand groupe, en demandant par exemple à quatre ou cinq apprenants de s'exprimer à tour de rôle (ceux qui aiment beaucoup les animaux, ceux qui ont un animal original...).

PARLER DE SES ACTIVITÉS, DE SON ANIMAL

🎞 Comprendre	🎞 Point langue	🎞 S'exprimer
Écrit	*Aller* et *faire* au présent	Oral/Écrit
Act. 9	**S'exercer n° 4**	Act. 10 et 11

Témoignages

⇥ OBJECTIF DE L'ACTIVITÉ 9 ⇤ Travailler de manière ciblée sur un acte de parole déjà présent au début de la leçon : parler de ses activités.

9 Avant de faire l'activité 9, faire observer le document afin de l'identifier : *Il s'agit de témoignages*. Demander de lire le document pour en vérifier la compréhension globale : *Il s'agit de témoignages de personnes sur leurs activités et leur animal*.

Terminer la compréhension globale en faisant faire l'activité : demander aux apprenants de retrouver Miléna et Clémentine sur les photos de la p. 50 du manuel, à partir des informations données dans le texte. Puis, leur demander d'imaginer leur profession, à partir des indices donnés.

➡ CORRIGÉ : Miléna : photo c – Clémentine : photo b

Point **Langue**   › *ALLER* ET *FAIRE* À L'INDICATIF PRÉSENT POUR PARLER DE SES ACTIVITÉS

L'activité 9 ayant amené les apprenants à repérer les activités effectuées par Miléna et Clémentine, on observera l'utilisation récurrente de deux verbes déjà apparus dans la première partie de la leçon : *aller* et *faire*. Ce Point langue est donc l'occasion d'étudier la conjugaison de ces verbes au présent de l'indicatif.

Demander aux apprenants de lire les énoncés donnés, faire observer qu'ils se réfèrent à des activités citées dans les témoignages et les fiches *Profil*. Puis, leur demander de compléter les formes manquantes en se référant aux supports étudiés.

➡ Corrigé :   *Aller*   Je vais au parc.   *Faire*   Je fais de la natation.
                               Il/elle va dans le jardin.   Nous faisons du roller.
                               Nous allons à la campagne.   Vous faites du ski.

S'EXERCER n° 4 Corrigé ▶ p. 61

⇥ OBJECTIF DE L'ACTIVITÉ 10 ⇤ Parler de ses activités (de loisir et autres), en transférant ce qui a été travaillé tout au long de la leçon.

10 Dans cette activité, les apprenants échangent avec leur voisin à propos de leurs activités en semaine, le week-end et en vacances. Lors de la mise en commun, demander à trois ou quatre étudiants de s'exprimer face à la classe, qui posera éventuellement des questions.

■ VARIANTE : Il est aussi possible, lors de la mise en commun, de proposer au groupe de se lever et de se mettre en cercle. Chaque apprenant mime une activité (en semaine, le week-end, en vacances) et la classe devine.

⇥ OBJECTIF DE L'ACTIVITÉ 11 ⇤ Transférer ce qui a été vu tout au long de la leçon, en écrivant un témoignage sur le modèle de ceux de la p. 52 du manuel.

11 Avant de faire l'activité, revenir rapidement sur les témoignages de la p. 52 afin de rappeler que les personnes parlent de leurs goûts, de leur travail et de leur vie avec leur animal. Puis, faire le lien avec les photos p. 50, en rappelant qu'il s'agit des témoignages de Clémentine et de Miléna.

Faire faire l'activité : demander aux apprenants d'observer les photos et de choisir une personne, dont ils écriront le témoignage à partir des modèles étudiés. Ce travail peut se faire en sous-groupes (deux ou trois personnes), en classe ou, individuellement, à la maison. Il peut être intéressant et motivant de mettre en commun quelques témoignages. Par exemple, un témoignage par personnage choisi, ou bien des témoignages contrastés à propos d'un même personnage.

POINT CULTURE

Les animaux préférés des Français

Fournir des données statistiques sur les animaux préférés des Français et favoriser les échanges entre apprenants, à partir de leurs préférences personnelles.

➔ Demander aux apprenants de se lever et de former deux groupes dans la classe : femmes et hommes. Si vous avez une classe nombreuse, vous pouvez aussi faire plusieurs sous-groupes d'hommes et de femmes. Faire nommer un secrétaire par groupe, qui prendra des notes et sera ensuite le rapporteur. Chaque étudiant dit ses trois animaux préférés, en consultant si nécessaire les photos et dessins pp. 50 et 53. Avant la mise en commun, le secrétaire fait la liste des animaux cités, par ordre décroissant de « votes », comme dans le tableau donné dans l'activité. Lors de la mise en commun, comparer les résultats des deux groupes et observer les similitudes et les différences. Selon la composition du groupe, remarquer s'il y a des spécificités culturelles.

... /...

POINT CULTURE

... /...

❂ Faire observer le tableau de statistiques et sa composition : il s'agit du « top des hommes et des femmes ». Faire remarquer qu'en France il n'y a pas de différence entre les hommes et les femmes jusqu'à la cinquième position et qu'ensuite les différences sont les suivantes : certains animaux sont communs mais n'ont pas le même classement ; certains animaux sont cités uniquement par les hommes (tigre, lion, loup) ou par les femmes (poisson rouge, panda, perroquet).

S'EXERCER - CORRIGÉ

3. a. le judo – **b.** le football – **c.** le piano – **d.** l'escrime – **e.** le tennis – **f.** la guitare – **g.** la peinture – **h.** l'équitation – **i.** le basket – **j.** le roller

4. a. – Le dimanche, vous allez au cinéma ?
– Oui, avec des amis. Et après nous allons au restaurant.
b. – Vous faites du jogging régulièrement ?
– Non, je déteste ça. Mais je fais de la natation tous les mercredis.
c. – Les Français vont à la mer, en été ?

– Oui et, en hiver, ils vont à la montagne ; ils font du ski.
d. – Moi, je fais de la bicyclette, j'adore ça !
– Tu vas au bureau à bicyclette ?
– Non mais, le dimanche, je vais à la campagne et j'ai une bicyclette là-bas.

5. a. opticienne – **b.** photographe – **c.** coiffeuse – **d.** pharmacien – **e.** pâtissier – **f.** actrice – **g.** journaliste – **h.** couturière

Toujours **célibataire**

CONTENUS SOCIOCULTURELS – THÉMATIQUES

Les relations hommes femmes

OBJECTIFS SOCIOLANGAGIERS

OBJECTIFS COMMUNICATIFS & SAVOIR-FAIRE	
Être capable de...	
Parler de soi	– comprendre des annonces et des situations dans lesquelles des personnes se présentent, parlent de leurs goûts, de leurs centres d'intérêt – se présenter à l'écrit (physique, caractère, goûts) en rédigeant une annonce – parler de ses goûts, ses centres d'intérêts et ses activités (2) dans le cadre d'une rencontre
Caractériser une personne	– comprendre une enquête parue sur Internet – comprendre des messages téléphoniques dans lesquels les personnes parlent d'un comportement – parler des caractéristiques (qualités/défauts) d'une personne
OBJECTIFS LINGUISTIQUES	
GRAMMATICAUX	– masculin/féminin/pluriel des adjectifs qualificatifs – *aimer/adorer/détester* + nom/verbe – les pronoms toniques
LEXICAUX	– quelques activités sportives/culturelles – la caractérisation physique et psychologique
PHONÉTIQUES	– la marque du genre dans les adjectifs à l'oral

SCÉNARIO
DE LA LEÇON

La leçon se compose de deux parcours :

Dans le premier parcours, les apprenants seront amenés à comprendre une affiche, pour entrer dans la thématique. Puis, ils liront des annonces et écouteront des conversations dans lesquelles des célibataires parlent d'eux (se présentent, parlent de leurs goûts...). La compréhension de ces supports, complétée par un travail sur la langue (lexique, masculin/féminin des adjectifs qualificatifs et pronoms toniques), leur permettra de rédiger une annonce et de participer à une conversation lors d'une rencontre.

Dans le second parcours, le travail sur la caractérisation d'une personne sera approfondi par la lecture d'une enquête parue sur Internet et l'écoute de messages laissés sur une boîte vocale. Ces activités de compréhension seront enrichies d'un travail linguistique (lexique et pluriel des adjectifs qualificatifs) pour préparer les apprenants à des activités d'expression.

PARLER DE SOI

※ Comprendre Écrit Act. 1, 2, 3 et 4	※ Point langue Masculin/féminin des adjectifs qualificatifs **S'exercer nᵒˢ 1 et 2**	※ Phonétique Act. 5	※ Comprendre Écrit/Oral Act. 6	※ Point langue Pronoms toniques **S'exercer nᵒ 3**	※ S'exprimer Écrit/Oral Act. 7 et 8

Annonces de rencontres   Dialogues

➡ OBJECTIF DE L'ACTIVITÉ 1 ⬅   Entrer dans la thématique des rencontres entre célibataires. L'affiche sert de document déclencheur.

1 Avant l'activité, faire observer l'affiche (reproduite si possible sur transparent ou agrandie et, dans ce cas, affichée au tableau).

Poser des questions aux apprenants : *Qu'est-ce que c'est ? Où peut-on voir ce type de document ? D'après vous, à quoi il sert ?* Le but est de leur faire trouver que c'est une affiche qui informe d'un événement et, peut-être déjà, de leur faire dire de quel type d'événement il s'agit (à partir de l'image notamment et du slogan *Trouvez votre Valentin(e)* qui fait référence à la Saint-Valentin : la fête des amoureux qui a lieu le 14 février).

Puis, faire faire l'activité. Quand les réponses ont été trouvées, engager une courte discussion sur le genre d'animations que l'on peut rencontrer dans ces soirées : rédiger et lire des annonces, discuter avec d'autres célibataires... Cela permettra de faire le lien avec les autres activités de compréhension (orale et écrite) puisque les supports utilisés seront justement en lien direct avec cette soirée. L'affiche permet ici une mise en situation.

➡ **CORRIGÉ :** **date :** 12 février (deux jours avant la Saint-Valentin) – **lieu :** Galeries Lafayette (magasin Bd Haussmann) – **objectif de la soirée :** susciter des rencontres entre célibataires : *Soirée des célibataires, Trouvez votre Valentin(e)*

➡ OBJECTIF DES ACTIVITÉS 2, 3 ET 4 ⬅   Comprendre une série d'annonces de rencontre, remarquer les constantes qui existent dans la forme et le contenu des annonces. Ces annonces vont permettre aux apprenants de repérer comment les personnes parlent d'elles.

2 Cette activité permet d'identifier les informations contenues dans les annonces. Les apprenants vont devoir chercher des informations qu'ils maîtrisent déjà très bien à ce moment de l'apprentissage (âge, téléphone...), d'autres qu'ils ont découvertes dans la leçon précédente (profession, certains loisirs...) et d'autres encore qu'ils vont découvrir.

Avant de commencer l'activité, vérifier, en grand groupe, la compréhension globale du texte. Faire identifier le type de document : *Il s'agit d'annonces.* Pour faire le lien avec l'activité 1, leur demander où on peut lire ces annonces et à quoi elles servent : *affichées sur les murs pendant la soirée des célibataires pour créer des rencontres.* Attirer leur attention sur la structure des annonces. Il y a deux parties : dans la première, l'auteur de l'annonce parle de lui (ou d'elle), dans la seconde, il décrit la personne qu'il souhaite rencontrer. Faire faire l'activité (travail individuel). La mise en commun fait apparaître que trois informations n'apparaissent pas dans les annonces. Faire observer que les informations contenues ont des fonctions communes : donner son identité (prénom, coordonnées, âge...), se décrire (description physique, caractère, goûts...) et dire qui on cherche (relation recherchée...).

➡ **CORRIGÉ :** Prénom, numéro de téléphone (portable, car le numéro commence par 06), âge (ils ont tous entre 30 et 40 ans), description physique, caractère, profession, goûts et loisirs, type de relation recherchée (mariage ou autre). Trois informations ne sont pas données : l'adresse mél (le téléphone portable est plus direct et rapide pour ce genre de soirée), la date de naissance (l'âge suffit) et la situation familiale (s'ils sont là c'est qu'ils sont célibataires).

3 Dans l'activité 3, les apprenants ont une tâche à réaliser : ils doivent « jouer les marieurs », former les couples possibles. Par groupe de deux, ils forment des couples qui pourraient s'entendre, ils doivent faire le lien entre les attentes des uns et les caractéristiques des autres pour voir s'il y a ou non correspondance. Lors de la mise en commun en grand groupe, les apprenants devront justifier leurs choix en faisant apparaître les points communs et les incompatibilités entre les différentes personnes. On passe ici à une autre étape de la compréhension, ils sont amenés à traiter les informations lues pour en tirer des conclusions.

➡ **CORRIGÉ :** Les couples qui vont se former : Mélanie et Pietro – David et Agnès. Le couple David/Mélanie est impossible car David est allergique aux chats. Agnès précise que l'homme qu'elle veut rencontrer ne sera *pas petit*, or Pietro n'est *pas très grand* (= petit).

4 Cette activité permet de finaliser la compréhension, d'observer les formes utilisées. Il s'agit de vérifier la compréhension de certaines expressions (reprises dans l'Aide-mémoire) : l'attention des apprenants est attirée vers les phrases, puis vers les mots qui permettent aux célibataires de parler d'eux et de caractériser la personne recherchée.

a) Il s'agit d'une activité d'appariement, à faire seul ou à deux. Dans la colonne de gauche, se trouvent des phrases contenant des mots nouveaux et, dans celle de droite, ceux vus auparavant (dossier 3, leçon 1), tous permettant de parler de ses goûts. L'Aide-mémoire propose un récapitulatif de ces différentes expressions.

b) Ici l'attention est portée sur les mots utilisés pour caractériser une personne : description physique (*physiquement*) et caractère (*psychologiquement*). Une fois l'activité effectuée, demander aux apprenants de quel type de mots il s'agit : *Ce sont des adjectifs qualificatifs.* Pour préparer le Point langue, on peut déjà leur faire repérer qu'il y a des mots utilisés plusieurs fois, mais avec un changement selon qu'il s'agit d'un homme ou d'une femme : *grand/grande, élégant/élégante, intelligent/intelligente, cultivé/cultivée.*

➡ **CORRIGÉ : a)** 1 c – 2 e – 3 d – 4 a – 5 b
b) caractériser une personne **physiquement** : grand/mince/élégant/petit/sportif/musclé – ronde/grande/élégante/ décontractée – caractériser une personne **psychologiquement** : timide/optimiste/intelligent/cultivé/libre/dynamique/ cultivée/créative/positive/généreuse/romantique/douce/calme/indépendante/intelligente/romantique/patiente

Point **Langue**

> ### LE MASCULIN/FÉMININ DES ADJECTIFS QUALIFICATIFS POUR CARACTÉRISER UNE PERSONNE

Le tableau propose un classement des adjectifs vus dans les activités précédentes. Son observation permet aux apprenants d'énoncer la règle de formation des adjectifs au féminin à partir de la forme du masculin.

a) La première partie de l'activité attire l'attention des apprenants sur la transformation (ou pas) de la forme écrite de l'adjectif.

b) La seconde donne une approche complémentaire : les apprenants sont amenés à écouter les transformations qui interviennent à l'oral. Attirer leur attention sur le fait que les changements qui interviennent à l'écrit ne s'entendent pas toujours à l'oral (ex : cultivé/cultivée).

> **Corrigé : Transformation au féminin.**
> – intelligent/intelligente, grand/grande → pour les adjectifs terminés en *-t* et en *-d*, on ajoute un *-e*.
> – sportif/sportive → pour les adjectifs terminés en *-if*, la terminaison devient *-ive*.
> – généreux/généreuse → pour les adjectifs terminés en *-eux*, la terminaison devient *-euse*.
> – cultivé/cultivée → pour les adjectifs terminés en *-é*, on ajoute un *-e* ; on n'entend pas de différence à l'oral.
> – libre/libre, romantique/romantique → les mots terminés par *-e* sont identiques au masculin et au féminin ; on n'entend pas de différence à l'oral.

S'EXERCER n°s 1 et 2 Corrigé ▶ p. 67

> **OBJECTIF DE L'ACTIVITÉ 5**

Phonétique : Faire prendre conscience aux apprenants de la marque orale du genre dans les adjectifs qualificatifs (pour certains, la prononciation est identique au masculin et au féminin, pour d'autres, la prononciation est différente).

5 Faire écouter la première phrase de l'activité et demander à la classe si on parle d'un homme ou d'une femme. Les apprenants doivent justifier leur réponse. Faire écouter ensuite tout l'enregistrement pour un travail individuel, avec correction en grand groupe après comparaison des résultats en binôme.

> **CORRIGÉ :** homme : 2 – 3 – 7 ; femme : 1 – 4 – 5 – 6 – 8

> **OBJECTIF DE L'ACTIVITÉ 6**

Comprendre deux courts dialogues au cours desquels un homme et une femme font connaissance.

6 On retrouve dans ces situations les quatre personnages qui ont rédigé des annonces, cela se passe toujours au cours de la soirée des célibataires annoncée par l'affiche (activité 1). Les deux questions correspondent aux deux étapes de la compréhension : la compréhension globale et la compréhension finalisée.

1. Faire écouter une première fois les dialogues pour trouver la réponse à la question. Certaines informations repérables dans les annonces et dans les dialogues permettent de répondre : Agnès a noté son signe astrologique dans son annonce (sagittaire) et elle adore le cinéma, or les deux éléments sont repris dans la première conversation. Pietro est dessinateur, c'est donc l'homme qui parle dans le second dialogue ; il a une conversation avec Mélanie qui est artiste et qui aime les musées. Par déduction, on peut dire que l'homme du premier dialogue est David.

2. Avant la deuxième écoute, donner la consigne : *Vous allez écouter une deuxième fois les dialogues, vous devez noter les points communs entre Agnès et David d'une part, entre Mélanie et Pietro d'autre part.* Faire écouter les dialogues une seconde fois.

Agnès et David : ils aiment le cinéma (– *J'adore le cinéma. – Moi aussi !*)

Mélanie et Pietro : ils sont artistes (– *Tu es dessinateur... Alors toi aussi tu es un peu artiste comme moi. Moi, je fais de la sculpture...*)

La réponse à la question posée suppose une bonne compréhension des dialogues mais aussi la perception d'une impression plus générale que l'on peut ressentir à l'écoute (le ton, l'enthousiasme ou, au contraire, le peu d'entrain...). La dernière phrase de Pietro laisse pressentir qu'il n'est pas très emballé par la rencontre et il laisse entendre un point de désaccord : « *Oh ! Tu sais, moi, les musées...* » Dans ces courtes conversations, de nombreux pronoms toniques ont été employés, ce qui permet de faire le lien avec le Point langue suivant.

> **CORRIGÉ : 1.** Agnès et David – Mélanie et Pietro **2.** À l'écoute, on s'aperçoit qu'Agnès et David ont des points communs, qu'ils s'entendent bien. En revanche, Mélanie et Pietro n'ont pas l'air de s'entendre...

Point **Langue**

> ### LES PRONOMS TONIQUES POUR PARLER DES PERSONNES

Ce Point langue permet de faire observer les pronoms toniques dans les différents supports de compréhension travaillés (annonces et dialogues). L'activité propose des phrases à compléter pour découvrir les différentes formes et quelques emplois de ces pronoms : en renfort du pronom personnel sujet pour insister sur la personne qui fait l'action ou pour montrer son accord (pronom tonique + *aussi*).

... /...

Point **Langue**

... / ...

Travail individuel après observation en grand groupe des pronoms employés dans les différents supports.

➡ **Corrigé :** Moi, je suis sagittaire. – Toi aussi, tu aimes l'art ? – Elle aussi, elle est artiste. – Nous, nous allons à la soirée des célibataires. – Vous aussi, vous voyagez beaucoup ? – Elles aussi, elles vont souvent au cinéma.

S'EXERCER n° 3 Corrigé ▶ p. 67

➡ **OBJECTIF DE L'ACTIVITÉ 7** ⬅   Transférer ce qui a été travaillé en compréhension. L'apprenant, mis en situation, est amené à rédiger sa propre annonce.

Le site *www.rencontres.com* adapte la situation à tous les apprenants : ils peuvent aussi rédiger une annonce pour rencontrer des amis, des correspondants. La consigne de l'activité indique un modèle de rédaction : les annonces vues p. 54 du manuel. Il est alors possible de faire trouver aux apprenants les différentes parties de l'annonce à rédiger, leurs réponses seront vérifiées en lisant la suite de la consigne qui reprend en détail les différentes étapes à suivre. Il s'agit d'un travail individuel qui, selon le temps dont on dispose, peut être réalisé à la maison, en dehors du cours.

➡ **OBJECTIF DE L'ACTIVITÉ 8** ⬅   Transférer ce qui a été vu en compréhension depuis le début de la leçon. Les apprenants doivent préparer un jeu de rôle à deux, puis le jouer.

Pour préparer ce jeu de rôle, il est possible de proposer les activités *Comportements* du Carnet de voyage (p. 62 du manuel). Pour former les groupes, s'appuyer par exemple sur le but énoncé par les apprenants dans les annonces rédigées au cours de l'activité 7 : mettre deux apprenants qui cherchent une rencontre amicale ensemble, etc. Chaque petit groupe prépare la scène à jouer sans rédiger les dialogues, mais en se mettant d'accord sur les grandes lignes de la situation : comment ils vont se présenter, de quoi il vont parler (de leurs goûts, de leurs loisirs, de leur caractère...) et comment la scène peut se terminer. Deux ou trois groupes jouent la scène devant le reste de la classe à qui on peut donner des consignes de compréhension : par exemple, comme dans l'activité 6, ils devront dire ce qu'ils ont compris et s'ils pensent que les personnes vont se revoir.

CARACTÉRISER UNE PERSONNE

🎞 Comprendre Écrit Act. 9 et 10	🎞 Comprendre Oral Act. 11 S'exercer n° 1	🎞 Act. 12	🎞 Point langue Pluriel des adjectifs qualificatifs S'exercer n° 4	🎞 S'exprimer Oral Act. 13	🎞 S'exprimer Écrit/Oral Act. 14

Enquête parue sur Internet   Messages sur une boîte vocale

➡ **OBJECTIF DES ACTIVITÉS 9 ET 10** ⬅   Comprendre une page d'un site Internet qui présente une enquête à la lecture de laquelle les internautes doivent dire comment ils voient les personnes du sexe opposé.

Avant l'activité, vérifier la première étape de la compréhension globale du document. Demander sur quel support on peut lire ce document : *sur un ordinateur, sur Internet.* Demander de quel document il s'agit : *d'un mél, d'un article, d'une publicité... ?* Si nécessaire, attirer l'attention des apprenants sur les questions posées aux lecteurs : *c'est une enquête.* L'activité 9 permet de terminer cette compréhension globale : à partir d'un questionnaire vrai/faux, il s'agit de repérer les paramètres essentiels du texte. La première affirmation sert à trouver **à qui** s'adresse le texte, la deuxième **quel est le sujet** du document et la troisième **comment faire pour participer.** Faire répondre aux questions en demandant de justifier : les apprenants doivent citer les mots ou phrases du document qui permettent de répondre.

➡ **CORRIGÉ : 1.** Faux : Il s'agit d'un site Internet qui s'adresse aux jeunes « pl@netejeunes.com », de plus on y parle de filles et de garçons, et pas de femmes et d'hommes. – **2.** Vrai : Les filles choisissent des qualificatifs pour caractériser les garçons et les garçons des qualificatifs pour caractériser les filles. – **3.** Faux : Il faut laisser un message sur la boîte vocale du magazine.

10 Revenir à la deuxième affirmation de l'activité précédente qui fait le lien. L'activité permet de vérifier la compréhension des différentes caractéristiques (adjectifs qualificatifs au pluriel puisqu'on parle des garçons et des filles en général). En binôme, les apprenants classent les adjectifs (masculin/féminin) en deux groupes : les qualités (*caractéristiques positives*) et les défauts (*caractéristiques négatives*). Lors de la mise en commun en grand groupe, si besoin, faire expliciter ces mots : ceux qui pensent avoir compris peuvent donner des exemples aux autres : « *Un garçon prétentieux pense qu'il est le plus fort...* »

> **CORRIGÉ : caractéristiques positives :** responsables/responsables, intelligents/intelligentes, sérieux/sérieuses
> **caractéristiques négatives :** superficiels/superficielles, compliqués/compliquées, prétentieux/prétentieuses, timides/timides

> **OBJECTIF DE L'ACTIVITÉ 11** | Comprendre des messages laissés sur la boîte vocale du *magazine Web*. Quatre jeunes (ils ont tous moins de 20 ans) participent à l'enquête du site *pl@netejeunes.com*.

11 Avant l'activité, faire écouter un premier message. Demander ensuite : *Combien de personnes parlent ?* (*Une seule, c'est une jeune fille*) / *À qui ?* (*À une boîte vocale*) / *De quoi elle parle ?* (*De comment elle voit les garçons*).

a) Donner la consigne et, après une deuxième écoute, faire répondre pour le message de Léa uniquement. Faire la correction à partir des réponses trouvées. Procéder à l'écoute des trois autres messages avec la même consigne en faisant une pause entre chaque message pour que les apprenants aient le temps de prendre des notes.

b) Cette question permet d'enrichir le lexique vu. Proposer une écoute supplémentaire de chaque message avec une pause entre chaque écoute pour que les apprenants relèvent de nouvelles caractéristiques. S'ils notent aussi des mots qui ne sont pas des qualificatifs (Ex. : *Elles font toujours des histoires*), attirer leur attention lors du corrigé sur ce que l'on peut garder pour répondre à la question et sur ce qui est « à côté », mais qui permet aussi de bien comprendre ce que veulent dire ces jeunes.

c) On demande aux apprenants d'aller plus loin que dans le classement opéré dans l'activité 10. Il ne s'agit plus uniquement de classer des mots selon leur sens, mais d'avoir un regard plus global sur les messages entendus. Ils doivent croiser les informations relevées et évaluer s'il s'agit d'un témoignage positif ou négatif, ou les deux.

> **CORRIGÉ : a)** Pour Léa, les garçons sont : intelligents et [un peu] prétentieux. – Pour Julien, les filles sont : [vraiment] superficielles. – Pour Mathieu, les filles sont : compliquées. – Pour Coralie, les garçons sont : [plutôt] sérieux [dans leurs études], ils sont [peut-être] timides.
> **b)** Pour Léa, les garçons sont : forts physiquement. – Pour Julien, les filles sont : individualistes et pas très gentilles entre elles. – Mathieu ne mentionne pas d'autres caractéristiques (pas au moyen d'adjectifs qualificatifs). – Pour Coralie, les garçons sont : actifs, pas du tout naturels avec les filles.
> **c)** Le témoignage de Léa est à la fois positif (*intelligents, forts physiquement*) et négatif (*prétentieux*). – Le témoignage de Julien est négatif. – Le témoignage de Mathieu est négatif. – Le témoignage de Coralie est plutôt positif (*sérieux, actifs*), mais avec un petit côté négatif (*pas naturels avec les filles et timides*).

> **OBJECTIF DE L'ACTIVITÉ 12** | Enrichir le lexique de la caractérisation et faire la transition avec le Point langue qui traite du pluriel des adjectifs qualificatifs.

12 Cette activité présente des couples (masculin/féminin) d'adjectifs qualificatifs au pluriel qui permettent de caractériser physiquement et psychologiquement des personnes. Elle vient prolonger l'activité 10 puisqu'on demande de compléter le classement commencé au cours de cette activité. Le travail peut être fait seul avec une mise en commun en grand groupe.

> **CORRIGÉ : caractéristiques positives :** beaux/belles, intéressants/intéressantes
> **caractéristiques négatives :** menteurs/menteuses, ennuyeux/ennuyeuses, indécis/indécises, pessimistes/pessimistes

Point **Langue**

> LE PLURIEL DES ADJECTIFS QUALIFICATIFS POUR CARACTÉRISER DES PERSONNES

Les apprenants sont amenés à énoncer la règle de formation du pluriel des adjectifs à partir de l'observation des documents proposés en support de compréhension.

Faire d'abord formuler la règle valable dans la majeure partie des cas : *ajouter un -s pour former le pluriel des adjectifs*. Ensuite, faire remarquer que tous les adjectifs ne fonctionnent pas ainsi. Pour cela, demander de revenir aux listes d'adjectifs proposés pour vérifier si la règle est toujours valable : le tableau permet de classer les quelques exceptions rencontrées auparavant.

> **Corrigé :** En général, pour mettre les adjectifs au pluriel on ajoute un -*s*. Exceptions : *beau → beaux*. On ajoute un -*x*. – *Ennuyeux* et *indécis*, se terminant par -*eux* et -*s* au singulier, sont identiques au singulier et au pluriel.

S'EXERCER n° 4 Corrigé ▶ p. 67

→ OBJECTIF DE L'ACTIVITÉ 13 ← **Transférer ce qui a été vu depuis le début de la leçon.**

3 On demande aux apprenants de donner leur propre point de vue sur les personnes de leur sexe (et non l'inverse comme dans les situations vues auparavant) et d'échanger avec leurs camarades de classes. La consigne s'adapte à tous les groupes d'âge : dans un groupe classe où les apprenants ont de grands écarts d'âge, former des groupes de trois personnes du même âge ou, au contraire, d'âge éloigné selon la situation d'échange qui semble la plus adaptée à chaque classe.

→ OBJECTIF DE L'ACTIVITÉ 14 ← **Transférer, de façon ludique, ce qui a été vu jusqu'alors.**

4 Cette activité propose de répondre à l'enquête du site Internet (voir activité 9), mais elle envisage de le faire sous d'autres modalités que celles demandées dans le document de départ et à l'échelle de la classe. Diviser la classe en deux : filles d'un côté, garçons de l'autre. Chaque fille écrit sur un papier deux qualificatifs pour caractériser les garçons et chaque garçon écrit deux qualificatifs pour caractériser les filles. Pour arriver à une liste commune de dix qualificatifs, il faudra que les filles d'un côté et les garçons de l'autre se mettent d'accord. Cette activité implique des négociations au sein de chaque groupe.

---

1. a. *Alexandra* : grande, mince, la trentaine. J'occupe un poste de responsabilité. Je suis dynamique et aventurière. J'aime les voyages, la musique, mais je déteste être seule. Qui veut partager un week-end avec moi, ou peut-être plus ? – **b.** *Nicolas* : 35 ans, petit, mince. Je suis divorcé et j'ai un enfant de deux ans. Sincère, généreux, fidèle, j'aime la vie en famille. J'ai un chien mais je suis allergique aux chats. Je ne suis pas sportif et je cherche une partenaire pour la vie. – **c.** *Laure* : 25 ans, grande, athlétique, professeure de gym. Je suis amoureuse de la vie : j'aime la nature, les sorties avec les amis, les musées, les restos. Je suis à la recherche d'un partenaire dynamique, sensible et cultivé.

2. *caractériser physiquement* : athlétique – grand – élégant – mince – petit – sportif – gros – beau – rond

caractériser psychologiquement : dynamique – doux – timide – cultivé – autoritaire – calme – romantique – créatif – optimiste – sympathique – intelligent – aventurier – sincère – généreux – sérieux

3. a. moi/toi/moi – **b.** nous/vous/nous – **c.** elle/lui – **d.** elles/ils

4. *Plusieurs réponses sont possibles :*

a. Je déteste les enfants, ils sont fatigants, menteurs, indisciplinés...

b. J'adore les femmes, elles sont douces, intelligentes, sincères...

c. J'aime bien les sportifs, ils sont sérieux, dynamiques, beaux...

d. Je déteste les fumeurs, ils sont gênants, désagréables...

e. Je déteste les touristes, ils sont bruyants, indiscrets, curieux...

S'EXERCER – CORRIGÉ

J'ai **rendez-vous** avec vous

OBJECTIFS SOCIOLANGAGIERS

OBJECTIFS COMMUNICATIFS & SAVOIR-FAIRE	
	Être capable de...
Proposer une sortie	– comprendre des conversations téléphoniques amicales dans lesquelles on propose une sortie
	– parler de ses préférences en matière de sorties
	– proposer une sortie, *inviter/accepter/refuser*
	– fixer un rendez-vous
	– donner des instructions
Inviter	– comprendre des messages écrits d'invitation
	– écrire un mél pour inviter un proche
OBJECTIFS LINGUISTIQUES	
GRAMMATICAUX	– le présent des verbes *pouvoir/vouloir/devoir*
	– le pronom *on = nous* (1)
	– l'impératif : 2ᵉ personne du singulier et du pluriel
LEXICAUX	– termes liés aux sorties
	– registre familier (1)
PHONÉTIQUES	– le son...
	– discrimination des sons...

SCÉNARIO DE LA LEÇON

La leçon se compose de deux parcours :

Dans le premier parcours, les apprenants seront amenés à écouter des conversations téléphoniques. La compréhension de dialogues, enrichie d'un travail sur la langue (actes de parole liés aux sorties, introduction au registre familier), donnera l'occasion aux apprenants de parler entre eux des sorties qu'ils aiment faire pour, ensuite, prendre part à une conversation téléphonique afin de proposer une sortie, accepter ou refuser et fixer un rendez-vous.

Dans le second parcours, le travail proposé sera axé sur les compétences écrites : les apprenants pourront lire des messages d'invitation, puis à leur tour en rédiger un.

PROPOSER UNE SORTIE

| ▓ Comprendre Oral Act. 1 et 2 | ▓ Act. 3 | ▓ Point langue Proposer une sortie **S'exercer n° 1** | ▓ Point langue Le pronom *on* **S'exercer n° 2** | ▓ Phonétique Act. 4 | ▓ Aide-mémoire *Vouloir/pouvoir/devoir* **S'exercer n° 3** | ▓ Phonétique Act. 5 | ▓ S'exprimer Oral Act. 6 et 7 |

Conversations
téléphoniques

> OBJECTIF DES ACTIVITÉS 1 ET 2

Comprendre des conversations téléphoniques dans lesquelles des amis parlent de sorties : ils se font des propositions de sortie, acceptent et/ou refusent, puis se fixent un rendez-vous. La première activité propose une compréhension globale des dialogues, la deuxième une compréhension finalisée.

1 Les différentes écoutes seront faites sans lire la transcription proposée par le manuel, ce qui fausserait l'activité de compréhension orale : demander aux apprenants de cacher les textes des dialogues. Avant l'activité, proposer une première écoute, un dialogue puis l'autre, pour faire repérer les différents paramètres de la conversation. Poser des questions : *Combien de personnes parlent ? Deux (un homme et une femme). Elles sont ensemble ? Non, elles se téléphonent.* Après l'écoute du second dialogue, demander : *C'est la même situation que dans le premier dialogue ? Deux personnes se téléphonent mais, ici, il s'agit de deux femmes.*

Faire écouter une deuxième fois les dialogues (l'un à la suite de l'autre) pour permettre aux apprenants de dire si les affirmations proposées dans l'activité sont vraies ou fausses. À ce moment de la compréhension, on ne demande pas aux apprenants de pouvoir justifier leurs réponses en donnant des détails du contenu des dialogues, les différentes affirmations proposent une compréhension « en entonnoir » : les différentes phrases proposées permettent de se diriger progressivement vers une compréhension plus précise du contenu des conversations.

> **CORRIGÉ :** **1.** faux (François téléphone et Tania répond) – **2.** vrai (Tania a une conversation téléphonique amicale avec chacun d'eux) – **3.** vrai (François lui propose d'aller en boîte ; Chloé propose une soirée karaoké) – **4.** faux (elle a de nombreuses activités prévues : une soirée Salsa, du bateau pendant le week-end, cinéma avec François, le jeudi soir, puis restaurant et soirée karaoké, le mercredi soir) – **5.** vrai (avec François : jeudi à 7 heures place Plumereau ; avec Chloé : mercredi à 7 heures au bar le Baratin)

2 Les dernières phrases proposées dans l'activité 1 permettaient une transition avec cette activité dans laquelle il s'agit d'exécuter une tâche pour vérifier la compréhension. Les apprenants prennent la place de Tania, et, comme ils auraient à le faire pour noter leurs propres rendez-vous, ils sont amenés à compléter son agenda en fonction des informations comprises dans les dialogues écoutés. Il s'agit d'un travail individuel (on remplit seul son agenda), avec mise en commun en grand groupe.

> **CORRIGÉ :** Mercredi 19, à 20 h : *« soirée (bar, restau chinois et karaoké) avec Chloé »* – Jeudi 20, à 19 h : *« ciné avec François »*

> OBJECTIF DE L'ACTIVITÉ 3

Vérifier la compréhension de mots familiers contenus dans les dialogues. Activité sur le lexique des sorties dans le langage employé entre amis, dans un registre familier.

3 Activité d'appariement : faire associer l'activité au lieu où elle est pratiquée, puis ce lieu à sa définition. Le lieu est donné dans un vocabulaire appartenant au registre familier et la définition au français standard. Faire observer que le mot familier est souvent la forme abrégée du mot initial : *ciné* pour *ciné*ma, *restau* pour *restau*rant.

> **CORRIGÉ :** Pour danser, on va en boîte. Cela signifie : à la discothèque. – Pour voir un film, on va au ciné. Cela signifie : au cinéma. – Pour prendre un verre, on va dans un bar sympa. Cela signifie : dans un bar agréable. – Pour dîner, on va au restau. Cela signifie : au restaurant.

Point **Langue**   **> PROPOSER UNE SORTIE**

Il s'agit ici de faire repérer des actes de parole contenus dans les dialogues. Faire compléter le tableau à partir de la réécoute du premier dialogue, puis à partir de celle du second. Le repérage est un travail individuel, puis une vérification avec le voisin ou la voisine peut être nécessaire (pour compléter les notes prises) avant la mise en commun en grand groupe.

> **Corrigé : Proposer une sortie :** – *Tu veux sortir ?*/ – *Le karaoké, ça te dit ?*/ – *Dis-moi, tu es libre mercredi ou jeudi ?*
> **Accepter :** – *Jeudi, oui, ça me va.*/ – *OK pour mercredi.*
> **Refuser :** – *Vendredi, je ne peux pas.*/ – *Jeudi, c'est impossible pour moi, je ne suis pas libre.*
> **Fixer un rendez-vous :** – *On se retrouve jeudi à 7 heures place Plumereau.*/
> – *Alors à 7 heures pour prendre un verre (au Baratin).*

S'EXERCER n° 1 Corrigé ► p. 72

Point **Langue**   **> LE PRONOM *ON***

Ce Point langue propose de conceptualiser l'un des emplois du pronom ***on*** à partir de phrases extraites des dialogues travaillés en compréhension orale.

Faire observer les phrases données et demander par quoi on pourrait remplacer ***on***. L'attention des apprenants est d'abord attirée sur le sens du pronom dans ces phrases, puis sur la construction du verbe dont il est le sujet. Faire observer que ces phrases sont extraites de conversations amicales, qu'il s'agit d'un registre familier.

> **Corrigé :** On va = *nous allons*. Après ***on***, le verbe est conjugué à la 3e personne du singulier.

S'EXERCER n° 2 Corrigé ► p. 72

→ OBJECTIF DE L'ACTIVITÉ 4 ←   **Phonétique :** Savoir prononcer le son [ɔ̃] par sa reconnaissance dans des syllabes et sa distinction avec la prononciation du [ɔ] + [n].

4 **a)** Le premier exercice est un exercice de reconnaissance du son. Les apprenants écoutent des énoncés et indiquent dans quelle syllabe ils entendent le son. Faire faire le premier énoncé en grand groupe, comme exemple, puis procéder à l'écoute de l'enregistrement en entier pour un exercice individuel avec correction en grand groupe.

b) Le deuxième exercice est un exercice de reproduction du son dans des phrases qui contiennent aussi le son [ɔ] + [n], que les apprenants doivent apprendre à distinguer de la nasale. Après l'écoute de chaque phrase, solliciter quelques apprenants pour reproduire l'énoncé entendu.

Il est ensuite possible de faire remarquer les graphies des deux sons qu'ils doivent distinguer : [ɔ̃] s'écrit « on » ou « om » en finale ou, suivi d'une consonne prononcée ou non, [ɔ] + [n] s'écrit « onn » ou « one » et [ɔ] + [m] s'écrit « omm ».

→ **CORRIGÉ :** **1 :** 2ᵉ – **2 :** 2ᵉ – **3 :** 3ᵉ – **4 :** 2ᵉ – **5 :** 3ᵉ – **6 :** 4ᵉ – **7 :** 5ᵉ – **8 :** 1ʳᵉ

AIDE-MÉMOIRE

Cet Aide-mémoire permet de fixer la conjugaison des verbes modaux qui expriment une intention et que l'apprenant a découverts dans les différents supports de compréhension proposés auparavant dans la leçon.

S'EXERCER nº 3 → Corrigé ▶ p. 72

→ OBJECTIF DE L'ACTIVITÉ 5 ←   **Phonétique :** Distinguer les sons [ø] et [œ], afin de prononcer correctement le singulier et le pluriel de la 3ᵉ personne des verbes étudiés (*vouloir/pouvoir/devoir* au présent de l'indicatif).

5 **a)** La première activité propose de faire écouter et constater que le « eu » de ces formes verbales ne se prononce pas de la même manière.

b) Faire réécouter l'enregistrement et demander aux apprenants de classer ces formes selon leur prononciation [ø] ou [œ].

On peut terminer cette activité par l'apprentissage du proverbe dont le sens sera expliqué. Il est intéressant de demander si les apprenants ont l'équivalent de ce proverbe dans leur langue.

Remarque : [ø] est plus tendu que [œ] : on peut imaginer (ou faire imaginer par la classe) un petit symbole qui représenterait la tension du son, par exemple un petit éclair : ⚡ ou une main fermée.

→ **CORRIGÉ :** [ø] : Il veut. – Il peut.
[œ] : Ils veulent. – Ils peuvent.

→ OBJECTIF DES ACTIVITÉS 6 ET 7 ←   Transférer ce qui a été vu dans la leçon. Les deux activités proposent des situations d'expression orale variées : d'abord une discussion informelle, puis une simulation avec un canevas à respecter.

6 Cette première activité permet aux apprenants de s'exprimer sur le thème traité depuis le début de la leçon par un réemploi du lexique des sorties dans une situation authentique : des camarades de classe discutent des sorties possibles, expriment leurs goûts et en choisissent une. La consigne implique les apprenants (*dans votre ville*) qui peuvent aisément s'approprier les notions étudiées. Un rapporteur de chaque groupe peut rendre compte au reste de la classe de la sortie choisie.

7 Cette activité propose un jeu de rôle dans une situation proche de celles vues en compréhension. Former des groupes de deux, si possible avec des apprenants qui n'étaient pas dans le même groupe pour l'activité précédente car ils risqueraient de se mettre très vite d'accord sur la sortie à choisir et l'échange serait trop rapide.

Chaque groupe prépare la scène à jouer sans rédiger les dialogues et décide des grandes lignes de la situation : qui téléphone à qui, de quelles sorties ils peuvent parler et sur quel rendez-vous ils vont se mettre d'accord. Deux ou trois groupes jouent la scène devant le reste de la classe : il s'agit d'une conversation téléphonique, les apprenants qui discutent au téléphone ne se voient pas et doivent donc se tourner le dos car ils ne peuvent pas faciliter leur communication par des gestes. Les autres écoutent, peuvent prendre des notes et, quand la scène est terminée, la correction peut se faire en grand groupe : valoriser ce qui est réussi et revenir sur ce qui pourrait être amélioré.

INVITER

▨ Comprendre Écrit	▨	▨ Point langue	▨ S'exprimer
Act. 8 et 9	Act. 10	L'impératif pour inviter et donner des instructions **S'exercer nº 4**	Oral Act. 11

Mél/message   Réponse au message

➡ OBJECTIF DES ACTIVITÉS 8 ET 9 ⬅   Comprendre différents messages d'invitation : mél et petit mot.

8 Faire cette activité en grand groupe pour vérifier la compréhension globale des messages.

a) Trouver la signature de chaque message ne suppose pas une compréhension complète des messages. Pour chercher l'identité des auteurs, les apprenants doivent repérer des indices qui montrent la nature de la relation qu'il y a entre eux et Nadia. Faire remarquer que ceux qui la tutoient signent par leur prénom et ceux qui la vouvoient par leur nom de famille.

b) Faire répondre aux questions. Si nécessaire, faire remarquer que, dans le premier message, c'est l'ensemble qui informe du fait qu'Abdel et Stéphanie sont des amis de Nadia et que, dans le second, les auteurs se présentent dès la première phrase. Pour la seconde question, lorsque les apprenants ont dit qu'ils écrivent pour inviter Nadia, faire relever les phrases dans lesquelles ils formulent l'invitation. Cela permettra de faire le lien avec le Point langue sur l'impératif.

➡ CORRIGÉ : **a)** signature du premier message : Abdel et Stéphanie – signature du second message : M. et Mme Aubert

   b) Abdel et Stéphanie sont des amis de Nadia. Ils écrivent pour inviter Nadia à une fête pour leur crémaillère.

   M. et Mme Aubert sont les nouveaux voisins de Nadia. Ils écrivent pour inviter Nadia à un apéritif.

9 Cette activité permet d'aller plus loin dans la compréhension des messages. Il est demandé aux apprenants de compléter une note, un « pense-bête », qui permettra à Nadia de se souvenir des éléments essentiels des deux invitations et de ce qu'elle doit faire. Par cette tâche, on vérifie la compréhension et on fait sélectionner les informations pertinentes. Faire faire cette activité seul avec ensuite une mise en commun en grand groupe.

➡ CORRIGÉ : Apéro voisins samedi *25* à *19 h 30*. – Fête Stéphanie et Abdel *samedi* à *20 h.* → Confirmer + prévenir retard + préparer *gâteau au chocolat*.

➡ OBJECTIF DE L'ACTIVITÉ 10 ⬅   Comprendre la construction de courts messages dans lesquels on répond à une invitation.

10 Pour faire reconstituer les deux messages, il est possible de conseiller aux apprenants d'isoler les phrases qui feront partie de la réponse faite à Stéphanie et Abdel de celles du message adressé à M. et Mme Aubert. L'activité peut se faire par groupe de deux.

■ VARIANTE : Proposer cette activité sous forme de jeu : le groupe qui aura reconstitué les messages avant les autres aura gagné.

➡ CORRIGÉ : **Réponse au message de Stéphanie et Abdel :** Salut Steph ! Félicitations ! D'accord pour samedi mais un peu plus tard (20 h 45 – 21 h 00), OK ? Je viens seule !... Pour le gâteau pas de problème ! Est-ce que tu veux de l'aide pour préparer ? Bisous. Nadia

   Réponse au message de M. et Mme Aubert : Madame, Monsieur, Je vous remercie pour votre invitation. Je peux venir samedi mais pas très longtemps. Si vous avez un problème ou si vous avez besoin d'aide demandez-moi ! À samedi. Nadia Dupuis

Point **Langue**   > **L'IMPÉRATIF POUR INVITER ET DONNER DES INSTRUCTIONS**

Ce Point langue reprend les phrases à l'impératif vues dans les supports de compréhension. Partir du sens de ces phrases (*inviter* ou *donner des instructions*) pour ensuite faire observer les formes verbales.

a) Dans la première partie du Point langue, les apprenants doivent retrouver les formes des verbes au présent de l'indicatif : on guide la conceptualisation à partir de ce qu'ils savent déjà.

b) Dans la seconde partie, le questionnaire vrai/faux permet d'orienter la réflexion des apprenants notamment sur la comparaison impératif/indicatif présent. Par les réponses fournies, ils énoncent la règle.

➡ Corrigé : **a)**

2ᵉ personne du singulier		2ᵉ personne du pluriel	
Impératif	Indicatif présent	Impératif	Indicatif présent
Viens à 20 heures.	Tu *viens*	Venez	Vous *venez*
Prends le bus.	Tu *prends*	Prenez	Vous *prenez*
Fais ton gâteau.	Tu *fais*		
Téléphone.	Tu *téléphones*		
N'apporte pas de cadeau.	Tu n' *apportes pas*		

b) Faux. Ex. : Viens, Venez. – Faux. Ex. : Téléphone/Tu téléphones. N'apporte pas de cadeau./Tu n'apportes pas de cadeau.

S'EXERCER n° 4 Corrigé ▶ p. 72

→ OBJECTIF DE L'ACTIVITÉ 11 ←　**Transférer les compétences acquises dans cette leçon en rédigeant un mél d'invitation.**

11　La consigne permet à chacun de choisir qui il va inviter et dans quelle circonstance : chaque apprenant peut s'impliquer dans la tâche à effectuer. La production est guidée : toutes les indications nécessaires à la rédaction d'une invitation découvertes au cours des activités de compréhension sont ici reprécisées. Il s'agit d'un travail individuel à faire en classe ou à la maison selon le temps dont on dispose. Un échange en petit groupe est possible à la fin de la rédaction : chaque apprenant peut lire la production de son voisin et vérifier s'il peut repérer les différentes informations qui doivent se trouver dans un mél d'invitation.

S'EXERCER - CORRIGÉ

1. h – j – a – b – i – d – e – f – c – g
2. Quand on est libres, on sort entre amis. On a rendez-vous au centre-ville. On va dans un bar sympa, puis on dîne dans un restau, et on passe le reste de la soirée dans une boîte. On rentre à la maison vers 6 heures du matin, fatigués mais contents !

3. a. tu *peux* venir si tu *veux*/je ne *peux* pas, je *dois* terminer un travail/on *peut* organiser un dîner/je *peux* venir
b. vous *pouvez*/vous *devez* aller/vous *devez* voir/je ne *peux* pas/je *dois* être/ils *peuvent* venir
4. a. venez – **b.** prends/viens – **c.** traversez/prenez/montez – **d.** pense/passe/n'oublie pas – **e.** venez/amenez

Ce Carnet de voyage se compose de deux volets :

Le premier, intitulé *Comportements*, met l'accent sur le savoir être avec les autres en fonction du type de relation et de la situation vécue. L'apprenant est amené à interpréter des comportements et à comparer avec ceux de son pays. Plusieurs activités permettent d'aborder la question de la communication non verbale dans différentes situations d'échanges de la vie courante.

Le second, nommé *Pratiques sportives en France*, propose des activités au cours desquelles les apprenants sont d'abord amenés à prendre connaissance des pratiques sportives en France pour ensuite pouvoir parler de leurs propres pratiques sportives dans leur pays. En lien avec le reste du dossier, les activités proposées permettent aussi un travail complémentaire sur les loisirs des français.

Comportements

1 Faire observer les photos. Chaque apprenant choisit celle qui, pour lui, représente le plus la France. Chacun peut donner son avis, en grand groupe, en levant la main à la demande de l'enseignant : *Qui pense que la photo a) représente le plus la France ?...* Le choix peut aussi s'exprimer d'une autre manière : chacun écrit sur un petit bout de papier son prénom et la photo choisie. Quatre groupes sont alors formés.

Chaque photo propose des situations différentes qui font référence à des comportements *(la séduction, la démonstration de ses émotions...)* liés à des sentiments *(l'amour, l'amitié...)*, qui peuvent même renvoyer à des valeurs *(la fraternité, l'entraide...)* et, en sélectionnant la photo, l'apprenant peut exprimer ce qu'il perçoit derrière l'image.

2 Au sein des groupes, faire associer une photo à un comportement énoncé par une des phrases proposées. Une discussion peut alors s'établir.

Passer entre chaque groupe pour écouter ce qui se dit et, éventuellement, relancer la discussion en sollicitant ceux qui prennent le moins la parole. Les échanges peuvent être riches et variés. L'analyse des situations sera différente en fonction du vécu de chacun, de ses habitudes et des pratiques observées dans son pays.

➡ CORRIGÉ : **Photo a :** Il fait le baisemain. Le baisemain n'est pas une pratique courante en France, il est pratiqué dans des situations souvent très formelles ou dans certains milieux sociaux.
Photo b : Ils se donnent l'accolade. Se donner l'accolade n'est pas très fréquent en France sauf lors d'un événement très important : retrouvailles après une longue séparation par exemple.
Photo c : Ils se tiennent par la main. En France, seuls les couples se tiennent fréquemment par la main.
Photo d : Ils s'embrassent dans la rue. La scène se passe sur les Champs-Élysées à Paris (on aperçoit au fond l'Arc de Triomphe). En France, on peut souvent voir des couples s'embrasser dans la rue.

3 Après avoir parlé de ce qu'ils comprenaient des scènes montrées par ces photos, les apprenants sont amenés à exprimer leur point de vue sur ces différents comportements. Il leur est demandé de jeter un regard nouveau sur les pratiques de leur pays en comparant avec celles observées sur les photos.

L'activité peut se faire en deux temps : discussion dans les groupes formés, puis mise en commun par un rapporteur en grand groupe.

Pratiques sportives en France

4 Les apprenants sont d'abord conduits à exprimer la vision qu'ils ont de la société française (ici au sujet des pratiques sportives), ils doivent ensuite la confronter aux résultats de l'enquête (données attestées car une source officielle, l'INSEE, est mentionnée dans les résultats). Cette activité permet de partir de leur perception de la société française et de mesurer l'écart (ou non) qu'il y a entre cette perception et la réalité : *Êtes-vous surpris par ces résultats ?*

L'activité peut se faire sous forme de jeu : qui va s'approcher le plus de la réalité ?

5 Les apprenants sont amenés à présenter les pratiques sportives de leur pays au regard de ce qui vient d'être appris sur celles de la France : l'activité leur permet de comparer des pratiques de leur société avec celles de la société française.

La consigne *(d'après vous)* montre bien qu'ils doivent donner un point de vue et que le classement qu'ils choisiront pour leur pays n'est pas forcément représentatif de la réalité. Faire se confronter les classements faits par des apprenants d'une même nationalité peut en ce sens être intéressant. La comparaison faite par des apprenants de différentes nationalités sera aussi très riche puisqu'elle permettra un échange interculturel.

6 Il s'agit d'une activité ludique. La photo de Christine Arron permet d'illustrer le mot *champion*. L'accent n'est pas mis sur les performances sportives, comme pour un champion, mais sur la quantité de sports pratiqués. Pour dire ce qu'ils comprennent des sports mimés, les apprenants doivent spontanément réemployer le vocabulaire vu dans les activités précédentes.

Dans la première partie de l'activité, les apprenants travaillent en sous-groupes, puis le jeu de mime proposé permet de réunir toute la classe et ainsi de finir le dossier par un moment ludique et convivial.

Au fil **des heures**

CONTENUS SOCIOCULTURELS – THÉMATIQUES

Rythme de vie et rythmes de la ville : horaires et activités quotidiennes,
horaires des magasins – La télévision dans la vie quotidienne

OBJECTIFS SOCIOLANGAGIERS

OBJECTIFS COMMUNICATIFS & SAVOIR-FAIRE	
Être capable de...	
Indiquer l'heure et les horaires	– comprendre des échanges dans des lieux publics – comprendre des écriteaux ou panneaux d'information dans les magasins et les lieux publics – comprendre la différence entre l'heure officielle et l'heure informelle – comprendre les horaires d'ouverture et de fermeture des lieux publics – demander/dire l'heure
Parler de ses habitudes	– comprendre quand quelqu'un parle de ses habitudes – comprendre un programme de télévision – raconter/décrire une journée habituelle – exprimer ses goûts en matière d'émissions télévisées
OBJECTIFS LINGUISTIQUES	
GRAMMATICAUX	– prépositions + heure – le présent d'habitude – les verbes pronominaux au présent
LEXICAUX	– les différentes façons de dire l'heure – les activités quotidiennes – le vocabulaire de la télévision
PHONÉTIQUES	– liaison/enchaînement dans la prononciation de l'heure – le *e* caduc dans les formes pronominales

SCÉNARIO DE LA LEÇON

La leçon se compose de deux parcours :

Dans le premier parcours, les apprenants écouteront des conversations dans des magasins dans
lesquelles les personnes échangent des informations sur les horaires. Ils pourront aussi lire des panneaux qui,
affichés dans ces commerces, indiquent les horaires d'ouverture. Ces différents supports de compréhension,
complétés par une observation des formes linguistiques, leur permettront de savoir comment demander/indiquer
l'heure et les horaires.

Dans le second parcours, ils liront des témoignages publiés dans un magazine dans lesquels les personnes
parlent de leurs habitudes, notamment en rapport avec la télévision. Ils seront enfin amenés à écrire un texte
pour, eux aussi, témoigner sur leurs activités quotidiennes.

INDIQUER L'HEURE ET LES HORAIRES

▓ Comprendre Oral/Écrit	▓ Point langue	▓ Point culture	▓ Comprendre Oral	▓ Phonétique	▓ Aide-mémoire	▓ S'exprimer Oral
Act. 1, 2, 3 et 4	Indiquer l'heure et les horaires	Les rythmes de la ville	Act. 5	Act. 6	Demander l'heure	Act. 7
	S'exercer n° 1					

Échanges d'informations
Horaires

Heures données
à l'oral

➡ OBJECTIF DES ACTIVITÉS 1, 2, 3 ET 4 ⬅ Comprendre des échanges dans des magasins où les personnes parlent des horaires d'ouverture et de fermeture. L'écoute de trois dialogues est complétée par la lecture de panneaux affichés à l'entrée des différents magasins.

1 **a)** La première partie de l'activité permet de vérifier la compréhension globale de chaque dialogue. Proposer une écoute de chaque enregistrement et demander, pour chacun, où se passe la scène.

b) Pour la seconde partie, transition entre la compréhension globale et la compréhension finalisée, proposer une écoute des trois dialogues sans pause entre chaque, veiller à bien préciser la consigne avant de lancer la lecture de l'enregistrement.

➡ CORRIGÉ : **a) 1.** à la banque – **2.** à la boulangerie – **3.** dans un grand magasin   **b)** les horaires

2 Vérifier la compréhension des horaires mentionnés dans les dialogues : les apprenants doivent effectuer un appariement, il s'agit de retrouver quel panneau est affiché à l'entrée du lieu de chaque échange. Proposer une troisième écoute des dialogues, le repérage s'effectue seul avec une mise en commun en grand groupe.

➡ CORRIGÉ : **a.** boulangerie Bertrand – **b.** Grandes Galeries – **c.** Banque nationale de Bretagne

3 Dans cette activité, une mise en situation est proposée aux apprenants. Ils doivent lire deux des trois panneaux proposés et choisir à quel moment ils peuvent se rendre dans ces magasins, en fonction de leur emploi du temps. Il s'agit de comprendre les horaires affichés ainsi que les mentions particulières propres à chaque commerce (nocturne, jours de fermeture...). Cette activité peut s'effectuer seul, suivie d'une vérification avec le voisin, avant la mise en commun en grand groupe qui permettra de corriger l'activité et de faire préciser ce qui a été compris, grâce au contexte, des quelques termes nouveaux : *nocturne, sans interruption, sauf...*

➡ CORRIGÉ : **Il est possible d'aller à la banque le samedi matin (de 9 h 30 à 12 h) et aux Grandes Galeries le jeudi après le travail jusqu'à 22 h et le samedi toute la journée (de 9 h 30 à 19 h 30).**

4 Le repérage de l'énoncé des horaires dans les dialogues, comparé à celui donné par les panneaux, va conduire les apprenants à distinguer l'heure donnée dans une conversation (informelle) de l'heure officielle (formelle). Proposer d'abord d'écouter à nouveau chaque dialogue et de noter les horaires donnés. Reporter les horaires pris en note au tableau, puis faire retrouver sur chaque panneau les horaires qui correspondent. L'observation du relevé ainsi organisé permet aux apprenants de remarquer les différences de formulation et d'énoncer la règle qui sera reprise dans le Point langue b).

➡ CORRIGÉ :

Horaires donnés dans les dialogues	*Horaires notés sur les panneaux*
De 9 heures et demie à midi et demi	De 9 h 30 à 12 h 30
De 3 heures à 5 heures	De 15 h à 17 h
À midi	À 12 heures
À 7 heures	À 7 h
À 8 heures	À 20 h
7 heures 20	19 h 20
9 heures et demie	9 h 30
10 heures du soir	22 heures

Point **Langue**   › **INDIQUER L'HEURE ET LES HORAIRES**

Ce Point langue permet de reprendre les divers outils linguistiques vus dans les différents supports, grâce auxquels on peut demander/dire l'heure et les horaires.

a) Faire lire les dialogues pour retrouver les questions permettant de demander les horaires d'ouverture d'un magasin (ou d'un lieu public).

b) Le tableau proposé répertorie les différentes façons de dire l'heure. Faire observer le corpus qui reprend certains éléments repérés lors de l'activité 4 b) et en fournit d'autres. Noter que, dans les trois premiers exemples de l'heure dans la conversation, le moment de la journée est précisé mais que cela n'est pas toujours nécessaire, notamment lorsque celui-ci est connu des différents interlocuteurs ; Ex. : *J'ai de longues journées, tous les jours je termine mon travail à 8 heures* (sous entendu *du soir*).

c) Cette partie du Point langue a pour fonction de faire observer comment on exprime une régularité. Le relevé effectué par les apprenants leur permet de remarquer que, dans toutes les phrases, on utilise l'article défini + le jour de la semaine/le moment de la journée.

➡ **Corrigé : a)** *Quels sont vos horaires d'ouverture ? – Vous ouvrez à quelle heure le matin ? Et vous fermez à quelle heure le soir ?* **c)** *le dimanche/le lundi – le matin – le soir*

S'EXERCER n° 1 ➡ Corrigé ▸ p. 80

Les rythmes de la ville

POINT CULTURE

Le travail effectué sur la langue est l'occasion de s'arrêter sur l'aspect socioculturel des horaires. Après l'observation des habitudes françaises en terme d'ouverture et de fermeture des commerces, les apprenants sont amenés à comparer avec les pratiques de leur pays.

A. Cette première activité peut permettre une discussion en grand groupe : à partir de l'observation des horaires, faire remarquer qu'ils sont variables selon les services proposés par chaque magasin.

B. Former des petits groupes au sein desquels les apprenants pourront échanger sur leurs habitudes quant aux horaires et jours d'ouverture. L'activité sera très riche si la classe réunit plusieurs nationalités, dans ce cas, veiller à former des groupes avec des apprenants de diverses origines.

➔ **Corrigé : A.** La boulangerie ouvre tôt car les Français mange du pain dès le petit déjeuner, sinon, l'ouverture de la plupart des commerces se fait souvent vers 9 h 30. Le grand magasin propose une journée continue car nombreux sont ceux qui vont faire leurs courses entre midi et deux heures et il y a une *nocturne* pour les personnes qui travaillent tard. Faire aussi remarquer que la banque ferme tôt. Par tradition, nombreux sont les commerces fermés le dimanche, qui est le jour chômé de la semaine (sauf dérogation).

➡ **OBJECTIF DE L'ACTIVITÉ 5** ⬅   Vérifier la compréhension des heures données à l'oral.

5 Les apprenants sont amenés à écouter des horaires, tels qu'ils sont dits dans une conversation (de manière informelle), et à retrouver l'heure écrite qui correspond. Faire écouter l'enregistrement avec une pause entre chaque heure énoncée pour laisser le temps aux apprenants d'effectuer l'appariement.

➡ **CORRIGÉ :** **2.** 8 h 15 − **3.** 19 h 20 − **4.** 10 h 50 − **5.** 13 h 45 − **6.** 0 h 10 − **7.** 16 h 35 − **8.** 22 h 40

➡ **OBJECTIF DE L'ACTIVITÉ 6** ⬅   **Phonétique :** Prononciation de l'heure, liaison et enchaînement.

6 **a)** Il s'agit ici pour l'apprenant d'être en mesure de distinguer, à l'écoute, des prononciations de chiffres différentes. La distribution de l'adjectif numéral peut varier et entraîner des modifications de sa prononciation selon qu'il est prononcé seul (cas 1), suivi d'un mot commençant par une consonne (cas 2) ou suivi d'un mot commençant par une voyelle ou un « h » muet (cas 3). S'il est prononcé tout seul sa prononciation peut être identique à celle où il est suivi d'un mot commençant par une consonne ou par une voyelle (ou un « h » muet), mais peut aussi être différente selon les cas. Faire écouter une série complète du premier chiffre, les apprenants doivent dire s'ils entendent une prononciation identique ou différente pour les trois cas.

b) Après cette phase d'écoute et de prise de conscience, les apprenants doivent s'entraîner à prononcer. Cette partie de l'activité doit leur permettre d'envisager les prononciations de tous les cas de figures. Il est possible de faire cette activité de deux manières, selon le niveau et la difficulté des apprenants : passer chaque série et demander à quelques apprenants de reproduire, à tour de rôle, ce qui est dit ou arrêter la cassette après chaque proposition de chiffre seul et interroger un apprenant qui doit trouver la prononciation des cas 2 et 3. Par exemple : Cassette : « onze » (stop)/Apprenant 1 « onze jours »/ Apprenant 2 « onze heures ».

Pour plus de commodité, les chiffres qui se prononcent de la même manière sont regroupés ensemble. Consulter le tableau suivant :

c) La partie suivante de l'activité est un exercice dit de « comparaison dirigée ». L'apprenant entend un énoncé et doit choisir la version écrite qui correspond à la version sonore entendue. Proposer de faire le premier énoncé en grand groupe afin de s'assurer que tout le monde ait bien compris de quoi il s'agit. Puis, le travail est individuel. Avant la correction collective, les apprenants peuvent comparer leur travail en binôme. Pour finir, demander aux apprenants de lire les énoncés transcrits dans le manuel.

onze	[ɔ̃z]	onze jours	[ɔ̃zʒur]	onze heures	[ɔ̃zœr]
quinze	[kɛ̃z]	quinze jours	[kɛ̃zʒur]	quinze heures	[kɛ̃zœr]
sept	[sɛt]	sept jours	[sɛtʒur]	sept heures	[sɛtœr]
= prononciation identique dans les trois cas					
neuf	[nœf]	neuf jours	[nœfʒur]	neuf heures	[nœvœr]
= changement du [f] en [v] devant voyelle					
trois	[trwa]	trois jours	[trwaʒur]	trois heures	[trwazœr]
deux	[dø]	deux jours	[døʒur]	deux heures	[døzœr]
= prononciation du [z] de liaison devant voyelle					
dix-huit	[dizyit]	dix-huit jours	[dizyiʒur]	dix-huit heures	[dizyitœr]
vingt-cinq	[vɛ̃tsɛ̃k]	vingt-cinq jours	[vɛ̃sɛ̃ʒur]	vingt-cinq heures	[vɛ̃tsɛ̃kœr]
= suppression du [t] ou du [k] devant consonne					
vingt et un	[vɛ̃teɛ̃]	vingt et un jours	[vɛ̃teɛ̃ʒur]	vingt et une heures	[vɛ̃teynœr]
= transformation de [ɛ̃] en [yn] devant un nom féminin					
six	[sis]	six jours	[siʒur]	six heures	[sizœr]
= trois prononciations différentes					

➜ **CORRIGÉ : a) prononciation identique :** c, d – **prononciation différente :** a, b, e, f
   c) 1. Il est deux heures. – 2. Il est sept heures. – 3. Il est treize heures. – 4. Il est cinq heures. –
   5. Il est seize heures. – 6. Il est six heures.

AIDE-MÉMOIRE

Cet Aide-mémoire propose deux façons de demander l'heure : il s'agit d'un acte de parole très utile au quotidien. C'est pourquoi, bien que ces phrases n'aient pas été employées dans les supports étudiés, il paraissait indispensable de les fournir aux apprenants à ce moment de l'apprentissage.

➜ **OBJECTIF DE L'ACTIVITÉ 7** ⬅ Transférer ce qui a été appris dans ce parcours. L'apprenant est mis en situation pour, à son tour, se renseigner sur les horaires.

7 Former des groupes de deux. Chaque binôme choisit la situation : *Qui demande à qui ? Où ?* Insister sur le fait que les horaires indiqués devront correspondre à la réalité culturelle française (*cf.* Point culture). Après un court moment de préparation, faire jouer la scène par quelques binômes devant l'ensemble de la classe. Les « spectateurs » peuvent avoir une consigne d'écoute : prendre des notes pendant le jeu de rôle pour, à la fin, rédiger le panneau qui indique les horaires mentionnés.

PARLER DE SES HABITUDES

𝕄 Comprendre	𝕄 Point langue	𝕄 Aide-mémoire	𝕄 Point culture	𝕄 Phonétique	𝕄 S'exprimer
Écrit	Les verbes pronominaux	Demander l'heure	Les Français	Act. 10	Oral
Act. 8 et 9	à l'indicatif présent	**S'exercer n° 3**	et la télévision		Act. 11
	S'exercer n° 2				

Témoignage
Programme de télévision

➜ **OBJECTIF DES ACTIVITÉS 8 ET 9** ⬅ Comprendre des témoignages, publiés dans un magazine, où des personnes parlent de leurs habitudes. Celles-ci étant essentiellement orientées autour de la télévision, les apprenants auront aussi à lire un programme de télévision.

8 Avant l'activité, faire identifier le type de support. Faire regarder le texte et demander combien il y a de parties. Faire remarquer que les trois paragraphes répondent à la question posée par le titre : chaque partie est le témoignage d'une personne (toujours présentée par son prénom, son âge et sa profession).

a) 1. La question posée par la consigne permet de vérifier la compréhension du contexte des témoignages : les personnes qui répondent sont téléspectateurs, puisque la question de départ part de ce postulat. Faire remarquer la source (fabriquée pour l'activité) : *Téléjournal* est, comme son nom l'indique, un magazine qui parle de la télévision. L'objet de l'article est de savoir quel type de spectateur ils sont (le reste de l'activité permettra de chercher des indices pour y répondre).

2. Dans les témoignages, les personnes parlent de leurs habitudes avec la télévision. Le repérage demandé permet de faire noter les différents moments de la journée (*le matin, l'après-midi, le soir*). Il est aussi intéressant de faire observer la place qu'occupe la télévision en fonction de l'âge et de la situation familiale, voire professionnelle. Faire remarquer que les témoignages racontent des activités habituelles et demander d'observer quel temps est utilisé pour parler de ces actions : *le présent de l'indicatif*.

3. Faire rechercher le genre d'émissions regardées, cela permet de travailler le lexique des programmes de télévision. Faire remarquer qu'il y a parfois plusieurs mots pour parler de la même émission. Ex. : *les informations = les actualités = le journal (= le 20 h)*. Là aussi le profil de chaque personne peut être intéressant à faire observer.

b) La comparaison des habitudes des personnes avec le programme télévision du lundi 15 janvier permet de voir ce qui correspond aux uns et pas aux autres ce jour-là par rapport à leurs habitudes.

➜ **CORRIGÉ : a) 1. Tous regardent la télévision. – 2. Lucie : tôt le matin, en début d'après-midi et le soir. Constant : le soir à partir de 20 h. Gaspard : le matin. – 3. Lucie regarde les informations, le téléachat, un feuilleton, un film ou un documentaire. Constant regarde les actualités et les matchs de foot. Gaspard regarde des vidéo-clips.
   b)** Lucie peut regarder *TF1 info, Téléshopping, Les Feux de l'amour,* le *journal* de 20 h et *Le droit de savoir : faits divers.* – Constant peut regarder le *journal* de 20 h et le match de *football.* – S'il s'en tient à ses habitudes, Gaspard ne peut rien regarder ce jour-là (pas de clips le matin).

9 Il s'agit ici de faire repérer quelles sont les autres occupations des personnes interrogées. Faire remarquer que rares sont les autres divertissements cités mais que les personnes parlent surtout de leurs activités quotidiennes. Le relevé peut être fait seul, puis vérification des réponses avec son voisin et mise en commun en grand groupe. La liste ainsi obtenue permet de faire le lien avec le Point langue suivant.

➔ **CORRIGÉ :** Lucie : *Je me réveille vers 6 h et demie. Souvent je m'endors devant le poste* (= la télévision) –
Constant : *Ma femme et moi nous nous préparons.* – Gaspard : *Je vais sur le Net, je joue ou je chatte.*

Point **Langue**   › **LES VERBES PRONOMINAUX À L'INDICATIF PRÉSENT**

a) Les apprenants sont amenés à observer, en grand groupe, le fonctionnement des verbes pronominaux. Faire remarquer que, par rapport aux autres verbes étudiés jusque-là, il y a un pronom « en plus » entre le verbe et le pronom sujet : ce pronom représente la même personne que le pronom sujet. Pour faire comprendre le fonctionnement il est possible de donner un exemple : *Je **me** lève à 6 heures* signifie *Je « lève **moi-même** » à 6 heures.* Faire compléter le corpus en demandant de trouver un autre verbe pronominal dans les témoignages : *les enfants se reposent.* Pour répondre à la seconde question, demander aux apprenants si c'est la première fois qu'ils rencontrent des verbes qui ont cette structure. Leur rappeler que, dès le début de l'apprentissage, ils ont utilisé ce type de verbe pour pouvoir se présenter : le verbe *s'appeler* (p. 13 du manuel).
b) Pour fixer la conjugaison de ces verbes, faire compléter celle de *se réveiller*.

➔ **Corrigé : b)** je me réveille, il/elle se réveille, nous nous réveillons, ils/elles se réveillent

S'EXERCER n° 2 Corrigé ▶ p. 80

AIDE-MÉMOIRE

Cet Aide-mémoire reprend et organise des outils linguistiques employés dans le support de compréhension et permet de les fixer. Pour réaliser l'activité de production (11), les apprenants auront besoin d'indiquer des horaires et la succession de leurs différentes activités, pour cela ils devront réemployer ces divers connecteurs logiques et prépositions de temps.

S'EXERCER n° 3 Corrigé ▶ p. 80

POINT CULTURE

Les Français et la télévision

Ce Point culture fournit des données statistiques et restitue les témoignages lus par rapport à l'ensemble de la société française : sont-ils représentatifs de la réalité mesurée par ces chiffres ou, au contraire, les personnes qui parlent de leurs habitudes sont-elles loin de passer autant de temps devant la télévision ? La lecture des graphiques permet aux apprenants de prendre conscience de la place de la télévision dans la vie des Français. De plus, le graphique et les questions posées mettent en lumière un nouvel aspect du fait de société : les habitudes varient selon l'époque de l'année. L'activité proposée peut être l'occasion d'une discussion en grand groupe, guidée par le professeur.

➔ **Corrigé :** Juillet et août correspondent aux deux mois de vacances d'été, les Français partent en vacances et/ou ont de nombreuses autres activités de loisirs qui changent leur quotidien. La période d'octobre à février correspond à l'automne et à l'hiver : il fait froid et les gens restent chez eux, la télévision est alors un divertissement pratique et facile.

➔ **OBJECTIF DE L'ACTIVITÉ 10** ◀   **Phonétique : Suppression du « e » caduc dans les formes pronominales.**

10 La suppression du « e » caduc en français dans un registre standard ou familier, constitue une difficulté de compréhension mais, surtout, de reproduction pour la plupart des apprenants étrangers. C'est pourquoi il est utile de faire remarquer ce phénomène assez tôt dans l'apprentissage de la langue et d'entraîner les apprenants à ne pas prononcer tous les « e ».
L'activité proposée est une activité d'écoute et de syllabation. L'apprenant doit compter les syllabes des énoncés entendus. Après chaque énoncé, on demande aux apprenants de dire combien de syllabes ils ont entendues (leur proposer de taper dans les mains ou sur la table pour compter les syllabes). Après l'écoute, repasser l'enregistrement et arrêter après chaque énoncé pour le faire répéter à tour de rôle par quelques apprenants.

➔ **CORRIGÉ :** 1. (2) – 2. (4) – 3. (2) – 4. (2) – 5. (2) – 6. (2) – 7. (3) – 8. (2) – 9. (2) – 10. (4) – 11. (3) – 12. (4) – 13. (4) – 14. (4) – 15. (4)

→ OBJECTIF DE L'ACTIVITÉ 11 ←   **Transférer ce qui a été vu tout au long de la leçon.**

11 Les apprenants sont amenés à rédiger un témoignage à la manière de celui étudié en support de compréhension, ce qui les amène à parler de leurs habitudes et à indiquer les horaires qui rythment leurs journées. Veiller à ce que la consigne soit bien comprise par tous, cette activité peut ensuite être effectuée en classe ou à la maison. Il s'agit d'un travail individuel. À partir des productions, il sera possible de mesurer le temps passé devant la télévision par chaque apprenant pour ensuite tracer un schéma réunissant ces résultats et obtenir ainsi le profil de la classe en terme de « consommation » de télévision ; celui-ci pourra être comparé à celui observé pour un Français (*cf.* le Point Culture).

S'EXERCER - CORRIGÉ

1. a. il est neuf heures moins vingt – **b.** il est onze heures moins le quart – **c.** il est midi et demi – **d.** il est deux heures moins cinq – **e.** il est huit heures et quart – **f.** il est minuit
2. a. je me lève, je me douche, je m'habille et je me coiffe/ je me rase/je me maquille – **b.** elle se couche, elle s'endort, elle se réveille – **c.** tu te laves, tu te brosses les dents

3. a. jusqu'à 17 h – **b.** de 9 h à 17 h – **c.** à 10 h – **d.** à/vers 12 h – **e.** de 14 h à 16 h – **f.** à 21 h – **g.** vers 20 h

Au jour le **jour**

CONTENUS SOCIOCULTURELS – THÉMATIQUES

Les activités du quotidien

OBJECTIFS SOCIOLANGAGIERS

OBJECTIFS COMMUNICATIFS & SAVOIR-FAIRE	
Être capable de...	
Parler de ses activités quotidiennes	– comprendre une BD qui raconte l'emploi du temps d'une mère de famille – comprendre la chronologie d'une histoire – comparer des rythmes de vie – informer sur son emploi du temps – raconter une journée habituelle
Raconter des événements passés	– comprendre une page de journal intime – comprendre quand quelqu'un raconte les événements d'une journée passée – faire référence à des actions passées – rapporter les faits ponctuels d'une journée passée
OBJECTIFS LINGUISTIQUES	
GRAMMATICAUX	– les expressions de temps : régularité, moments ponctuels – le présent d'habitude/le passé composé – le passé composé (1) : morphologie et place de la négation
LEXICAUX	– les activités quotidiennes – quelques articulateurs chronologiques – quelques expressions de fréquence
PHONÉTIQUES	– discrimination [ø]/[e] – distinction présent/passé composé

SCÉNARIO DE LA LEÇON

La leçon se compose de deux parcours :

Dans le premier parcours, les apprenants liront une bande dessinée qui raconte la journée d'une mère de famille. Ils apprendront à exprimer la régularité d'actions quotidiennes pour ensuite pouvoir parler de leurs propres habitudes, puis imaginer et rédiger un article racontant la journée d'une personne.

Dans le second parcours, ils seront amenés à lire la page du journal intime de la mère de famille (personnage de la BD) dans laquelle elle raconte, en vacances, les activités de ses journées passées. Cette première approche du récit d'événements passés permettra aux apprenants de découvrir le passé composé et de commencer à l'employer dans la rédaction d'une page du journal intime de cette même mère de famille.

INDIQUER L'HEURE ET LES HORAIRES

▓ Comprendre Écrit Act. 1, 2 et 3	▓ Point langue Exprimer la régularité et la fréquence **S'exercer n° 1**	▓ S'exprimer Oral Act. 4 et 5	▓ S'exprimer Écrit Act. 6

Bande dessinée

➡ OBJECTIF DES ACTIVITÉS 1, 2 ET 3 ⬅   Comprendre une bande dessinée qui raconte l'emploi du temps d'une mère de famille.

1   Avant l'activité, faire identifier le type de support. Demander aux apprenants de regarder la p. 70 du manuel et leur demander ce qu'ils voient : *des dessins qui racontent une histoire*. Leur donner le lexique utile qui sera réemployé dans l'ensemble des activités de compréhension : *Il s'agit d'une bande dessinée (BD), chaque dessin s'appelle une vignette*. Procéder à l'activité : faire observer les vignettes de la BD, sauf la dernière, puis faire répondre, en grand groupe, aux questions posées par la consigne.

➡ **CORRIGÉ** : **1.** une journée de la semaine – **2.** une mère de famille – **3.** quatre personnes

2   Par cette activité, les apprenants sont amenés à retrouver la chronologie du récit.

a) La première étape de l'activité leur demande de s'appuyer sur le contenu des vignettes, ils peuvent s'aider des horloges qui indiquent le moment de chaque activité. Proposer de réaliser cette activité en binôme. Lors de la mise en commun, se contenter de noter dans l'ordre les lettres qui nomment chaque vignette sans faire raconter ce qui y est dessiné : le récit se fera lors de l'étape suivante à l'aide des commentaires proposés.

b) La seconde partie fournit des phrases qui permettent de mettre en mots le récit. Proposer de reprendre chaque vignette dans l'ordre trouvé auparavant et d'y associer un commentaire (ou un commentaire pour deux vignettes puisque cette contrainte est annoncée dans la consigne). Là encore, les horloges aideront à faire l'association vignette/commentaire.

➡ **CORRIGÉ** : **a)** d – f – e – i – g – k – a – c – h – j – b
                  b) 7 – 3 – 4 – 1 – 9 – 6 – 2 – 8 – 5 (Le commentaire n° 9 correspond aux vignettes g et k ; le n° 2 à c et h.)

3   Demander de relire les commentaires mis dans l'ordre et faire répondre à la question posée par la consigne. Faire justifier la réponse avancée : pour justifier leur réponse, il est demandé aux apprenants de partir du sens pour ensuite observer les formes utilisées. Les commentaires sont rédigés au présent de l'indicatif, temps utilisé pour exprimer une habitude, et certaines expressions traduisent cette idée d'actions habituelles : *Tous les jours ; Souvent...* Ces expressions font l'objet du Point langue suivant qui propose une conceptualisation.

➡ **CORRIGÉ** : La journée racontée est une journée habituelle.

Point **Langue**   › **EXPRIMER LA RÉGULARITÉ ET LA FRÉQUENCE**

En s'appuyant sur les commentaires énoncés lors de l'activité 2, ce Point langue permet d'observer les différentes expressions qui expriment la régularité et la fréquence d'une action. Il s'agit de fournir aux apprenants un corpus d'expressions interchangeables, de faire sentir les différences et points communs pour qu'ensuite ils puissent les réemployer en s'exerçant, puis dans les activités de production.

➡ **Corrigé : a)** d'habitude, tous les jours, le soir, tous les matins, souvent, chaque matin, en général
b) chaque soir, tous les après-midi, le matin, chaque jour

S'EXERCER n° 1 Corrigé ▶ p. 85

➡ OBJECTIF DE L'ACTIVITÉ 4 ⬅   Parler de ses activités quotidiennes et de son rythme de vie.

4   Avant l'activité, proposer de mettre en commun, en grand groupe, le lexique suggéré par le dessin et dont les apprenants auront besoin pour réaliser l'activité. Ce vocabulaire a, pour la plupart, été employé dans les commentaires des vignettes (activité 2), mais il n'a pas été fixé et c'est sans doute l'occasion d'y revenir. Cette activité permet aussi de faire réemployer les expressions relevées dans le Point langue.

a) Former des binômes. Il s'agit ici pour les apprenants de parler de leurs habitudes à partir des activités mentionnées par le dessin, d'en préciser le moment et l'heure ; ils doivent aussi utiliser les outils linguistiques vus dans la leçon précédente.

b) Dans cette seconde partie, ils ont à parler de leurs habitudes au regard de celles de Myriam, la mère de famille de la BD. C'est aussi l'occasion pour eux de dire ce qu'ils en pensent. Les échanges peuvent être variés en fonction de la situation familiale, professionnelle de chacun. Passer dans les groupes pour aider les apprenants à formuler leurs idées, s'ils le jugent utile.

➡ OBJECTIF DE L'ACTIVITÉ 5 ⬅   Classer les activités quotidiennes selon leur caractère agréable ou fastidieux et en parler avec d'autres.

5   La première étape de l'activité est un travail individuel : chacun fait un classement des activités qu'il considère comme des corvées et de celles qui lui apportent du plaisir. Puis, former des petits groupes pour que les apprenants puissent échanger, se mettre d'accord sur une liste commune d'activités agréables et les organiser en emploi du temps idéal.

→ OBJECTIF DE L'ACTIVITÉ 6 ←   Rédiger un article qui raconte la journée d'un personnage.

6 L'apprenant est mis en situation authentique d'écriture puisqu'il est amené à jouer le rôle d'un journaliste qui rédige un article. Le magazine *Elle* est un magazine féminin hebdomadaire dans lequel il y a, effectivement, une rubrique « *24 heures avec* (+ le nom d'une personnalité) ». Pour stimuler la rédaction, proposer plusieurs photos de personnes (connues ou pas) et chaque apprenant peut choisir de raconter la journée d'une de ces personnes, la photo illustrera l'article. L'activité peut être commencée en classe et terminée à la maison.

RACONTER DES ÉVÉNEMENTS PASSÉS

| %% Comprendre Écrit Act. 7 et 8 | %% Point langue Indiquer un moment spécifique | %% Comprendre Écrit Act. 9 | %% Point langue Le passé composé pour raconter des événements passés S'exercer nᵒˢ 2 à 4 | %% Phonétique Act. 10 | %% S'exprimer Écrit Act. 11 et 12 |

Page d'un journal intime   Page d'un journal intime (suite)

→ OBJECTIF DES ACTIVITÉS 7, 8 ET 9 ←   Comprendre l'extrait d'un journal intime dans lequel une femme raconte ses vacances.

7 Cette activité propose une compréhension globale du document, faire répondre aux questions en grand groupe. La première partie permet de faire identifier le type de support et dans la seconde les apprenants doivent reconnaître les différents paramètres du document.

→ **CORRIGÉ :** 1. une page de journal intime – **2.** une mère de famille/les 14, 16 et 18 mai/en vacances dans la région de Nice, dans le sud-est de la France (*cf.* carte p. 48 du manuel)/Elle tient un journal de ses vacances.

8 Pour aider les apprenants à comprendre l'organisation du récit et l'enchaînement des actions racontées, faire compléter le tableau par sous-groupe de deux. Lors de la mise en commun, faire observer que quand les jours dont parle Myriam correspondent au jour où elle écrit, le même type de marqueurs temporels est employé (*aujourd'hui* ou *adjectif démonstratif + moment de la journée*). L'observation des jours reportés dans le tableau permettra de faire répondre à la seconde partie de l'activité.

→ **CORRIGÉ :** a)

14 mai	hier	13 mai	16 mai	aujourd'hui	16 mai	18 mai	hier	17 mai
	ce soir	14 mai		hier matin	15 mai		aujourd'hui	18 mai
	ce matin	14 mai		ce soir	16 mai		ce matin	18 mai
	cet après-midi	14 mai		ce matin	16 mai		demain	19 mai

b) du 13 au 19 mai

9 Cette activité permet d'aller plus loin dans la compréhension du document étudié. Demander aux apprenants de revenir sur la page du journal intime et de chercher à quel moment de la journée Myriam écrit : *en fin de journée, le soir*. Cette question peut les aider à comprendre qu'elle raconte des événements passés (ceux du jour même aussi). Il est possible de positionner les différents événements sur une ligne du temps qui ferait apparaître le moment de l'écriture et, avant, les différentes activités de Myriam.

→ **CORRIGÉ :**

14 mai
hier : j'ai lu/je suis restée au lit tout l'après-midi : je n'ai pas fait le ménage/ je n'ai pas couru pour prendre le bus/ je n'ai pas fait les courses
ce soir : je suis allée dans un petit restau
ce matin : j'ai dormi jusqu'à 10 h 30
cet après-midi : j'ai marché sur la plage/ je suis sortie de l'hôtel à 3 h 00

16 mai
aujourd'hui : j'ai rencontré des gens sympa
hier matin : ils sont arrivés
ce soir : nous avons dansé
ce matin : Patrick a téléphoné

18 mai
hier : j'ai visité deux musées/ je suis partie toute la journée
aujourd'hui : j'ai pris le bus/ j'ai visité la région
ce matin : Patrick a encore appelé, il a laissé un message

Point **Langue**   › **INDIQUER UN MOMENT SPÉCIFIQUE**

Ce Point langue reprend et élargit le corpus des marqueurs temporels relevés et observés dans le **a)** de l'activité précédente.

➡ **Corrigé : Actuel :** ce soir, cet après-midi, ce matin, aujourd'hui – **Passé :** l'année dernière, hier

Point **Langue**   › **LE PASSÉ COMPOSÉ POUR RACONTER DES ÉVÉNEMENTS PASSÉS**

Ce Point langue permet de faire énoncer la règle de formation du passé composé à partir de l'observation des phrases relevées dans le support de compréhension.

➡ **Corrigé : a)** 1. le verbe *avoir* ou *être* au présent – 2. le participe passé, qui se termine par : *-é* pour les verbes en *-er* ; *-i* pour certains des verbes en *-ir* ; *-is, -u* ou *-t* pour d'autres verbes.

b) Quand le passé composé est formé avec *être*, on ajoute *-e* au participe passé quand le sujet est féminin, *-s* quand le sujet est pluriel.

S'EXERCER n°s 2 à 4 Corrigé ▶ p. 85

➡ OBJECTIF DE L'ACTIVITÉ 10 ⬅   **Phonétique :** Discrimination [ø]/[e] – Distinction du présent et du passé composé.

10 **a)** Dans la perspective de distinguer la forme sonore de certains verbes qui peuvent être confondus au passé composé et au présent (certaines formes verbales ne diffèrent que d'un seul phonème entre le présent et le passé composé), il est important de sensibiliser l'apprenant préalablement aux deux sons qui font cette distinction : les sons [ø] et [e]. L'exercice de discrimination auditive proposé a pour but de vérifier que tous les apprenants entendent bien la différence entre ces deux phonèmes. Si le son [ø] par exemple n'existe pas dans la langue des apprenants, il faudra d'autant plus vérifier que les deux sons arrivent à être discriminés avant de passer à la partie suivante. Procéder à l'écoute d'une dizaine de paires minimales ou de paires de mots identiques en demandant aux apprenants de dire si les deux mots entendus sont identiques ou s'ils sont différents.

Faire dessiner une grille de ce type :

Pendant l'écoute de l'enregistrement (écoute séquentielle recommandée) chaque apprenant note ce qu'il entend. Procéder à la correction collective après une deuxième écoute (écoute continue).

	=	≠
1.	✓	
2...		✓

b) Une fois que les apprenants arrivent à bien discriminer les deux sons [ø] et [e], passer à cette partie de comparaison dirigée : l'apprenant entend un énoncé et doit choisir la version écrite qui correspond à la version sonore entendue. Proposer de faire le premier énoncé en grand groupe afin de s'assurer que tout le monde a bien compris. Puis, le travail est individuel pendant l'écoute du reste de l'exercice. Avant la correction collective, les apprenants peuvent comparer leur travail en binôme. Il est possible de finir cette activité en demandant aux apprenants de répéter à tour de rôle les énoncés de l'enregistrement, puis de lire les énoncés reproduits dans le manuel.

➡ **CORRIGÉ :** **a)** mots identiques : 1, 4, 6, 10 – mots différents : 2, 3, 5, 7, 8, 9, 11, 12

➡ OBJECTIF DE L'ACTIVITÉ 11 ⬅   Rédiger à plusieurs un texte racontant la semaine de la famille de Myriam pendant son absence.

11 Former des petits groupes de trois (quatre maximum). Dans un premier temps, veiller à ce que les apprenants se mettent d'accord, en discutant, sur le scénario, optimiste ou pessimiste, choisi. Une fois la décision prise dans chaque groupe, leur conseiller de décider quelle forme ils veulent donner à leur texte : une page de journal intime, rédigée par le père, par l'un des enfants... ? L'apprenant qui prend des notes peut d'abord écrire les principaux événements évoqués dans le groupe et la mise en forme finale se fait tous ensemble, d'où la nécessité de ne pas former des groupes avec un trop grand nombre d'apprenants.

➡ OBJECTIF DE L'ACTIVITÉ 12 ⬅   Transférer ce qui a été appris depuis le début de la leçon en écrivant la suite de la page du journal intime étudiée en compréhension.

12 Le travail proposé est un travail individuel à faire en classe ou à la maison. Pour être sûr que chaque apprenant ait bien compris la consigne, la faire reformuler à l'oral par l'un d'eux en demandant : *Que devez-vous faire ?* Lors de la remise des copies, il peut être intéressant de dire combien ont imaginé un retour avec des améliorations dans le quotidien de Myriam et combien ont, au contraire, pensé que rien ne changerait. Cela peut donner lieu à une petite discussion.

1. *Plusieurs réponses sont possibles. Ne pas utiliser deux fois la même expression dans une phrase.*
Je me lève tous les jours/tous les matins/chaque matin à 6 h 30 et, après le petit déjeuner, je reste souvent/d'habitude dans ma chambre jusqu'à 8 heures. Nous avons cours tous les matins/le matin de 8 h 30 à 11 h 30. Je déjeune tous les jours/tous les midis à la cantine. Après le repas, nous avons une heure libre : d'habitude/en général/souvent je lis ou je m'amuse avec les copains. Puis souvent/d'habitude/en général nous travaillons jusqu'à 18 heures. Après le dîner, d'habitude/en général/souvent on regarde la télé, mais moi, en général/d'habitude/souvent, je me couche tôt.

2. a. Il est allé dans une agence matrimoniale, il a rencontré Josette, il a dansé avec elle, il est tombé amoureux. – **b.** Elle a quitté la maison, elle a couru, elle a raté le bus, elle est rentrée à la maison, elle n'a pas travaillé. – **c.** Nous avons acheté le journal, nous avons lu les petites annonces, nous avons visité un appartement, nous avons déménagé.

3. a. M. Catastrophe est arrivé/il a eu un accident/ses enfants ont cassé/sa mère est entrée/il a perdu/sa femme est partie

4. *Plusieurs réponses sont possibles.*
a. hier j'ai pris le métro – **b.** hier je suis arrivé à 10 h – **c.** l'année dernière je suis parti en juillet – **d.** hier soir elle a mal cuisiné – **e.** hier je suis sorti me promener

LEÇON 3

DOSSIER 4

Jours de **fête**

CONTENUS SOCIOCULTURELS – THÉMATIQUES

Les principales fêtes et la célébration des fêtes de fin d'année en France

OBJECTIFS SOCIOLANGAGIERS

OBJECTIFS COMMUNICATIFS & SAVOIR-FAIRE	
Être capable de...	
Comprendre un questionnaire d'enquête	– lire un questionnaire d'enquête sur un sujet familier – comprendre quand quelqu'un parle des fêtes de son pays – informer sur/décrire une fête (actions, temps, lieu) – interroger quelqu'un – rédiger un questionnaire simple
Parler de ses projets	– comprendre quand quelqu'un parle de ses projets immédiats – comprendre quand quelqu'un parle de ses relations familiales directes – situer un événement dans le temps (avant/pendant) – parler de ses projets immédiats – comparer simplement des situations ici et ailleurs – rédiger un projet d'activité de façon simple
OBJECTIFS LINGUISTIQUES	
GRAMMATICAUX	– structures du questionnement – le verbe *dire* au présent – le futur proche – *chez* + pronom tonique
LEXICAUX	– les noms de fêtes, termes liés aux fêtes
PHONÉTIQUES	– le questionnement

SCÉNARIO DE LA LEÇON

La leçon se compose de deux parcours :

Dans le premier parcours, les apprenants seront amenés à lire un questionnaire et à écouter une enquête sur les fêtes françaises. Ils apprendront les différentes façons de poser des questions pour, à leur tour, rédiger un questionnaire sur un autre thème.

Dans le second parcours, on s'arrêtera plus particulièrement sur les fêtes de fin d'années : les apprenants liront des témoignages sur des projets faits pour ces fêtes. Ils auront à comparer ces pratiques avec celles de leur pays. Il leur sera alors demandé de prévoir une fête avec l'ensemble de la classe et, enfin, d'écrire un témoignage dans lequel ils parleront de leurs projets avant une fête importante de leur pays.

COMPRENDRE UN QUESTIONNAIRE D'ENQUÊTE

Comprendre Écrit/Oral	Point langue Questionner	Phonétique	Aide-mémoire Le verbe *dire*	S'exprimer	S'exprimer
Act. 1, 2, 3 et 4	**S'exercer n° 1**	Act. 5	à l'indicatif présent	Oral Act. 6	Écrit Act. 7

Questionnaire d'enquête
Dialogue du questionnaire

→ **OBJECTIF DES ACTIVITÉS 1, 2, 3 ET 4** ← Comprendre un questionnaire d'enquête et des échanges au cours desquels un enquêteur demande à des personnes de répondre aux questions.

1 Cette première activité permet de faire identifier le document, elle propose une compréhension globale du support qui est faite en grand groupe. Il est possible de compléter l'activité par l'observation du bas du questionnaire qui permet de déterminer le profil de chaque personne interrogée (ce qui permet aux sociologues de produire des statistiques).

→ **CORRIGÉ :** **1.** un questionnaire d'enquête sociologique – **2.** les fêtes

2 Former des binômes et demander à l'un des deux apprenants d'ouvrir son manuel p. 168, l'autre garde le sien ouvert p. 74. Demander aux apprenants de retrouver les fêtes du questionnaire et de noter leur date. Puis, lors de la mise en commun, leur demander d'indiquer ce qui a rendu plus facile le repérage des différentes fêtes : *elles sont notées en gras et souvent en lettres majuscules.* Attirer l'attention sur le fait que certaines fêtes ont une date fixe et d'autres une date mobile, qui varie chaque année en fonction du calendrier.

→ **CORRIGÉ :** **dates fixes :** le jour de l'an, le 1ᵉʳ janvier/la Saint-Valentin, le 14 février/la fête du travail : le 1ᵉʳ mai/la fête nationale, le 14 juillet/Noël, le 25 décembre/la Saint-Sylvestre, le 31 décembre
dates mobiles : mardi gras, le 8 février/Pâques, le 27 mars/la fête des mères, le 29 mai

3 Avant l'activité, proposer l'écoute du premier dialogue pour faire identifier la situation : *Un enquêteur demande à un homme de répondre aux questions de l'enquête.* Pour réaliser l'activité, il est possible de répondre directement sur le questionnaire d'enquête du manuel, dans ce cas conseiller aux apprenants d'utiliser une couleur différente pour chaque personne interrogée. La tâche proposée permet de vérifier la compréhension des dialogues avec, à chaque étape de l'activité, un degré différent dans la difficulté du repérage :
a) Faire écouter une première fois chaque dialogue et demander de cocher la ou les cases correctes qui permettent de répondre aux trois premières questions du questionnaire.
b) Pour affiner la compréhension, proposer une seconde écoute et faire répondre aux deux dernières questions. Avant l'activité suivante, les apprenants peuvent s'inter corriger : en comparant les questionnaires remplis, ils vérifient avec leur voisin s'ils ont compris la même chose.

→ **CORRIGÉ :** **a) l'homme :** 1. Pâques – 2. à la maison – 3. avec des personnes de votre famille
la demoiselle : 1. la Saint-Valentin – 2. au restaurant – 3. autre (« *avec l'homme de ma vie* »)
b) l'homme : 4. un déjeuner traditionnel puis, pour les petits-enfants, on cache des œufs en chocolat dans le jardin – 5. parce que c'est une fête de famille mais surtout car il est pâtissier chocolatier et il vend beaucoup d'œufs en chocolat et de gâteaux ; **la demoiselle :** 4. on va dîner au restaurant, on s'offre des petits cadeaux et on se dit « *je t'aime* » – 5. parce qu'elle est amoureuse

4 Diviser la classe en trois groupes pour faciliter le repérage et habituer les apprenants à une écoute sélective. Donner des consignes d'écoute : le 1ᵉʳ groupe doit noter comment l'enquêteur demande les informations pour les questions 1 et 5 du questionnaire, le 2ᵉ comment il les demande pour les questions 3 et 4, et le 3ᵉ groupe pour la question 4. Pour être sûr que chaque apprenant pourra noter les paroles de l'enquêteur, il est possible de proposer une écoute supplémentaire, avec auparavant une comparaison des notes prises au sein de chacun des trois groupes. Le corpus relevé permettra de proposer une conceptualisation lors du Point langue suivant.

→ **CORRIGÉ :** **1.** *Quelle est votre fête préférée ?* **2.** et **3.** *Vous passez cette fête où et avec qui ?/Où et avec qui est-ce que vous passez ce jour-là ?* **4.** *Qu'est-ce que vous faites à cette occasion ? Est-ce qu'il y a un rituel spécial ?/ Vous faites quoi à cette occasion ? Il y a un rituel spécial ?* **5.** *Pourquoi est-ce que vous aimez cette fête ?/ Pourquoi vous aimez spécialement cette fête ?*

Point **Langue** ⟩ **QUESTIONNER**

Ce Point langue ordonne les questions en fonction de la situation de communication et fait observer les différentes phrases interrogatives relevées dans les supports. Il permet de comparer la syntaxe pour ensuite formuler les différentes règles de formation des questions.

→ **Corrigé : a)** au début de la phrase – au début ou à la fin de la phrase
b) Questions ouvertes. À l'écrit : *mot interrogatif + verbe + sujet ?/* À l'oral : *mot interrogatif + est-ce que + sujet + verbe ?* ; *sujet + verbe ? (Intonation montante)* – Questions fermées (réponse oui/non). À l'écrit : *verbe + sujet ?* / À l'oral : *sujet + verbe ? (Intonation montante); Est-ce que + sujet + verbe ?*
c) Vrai

S'EXERCER n° 1 → Corrigé ► p. 90

→ OBJECTIF DE L'ACTIVITÉ 5 ← **Phonétique :** Intonation de la question avec ou sans mot interrogatif (*quel, où, avec qui, qu'est-ce que, est-ce que, pourquoi*).

5 Le schéma intonatif du questionnement a été abordé dans la leçon 1 du dossier 1. Cette activité affine l'intégration de ce schéma en distinguant deux formes de questionnement : la question avec un mot interrogatif, dont le schéma mélodique est généralement descendant, et la question sans mot interrogatif, dont le schéma mélodique est toujours montant pour différencier la question ouverte de l'affirmation.

a) Les apprenants écoutent l'enregistrement et disent si la mélodie monte ou descend pour chaque question. Proposer aux apprenants d'indiquer avec un geste si la voix monte ou si elle descend.

b) Proposer une deuxième écoute pour répondre à la question posée.

c) Faire réécouter l'enregistrement et demander aux apprenants de répéter, à tour de rôle, les questions en reproduisant l'intonation.

→ **CORRIGÉ : a) intonation montante** : 5 et 9 – **intonation descendante** : 1, 2, 3, 4, 6, 7, 8 et 10
b) 1. descendante – 2. montante

AIDE-MÉMOIRE

Cet Aide-mémoire permet de fixer la conjugaison du verbe *dire* qui est employé dans le second dialogue, support des activités 3 et 4 (*on se dit « je t'aime »*). Les apprenants pourront aussi avoir besoin d'utiliser ce verbe pour répondre à la dernière question de l'activité suivante.

→ OBJECTIF DE L'ACTIVITÉ 6 ← **Parler des fêtes de son pays en s'appuyant sur la matrice proposée dans le questionnaire support de l'enquête.**

6 Les apprenants sont amenés à se poser des questions sur les fêtes de leur pays à partir de ce qu'ils ont découvert sur les pratiques festives en france. Former des petits groupes avec, si possible, des apprenants de différentes nationalités : il est plus motivant de présenter des coutumes à ceux qui ne les connaissent pas. L'échange se fait au sein de chaque groupe. Si la classe est composée d'une seule nationalité, suivre la consigne telle qu'elle est donnée dans le manuel : faire imaginer qu'ils présentent les fêtes du pays à des Français. Dans ce cas, lors d'une mise en commun, chaque groupe peut, par l'intermédiaire d'un rapporteur, faire la présentation d'une des fêtes devant l'ensemble des apprenants de la classe qui pourront ensuite réagir et dire si cela correspond à ce qu'ils avaient noté ou, au contraire, si des nuances peuvent être apportées (les pratiques peuvent, par exemple, changer d'une famille à l'autre).

→ OBJECTIF DE L'ACTIVITÉ 7 ← **Transférer les notions vues depuis le début du parcours pour rédiger un questionnaire d'enquête sur un autre sujet de la vie des Français.**

7 Former des petits groupes. Il est possible de laisser chaque groupe choisir le thème à traiter. Pour être sûr d'avoir des sujets variés et pour ne pas faire passer trop de temps sur les négociations quant au choix, proposer des petits papiers sur lesquels seront inscrits différents thèmes. Chaque groupe tire au sort un papier et commence à travailler pour préparer le questionnaire à la manière de celui proposé en support de compréhension. Une autre possibilité est de noter les différents thèmes au tableau, puis chaque apprenant se positionne dans le groupe dont le thème l'intéresse le plus.

PARLER DE SES PROJETS

▓ Comprendre Écrit	▓ Aide-mémoire	▓ Point langue	▓ Point culture	▓ S'exprimer Oral	▓ S'exprimer Oral/Écrit	▓ S'exprimer Écrit
Act. 8, 9 et 10	Indiquer le domicile **S'exercer n° 2**	Le futur proche pour parler de ses projets **S'exercer n° 3**	Les fêtes de fin d'année	Act. 11	Act. 12	Act. 13

Témoignages dans un journal

→ OBJECTIF DES ACTIVITÉS 8, 9 ET 10 ← **Comprendre un article de journal qui présente des témoignages dans lesquels des personnes parlent de leurs projets pour les fêtes de fin d'année.**

8 Avant l'activité, faire identifier le document : *C'est une page de journal ou de magazine.* L'activité propose une compréhension globale du texte, elle se fait en grand groupe. La réponse à la première question détermine le reste de la démarche : il s'agit de projets, c'est donc forcément avant Noël.

→ **CORRIGÉ : 1.** avant Noël – **2.** trois témoignages

9 Faire lire les témoignages pour retrouver les informations demandées et vérifier la compréhension des textes. Lors de la mise en commun, pour être sûr que tous les apprenants comprennent bien qu'il s'agit de projets, il est possible de dessiner au tableau un axe du temps pour chaque témoignage et d'y placer le moment où la personne parle de ses projets (à décider avec l'ensemble des apprenants puisque la page du journal n'est pas datée) et, plus loin, les deux dates qui correspondent aux deux fêtes avec les activités prévues. Le Point langue permettra de revenir sur ces projets en faisant observer comment ils s'énoncent.

> **CORRIGÉ :** **Michelle :** Le réveillon de Noël chez son fils à Lyon avec son mari. Le réveillon du nouvel an chez sa fille à Nancy avec son mari et les petits-enfants. – **Patricia :** Noël chez elle à Melun avec ses enfants, ses parents (et sans doute son mari car elle dit *nous*) pour un repas traditionnel. Le réveillon du nouvel an avec des amis au restaurant ou chez l'un d'eux. – **Héloïse :** Noël avec sa famille (on ne sait pas où ni ce qu'elle va faire exactement). Le nouvel an à Rome avec son petit ami, ils vont visiter la ville et voir le feu d'artifice le soir de la Saint-Sylvestre.

10 Il s'agit d'une activité d'enrichissement lexical qui fait prendre conscience aux apprenants qu'en français, il n'existe pas qu'un seul mot pour décrire une même réalité.

> **CORRIGÉ :** Le jour de l'an : le nouvel an – La nuit du 31 décembre au 1er janvier : la Saint-Sylvestre, le réveillon de la Saint-Sylvestre, le réveillon du 31 – Fêter Noël et le nouvel an : célébrer les fêtes

AIDE-MÉMOIRE

Cet Aide-mémoire permet de fixer un autre emploi des pronoms toniques (découverts dans le dossier 3, p. 55 du manuel) : précédés de la préposition *chez* pour indiquer le domicile.

S'EXERCER n° 2 → Corrigé ▶ p. 90

Point **Langue** › **LE FUTUR PROCHE POUR PARLER DE SES PROJETS**

Ce Point langue reprend des phrases extraites des témoignages : à partir de l'observation, faire formuler la règle de formation du futur proche.

> **Corrigé : b)** futur proche = verbe *aller* au présent + verbe à l'infinitif

S'EXERCER n° 3 → Corrigé ▶ p. 90

POINT CULTURE

Les fêtes de fin d'année

Ce Point culture propose une activité d'appariement. Elle permet aux apprenants, qui ont compris des témoignages particuliers quant aux fêtes de fin d'année en France, d'en déduire des pratiques plus générales.

→ **Corrigé : Noël :** chez nous ou chez quelqu'un de la famille/en famille. On mange et on boit, on offre des cadeaux. – **La Saint-Sylvestre :** au restaurant ou chez des amis/avec des amis. On mange et on boit. On voyage.

→ **OBJECTIF DE L'ACTIVITÉ 11** ← Comparer les fêtes de fin d'année françaises avec ses propres pratiques.

11 Former des petits groupes au sein desquels l'échange interculturel sera plus facile. Les questions posées dans la consigne donnent des pistes pour la conversation qui pourra ne pas suivre exactement cette trame mais s'en inspirer. Passer entre les groupes pour, éventuellement, fournir le lexique nécessaire aux apprenants.

→ **OBJECTIF DE L'ACTIVITÉ 12** ← Transférer ce qui a été vu depuis le début de la leçon dans le contexte de la classe.

12 L'activité peut être l'occasion de fédérer la classe autour d'un projet festif commun. Les apprenants sont amenés à réemployer tout ce qu'ils ont découvert dans la leçon et à adopter une stratégie de collaboration. Préciser la consigne en ajoutant que le projet proposé devra être réalisable, cela stimulera la motivation des apprenants. Ils auront à discuter, à négocier, à se mettre d'accord entre eux, par petits groupes, pour ensuite soigner la présentation écrite du projet afin de convaincre la classe d'organiser ensemble cette fête. Après la lecture de chaque projet, il est possible d'organiser un vote au cours duquel chacun pourra se prononcer.

→ OBJECTIF DE L'ACTIVITÉ 13 ←   **Rédiger un témoignage pour parler de ses projets à l'occasion d'une fête.**

13 Proposer aux apprenants de s'inspirer de la matrice des témoignages étudiés en support de compréhension. Veiller à faire préciser lors de l'explication de la consigne quelles doivent être les informations principales pour parler de leurs projets : *Où ? Avec qui ?* et *Quoi ?* Pour leur permettre de penser à employer le futur proche lors de la rédaction du témoignage, leur suggérer de dater la page du journal et de préciser la date de la fête dans leur texte. Cette activité peut être réalisée à la maison.

1. Quel âge avez-vous ? – Vous partez/Est-ce que vous partez pour les vacances d'hiver ? – Où allez-vous en vacances ? – Avec qui vous partez/Avec qui est-ce que vous voyagez ? – Comment vous voyagez/Comment est-ce que vous voyagez ? – Où vous logez ?/Où est-ce que vous logez ? – Que faites-vous pendant les vacances ? – Avez-vous l'habitude de partir en vacances, l'hiver ?

2. a. chez moi – **b.** chez eux – **c.** chez elle – **d.** chez nous – **e.** chez lui

3. a. Cette année, je vais inviter un couple d'amis pour le réveillon de la Saint-Sylvestre. – **b.** Ce week-end, on va aller à Londres. – **c.** Cette année, vous allez bien rester à Paris au mois d'août ? – **d.** Cette semaine, mes parents vont organiser une superbe fête pour leurs vingt ans de mariage. – **e.** Ce week-end, je vais sortir avec des amis. – **f.** Cette année, nous allons célébrer le nouvel an avec des amis italiens.

Ce Carnet de voyage, qui permet de prolonger les thématiques abordées dans le dossier, se compose de deux volets :

Le premier, intitulé *Les fêtes en France*, approfondit les informations données à ce sujet dans la leçon 3. Il fait le tour des différentes pratiques liées aux fêtes et propose une activité de production ludique et créative dans laquelle les apprenants pourront transférer ce qu'ils ont appris.

Le second propose des activités pour tenter de savoir *Qui fait quoi dans la maison ?*, ou comment sont réparties les tâches ménagères dans les foyers. Les activités proposées complètent celles de la leçon 2 et pourront être réalisées à la suite de celle-ci. Elles remettent le fait de société dans son contexte, amènent les apprenants à comparer avec la situation dans leur pays et à se prononcer personnellement.

Les fêtes en France

1 Faire associer chaque fête à la tradition qui lui correspond. Cette activité permet de compléter les informations données dans la leçon 3 à ce sujet. Les apprenants pourront confirmer ce qu'ils y ont appris et, par déduction, élargir leurs connaissances sur les pratiques festives des Français.

➡ CORRIGÉ : le jour de l'an : 9 – la Saint-Valentin : 6 – mardi gras : 7 – Pâques : 5 – la fête du travail : 2 – la fête des mères : 8 – la fête nationale : 1 – Halloween : 4 – Noël : 3 – la Saint-Sylvestre : 10

2 Cette activité complète la précédente en faisant associer un symbole à chaque fête. Les dessins sont aussi l'occasion de préciser le vocabulaire qui n'aura pas été compris dans l'énoncé des traditions (Ex. : les crêpes, le feu d'artifice, le muguet) et de compléter le lexique des fêtes en fournissant des mots nouveaux (Ex. : le sapin, la citrouille, le champagne).

➡ CORRIGÉ : le jour de l'an : i – la Saint-Valentin : b – mardi gras : a – Pâques : g – la fête du travail : h – la fête des mères : c – la fête nationale : d – Halloween : j – Noël : e – la Saint-Sylvestre : f

3 Après avoir vu *ce que l'on fait* le jour des fêtes, il s'agit ici d'envisager *ce que l'on dit* ces jours-là. De même que la demoiselle (activité 3 p. 74) racontait pour la Saint-Valentin : *On se dit « je t'aime »* ; faire retrouver les formules qui font partie des coutumes des autres fêtes.

➡ CORRIGÉ : *Joyeux Noël !* : à Noël – *Bonne année ! Meilleurs vœux !* : le jour de l'an – *Joyeuses Pâques !* : à Pâques – *Bonne fête !* : le jour de la fête des mères

4 Cette activité ludique propose une mise en situation : les apprenants devront réinvestir dans un jeu de rôle tout ce qu'ils ont appris sur les fêtes françaises. Former des petits groupes et laisser les apprenants choisir la fête qu'ils souhaitent faire deviner. Leur interprétation permettra de voir comment ils ont compris ce phénomène de société et, éventuellement, de préciser certaines pratiques en fonction des demandes.

Qui fait quoi dans la maison ?

5 ET 6 La leçon 2 présentait une mère de famille débordée, l'article et les données chiffrées permettront de resituer ce phénomène de société dans un contexte plus large : cette situation est-elle représentative de ce qui se passe dans les familles françaises ?

5 Faire d'abord identifier le document en grand groupe : *C'est un article*. Puis, faire lire le chapeau et demander quel est le sujet du texte : *Il donne les résultats d'une enquête sociologique sur la répartition des activités domestiques dans le couple*. Demander à chaque apprenant de lire le texte pour ensuite pouvoir effectuer l'activité suivante.

6 Il s'agit ici pour les apprenants de repérer et de classer les données chiffrées fournies par le texte. Cette activité peut se faire seul ou par binôme. Après la mise en commun, faire répondre à la question posée. C'est ici l'occasion pour les apprenants de relativiser la perception qu'ils avaient du phénomène social et de revenir sur les idées, parfois toutes faites, qu'ils avaient sur ce sujet.

→ CORRIGÉ : temps pour les tâches ménagères/hommes en général : 6 heures – temps pour les tâches ménagères et les enfants/femmes en général : 24 heures/hommes en général : 13 heures/femmes de 30 ans : 30 heures/hommes de 30 ans : 20 heures

7 Les chiffres fournis dans l'activité précédente servent de point de départ à une comparaison avec la répartition des tâches ménagères dans le pays des apprenants. La discussion se fait en petits groupes, chacun parle de son expérience sachant que l'évaluation du nombre d'heures par semaine sera toujours subjective : il peut être intéressant de comparer les chiffres avancés par des apprenants d'un même pays pour leur faire réaliser qu'il est impossible de décrire une réalité sociale sans passer par une enquête sociologique fiable.

8 Faire observer la photo en grand groupe en demandant aux apprenants de dire ce qu'ils voient : *Un homme s'occupe de laver le linge*. Si la classe regroupe des apprenants d'une seule nationalité, la discussion proposée par l'activité à partir de ce document déclencheur peut se faire en grand groupe. Sinon, former des groupes de même nationalité, cela permettra aux apprenants d'un même pays d'échanger leur point de vue sur le phénomène social chez eux.

9 Cette activité demande aux apprenants de se positionner ; pour répondre à la question, ils doivent donner leurs sentiments personnels et entamer un début d'argumentation en expliquant *pourquoi* ils préfèreraient vivre ici ou ailleurs.

Carnet du **jour**

CONTENUS SOCIOCULTURELS – THÉMATIQUES

Les faire-part pour annoncer un événement familial
Les noms de famille de femmes mariées/des enfants

OBJECTIFS SOCIOLANGAGIERS

OBJECTIFS COMMUNICATIFS & SAVOIR-FAIRE	
Être capable de...	
Annoncer un événement familial, réagir	– comprendre des faire-part d'événements familiaux – réagir, à un événement familial, à une nouvelle – féliciter
Demander, donner des nouvelles de quelqu'un	– comprendre quand quelqu'un demande/ donne des nouvelles – comprendre quand quelqu'un parle simplement de sa santé – demander des nouvelles de quelqu'un – donner de ses nouvelles – exprimer une douleur physique
Parler de sa famille	– comprendre quand quelqu'un indique un lien de parenté, parle de sa famille – parler de sa famille – indiquer la possession
OBJECTIFS LINGUISTIQUES	
GRAMMATICAUX	– les adjectifs possessifs (2)
LEXICAUX	– les événements familiaux – *avoir mal à* + certaines parties du corps – les liens de parenté
PHONÉTIQUES	– enchaînement et liaison avec l'adjectif possessif

SCÉNARIO
DE LA LEÇON

La leçon se compose de trois parcours :

Dans le premier parcours, les apprenants auront à lire des faire-part et des textos qui annoncent ou réagissent à des événements familiaux. Ils apprendront à indiquer la possession en complétant leur connaissance de l'emploi des adjectifs possessifs.

Dans le deuxième parcours, ils écouteront une conversation téléphonique pendant laquelle une femme demande des nouvelles à son fils au sujet de sa belle-fille qui vient d'accoucher et du nouveau-né, le fils lui donne des nouvelles. À cette occasion, les apprenants découvriront aussi le lexique des parties du corps et comment exprimer une douleur physique. Ensuite, par des mises en situation, à l'oral comme à l'écrit, ils auront à demander des nouvelles, à en donner.

Dans le troisième parcours, ils écouteront une conversation dans laquelle quelqu'un parle de sa famille ; ils auront à comprendre comment on exprime un lien de parenté pour, enfin, pouvoir présenter leur propre famille.

ANNONCER UN ÉVÉNEMENT FAMILIAL, RÉAGIR

🎬 Comprendre	🎬 Aide-mémoire	🎬 Point langue	🎬 Phonétique
Écrit	Annoncer un événement familial	Les adjectifs posssessifs	Act. 4
Act. 1, 2 et 3	Réagir à une nouvelle, féliciter	**S'exercer nᵒˢ 1 et 2**	

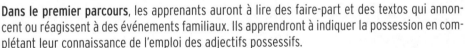

Faire-part
Textos

→ **OBJECTIF DES ACTIVITÉS 1, 2 ET 3** ← Comprendre des faire-part et des textos par lesquels on annonce ou on réagit à l'annonce d'un événement familial.

1 Avant l'activité, demander aux apprenants d'observer les trois documents et de dire de quoi il s'agit : *Ce sont des faire-part*, le mot ne sera sans doute pas connu, ils peuvent dire par exemple : *Ce sont des cartes pour dire une bonne nouvelle*, dans ce cas leur donner le terme exact et confirmer que l'annonce de la nouvelle se fait par courrier. Procéder à l'activité en grand groupe, il s'agit de la compréhension globale des documents.

→ **CORRIGÉ : 1.** une naissance – **2.** un mariage – **3.** une naissance

2 Demander d'abord où l'on peut lire ces textes et comment ils s'appellent : *sur un téléphone, ce sont des textos*. Demander pourquoi on utilise des textos : *pour écrire un message rapide*.

a) La première partie de l'activité n'est faisable que si tous les mots employés dans la consigne sont compris par les apprenants – *mariage* et *naissance* apparaissaient déjà dans les faire-part –, il est important d'expliquer, ou mieux, de faire expliquer le mot *décès* avant de faire répondre à la question.

b) Demander de trouver quels textos annoncent un événement et lesquels y répondent, pour ces derniers, faire relever la phrase qui indique que c'est une réponse : c → *Félicitations aux heureux parents !* ; d → *Quelle bonne nouvelle !*

→ **CORRIGÉ : a)** a. décès – b. et c. naissance – d. mariage
b) 1. a. et b. annoncent un événement. – **2.** c. et d. répondent à l'annonce d'un événement.

3 Cette activité se fait seul ou à deux, elle permet de finaliser la compréhension des faire-part. Préciser que, pour les deux premières informations à rechercher, il s'agit de relever les noms et/ou prénoms des personnes concernées. Pour la troisième, faire relever les liens familiaux tels qu'ils sont écrits dans les supports, il est possible, pour chaque réponse, de faire dessiner un mini arbre généalogique.

→ **CORRIGÉ : 1.** Clément, Philippe et Catherine annoncent l'événement, Miléna fait l'événement. Clément présente sa sœur Miléna, Clément est son frère, Philippe et Catherine sont ses parents. – **2.** M. et Mme Dunand ainsi que M. et Mme Lagrange annoncent l'événement, Aude et Christophe font l'événement. Ils sont leurs enfants respectifs. – **3.** M. et Mme Chabaud annoncent l'événement, Laura fait l'événement. Elle est leur fille.

AIDE-MÉMOIRE

Cet Aide-mémoire reprend certaines formules employées dans les faire-part et les textos, il en fournit d'autres qui concernent les mêmes actes de parole et permet de les fixer.

Point **Langue**
> LES ADJECTIFS POSSESSIFS

Ce Point langue permet de faire observer les adjectifs possessifs employés dans les documents. Faire compléter les différents tableaux et énoncés afin que les apprenants puissent comprendre et s'approprier les règles de formation et les emplois des différents adjectifs possessifs.

→ **Corrigé : a)** *mon* frère/*ma* sœur – *ta* tante/*tes* enfants – *notre* mère/*nos* enfants – *votre* fille
b) *sa* petite sœur/*ses* parents – *leur* fille Laura/leurs *enfants*
c) un possesseur : *sa* + nom féminin – *ses* + nom pluriel ;
plusieurs possesseurs : *leur* + nom singulier – *leurs* + nom pluriel

S'EXERCER n°s 1 et 2 Corrigé ▶ p. 97

→ **OBJECTIF DE L'ACTIVITÉ 4** ← **Phonétique :** La liaison avec l'adjectif possessif *mon* (a) puis avec *leur/leurs* (b et c).

4 **a)** La première partie de l'activité consiste à écouter les énoncés proposés et à observer la prononciation de la liaison. Il est possible de donner certaines explications lexicales et le genre des noms : l'âme (f) = la partie spirituelle de l'homme – l'esprit (m) = la partie intellectuelle de l'homme – l'épouse (f) = la femme (le mari = l'époux) – l'arc-en-ciel (m) = l'arc de plusieurs couleurs dans le ciel quand il pleut et qu'il y a du soleil en même temps – l'hirondelle (f) = l'oiseau qui annonce le début du printemps – l'arbre est masculin – « artiste » et « amour » sont du genre de la personne dont on parle. Après la première écoute, repasser l'enregistrement de façon séquentielle et proposer, à quelques apprenants, de répéter les énoncés. Afin de créer une dynamique dans le groupe, proposer de répéter les énoncés de façon un peu théâtrale, sur le ton de la déclaration, à son voisin ou à sa voisine.

b) La deuxième partie de l'activité a pour objectif d'attirer l'attention des apprenants sur l'importance de la liaison, ou de l'enchaînement, représentant le seul indice oral du nombre dans la prononciation de l'adjectif possessif « *leur/leurs* » avec un nom qui commence par une voyelle. Procéder à l'écoute de l'enregistrement au cours de laquelle les apprenants doivent repérer la liaison et, par là, l'indice de pluralité dans la prononciation des énoncés avec *leur* ou *leurs*.

c) Après l'écoute de chaque numéro, interroger le groupe qui doit dire s'il a entendu une différence de prononciation entre les deux énoncés qu'il a sous les yeux. Faire ainsi observer que la prononciation de « *leur/leurs* » est identique avec les noms qui commencent par une consonne, qu'ils soient masculins ou féminins (on n'a donc pas d'indice sur le genre du nom non plus). Faire également observer qu'avec les noms qui commencent par une voyelle, on n'a pas d'indice du genre (la prononciation est identique pour le féminin et le masculin), mais la prononciation est différente pour le nombre (on fait la liaison avec le « *s* » de « *leurs* » au pluriel).

➜ CORRIGÉ : **b)** singulier : 1, 2, 3, 7, 8, 10 et 11 – pluriel : 4, 5, 6, 9 et 12
c) même prononciation : 1, 2 et 3 – prononciation différente : 4

DEMANDER, DONNER DES NOUVELLES DE QUELQU'UN

▓ Comprendre	▓ Point langue	▓ Aide-mémoire	▓ S'exprimer	▓ S'exprimer
Écrit/Oral	Les parties du corps	Demander des nouvelles	Oral	Écrit
Act. 5	**S'exercer n° 3**	Donner des nouvelles	Act. 6	Act. 7

Conversation téléphonique

➜ OBJECTIF DE L'ACTIVITÉ 5 ◀ — Comprendre une conversation téléphonique dans laquelle on demande/donne des nouvelles de personnes.

5 Avant l'activité, manuels fermés, faire écouter une première fois l'enregistrement pour faire identifier la situation de communication : *Il s'agit d'une conversation téléphonique, mais on n'entend qu'un seul des deux interlocuteurs, c'est une vieille femme.*

a) Toujours manuels fermés, faire écouter une seconde fois l'enregistrement et demander aux apprenants quel peut être le sujet de la conversation. Pour les aider, il est possible de leur poser d'autres questions : *C'est une bonne ou une mauvaise nouvelle ? Qui est Marie ? De qui parle la femme quand elle dit : « Il est comment ? Il est gros ? » ?*

b) Faire réécouter l'extrait de conversation téléphonique et faire retrouver l'ordre des répliques de Marc. Lors de la correction, repasser l'enregistrement et demander à un apprenant de jouer le rôle de Marc en lisant, au bon moment, ses répliques. Vérifier les hypothèses émises auparavant.

c) Faire retrouver le texto par lequel Marc annonce la naissance de son fils.

➜ CORRIGÉ : **b)** 3, 1, 2, 4 – **c)** le texto b

Point **Langue**
> **LES PARTIES DU CORPS**

L'activité d'appariement proposée par ce Point langue permet de fixer le lexique du corps humain. Proposer de faire cette activité en binôme.

➜ **Corrigé :** 1. la tête – 2. un œil (des yeux) – 3. la bouche – 4. les dents – 5. un bras – 6. le ventre – 7. une jambe – 8. un pied – 9. une main – 10. les fesses – 11. le dos – 12. une épaule – 13. le nez – 14. une oreille – 15. les cheveux

S'EXERCER n° 3 Corrigé ▶ p. 97

AIDE-MÉMOIRE

Cet Aide-mémoire permet de fixer les actes de paroles employés dans le dialogue, il reprend certaines formules utilisées dans celui-ci et en donne d'autres.

➜ OBJECTIF DE L'ACTIVITÉ 6 ◀ — Transférer, à l'oral, ce qui a été travaillé en compréhension depuis le début de la leçon.

6 Former des binômes, si possible avec une fille par groupe : elle jouera le rôle de Marie et l'autre apprenant celui de son ami(e). Pour préparer la scène, les apprenants peuvent s'aider des deux Aide-mémoire qui reprennent les actes de parole dont ils ont besoin. Proposer à deux ou trois groupes de jouer la scène devant la classe. Attention : ils doivent se tourner le dos car il s'agit d'une conversation téléphonique et ils ne peuvent pas s'aider de gestes pour se faire comprendre. Lors de la correction en grand groupe, poser des questions qui reprendront des erreurs pour permettre aux apprenants de s'auto corriger. Ex : *Vous vous vouvoyez ?* si les ami(e)s se sont dit *vous* ou *Marie, vous avez mal au pied ?* si elle s'est trompée et qu'elle a dit *pied* à la place de *ventre*...

→ OBJECTIF DE L'ACTIVITÉ 7 ← **Transférer, à l'écrit, ce qui a été travaillé en compréhension depuis le début de la leçon.**

7 Cette activité individuelle peut être faite en classe ou à la maison.
a) Cette mise en situation permet de clore le scénario proposé autour de la naissance d'Arthur. Il s'agit d'écrire un court texte, aucune consigne précise n'est donnée quant à l'intention du message à rédiger : les apprenants peuvent réagir à la nouvelle, féliciter et/ou demander des nouvelles.
b) Ici, ils peuvent choisir à qui ils écrivent, mais la finalité du message est précisée, il faut écrire pour annoncer une bonne nouvelle.

PARLER DE SA FAMILLE

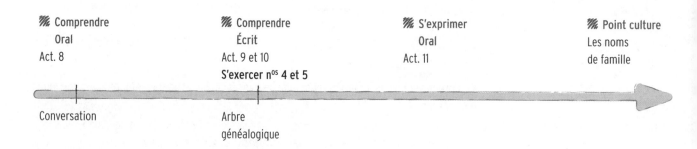

〽 Comprendre Oral	〽 Comprendre Écrit	〽 S'exprimer Oral	〽 Point culture
Act. 8	Act. 9 et 10	Act. 11	Les noms de famille
	S'exercer nos 4 et 5		
Conversation	Arbre généalogique		

→ OBJECTIF DE L'ACTIVITÉ 8 ← **Comprendre une conversation au cours de laquelle un jeune homme décrit une photo de famille.**

8 Avant l'activité, proposer, manuels fermés, une compréhension globale du dialogue. Demander aux apprenants *Qui parle ?, À qui ?* et *De quoi ?* : *Un jeune homme décrit une photo de famille à une amie.* Vérifier aussi si les apprenants ont compris la situation de la photo (toujours manuels fermés) : *c'est une photo de mariage.* Procéder ensuite à l'activité, manuels ouverts.
a) Pour cette première partie, ne pas proposer de mise en commun : il s'agit d'effectuer un premier rapprochement entre le dialogue et la photo, le repérage fait individuellement par les apprenants sera renforcé et vérifié dans la seconde partie de l'activité.
b) À l'occasion d'une troisième écoute, demander aux apprenants de retrouver, seuls, les personnages de la photo et de les associer aux étiquettes. Leur demander de comparer leur appariement avec celui de leur voisin avant une mise en commun en grand groupe.

→ OBJECTIF DES ACTIVITÉS 9 ET 10 ← **Comprendre les informations données par un arbre généalogique.**

9 Faire d'abord observer l'arbre généalogique en demandant à quoi sert ce document : *Il permet de présenter les liens de parenté qui existent dans une famille.* Pour être sûr que tous comprennent bien comment l'arbre peut être lu, demander qui sont les personnes les plus jeunes sur cet arbre : *Corentin, Marion et Camille.*
La première partie de l'activité peut se faire à deux puis, la seconde seul. Proposer une mise en commun en grand groupe.
→ **CORRIGÉ : 1.** les parents de Sonia : Jacques et Hélène Bossan – son mari : Franck Kassovitz –
son beau-frère : Alexandre Vaillant – ses deux nièces : Marion et Camille Vaillant
2. l'oncle de Marion Vaillant : Franck Kassovitz – sa grand-mère maternelle : Hélène Bossan –
sa sœur : Camille – son cousin : Corentin Kassovitz-Bossan

10 Cette activité permet de faire retrouver et classer le lexique de la famille employé dans les supports de compréhension.
→ **CORRIGÉ : masculin :** frère, beau-frère, beau-père, oncle, grand-père
féminin : cousine, nièce

S'EXERCER nos 4 et 5 → Corrigé ► p. 97

→ OBJECTIF DE L'ACTIVITÉ 11 ← **Transférer ce qui a été travaillé depuis le début du parcours.**

11 L'activité se fait en deux temps. Le dessin de l'arbre généalogique est d'abord un travail individuel, il servira ensuite de support à l'activité d'expression orale : présenter sa famille à son voisin.

Les noms de famille

Ce Point culture a un caractère informatif. À partir de l'observation des noms de familles cités dans le document étudié en compréhension, il propose d'expliquer les règles d'attribution du nom de famille en France.

A. Dans la première partie, l'attention des apprenants est attirée sur les différentes combinaisons possibles.

B. La deuxième partie leur permet de répertorier les différentes possibilités et d'en comprendre le fonctionnement.

C. Enfin, dans une dernière partie, les apprenants sont amenés à comparer avec la situation de leur pays.

➲ **Corrigé : B.** Sonia Bossan, Sonia Kassovitz, Sonia Bossan-Kassovitz, Sonia Kassovitz-Bossan – Les quatre possibilités pour le nom de l'enfant : le nom de son père, le nom de jeune fille de sa mère, le nom de son père + le nom de jeune fille de sa mère, le nom de jeune fille de sa mère + le nom de son père.

1. a. ma femme/mon fils/mes filles – **b.** notre fils/notre fille/ nos enfants/notre petit-fils – **c.** tes parents/tes sœurs/ ton grand-père/ta grand-mère/mes grands-parents – **d.** vos parents/vos grands-parents/votre oncle/votre tante

2. a. leur union/leur famille/leurs amis – **b.** son papa/ sa maman/son grand frère Paul – **c.** sa maman/son papa/leurs parents

3. a. il a mal au ventre – **b.** ils ont mal aux épaules – **c.** vous avez mal aux bras et au dos – **d.** tu as mal aux dents – **e.** j'ai mal aux jambes et aux fesses – **f.** tu as mal à la main – **g.** j'ai mal à la tête

4. *la belle-famille* : la famille du mari ou de la femme – *le beau-père* : le père du mari ou de la femme – *le cousin* : le fils de l'oncle ou de la tante – *l'oncle* : le frère du père

5. *la tante* : la sœur du père ou de la mère – *la nièce* : la fille de la sœur ou du frère – *la belle-mère* : la mère du mari ou de la femme – *les grands-parents* : les parents du père ou de la mère – *la petite-fille* : la fille du fils ou de la fille – *le neveu* : le fils de la sœur ou du frère

Famille d'aujourd'hui

OBJECTIFS SOCIOLANGAGIERS

OBJECTIFS COMMUNICATIFS & SAVOIR-FAIRE Être capable de...	
Téléphoner	– comprendre quand quelqu'un interagit au téléphone – comprendre quand quelqu'un parle de ses activités proches ou récentes – appeler/répondre au téléphone – annoncer un événement proche ou récent
Comprendre un phénomène de société	– comprendre la description d'un phénomène de société – comprendre la formulation d'un pourcentage – comprendre des données statistiques – parler de la composition de sa famille
OBJECTIFS LINGUISTIQUES	
GRAMMATICAUX	– le passé récent/le futur proche
LEXICAUX	– formules de la conversation téléphonique – expression d'un pourcentage
PHONÉTIQUES	– discrimination [ɛ] / [ɛ̃]

SCÉNARIO
DE LA LEÇON

La leçon se compose de deux parcours :

Dans le premier parcours, quatre conversations téléphoniques seront écoutées par les apprenants : ils repéreront les différentes formules utiles pour appeler et répondre au téléphone. Ils apprendront aussi à employer le passé récent et le futur proche pour annoncer différents événements par téléphone.

Dans le second parcours, les apprenants liront un texte présentant le phénomène des familles recomposées, la compréhension de ce texte sera l'occasion d'étudier comment on exprime un pourcentage. Ils approfondiront leur connaissance du lexique de la famille pour, à leur tour, pouvoir parler de la composition de leur famille et comparer le phénomène de société étudié à la situation dans leur pays.

TÉLÉPHONER

▓ Comprendre Oral Act. 1, 2 et 3	▓ Point langue Appeler/répondre au téléphone **S'exercer nos 1 et 2**	▓ Comprendre Oral Act. 4	▓ Point langue Le passé récent Le futur proche	▓ Phonétique Act. 5	▓ S'exprimer Oral Act. 6

Quatre conversations
téléphoniques

Une conversation
téléphonique

→ OBJECTIF DES ACTIVITÉS 1, 2 ET 3 ← Comprendre diverses situations d'échanges téléphoniques.

1 **a)** Proposer d'effectuer la première partie de l'activité pour chaque dialogue : faire une pause après chaque enregistrement pour que les apprenants aient le temps de repérer, puis de noter les différents locuteurs. Après l'écoute des quatre dialogues, les apprenants seront en mesure de faire le lien entre les différentes situations.

b) Faire formuler le sujet de conversation en grand groupe : chacun dit ce qu'il en a compris et les apprenants, guidés par l'enseignant, finiront par reconstituer le sujet qui préoccupe les femmes de cette famille : *Florence, la mère d'Amélie, a décidé de quitter Bordeaux et de suivre son ami, Éric, qui part travailler à Nice. Ils vont vivre ensemble avec leurs enfants respectifs (qu'ils ont eus, chacun de leur côté).* Les avis sont partagés sur cette décision.

→ **CORRIGÉ :** **a) dialogue 1 :** Amélie téléphone à sa tante Claudia. – **dialogue 2 :** Mme Gillet téléphone à sa fille Claudia. – **dialogue 3 :** Mme Gillet téléphone à sa fille Claudia. – **dialogue 4 :** Mme Gillet téléphone à sa fille Florence. On parle de Florence dans trois des dialogues (sauf dans le 2). **b)** Le futur déménagement de florence et de ses enfants, leur installation dans une autre ville avec Éric et ses enfants.

2 **a)** Proposer une nouvelle écoute des enregistrements, avec une pause après chaque dialogue. Demander aux apprenants de noter le plus d'informations possibles concernant la mère d'Amélie. Puis, faire comparer les notes prises avec celles du voisin : chacun peut ainsi compléter les informations repérées. Enfin, faire une mise en commun.

b) Demander aux apprenants comment ont réagi les membres de la famille, ils doivent qualifier les sentiments de chacune à l'aide des mots proposés. Lors du corrigé, attirer leur attention sur les mots utilisés par chacune d'elles, mais aussi le ton employé qui est révélateur de leur sentiment.

CORRIGÉ : a) Elle a deux enfants, Amélie et Christophe. Elle est séparée du père de ses enfants et a un compagnon, Éric, qui a lui-même deux enfants d'un premier mariage. Elle et son compagnon vont quitter Bordeaux et s'installer à Nice avec les quatre enfants.

b) Amélie est très heureuse (dialogue 1), Claudia, sa tante, est surprise (dialogue 1) et Mme Gillet, sa grand-mère, est en colère face à cette nouvelle (dialogue 3).

3 Cette activité permet de vérifier la compréhension des variantes dans les situations de communication téléphonique. Il s'agit ici de faire identifier les situations, cette activité s'arrête sur le sens des situations, le Point langue (b) suivant permettra, quant à lui, d'observer les formules employées.

→ **CORRIGÉ :** **1.** dialogue 1 – **2.** dialogue 3 – **3.** dialogue 2 – **4.** dialogue 4

Point **Langue** › APPELER/RÉPONDRE AU TÉLÉPHONE

a) La première partie de ce Point langue propose le repérage d'un acte de parole commun à de nombreuses conversations téléphoniques : *demander quelqu'un au téléphone*. Attirer l'attention des apprenants sur les différences qui tiennent aux situations, qui sont plus ou moins formelles.

b) Cette activité d'appariement prolonge l'activité 3 : elle part des situations repérées et propose d'identifier les formules qui correspondent à chacune d'elles. L'activité peut se faire seul, avec une mise en commun en grand groupe.

→ **Corrigé : a)** Allô ! Tante Claudia ? – Je voudrais parler à Mme Claudia Martin, s'il vous plaît. – Ma fille est là ?
b) La personne demandée répond elle-même : « *Oui c'est moi.* » – La personne demandée est là mais une autre personne répond : « *C'est de la part de qui ?* »/« *Ne quittez pas je vous la passe* » – La personne demandée n'est pas là et une autre personne répond : « *Vous voulez laisser un message ?* » – La personne qui appelle a composé un mauvais numéro : « *Pardon, quel numéro demandez-vous ?* »/« *Je regrette, vous faites erreur. Ici, c'est le 05 56 69 78 50.* »

S'EXERCER nᵒˢ 1 et 2 → Corrigé ▶ p. 102

→ OBJECTIF DE L'ACTIVITÉ 4 ← Comprendre l'annonce d'événements passés et/ou futurs.

4 Lors de l'écoute du premier dialogue, demander aux apprenants de noter les phrases dans lesquelles Amélie annonce des événements. Plusieurs peuvent alors être relevées et ensuite placées par un ou plusieurs apprenants sur un axe du temps dessiné au tableau pour préciser le moment de ces événements : présents, ce qui correspond au moment de la conversation téléphonique, passés (placés à gauche sur l'axe pour montrer l'antériorité à la conversation) ou futurs (à droite). L'observation des différentes formulations permettra une conceptualisation lors du Point langue suivant.

→ **CORRIGÉ :** **événement passé :** « *Il vient de trouver un travail à Nice.* » – **événements futurs :** « *Je vais quitter Bordeaux.* »/ « *Maman va partir avec lui là-bas.* »/« *On va habiter avec eux.* »/« *Ils vont vivre avec nous aussi.* »

Point **Langue**   **> LE PASSÉ RÉCENT, LE FUTUR PROCHE**

Ce Point langue reprend des phrases relevées par les apprenants lors de l'activité précédente : il permet de faire énoncer la règle de formation du passé récent et du futur proche (déjà vu p. 76 du manuel) à partir de l'observation du corpus.

> ➦ **Corrigé : b)** Formation du passé récent : *venir* au présent de l'indicatif + *de* + infinitif de l'action.
> Formation du futur proche (rappel) : *aller* au présent de l'indicatif + infinitif de l'action.

S'EXERCER n° 3 Corrigé ▸ p. 102

➦ OBJECTIF DE L'ACTIVITÉ 5 ⬅   **Phonétique : Discrimination [ɛ]/[ɛ̃].**

5 **a)** L'exercice de discrimination auditive proposé a pour but de vérifier que tous les apprenants entendent bien la différence entre ces deux phonèmes. Se renseigner, dans la mesure du possible, sur l'existence de ces deux phonèmes dans la langue des apprenants. Si ces sons n'existent pas dans leur langue, être d'autant plus attentif à ce qu'ils arrivent à les discriminer avant de passer à l'étape suivante de l'activité.

Procéder à l'écoute d'une douzaine de paires minimales ou de paires de mots identiques en demandant aux apprenants de dire si les deux mots entendus sont identiques ou s'ils sont différents. Pour répondre, faire dessiner aux apprenants une grille de ce type :

	=	≠
1.	✓	
2...		

Pendant l'écoute de l'enregistrement (écoute séquentielle recommandée), chaque apprenant note ce qu'il entend. Procéder à la correction collective après une deuxième écoute, cette fois en continu.

b) L'étape suivante est une activité dite de « comparaison dirigée ». L'apprenant entend un énoncé et doit choisir la version écrite qui correspond à la version sonore entendue. Le travail est individuel pendant l'écoute. Avant la correction collective, les apprenants peuvent comparer leur travail en binôme. Finir cette activité en demandant d'abord aux apprenants de répéter les énoncés de l'enregistrement, puis de lire, à tour de rôle, les énoncés notés dans le manuel.

➦ CORRIGÉ : **a) mots identiques :** 3, 5, 6, 8, 11 – **mots différents :** 1, 2, 4, 7, 9, 10, 12
b) 1. Il tient bien. – 2. Il vient bientôt. – 3. Ils se souviennent de tout. – 4. Elles reviennent tard.

➦ OBJECTIF DE L'ACTIVITÉ 6 ⬅   **Transférer dans un jeu de rôle ce qui a été vu en compréhension depuis le début de la leçon.**

6 Cette activité permet de travailler en situation différentes compétences. Les apprenants doivent employer les formules utiles pour appeler et répondre au téléphone, selon une situation de communication choisie par eux lors de la préparation. Ils ont à se mettre d'accord au sein de chaque binôme sur l'événement annoncé (passé ou futur) et sur la réaction de l'interlocuteur. Comme toujours lorsque le jeu de rôle a pour cadre une conversation téléphonique, les apprenants qui jouent la scène devant le reste de la classe se tournent le dos pour respecter les contraintes propres à cette situation. La scène écoutée par le reste de la classe peut être l'objet d'une activité de compréhension, comme s'il s'agissait d'un enregistrement.

COMPRENDRE UN PHÉNOMÈNE DE SOCIÉTÉ

▨ Comprendre Écrit Act. 7, 8 et 9	▨ Point culture Exprimer un pourcentage **S'exercer n° 4**	▨ Act. 10	▨ Aide-mémoire Les événements familiaux La famille recomposée **S'exercer n° 5**	▨ S'exprimer Oral Act. 11

Texte présentant un phénomène de société

➦ OBJECTIF DES ACTIVITÉS 7, 8 ET 9 ⬅   **Comprendre un texte qui présente un phénomène de société : les familles recomposées.**

7 Cette activité permet de procéder à la compréhension globale du texte. Avant l'activité, faire observer le texte et demander où l'on peut le trouver : *La source indique que c'est un texte publié sur Internet.* Faire lire le texte silencieusement et demander aux apprenants de dire, en grand groupe, si les quatre affirmations de l'activité sont vraies ou fausses.

➦ CORRIGÉ : 1. faux – 2. vrai – 3. faux – 4. vrai

Cette activité permet aux apprenants de rechercher des informations plus précises dans le texte : ils sont guidés pour repérer les données chiffrées qui accompagnent toute étude sociologique propre à la description d'un phénomène de société. La lecture des graphiques est un moyen de vérifier la compréhension de l'évolution des pratiques décrites dans le texte. Proposer de faire cette activité seul (chaque apprenant repère et interprète les données à son rythme), avec une mise en commun en grand groupe.

➜ **CORRIGÉ** : **a) nombre de mariages en France : années 50-60 → 430 000, actuellement → 280 000**

nombre de couples non mariés : années 50-60 → 310 000, actuellement → 5 millions

nombre de divorces : années 50-60 → 1 couple sur 10, actuellement → 1 couple sur 3   **b) graphique b**

Les apprenants connaissent déjà un certain nombre de mots liés au thème de la famille. Le texte étudié dans ce parcours est l'occasion d'élargir ce lexique puisqu'il emploie des termes plus spécifiques, liés au phénomène de société décrit. Faire retrouver dans le texte des mots qui ont le même sens que les expressions proposées dans l'activité, la plupart seront fixés grâce à l'Aide-mémoire suivant.

➜ **CORRIGÉ** : famille recomposée : *une famille avec des enfants d'une union antérieure des parents* – les parents de la nouvelle famille : *les beaux-parents* – un mariage : *une union* – un deuxième mariage : *un remariage* – une séparation : *un divorce* – une famille avec un seul parent : *une famille mono-parentale*

Point **Langue**   ❯ **EXPRIMER UN POURCENTAGE**

Ce Point langue prolonge l'activité 8 : à partir de l'observation des différentes formulations employées dans le texte, l'activité proposée permet de faire comprendre les diverses façons d'exprimer un pourcentage.

➜ **Corrigé** : un quart – un sur trois (= 1/3) – trente-trois pour cent (= 33 %) – un sur deux (= 1/2) – cinquante pour cent (= 50 %)

S'EXERCER n° 4 Corrigé ▶ p. 102

➜ OBJECTIF DE L'ACTIVITÉ 10 ◧   Comprendre la présentation d'une famille recomposée.

La famille décrite dans cette activité permet de donner un exemple concret de ce que peut être une famille recomposée. Faire d'abord observer le dessin et ses légendes : demander aux apprenants de faire des hypothèses quant aux liens familiaux qui unissent ces personnes. Procéder ensuite à l'activité qui se présente sous forme d'énigme, de problème à résoudre. C'est une activité ludique pour vérifier la compréhension des liens familiaux, qui peuvent souvent être complexes pour des apprenants peu habitués à de telles situations.
a) Toujours en grand groupe, demander aux apprenants de lire le texte pour vérifier si les hypothèses émises auparavant étaient correctes.
b) Faire compléter les énoncés par le prénom qui convient. Ce travail peut se faire seul, suivi d'une vérification avec le voisin.
➜ **CORRIGÉ : b)** 1. Isabelle – 2. Benoît – 3. Timothée – 4. Éric

AIDE-MÉMOIRE

Cet Aide-mémoire fixe le lexique lié aux événements familiaux et à la famille recomposée. Les mots donnés sont ceux vus dans les supports de compréhension lors des activités précédentes, complétés par d'autres qui, sur le même thème, seront utiles aux apprenants, notamment lors de l'activité de production orale qui suit.

S'EXERCER n° 5 Corrigé ▶ p. 102

➜ OBJECTIF DE L'ACTIVITÉ 11 ◧   Après avoir compris le phénomène des familles recomposées, parler de sa propre situation familiale et de la situation telle qu'elle se présente dans son pays.

Cette activité d'expression orale permet aux apprenants de réemployer les notions apprises et leur donne l'occasion de porter un regard nouveau sur leur propre situation et sur leur culture. Former des groupes de trois ou quatre apprenants. Dans la première partie de l'activité, il s'agit pour les apprenants de parler de leur intimité, ou du moins de questions très personnelles, c'est pourquoi il est préférable de laisser les groupes se former sans intervenir dans leur composition : les discussions seront alors plus spontanées et plus riches.
La seconde partie de l'activité permettra un échange interculturel guidé par les questions proposées. Ce sera aussi l'occasion pour les apprenants de donner leur point de vue sur le phénomène décrit.

1. c, e, a, f, d, b

2. a. je voudrais parler à Mme Marchand – je peux laisser un message ? **b.** C'est de la part de qui ? – Ne quittez pas, je vous le passe.

3. *Corrigé possible :* **a.** tout le monde va féliciter les mariés/va aller à la fête – **b.** les Dufour viennent de déménager – **c.** la famille va déménager – **d.** ils vont avoir un bébé – **e.** ils vont divorcer – **f.** Nathan vient de naître

4. b) b. 33 % des personnes ont moins de vingt ans/ une personne sur trois a moins de vingt ans – **c.** un tiers des personnes est marié/33 % des personnes sont mariés – **d.** un quart des personnes a des parents divorcés/une personne sur quatre a des parents divorcés – **e.** 25 % des personnes ont deux frères ou sœurs/une personne sur quatre a deux frères ou sœurs – **f.** 45 % des personnes ont quatre grands-parents vivants/trois personnes sur quatre ont quatre grands-parents vivants

5. la séparation/se séparer – le divorce/divorcer – le décès/ décéder – le mariage/se marier – la mort/mourir – la naissance/naître – les fiançailles/se fiancer – la rupture/rompre

Riches et **célèbre**

CONTENUS SOCIOCULTURELS – THÉMATIQUES

La vie des célébrités

OBJECTIFS SOCIOLANGAGIERS

OBJECTIFS COMMUNICATIFS & SAVOIR-FAIRE Être capable de...	
Évoquer des faits passés	– comprendre un court article sur la vie privée d'une personne – comprendre une évocation de faits passés – comprendre des données biographiques simples – parler des grands événements de la vie d'une personne
Décrire physiquement une personne	– comprendre la description physique d'une personne – caractériser quelqu'un physiquement
OBJECTIFS LINGUISTIQUES	
GRAMMATICAUX	– le passé composé (2) : verbes pronominaux et verbes avec *être* – *c'est*/*il est* + adjectif, *il a* + nom
LEXICAUX	– la description physique
PHONÉTIQUES	– le *e* caduc dans les formes pronominales au passé

SCÉNARIO DE LA LEÇON

La leçon se compose de deux parcours :

Dans le premier parcours, les apprenants seront amenés à lire la page d'un « magazine people »
qui évoque la vie de célébrités. Cela leur donnera l'occasion d'approfondir la connaissance de l'emploi du passé
composé pour évoquer des faits passés. Ils pourront alors, à leur tour, rédiger une page de magazine sur la personnalité de leur choix.

Dans le second parcours, une autre page de magazine sera proposée en support de compréhension. Ce sera
l'occasion pour les apprenants d'apprendre comment se fait la description physique d'une personne.
Ce parcours leur fera aussi rencontrer des familles de personnalités françaises très connues.

ÉVOQUER DES FAITS PASSÉS

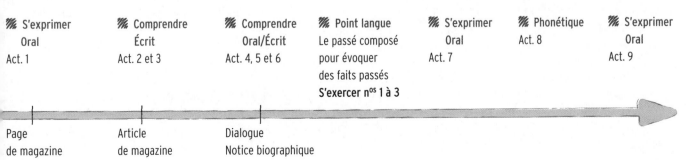

🎞 S'exprimer Oral Act. 1	🎞 Comprendre Écrit Act. 2 et 3	🎞 Comprendre Oral/Écrit Act. 4, 5 et 6	🎞 Point langue Le passé composé pour évoquer des faits passés **S'exercer n°s 1 à 3**	🎞 S'exprimer Oral Act. 7	🎞 Phonétique Act. 8	🎞 S'exprimer Oral Act. 9
Page de magazine	Article de magazine	Dialogue Notice biographique				

➡ OBJECTIF DE L'ACTIVITÉ 1 ⬅   Entrer dans la thématique de la leçon.

1 Avant l'activité, demander aux apprenants de regarder rapidement le document proposé et de dire de quoi il s'agit : *C'est une page de magazine.* L'activité permet ensuite de procéder à la compréhension globale du document, en grand groupe.

➡ **CORRIGÉ :** Il s'agit d'un magazine qui parle de la vie des célébrités, il fait partie de ce que l'on appelle la « *presse people* ». Les gens lisent ces magazines par curiosité, pour connaître l'intimité des stars, des personnes qu'ils admirent.

➡ OBJECTIF DES ACTIVITÉS 2 ET 3 ⬅   Comprendre un court article qui présente la vie privée d'un couple.

2 Faire lire l'article silencieusement et demander de retrouver les informations qui permettent de vérifier la compréhension du sujet de l'article. La première activité faisait apparaître que l'article parlait de célébrités, ici, il s'agit de comprendre pourquoi ces personnes sont célèbres.

➡ **CORRIGÉ :** 1. L'article parle du couple formé par Emmanuel Philibert de Savoie et Clotilde Courau.

2. Ils sont mariés et ont un enfant. Emmanuel Philibert est le petit-fils du dernier roi d'Italie, rien n'est dit sur l'origine sociale de Clotilde Courau. Elle est actrice et il est prince.

3 L'activité propose de vérifier la compréhension des différentes étapes de leur histoire, de faire l'historique de leur relation. Les informations à classer sont indiquées dans les légendes des photos.

➡ **CORRIGÉ :** D'abord *vacances*, puis *annonce officielle de la relation*. Ensuite, *mariage*. Enfin, *naissance d'un enfant*.

➡ OBJECTIF DES ACTIVITÉS 4, 5 ET 6 ⬅   Comprendre un dialogue dans lequel une personne raconte les différentes étapes de la vie d'une vedette, en vue de la rédaction d'une biographie dans un magazine.

4 L'activité propose de vérifier la compréhension globale de l'enregistrement : proposer une première écoute du dialogue et faire dire aux apprenants, en grand groupe, si les affirmations sont vraies ou fausses.

➡ **CORRIGÉ :** 1. faux – 2. vrai – 3. faux

5 Il s'agit ici de faire repérer, au cours d'une deuxième écoute, les différents marqueurs temporels qui permettent de structurer le récit d'événements passés. Le relevé effectué permettra de compléter la notice biographique et de mettre en évidence différentes façons de situer une action dans le passé. Il est possible de s'y arrêter et de classer les réponses pour faire observer la formation des diverses formules.

➡ **CORRIGÉ :** le 3 avril 1969/l'année suivante/à l'âge de neuf ans/à seize ans/en 89/en 90/dans les années 90/en mai 2003

6 **a)** La notice biographique donne les événements de la vie de Clotilde Courau sous forme de phrases nominales : *date de naissance/départ/retour/*... ; dans le dialogue, les événements marquants de sa vie sont racontés. Pour faciliter la prise de notes pendant l'écoute, s'assurer que les apprenants ont bien compris ce qu'ils doivent noter : reprendre avec eux l'exemple donné dans le manuel, à savoir la correspondance de sens entre « *date de naissance* » et « *elle est née* », si besoin vérifier avec le deuxième événement : « départ »/« elle est partie ». Faire alors écouter une troisième fois le dialogue pour effectuer l'activité. Avant la mise en commun, proposer aux apprenants de comparer les notes prises avec celles du voisin.

b) Lors de la mise en commun, noter les phrases au tableau et demander à l'ensemble de la classe d'identifier le temps utilisé pour raconter ces faits passés. Il s'agit ici d'un rappel : le passé composé avait été découvert lors du dossier 4 (pp. 72 et 73 du manuel). Il n'est pas nécessaire de faire classer le corpus des phrases relevées puisqu'une conceptualisation est proposée dans le Point langue suivant.

➡ **CORRIGÉ : a)** elle est née/elle est partie en Afrique/elle est revenue en France/elle s'est inscrite au cours Florent/ elle a fait ses débuts au théâtre/elle a obtenu un prix/elle a tourné aux États-Unis/elle est devenue célèbre

b) Le temps utilisé est le passé composé.

Point **Langue**   › **LE PASSÉ COMPOSÉ POUR ÉVOQUER DES FAITS PASSÉS**

Ce Point langue part de l'observation d'énoncés, extraits des documents étudiés, dans lesquels des faits passés sont évoqués. Les différentes étapes permettent aux étudiants de formuler la règle à partir de ce qu'ils sont amenés à observer.

➡ **Corrigé : a)** Le commentaire de la photo 3 doit être placé dans la colonne de droite : le verbe *être* y est utilisé comme pour les autres phrases de cette colonne.

b) *aller ≠ venir, arriver ≠ partir, entrer ≠ sortir, naître ≠ mourir, devenir, revenir*

c) Par exemple, verbes utilisés dans les supports de compréhension : *s'inscrire, se quitter, se rencontrer.*

d) Quand le passé composé est formé avec *avoir*, le participe passé ne s'accorde pas avec le sujet.

Ex. : *Clotilde a accompagné Emmanuel Philibert en Sicile.* / Quand le passé composé est formé avec *être*, le participe passé s'accorde avec le sujet. Ex. : *Vittoria est née.*

S'EXERCER n⁰ˢ 1 à 3 Corrigé ▶ p. 107

➡ OBJECTIF DE L'ACTIVITÉ 7 ⬅ Transférer ce qui a été vu en compréhension en racontant oralement des faits passés pour compléter une biographie.

La dernière partie de la notice biographique n'avait pas été reprise à l'oral dans le dialogue entre les deux journalistes. Il s'agit de faire raconter, en grand groupe, la vie de Clotilde Courau à partir de sa rencontre avec le prince. Veiller à l'utilisation de marqueurs temporels pour situer les différents événements et favoriser l'inter correction en cas de formes erronées dans l'emploi du passé composé.

➡ OBJECTIF DE L'ACTIVITÉ 8 ⬅ Phonétique : Suppression du *e* caduc dans les formes pronominales au passé.

La suppression du *e* caduc en français dans un registre standard ou familier (abordé dans la leçon 1 du dossier 4) représente une difficulté de compréhension, mais aussi de reproduction, pour les apprenants. C'est pourquoi il est important de les habituer assez tôt, dans l'apprentissage de la langue, à cette suppression du *e* dans les formes pronominales, très fréquente à l'oral dans la conversation francophone.

L'activité qui est proposée ici est d'abord une activité d'écoute afin de faire découvrir ce phénomène. Repasser ensuite l'enregistrement de manière séquentielle et solliciter quelques apprenants, à tour de rôle, pour répéter les formes pronominales.

➡ OBJECTIF DE L'ACTIVITÉ 9 ⬅ Transférer tout ce qui a été appris depuis le début de la leçon en rédigeant une page de magazine présentant la vie d'une célébrité.

Former des groupes en fonction des nationalités pour être sûr que chaque apprenant connaisse la célébrité choisie. Avant la discussion qui précède la rédaction de la page de magazine, il est important de revenir sur l'observation de la page présentée dans le manuel (p. 90) : faire repérer les différents éléments de la page cités dans la consigne de l'activité (*gros titre, chapeau et commentaires*) pour rappeler que la page à créer doit être rédigée selon cette matrice. La présentation des différentes productions peut se faire le jour même ou lors du cours suivant, les apprenants auront alors le temps d'ajouter les dernières finitions (photos ou dessins, par exemple).

■ VARIANTE : Si la classe regroupe des apprenants de même nationalité, proposer plusieurs photos de personnalités de leur pays, les groupes peuvent ainsi se constituer en fonction de la personnalité choisie. Les photos serviront aussi à illustrer la page de magazine créée.

DÉCRIRE PHYSIQUEMENT UNE PERSONNE

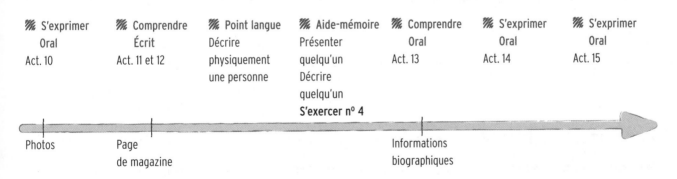

📖 S'exprimer Oral Act. 10	📖 Comprendre Écrit Act. 11 et 12	📖 Point langue Décrire physiquement une personne	📖 Aide-mémoire Présenter quelqu'un Décrire quelqu'un **S'exercer n° 4**	📖 Comprendre Oral Act. 13	📖 S'exprimer Oral Act. 14	📖 S'exprimer Oral Act. 15

Photos — Page de magazine — Informations biographiques

➡ OBJECTIF DE L'ACTIVITÉ 10 ⬅ Entrer dans la thématique du parcours.

Demander aux apprenants d'observer les photos et de dire, en grand groupe, s'ils connaissent ces personnalités. L'échange sera plus ou moins rapide en fonction des réponses données.

➡ OBJECTIF DES ACTIVITÉS 11 ET 12 ⬅ Comprendre la présentation de stars et les liens familiaux qui les unissent grâce à la caractérisation de leur physique.

Les apprenants sont amenés à faire des hypothèses sur les liens qui unissent les stars présentées.
a) L'observation de la page de magazine en grand groupe permet de faire comprendre qu'il existe des liens familiaux entre ces différentes personnes.

b) Former des binômes et demander de faire des hypothèses à partir des informations auxquelles ils ont accès : le nom des parents, leur profession et leurs traits physiques grâce à l'observation des photos. L'activité peut être proposée sous forme de jeu : deviner qui est (ou a été) en couple, avec qui, et retrouver qui sont les parents des trois plus jeunes. L'activité suivante permettra de déterminer les gagnants : les deux plus fins observateurs.

▶ CORRIGÉ : a) Les six premières photos présentent les parents des personnalités qui figurent sur les photos a, b et c.

12 **a)** La première partie de l'activité donne à lire de courts textes qui présentent les trois « enfants de ». Proposer aux apprenants de poursuivre le jeu commencé lors de l'activité précédente : faire lire les textes silencieusement et demander aux binômes formés auparavant de se concerter pour vérifier les hypothèses émises grâce aux nouveaux indices fournis par les textes. La compréhension de ces textes permet, par déduction, de retrouver les liens de parenté.

b) La seconde partie de l'activité est l'occasion de faire une mise en commun des réponses et de désigner les gagnants de l'activité 11. Faire observer que les enfants portent tous le nom de famille de leur père.

c) Cette dernière étape de l'activité permet d'aller plus loin dans la compréhension des textes présentant les trois personnalités : vérifier que les différents aspects de la caractérisation des personnes ont été repérés. Le corpus relevé complétera le Point langue suivant.

▶ CORRIGÉ : b) Photo a : elle s'appelle Charlotte Gainsbourg ; c'est la fille de Serge Gainsbourg et de Jane Birkin.
Photo b : il s'appelle David Hallyday ; c'est le fils de Johnny Hallyday et de Sylvie Vartan.
Photo c : elle s'appelle Chiara Mastroianni ; c'est la fille de Marcello Mastroianni et de Catherine Deneuve.
c) la taille : a. elle est grande/b. David est grand – **les cheveux :** a. toutes les deux ont les cheveux longs et raides/b. David est [...] blond/c. elle a les cheveux blonds et longs – **la silhouette :** a. elle est [...] mince – **les yeux :** a. toutes les deux ont [...] les yeux marron – **l'apparence :** b. il a l'air équilibré/c. elle a une allure distinguée – **la profession de la personne :** b. il est chanteur – **la profession des parents :** a. le père est chanteur/b. le père et la mère sont chanteurs/c. ses parents sont acteurs

---

Point **Langue**   **> DÉCRIRE PHYSIQUEMENT UNE PERSONNE**

Ce Point langue permet de faire classer le vocabulaire utile pour caractériser physiquement une personne. Le corpus proposé élargit le lexique vu dans les textes de l'activité 12. Faire expliquer ou expliquer les mots nouveaux qui ne sont pas illustrés par les photos, pour cela il est possible de faire des gestes, des dessins ou de donner des exemples concrets dans la classe (veiller à ne pas prendre dans la classe d'exemple pour des descriptions qui pourraient être vexantes, notamment pour la caractérisation de la silhouette.)

AIDE-MÉMOIRE

L'Aide-mémoire complète le Point langue en précisant les formules employées pour présenter ou décrire quelqu'un. L'accent est ici mis sur la construction des phrases : *c'est + nom – il/elle est + adjectif.*

S'EXERCER n° 4 ▶ Corrigé ▶ p. 107

▶ OBJECTIF DE L'ACTIVITÉ 13 ◀   Comprendre la présentation orale des liens familiaux qui unissent des personnalités.

13 Demander aux apprenants de faire des hypothèses, en binôme, sur les relations familiales qui unissent ces trois personnes aux trois autres présentées auparavant. Là encore, les caractéristiques physiques peuvent aider à émettre des suppositions. Faire écouter l'enregistrement pour vérifier les hypothèses. Les présentations proposées ne s'arrêtent pas sur la description physique des personnes mais uniquement sur leur filiation. Cette activité montre aussi que le phénomène de société décrit p. 88 du manuel concerne aussi les familles de stars : on parle ici de demi-frère et de demi-sœur comme dans toute famille recomposée.

▶ CORRIGÉ : Lou Doillon est la demi-sœur de Charlotte Gainsbourg – Christian Vadim est le demi-frère de Chiara Mastroianni – Laura Smet est la demi-sœur de David Hallyday.

▶ OBJECTIF DE L'ACTIVITÉ 14 ◀   Transférer ce qui a été étudié depuis le début du parcours.

14 Il s'agit ici de faire rédiger une présentation de la personne choisie, à la manière des textes proposés en compréhension dans l'activité 12. Former des binômes et demander à chaque groupe de rédiger un texte de présentation de la personne sans mentionner son nom. Quand le texte est écrit, il est possible de le faire lire devant le reste de la classe qui doit deviner de qui il s'agit.

→ OBJECTIF DE L'ACTIVITÉ 15 ⬅ Parler des familles de stars qu'il y a dans son pays.

Cette activité permet un échange interculturel. L'activité peut se faire en grand groupe, notamment si la classe regroupe des apprenants d'une seule nationalité, ou en sous-groupe de trois ou quatre.

1. a. se sont connus/se sont revus/se sont fiancés/se sont mariés – **b.** s'est fiancée/s'est mariée – **c.** s'est déshabillée – **d.** se sont séparés – **e.** s'est fiancée/s'est mariée – **f.** se sont connus/se sont revus

2. *Plusieurs réponses sont possibles.* Attention lors de la correction à l'accord du participe passé selon que c'est une fille ou un garçon qui a fait l'activité.

3. a. je ne me suis pas réveillé(e) – **b.** elle ne s'est pas maquillée – **c.** tu ne t'es pas rasé – **d.** vous ne vous êtes pas déshabillé(e)s – **e.** ils ne se sont pas vus

4. a. C'est un homme/il est grand/il a une allure sportive. – **b.** Elle est petite et blonde, elle est frisée et elle a les yeux bleus. – **c.** C'est un petit garçon, il a un pantalon/il a les cheveux courts et frisés. – **d.** Il est petit/Il a le crâne rasé. Il a l'air fatigué. – **e.** C'est une actrice/Elle est rousse, elle a les cheveux longs.

Ce **Carnet de voyage** propose un parcours à dominante culturelle, il se compose d'un seul volet :

Ce volet, intitulé *Le(s) plus grand(s) Français de tous les temps*, permet de découvrir les personnalités qui ont marqué la société française.

En partant des connaissances qu'ils ont des personnalités françaises, les apprenants seront amenés à identifier des personnages célèbres en France. Il leur sera demandé de retrouver leur domaine de spécialité notamment par la lecture de courtes biographies. Ce sera pour eux l'occasion d'accéder un peu plus à la culture française à travers ceux qui font partie du patrimoine national de par leurs actions, leurs créations, leurs découvertes... Une activité d'expression écrite clôturera ce *Carnet de voyage* : les apprenants auront à rédiger une notice biographique d'une personnalité de leur pays.

Le(s) plus grand(s) Français de tous les temps

1 Former des petits groupes de trois ou quatre apprenants pour effectuer cette activité ludique. Proposer de trouver un maximum de personnalités françaises grâce à un « remue-méninges » fait au sein de chaque groupe : il s'agit de dire tous les noms qui viennent à l'esprit, une idée en appelant une autre cela permet de trouver rapidement une liste conséquente. Circuler entre les groupes et faire cesser l'activité quand chaque équipe semble ne plus avoir d'idée nouvelle pour alimenter sa liste. L'équipe gagnante est celle qui a trouvé le plus de personnalités, elle est désignée lors de la mise en commun.

2 Après être partis de leur connaissance des personnalités françaises, les apprenants découvrent ici la liste des plus « grands » proposée par les Français eux-mêmes. Il est important de faire expliquer ce que l'adjectif « grand » signifie dans le classement proposé : *Cela signifie grand par les qualités, célèbre par sa valeur, pour son mérite.* Faire comparer la liste publiée sur le site Internet d'une des principales chaînes de la télévision française avec celle faite par les apprenants en classe. Cette activité permet de mesurer l'écart de point de vue sur une culture selon qu'elle est vécue de l'intérieur ou vue de l'extérieur.

3 Les images à observer permettent aux apprenants de mettre des visages sur les noms cités dans la liste de l'activité précédente. Faire effectuer l'activité en binôme. Faire remarquer que des indices repérables sur les photos peuvent aider à répondre aux questions posées : photo/dessin ; couleur/noir et blanc ; vêtements ; activité... Proposer ensuite de mettre en commun les diverses hypothèses.

➡ CORRIGÉ : **a) personnalités contemporaines : Charles de Gaulle, l'Abbé Pierre, Coluche, Bourvil, Jacques Yves Cousteau, Édith Piaf – personnalités du passé : Louis Pasteur, Marie Curie, Victor Hugo, Molière**
b) *Quelques personnalités sont célèbres dans plusieurs domaines.* **cinéma : Bourvil, Coluche – littérature : Victor Hugo, Molière – aide humanitaire : l'Abbé Pierre, Coluche** (il a fondé l'association *Les Restos du cœur*) **– chanson : Édith Piaf, Bourvil – politique : Charles de Gaulle, Victor Hugo – science : Marie Curie, Louis Pasteur, Jacques Yves Cousteau – spectacle : Coluche** (humoriste), **Bourvil**

4 Cette activité permet d'aller plus loin dans la connaissance des différentes personnalités arrivées en tête du classement. Proposer une lecture individuelle des biographies. L'appariement entre le nom de la personne et sa notice biographique permet de vérifier les hypothèses émises dans l'activité précédente concernant le domaine dans lequel la personne s'est fait connaître et d'être plus précis dans la qualification des activités de chacun.

➡ CORRIGÉ : **A. Édith Piaf : chanteuse – B. Charles de Gaulle : militaire et homme d'État – C. Coluche : acteur et humoriste – D. Jacques Yves Cousteau : officier de la marine et océanographe – E. Marie Curie : scientifique – F. Victor Hugo : écrivain – G. Louis Pasteur : scientifique – H. Molière : auteur de théâtre et comédien – I. Bourvil : acteur et chanteur – J. l'Abbé Pierre : prêtre fondateur d'Emmaüs**

5 Ce complément de liste propose d'autres personnalités qui font partie du patrimoine culturel de la France. Cette activité prolonge l'activité 2 : la liste est plus longue et les apprenants peuvent sans doute plus facilement retrouver des noms de personnalités répertoriés dans leur liste. En effet, plus de domaines sont représentés faisant apparaître des célébrités mondialement connues, car médiatisées, et intervenant dans des catégories parfois plus populaires. Demander de repérer des personnalités sportives, la dernière question de l'activité va dans ce sens.

➜ **CORRIGÉ :** Zinedine Zidane (football), Michel Platini (football), Éric Tabarly (voile)

6 La première partie de l'activité peut se faire seul ou en groupe en fonction de la composition de la classe : il est important de faire établir la liste des dix plus grandes célébrités par des personnes originaires du même pays. Si la classe regroupe des apprenants d'une seule nationalité, former des petits groupes de trois ou quatre, sinon composer des groupes en fonction des nationalités représentées. Au sein de chaque groupe, veiller à ce que les apprenants se mettent d'accord en discutant et négociant entre eux selon le point de vue personnel de chacun.

Après la présentation de la liste à l'ensemble de la classe, la rédaction de la notice biographique permet de transférer ce qui a été vu auparavant dans le dossier. Cette partie de l'activité peut être faite en classe ou à la maison selon le temps dont on dispose.

Revenir à **Montréal**

CONTENUS SOCIOCULTURELS – THÉMATIQUES

Les saisons et le climat

OBJECTIFS SOCIOLANGAGIERS

OBJECTIFS COMMUNICATIFS & SAVOIR-FAIRE	
Être capable de...	
Parler de ses sensations	– comprendre une courte interview – comprendre quand quelqu'un parle de ses sensations/perceptions – comprendre quand quelqu'un exprime des sentiments – parler des saisons, de sa saison préférée – exprimer des sensations et des sentiments
Parler du climat	– comprendre des informations simples sur le climat, les saisons, les températures – parler du temps qu'il fait/a fait – situer un événement dans l'année
OBJECTIFS LINGUISTIQUES	
GRAMMATICAUX	– structures pour parler du climat/de la météo – structures pour indiquer la date, la saison, le mois
LEXICAUX	– sens, sensations et perceptions – termes de la météo et du climat
PHONÉTIQUES	– bruits et consonnes (tendues et relâchées)

SCÉNARIO DE LA LEÇON

La leçon se compose de deux parcours :

Dans le premier parcours, après avoir lu un court texte de présentation d'un film, les apprenants auront à écouter l'interview de la réalisatrice dans laquelle elle parle de sa saison préférée et des sensations qu'elle y associe. Un travail sur le lexique des sentiments et des perceptions permettra aux apprenants, à leur tour interviewés, de parler de leur saison préférée et des sensations éprouvées.

Dans le second parcours, ils liront un texte qui présente le climat annuel dans la ville de Montréal. Le vocabulaire de la météo, étudié dans le support de compréhension, leur donnera les outils nécessaires pour rédiger une rubrique qui présente le temps qu'il fait dans leur pays.

PARLER DE SES SENSATIONS

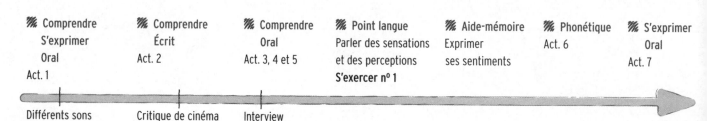

| ▓ Comprendre
S'exprimer
Oral

Act. 1 | ▓ Comprendre
Écrit

Act. 2 | ▓ Comprendre
Oral

Act. 3, 4 et 5 | ▓ Point langue
Parler des sensations
et des perceptions
S'exercer n° 1 | ▓ Aide-mémoire
Exprimer
ses sentiments | ▓ Phonétique
Act. 6 | ▓ S'exprimer
Oral

Act. 7 |

Différents sons   Critique de cinéma   Interview

→ OBJECTIF DE L'ACTIVITÉ 1 ← Introduire le thème des saisons lié aux sensations.

1 Cette activité renvoie au vécu des apprenants. Pour entrer dans la thématique de la leçon, ils sont amenés à écouter des sons qui correspondent à diverses expériences, à des sensations.

a) Faire écouter l'enregistrement pour que chacun puisse faire l'activité d'appariement proposée.

b) Avant de faire effectuer la seconde partie de l'activité, vérifier que chacun comprenne bien à quelle période correspond chaque saison en France : selon la date du cours, demander en quelle saison on est. Le calendrier, p. 168 du manuel, indique aussi le jour du début de chaque saison, s'y référer si nécessaire. Procéder ensuite à l'activité en grand groupe.

c) Former des petits groupes de trois au sein desquels les apprenants peuvent parler des saisons dans leur pays et des bruits qu'ils y associent.

→ CORRIGÉ : 1. la pluie – 2. les pas dans la forêt – 3. les pas dans la neige – 4. le feu dans la cheminée –
5. le chant des oiseaux – 6. les jeux dans la piscine – 7. l'orage

→ OBJECTIF DE L'ACTIVITÉ 2 ← Comprendre l'essentiel d'une présentation de film.

2 Cette activité permet une compréhension globale du texte. Celui-ci sert à poser le contexte de l'interview, support principal de compréhension du parcours. Faire d'abord lire le texte silencieusement et demander aux apprenants de proposer un titre en grand groupe en justifiant leur réponse.

→ CORRIGÉ : exemples de titre : *Critique de cinéma – Actuellement dans les salles*

→ OBJECTIF DES ACTIVITÉS 3, 4 ET 5 ← Comprendre l'interview d'une réalisatrice dans laquelle elle parle de sa saison préférée et des sensations qui y sont liées.

3 Cette activité permet la compréhension globale du dialogue : les apprenants sont amenés à identifier les locuteurs et le sujet de l'interview. Faire écouter une première fois l'enregistrement, manuels fermés, et demander de répondre aux deux questions en grand groupe.

→ CORRIGÉ : 1. Agnès Ruhlman, la réalisatrice du film *Les Quatre Saisons*, et un journaliste.
2. De la saison préférée d'Agnès Ruhlman et des sensations que lui procure cette saison.

4 À travers le repérage des questions posées par le journaliste, l'activité propose une vérification de la compréhension des différentes étapes de l'interview et des divers points abordés. Faire écouter une deuxième fois l'interview et demander, par exemple, aux apprenants de souligner les questions entendues.

→ CORRIGÉ : Toutes les questions notées sont posées sauf : *Un objet ? Un jour spécial ? Un animal ? Un plaisir ?*

5 L'activité finalise la compréhension de l'interview. Par une tâche à effectuer, les apprenants sont mis en situation, à la place du journaliste qui prend des notes pendant l'interview.

a) Ils sont amenés à sélectionner les informations essentielles, les plus pertinentes par rapport à chaque question posée. Faire écouter une troisième fois le dialogue et demander à chacun de noter l'essentiel des réponses, c'est-à-dire les mots-clés qui permettent de restituer le sens de chaque réponse.

b) À partir des notes prises, les apprenants doivent dire quel sens est évoqué dans chaque réponse. Avant de faire effectuer cette partie de l'activité, donner le lexique qui correspond à chaque pictogramme (ce vocabulaire sera repris dans le Point langue suivant) : la vue, l'ouie, l'odorat, le goût et le toucher.

→ CORRIGÉ : **b)** l'odeur du feu de bois → l'odorat – le vent qui souffle très fort → l'ouie –
la joie de voir la neige → la vue – un bon chocolat chaud → le goût –
Je construis mon premier bonhomme de neige. → le toucher

Point **Langue**   **› PARLER DES SENSATIONS ET DES PERCEPTIONS**

Dans ce Point langue, les apprenants sont amenés à classer le lexique en fonction du sens développé. La liste de mots proposés est celle repérée dans l'activité précédente, complétée par d'autres termes nécessaires pour pouvoir parler de ses sensations et perceptions.

→ Corrigé : *l'*ouie : un son, un bruit, une voix, une musique/entendre, écouter
l'odorat : une odeur, un parfum/sentir
le toucher : sentir
le goût : un goût/goûter

S'EXERCER n° 1 Corrigé ► p. 113

AIDE-MÉMOIRE

Cet Aide-mémoire reprend dans l'interview des expressions et des mots liés à l'expression des sentiments. Il propose un corpus enrichi et permet de fixer le lexique lié à cet acte de parole.

→ OBJECTIF DE L'ACTIVITÉ 6 ← **Phonétique : Bruits et consonnes.**

6 **a)** Cette activité fait approcher les consonnes du français de façon globale selon un processus de représentation mentale des sons. Pour certains sons, un travail de discrimination auditive sera fait ultérieurement. Pour plus de précisions, se référer à l'ouvrage de Massia Kaneman-Pougatch et Elisabeth Guimbretiere, *Plaisir des sons : enseignement des sons du français,* Éditions Didier/Hatier, 1991. Demander aux apprenants de fermer les yeux et de se détendre. Il est possible de leur demander de respirer régulièrement et profondément, afin de se mettre dans une attitude réceptive. Lire, par exemple, les « petites histoires » proposées et passer l'enregistrement de façon séquentielle pour faire correspondre ce qui est dit au bruit. Introduire chaque bruit par une image mentale selon la technique du rêve éveillé : « *C'est l'hiver, vous êtes à la maison, le vent souffle [ffffffffff]. Une tempête arrive [ʃ ʃ ʃ ʃ]. Vous entendez l'eau qui bout [pppppppp], l'aspirateur [vvvvvv] et la machine à laver le linge [tttt tttttttt].* » – *C'est l'été, on entend les cigales [s s s s], une mouche [zzzz zzzz], le robinet qui goutte [d d d d], un appareil ménager [ʒ ʒ ʒ ʒ], un scooter qui passe dans la rue [b b b b].* »

b) Pour la deuxième partie de l'activité, les apprenants réécoutent l'enregistrement seuls, et associent chaque bruit à une image. Avant la correction collective, ils peuvent comparer leurs réponses en binôme. Après la correction, il est possible de demander aux apprenants de reproduire les bruits entendus, après une nouvelle écoute de l'enregistrement. Demander aussi quelles consonnes représentent chaque bruit et transcrire celles-ci en signes phonétiques au tableau.

Il est possible de se référer au tableau des consonnes du français présenté dans le manuel p. 181 et de faire remarquer que [s] [z] [t] [d] [ʃ] [ʒ] sont aiguës, que [f] [v] [p] [b] sont graves, que [s] [t] [ʃ] [f] [p] sont tendues et que [z] [d] [ʒ] [v] [b] sont relâchées. À ce propos, convenir avec les apprenants d'un geste qui symbolise les caractères aigu/grave et tendu/relâché afin d'avoir un code commun qui pourra servir à la correction de ces phonèmes.

c) La troisième partie de l'activité est un exercice de représentation mentale des sons et de reproduction. Demander aux apprenants de se remettre dans l'attitude de la première partie de l'activité (respirer, fermer les yeux, se détendre). Donner la consigne et faire répertorier, seuls ou en binôme, les bruits que l'on peut entendre au printemps. Ils doivent ensuite trouver les consonnes les plus appropriées pour les bruits qu'ils veulent exprimer. Chaque sous-groupe présente à la classe les bruits qu'il a imaginés. Ex. : une abeille se réveille : [zzz zzz] – un poisson attrape un insecte : [b b b]

→ **CORRIGÉ : b)** 1. [ffffffffff] → f. le vent – 2. [ʃ ʃ ʃ ʃ] → e. une tempête de neige – 3. [pppppppp] → b. de la vapeur d'eau qui bout – 4. [ʒ ʒ ʒ ʒ] → d. un appareil ménager – 5. [tttttttttttt] → c. une machine à laver – 6. [s s s s s] → a. une cigale – 7. [zzzz zzzz] → h. une mouche – 8. [d d d d d] → g. une goutte d'eau – 9. [vvvvvv] → i. un aspirateur – 10. [b b b b b] → j. un scooter

→ OBJECTIF DE L'ACTIVITÉ 7 ← **Transférer ce qui a été vu en compréhension depuis le début de la leçon.**

7 Diviser la classe en deux groupes : les journalistes et les personnes interviewées. Au sein du premier groupe, chaque apprenant prépare des questions, dans l'autre, chacun réfléchit à sa saison préférée et aux sensations qui y sont liées. Choisir, ou faire choisir, un journaliste et un « interviewé » pour jouer la scène devant la classe. Demander une écoute active au reste de la classe : les apprenants du second groupe repèrent les informations demandées (comme dans l'activité 4), ceux du premier notent l'essentiel des réponses (à la manière de ce qui est proposé dans l'activité 5 b).

PARLER DU CLIMAT

▨ Comprendre Écrit Act. 8	▨ Act. 9	▨ Aide-mémoire Dire le temps qu'il fait, parler du climat Situer dans l'année **S'exercer n°s 2 et 3**	▨ S'exprimer Écrit Act. 10

Texte de présentation
du climat d'une ville

➡ OBJECTIF DE L'ACTIVITÉ 8 ⬅   Comprendre un texte touristique qui présente le climat d'une grande ville francophone.

8 **a)** Faire d'abord observer le texte et demander quel en est le sujet : *Le titre et les photos montrent qu'il s'agit sans doute d'un texte touristique qui présente le climat de la ville de Montréal.* Faire lire le texte silencieusement et demander de quoi il parle : *C'est un texte qui présente le climat de Montréal sur toute une année.* Faire ensuite compter combien il y a de parties dans le texte et à quoi elles correspondent : *il y a quatre parties qui correspondent chacune à une saison.*

b) Faire effectuer l'activité : le dessin de la courbe des températures est bien sûr approximatif car les informations données ne sont pas précises, il s'agit de vérifier la compréhension du temps qu'il fait chaque saison et chaque mois. L'activité s'effectue seul, suivie d'une vérification avec le voisin et d'une mise en commun en grand groupe.

➡ OBJECTIF DE L'ACTIVITÉ 9 ⬅   Vérifier la compréhension du lexique de la météo.

9 L'appariement proposé permet aux apprenants de s'approprier le vocabulaire des phénomènes météorologiques alors que le lexique employé dans le texte support de l'activité précédente était celui lié aux variations de température. Il est possible de faire distinguer, lors de la mise en commun, l'association faite par rapport aux saisons à Montréal de celle des saisons observables dans le pays des apprenants.

AIDE-MÉMOIRE

Cet Aide-mémoire permet de fixer les différentes formules qui servent à parler du climat et les divers marqueurs temporels pour situer un événement, une action dans l'année.

S'EXERCER n°s 2 et 3 ➡ Corrigé ▶ p. 113

➡ OBJECTIF DE L'ACTIVITÉ 10 ⬅   Transférer ce qui a été vu depuis le début du parcours en rédigeant un texte qui présente le climat de sa région.

10 Former des groupes d'apprenants originaires du même pays ou d'une même région. Après la discussion en petit groupe, la rédaction peut se faire en classe ou à la maison selon le temps disponible.

S'EXERCER - CORRIGÉ

1. a. tu regardes – **b.** je sens – **c.** on écoute – **d.** on entend – **e.** je sens – **f.** je ne vois pas

2. *Exemples de réponses possibles :*
a. Il neige ! – **b.** Il y a du vent ! – **c.** Il pleut ! – **d.** Il fait froid. – **e.** Il y a des nuages./Le temps est couvert./Il y a du brouillard. – **f.** Il gèle ! – **g.** Le ciel est dégagé !/Il y a du soleil !

La France des trois **océans**

CONTENUS SOCIOCULTURELS – THÉMATIQUES

Les départements et les territoires d'outre-mer, la Réunion

OBJECTIFS SOCIOLANGAGIERS

OBJECTIFS COMMUNICATIFS & SAVOIR-FAIRE	
Être capable de...	
Situer un lieu	– comprendre des indications sur la localisation géographique – situer un lieu géographique
Caractériser un lieu	– comprendre un extrait de brochure touristique – comprendre la description simple d'un lieu géographique – présenter et caractériser un lieu géographique
Parler de ses activités de plein air	– comprendre un extrait de brochure touristique dans lequel on parle d'activités de plein air – parler de ses activités de plein air – rédiger un petit texte touristique
OBJECTIFS LINGUISTIQUES	
GRAMMATICAUX	– quelques structures pour caractériser un lieu – la place des adjectifs qualificatifs (1) – le pronom *y* pour le lieu
LEXICAUX	– la localisation et la situation géographique – adjectifs pour caractériser un lieu – les activités de plein air et de loisirs
PHONÉTIQUES	– discrimination des sons [o] et [ɔ]

SCÉNARIO DE LA LEÇON

La leçon se compose de trois parcours :

Dans le premier parcours, les apprenants découvriront la France d'outre-mer et, par l'intermédiaire d'un scénario de jeu télévisé, ils seront guidés pour situer les différentes régions.
Dans le deuxième parcours, ils liront une brochure qui présente l'île de la Réunion. Grâce à un repérage et des activités de conceptualisation linguistique, ils apprendront à caractériser un lieu.
Dans le troisième parcours, qui propose de compléter le travail sur la brochure touristique pour découvrir les différentes offres d'activités de plein air, les apprenants pourront, à la fin de la leçon, rédiger une brochure pour, à leur tour, présenter un lieu qu'ils apprécient.

SITUER UN LIEU

Comprendre Écrit Act. 1 et 2	Point culture Les DOM-TOM	Comprendre Écrit Act. 3	Point langue Situer un lieu **S'exercer n° 1**	Comprendre Oral Act. 4	Aide-mémoire Situer un lieu Les points cardinaux	Phonétique Act. 5	S'exprime Oral Act. 6

Carte — Fiches questions — Jeu télévisé

➡ OBJECTIF DES ACTIVITÉS 1 ET 2 ⬅   Découvrir les DOM-TOM.

1 La carte permet une première approche visuelle des différents territoires français répartis dans le monde entier. L'activité peut être réalisée en grand groupe.

➡ CORRIGÉ : **a)** Il y a des territoires français dans trois océans : le Pacifique, l'Atlantique et l'océan Indien.

2 Demander aux apprenants de revenir à la carte pour situer les DOM-TOM découverts lors de la lecture du Point culture.

Les DOM-TOM

POINT CULTURE

Le Point culture donne des précisions sur les DOM-TOM en expliquant leurs particularités.

➲ **Corrigé :**

B. DOM = Départements d'outre-mer ; TOM = Territoire d'outre-mer.

Noms utilisés pour désigner la France : *l'Hexagone* et *la métropole*.

➡ OBJECTIF DE L'ACTIVITÉ 3 ⬅   Lire de courtes fiches de présentation d'un lieu pour comprendre comment on peut situer ce lieu.

3 Cette activité est la première étape du scénario du jeu télévisé, proposé pour mettre les apprenants en situation : ils sont amenés à lire des fiches du jeu pour deviner de quel territoire il s'agit. L'activité peut se faire en binôme, sous forme ludique : demander à chaque binôme de retrouver, le plus vite possible, quel DOM-TOM est présenté sur chaque fiche. Pour cela, conseiller de se référer à la carte de la p. 102 du manuel et de repérer, à partir des indications données, *de quoi on parle* sur chaque fiche. Le binôme qui trouve le premier les quatre réponses gagne. Proposer alors une mise en commun afin de faire observer les expressions employées dans les fiches pour situer chaque lieu.

Point **Langue**   **> SITUER UN LIEU**

Ce Point langue reprend les différents outils employés dans les fiches pour situer les DOM-TOM décrits : les apprenants sont amenés à observer et à réemployer ces mots et expressions, certains découverts à cette occasion, d'autres au cours du dossier 2 (p. 35 du manuel).

S'EXERCER nº 1 ➡   Corrigé ▶ p. 118

➡ OBJECTIF DE L'ACTIVITÉ 4 ⬅   Écouter un jeu télévisé afin de vérifier la compréhension des différentes expressions employées pour situer un lieu géographiquement.

4 Proposer d'abord l'écoute en grand groupe de la première partie de l'enregistrement (jusqu'à : « ... précisément ! ») : faire identifier la situation. Demander *Qui parle ?, À qui ?, De quoi ?* et *Où ? : Un présentateur s'adresse à deux candidats lors d'un jeu de questions à la télévision.* Demander *Quel est le thème du jeu ? : les DOM-TOM.*

a) Avant de faire noter le nom des DOM-TOM cités, proposer une écoute séquentielle pour, dans un premier temps, faire deviner à la classe le nom à trouver à partir des indices donnés : les apprenants sont mis dans la situation des candidats. Dans un deuxième temps, faire noter le nom des trois DOM-TOM cités, comme demandé dans le manuel.

b) Une seconde écoute de l'enregistrement permet de vérifier le repérage des outils linguistiques découverts lors de l'activité 3, repris dans le Point langue précédent, et qui seront fixés dans l'Aide-mémoire suivant.

➡ CORRIGÉ : **a)** et **b)** la Guyane française : « Cette région est située au nord-est de l'Amérique du Sud, entre le Surinam et le Brésil. » – la Martinique : « Comme la Guadeloupe, c'est une île volcanique située dans les petites Antilles. Sa capitale est Fort-de-France. » – Saint-Pierre-et-Miquelon : « C'est un archipel situé près de la côte de Terre-neuve, au Canada. »

AIDE-MÉMOIRE

Cet Aide-mémoire permet de fixer quelques expressions et mots employés dans les différents supports de compréhension pour situer un lieu, notamment à l'aide des points cardinaux.

→ OBJECTIF DE L'ACTIVITÉ 5 ← **Phonétique :** Discrimination des sons [o] et [ɔ].

5 Cette activité permet de faire différencier les deux timbres du /O/. En syllabe non accentuée, cette différence n'est pas très significative, mais en syllabe accentuée (dernière syllabe du mot à la fin d'un groupe) la distinction est audible dans toutes les régions de France. Il est donc utile de sensibiliser les apprenants étrangers à l'existence de ces deux phonèmes et de leur donner la clé (simplifiée à ce niveau) du choix du timbre.

a) La première partie de l'activité consiste à exposer l'apprenant à l'écoute de ces deux timbres dans une série d'énoncés qui comportent le même nombre de syllabes (4). Faire écouter l'enregistrement une première fois en entier et demander à la classe quels sons reviennent le plus souvent : il s'agit ici de repérer si les apprenants entendent bien les deux timbres. Proposer ensuite une nouvelle écoute de l'enregistrement (écoute séquentielle recommandée) pendant laquelle les apprenants devront compter les fois où ils entendent le son [ɔ]. Une troisième écoute est nécessaire pour vérifier, avant de corriger.

b) La deuxième partie de l'activité consiste à conceptualiser la règle phonologique de base selon laquelle le timbre ouvert se retrouve en syllabe fermée (terminée par un phonème consonantique) et le timbre fermé se retrouve en syllabe ouverte (terminée par un phonème vocalique). À ce stade de l'apprentissage, on fera écouter des mots où les timbres du [o] et du [ɔ] confirment cette règle. Passer l'enregistrement et demander aux apprenants de répondre aux questions.

c) Repasser l'enregistrement précédent et solliciter quelques apprenants pour répéter les mots, à tour de rôle.

→ **CORRIGÉ : a)** Il y a 9 [ɔ] : en métropole/dans les DOM-TOM/on parle créole/on fait du sport/l'eau est très bonne/
en métropole/on a la Corse/en métropole.

b) 1. oui – 2. non

→ OBJECTIF DE L'ACTIVITÉ 6 ← Transférer dans une activité ludique ce qui a été appris en compréhension depuis le début du parcours.

6 L'activité permet de clore le scénario proposé autour du jeu télévisé, elle peut être faite sur le modèle du jeu écouté. Former des petits groupes de trois. Demander à chaque groupe de préparer les fiches, puis l'un des apprenants joue le rôle de l'animateur et pose les questions aux autres groupes. Noter le nombre de points obtenus par chaque équipe : celle qui en obtient le plus devient le groupe champion en géographie.

CARACTÉRISER UN LIEU

🎞 Comprendre	🎞 Point langue	🎞 Aide-mémoire
Écrit	La place des adjectifs	Caractériser un lieu
Act. 7	Le pronom *y*	
	S'exercer nᵒˢ 2 et 3	

Extrait d'une brochure touristique

→ OBJECTIF DE L'ACTIVITÉ 7 ← Comprendre un texte qui présente un département d'outre-mer.

7 a) La première partie de l'activité permet de procéder, en grand groupe, à la compréhension globale du texte. En cas de difficultés pour nommer l'île, proposer aux apprenants d'observer à nouveau la carte de la p. 102 du manuel.

b) La seconde partie de l'activité affine la compréhension du texte en faisant relever les points positifs de l'île présentée. Faire expliquer le lexique nouveau, les photos qui servent d'arrière-plan au texte peuvent pour cela être très utiles. Les phrases notées forment un corpus observable pour le Point langue suivant.

La seconde question permet aux apprenants de donner leur point de vue sur l'efficacité de la présentation de l'île : la brochure parvient-elle à convaincre d'éventuels touristes ? Cette question permet aussi de faire une transition avec le parcours suivant : les apprenants sportifs seront peut-être plus attirés par cette destination car la dernière partie de l'extrait de la brochure s'adresse particulièrement à ce type de public.

→ **CORRIGÉ : a)** la Réunion

b) 1. « une grande diversité/une belle île montagneuse et volcanique/la nature est exubérante/l'île intense »

Point **Langue** › **LA PLACE DES ADJECTIFS POUR CARACTÉRISER UN LIEU**

a) Faire observer les phrases relevées et demander aux apprenants de repérer les adjectifs et leur place pour pouvoir énoncer la règle.

› **LE PRONOM Y**

b) Pour leur permettre de répondre à la question posée et de comprendre le fonctionnement de la règle, demander aux apprenants de transformer les phrases en utilisant les mots que remplace le pronom *y* :
On parle français *à la Réunion*. – La nature est exubérante *à la Réunion*. – Beaucoup de personnes vont *à la Réunion* pour faire de la randonnée.

➡ **Corrigé : a)** Les adjectifs qualificatifs sont avant ou après le nom.
b) Le pronom *y* remplace le complément de lieu (ici : *à + nom*).

S'EXERCER nᵒˢ 2 et 3 Corrigé ▶ p. 118

AIDE-MÉMOIRE

L'Aide-mémoire reprend et fixe les différentes expressions utilisées dans le support de compréhension pour caractériser un lieu.

PARLER DE SES ACTIVITÉS EN PLEIN AIR

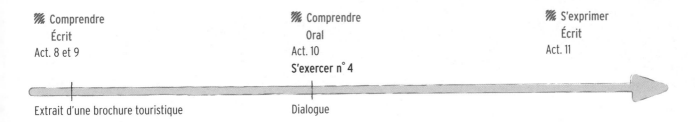

▨ Comprendre	▨ Comprendre	▨ S'exprimer
Écrit	Oral	Écrit
Act. 8 et 9	Act. 10	Act. 11
	S'exercer n° 4	

Extrait d'une brochure touristique · · · · · · Dialogue

➡ OBJECTIF DES ACTIVITÉS 8 ET 9 ⇐ Comprendre un extrait de brochure touristique dans lequel on présente différentes activités de plein air.

8 Cette activité permet de vérifier la compréhension globale du texte : le sous-titre à trouver est l'occasion pour les apprenants de dire ce qu'ils comprennent du texte, de le synthétiser en une phrase.
➡ **CORRIGÉ :** exemples de sous-titre : *Au bonheur des sportifs / Un grand choix d'activités en pleine nature*

9 Avec cette activité, les apprenants doivent compléter le texte en classant les différentes possibilités d'activités, ils doivent dire où chacune peut s'exercer, dans quel élément. L'activité s'effectue en binôme avec une mise en commun en grand groupe au cours de laquelle il est important de s'arrêter sur le lexique des activités de plein air, à faire expliquer par la classe pour justifier les réponses trouvées.
➡ **CORRIGÉ : dans l'eau :** c et f – **sur terre :** a, b, d et g – **dans les airs :** e

➡ OBJECTIF DE L'ACTIVITÉ 10 ⇐ Comprendre les commentaires de touristes pendant une des activités de plein air proposées dans la brochure.

10 Avant l'activité, faire écouter une première fois le dialogue, manuels fermés, pour faire identifier la situation : *Qui parle ?, À qui ?, De quoi ? Des touristes parlent entre eux et avec un guide de ce qu'ils voient.* Proposer une deuxième écoute de l'enregistrement pour permettre aux apprenants de répondre aux questions posées dans l'activité : il s'agit de vérifier s'ils ont compris en quoi consistaient les différentes activités citées auparavant et de leur faire observer quel en est l'intérêt.
➡ **CORRIGÉ : 1.** Ils ont choisi l'hélicoptère. – **2.** Ils remarquent la nature de l'île, le paysage magnifique dont le volcan qui est en activité.

S'EXERCER n° 4 Corrigé ▶ p. 118

→ OBJECTIF DE L'ACTIVITÉ 11 ← **Transférer ce qui été travaillé depuis le début de la leçon.**

11 Former des petits groupes pour réaliser l'activité. Préciser aux apprenants que, pour que la présentation soit complète, ils doivent situer la région, la caractériser et dire quelles activités peuvent y être faites. Après lecture des différentes brochures, il est possible d'imaginer un vote : chaque apprenant dit quelle destination est la plus séduisante et pourquoi.

1. a. L'Australie se trouve dans l'océan Indien, à l'ouest de la nouvelle Zélande. – **b.** La Suisse se trouve à l'Est de la France, au sud de l'Allemagne, au nord de l'Italie. – **c.** Le Groenland se trouve au nord-est du Canada. – **d.** Le détroit de Gibraltar se trouve entre l'Europe et l'Afrique, entre l'Atlantique et la Méditerranée. – **e.** La Sicile se trouve dans la mer Méditerranée, au nord de/près de Malte. – **f.** La mer Noire se trouve au sud de l'Ukraine, au nord de la Turquie, au sud-ouest de la Russie. – **g.** Madagascar se trouve dans l'océan Indien, à 800 Km de l'Île de la Réunion. – **h.** L'Islande se trouve au nord-ouest de la Scandinavie. – **i.** Cuba se trouve au sud-est des États-Unis, au nord de la Jamaïque, dans la mer des Caraïbes. – **j.** L'Irlande se trouve à l'ouest de l'Angleterre, dans l'océan Atlantique.

2. a. C'est une région désertique. – **b.** C'est un pays peuplé. – **c.** C'est un quartier bruyant. – **d.** C'est une région calme. – **e.** C'est un jardin fleuri. – **f.** C'est un petit village. – **g.** C'est une ville ancienne. – **h.** C'est une ville moderne. – **i.** C'est une région tropicale. – **j.** C'est une grande île. – **k.** C'est une belle région.

3. *Exemples de réponses* : **a.** sur la plage – **b.** en Alaska, au Groenland – **c.** dans le désert – **d.** dans mon village/dans mon pays/au bord de la mer – **e.** dans la mer, dans la rivière – **f.** à la montagne – **g.** dans le ciel – **h.** en Espagne, à Cuba, au Chili...

4. a. la randonnée, le VTT, l'équitation – **b.** le vol en hélicoptère – **c.** le canyoning, la plongée, le surf, la voile, le ski nautique, le kayac

S'EXERCER – CORRIGÉ

Bruxelles, cœur de l'Europe

CONTENUS SOCIOCULTURELS – THÉMATIQUES

Les activités culturelles à Bruxelles, capitale européenne

OBJECTIFS SOCIOLANGAGIERS

OBJECTIFS COMMUNICATIFS & SAVOIR-FAIRE Être capable de...	
Comprendre un programme de visite	– comprendre des informations touristiques sur les lieux et les activités proposées – comprendre un programme de visite touristique d'une ville – comprendre des suggestions/conseils d'activités futures – comprendre quand quelqu'un parle de ce qu'il est en train de faire – conseiller des activités – rédiger un programme de visite
Écrire une lettre de vacances	– comprendre une lettre de vacances – parler de ses activités touristiques – parler de ses loisirs culturels – écrire une courte lettre de vacances
OBJECTIFS LINGUISTIQUES	
GRAMMATICAUX	– le futur simple – le présent continu – spécificités de l'oral – le pronom *on* (2)
LEXICAUX	– le lexique de la ville et des activités culturelles
PHONÉTIQUES	– discrimination [o]/ [ɔ̃]

SCÉNARIO
DE LA LEÇON

La leçon se compose de deux parcours :

Dans le premier parcours, les apprenants découvriront Bruxelles, capitale européenne, par la lecture d'un programme de visite touristique. Ils écouteront des touristes qui, dans des conversations téléphoniques, parlent de ce qu'ils sont en train de faire en week-end à Bruxelles. Ces activités de compréhension seront complétées par un travail sur la langue (futur simple, présent continu). Les apprenants devront ensuite jouer des situations dans lesquelles ils parleront d'activités culturelles et touristiques et, dans le rôle d'un employé d'office du tourisme, ils pourront conseiller des touristes sur un programme de visite. À la fin du parcours, ils rédigeront un programme de visite de la ville de leur choix.

Dans le second parcours, une lettre amicale de vacances à Bruxelles sera proposée en support de compréhension. Enfin, les apprenants pourront réutiliser tout ce qu'ils ont appris dans la leçon pour, eux aussi, écrire une lettre amicale et raconter leurs vacances dans une ville.

PARLER DE SES SENSATIONS

▥ Comprendre Écrit Act. 1, 2, 3 et 4	▥ Point langue Le futur simple **S'exercer n° 1**	▥ S'exprimer Oral Act. 5	▥ Comprendre Oral Act. 6	▥ Point langue Le présent continu **S'exercer n° 2**	▥ S'exprimer Oral Act. 7	▥ S'exprimer Écrit Act. 8

Programme de visite   Conversation téléphonique

> ➡ OBJECTIF DES ACTIVITÉS 1, 2, 3 ET 4 ⬅ **Comprendre un texte qui propose un programme de visite en donnant des informations touristiques sur Bruxelles.**

1 Sept photos accompagnent le texte qui sera étudié. L'activité propose de faire observer ces photos pour que les apprenants essaient de deviner de quelle ville il s'agit, cela leur permet de faire des hypothèses pour entrer dans la thématique de la leçon. Ces hypothèses, faites en grand groupe, seront vérifiées lors de l'activité suivante, à la lecture de l'article.
➡ **CORRIGÉ** : Week-end à Bruxelles.

2 L'activité propose une compréhension globale du texte. Faire observer le texte, le titre et le chapeau. Demander de dire à qui s'adresse le texte et pour quoi faire. *Il s'adresse à des touristes, il leur conseille des sorties à faire le temps d'un week-end.*
➡ **CORRIGÉ** : L'objectif principal de l'article est de proposer des idées de visite.

3 Cette activité d'appariement permet une compréhension plus détaillée de la visite proposée : il s'agit de faire mettre des images sur les lieux évoqués et de vérifier la compréhension du lexique qui est assez spécifique. Faire faire cette activité en binôme avec une mise en commun en grand groupe.
➡ **CORRIGÉ** : **photo 1** : le Parlement – **photo 2** : l'Atomium – **photo 3** : le Centre belge de la BD –
photo 4 : les galeries Saint-Hubert – **photo 5** : le musée des Beaux-Arts – **photo 6** : Autoworld –
photo 7 : la Grand-Place

4 Il s'agit ici de trouver le lieu de la ville qui correspond le mieux aux attentes de chaque visiteur en fonction de son statut, de sa profession ou de ce que l'on peut imaginer de ses centres d'intérêt. Faire d'abord expliciter le lexique inconnu contenu dans la consigne de l'activité.
➡ **CORRIGÉ** : **un architecte** : la Grand-Place et l'Atomium – **un scientifique** : l'Atomium – **un adolescent** : le Centre belge de la BD et l'Autoworld – **un étudiant des Beaux-Arts** : les musées royaux des Beaux-Arts – **un diplomate** : le Parlement européen

---

Point **Langue**   ⟩ **LE FUTUR SIMPLE POUR ANNONCER UN PROGRAMME DE VISITE**

a) Après avoir fait effectuer l'activité 4, afin de préparer la conceptualisation proposée dans ce Point langue, faire remarquer que le texte s'adresse aux touristes en général et demander aux apprenants de noter comment l'auteur s'adresse aux lecteurs : il dit *vous, pour vos week-end*. Faire repérer que l'auteur conseille aussi les touristes en fonction de leurs goûts et centres d'intérêt : *les fans de bande dessinée, les amateurs de voitures anciennes.*
Ce guidage permet d'attirer l'attention des apprenants sur les phrases où l'auteur s'adresse aux touristes, pour avoir un corpus observable afin qu'ils puissent comprendre le sens, puis la formation du futur simple.
Dessiner un axe du temps au tableau pour faire comprendre que les visites proposées se situent toutes après le moment de l'écriture de l'article : il s'agit de propositions pour un futur week-end.
b) La seconde partie permet de faire observer quelques verbes du texte. Les apprenants sont amenés à compléter les formes verbales par les terminaisons correctes. C'est une transition avant l'énoncé de la règle qui fait l'objet de la partie suivante.
c) Après l'observation, on demande ici aux apprenants d'énoncer la règle de formation du futur simple.

➡ **Corrigé : a)** *vous rencontrerez – vous aurez – les fans de bande dessinée visiteront…*
b) *vous admirerez – vous aimerez – une promenade permettra – ils se dirigeront*
c) les terminaisons : *ai – as – a – ez – ons – ont*
Pour les verbes à l'infinitif en *-er* et *-ir*, la base pour le futur est *l'infinitif*.
Pour les verbes à l'infinitif en *-re*, on supprime le *e* de l'infinitif pour trouver
la base du futur.

S'EXERCER n° 1 Corrigé ▶ p. 123

> ➡ OBJECTIF DE L'ACTIVITÉ 5 ⬅ **Parler de ses centres d'intérêt en termes d'activités touristiques et de loisirs culturels.**

5 Cette activité permet à chaque apprenant de se positionner par rapport au programme de visite proposé par le texte. Ils sont mis dans la situation des touristes auxquels s'adresse le texte et doivent dire en quoi la présentation de la ville les a séduits. C'est pour eux aussi une façon de parler de leurs centres d'intérêt en terme d'activités touristiques et culturelles. Pour faciliter l'échange, former des petits groupes de trois ou quatre apprenants et demander à chaque groupe d'échanger en justifiant leurs choix.

→ OBJECTIF DE L'ACTIVITÉ 6 ← Comprendre des conversations téléphoniques dans lesquelles des personnes racontent ce qu'elles sont en train de faire, au cours d'un week-end à Bruxelles.

6 Avant l'activité, proposer une première écoute des deux dialogues, manuels fermés, pour identifier les situations : les deux dialogues se font par téléphone (portable), des amis téléphonent à Antoine (dialogue 1) et Sonia (dialogue 2) qui sont en week-end à Bruxelles. Ils racontent ce qu'ils font. Faire ouvrir les manuels et procéder à l'activité : faire écouter le dialogue une deuxième fois et demander aux apprenants de répondre aux questions en sélectionnant les informations pendant l'écoute.

→ **CORRIGÉ :** **1.** Antoine est sur la Grand-Place, Sonia est dans une petite rue du centre de Bruxelles.
2. Antoine boit un verre sur la terrasse d'un café. Sonia se promène.
3. La bière belge et le chocolat belge.

Point **Langue** › **LE PRÉSENT CONTINU POUR PARLER DE L'ACTION EN COURS**

Pour faire compléter ce Point langue et proposer une autre écoute des dialogues. Les apprenants sont amenés à tirer la règle de formation du présent continu à partir de l'observation des exemples donnés dans les dialogues.

→ **Corrigé :** *Je suis en train de boire une excellente bière belge.*
Les enfants sont en train de visiter le musée de la BD.
sujet + verbe *être* conjugué + *en train de* + verbe à l'infinitif

S'EXERCER n° 2 Corrigé
▶ p. 123

→ OBJECTIF DE L'ACTIVITÉ 7 ← Transférer dans des jeux de rôles ce qui a été vu en compréhension.

7 L'activité présente deux jeux de rôles qui permettent de réinvestir les divers outils linguistiques étudiés. Les deux scénarios proposés font travailler des compétences différentes. Selon le temps dont on dispose, il est possible de faire préparer les deux jeux de rôle par toute la classe ou, au contraire, certains joueront le premier et les autres le second.
a) Cette consigne met les apprenants dans une situation très proche de celles étudiées en support de compréhension lors de l'écoute des dialogues (activité 6). Former des groupes de deux et demander à chaque binôme de choisir leur ville et la situation : *Qui appelle qui ?, Quelle est l'action en cours de celui qui joue le rôle du touriste ?...* Proposer à quelques groupes de jouer la scène devant le reste de la classe.
b) Ce second jeu de rôle fait intervenir plusieurs apprenants : former des groupes de trois ou quatre. Il s'agit ici de faire des propositions de visite, à la manière de ce qui a été vu dans le texte p. 106 du manuel, mais, ici, les conseils seront donnés à l'oral. Veiller à ce que les apprenants qui jouent le rôle d'un touriste préparent leurs demandes en explicitant leurs goûts et leurs attentes. Les apprenants qui regarderont la scène pourront évaluer le jeu de rôles en disant ce qu'ils ont compris : le profil des touristes et les propositions faites à chacun par l'employé de l'office du tourisme.

→ OBJECTIF DE L'ACTIVITÉ 8 ← Transférer à l'écrit tout ce qui a été appris depuis le début de la leçon.

8 Cette activité est un travail individuel qui peut être fait en classe ou à la maison. Chaque apprenant est amené à rédiger un texte à la manière de celui lu en début de leçon. Demander à chacun de choisir une ville et de penser aux différents lieux de cette ville, ceux-ci seront mentionnés et conseillés dans leur texte, pour un futur séjour. Les apprenants peuvent aussi illustrer leur production à l'aide de photos (ou dessins). Attirer leur attention sur le fait que des touristes très différents peuvent être amenés à lire le texte et que celui-ci doit fournir des propositions à tout type de personnes (âge, profession, centres d'intérêt différents...).

ÉCRIRE UNE LETTRE DE VACANCES

▨ Comprendre	▨ Point langue	▨ Phonétique	▨	▨ S'exprimer
Écrit	Le pronom *on*	Act. 11	Act. 12	Écrit
Act. 9 et 10	**S'exercer n° 3**		**S'exercer n° 4**	Act. 13

Lettre amicale

→ **OBJECTIF DES ACTIVITÉS 9 ET 10** ←   Comprendre une lettre amicale de vacances.

9 **1.** La première partie de l'activité permet une compréhension globale du texte, elle peut être faite sans faire lire la lettre dans sa totalité, mais il s'agit ici de faire repérer les informations pertinentes pour répondre aux questions posées et de faire identifier les différents paramètres de la situation. Cette partie s'effectue en grand groupe.

2. La seconde partie de l'activité permet d'affiner la compréhension en faisant retrouver la structure de la lettre et l'enchaînement des idées. Faire lire la lettre et former des binômes pour réaliser l'activité. Proposer ensuite une mise en commun en grand groupe.

→ **CORRIGÉ : 1. Marianne écrit à véronique le 15 juin de Bruxelles. Elles sont amies (*ma chère Véronique/bises*).**

2. les habitants, les activités, la météo, les activités et la ville, le retour de vacances

10 Il s'agit de faire illustrer les activités décrites dans la lettre. Le repérage des activités permet de relever un corpus qui fait la transition avec le Point langue suivant : *On a loué des vélos avec des amis et on a fait un tour de la ville à la découverte des peintures murales/on va visiter le musée des Beaux-Arts et, ce soir, moules frites/demain on va chiner*. Demander aux apprenants ce que signifie *on* dans les phrases relevées : *on = nous*. Il s'agit d'un rappel de ce qui a été vu p. 59 du manuel. Le Point langue permet ensuite de donner d'autres significations du pronom.

→ **CORRIGÉ : elle va montrer les photos : a, c, e et f**

Point **Langue**   › **LE PRONOM *ON***

Le Point langue propose d'observer des phrases du texte dans lesquelles les trois significations du pronom *on* sont utilisées. Faire compléter la règle en faisant choisir les différentes significations dans la liste.

→ **Corrigé :** *Ici, on aime discuter pendant des heures* : **on** = les gens.
Hier on a loué des vélos : **on** = nous.
On nous a conseillé un bon resto : **on** = quelqu'un.

S'EXERCER n° 3 Corrigé ▶ p. 123

→ **OBJECTIF DE L'ACTIVITÉ 11** ←   **Phonétique :** Discrimination [o] et [ɔ̃].

11 **a)** L'exercice de discrimination auditive proposé a pour but de vérifier que tous les apprenants entendent bien la différence entre ces deux phonèmes. Il n'est pas inutile à ce sujet de se renseigner, dans la mesure du possible, sur l'existence de ces deux phonèmes dans la langue des apprenants. Si le son [ɔ̃], par exemple, n'existe pas dans la langue des apprenants, être d'autant plus être attentif à ce que les apprenants arrivent à discriminer les deux sons avant de passer à la partie suivante.

Procéder à l'écoute d'une douzaine de paires minimales ou de paires de mots identiques en demandant aux apprenants de dire si les deux mots entendus sont identiques ou s'ils sont différents. Faire dessiner aux apprenants une grille de ce type : Pendant l'écoute de l'enregistrement (écoute séquentielle recommandée), chaque apprenant note ce qu'il entend. Procéder à la correction collective après une deuxième écoute de l'enregistrement (écoute continue).

	=	≠
1.	✓	
2...		

b) La deuxième partie de l'activité consiste à reconnaître le son [ɔ̃] dans des phrases. L'enseignant passe l'enregistrement et les apprenants comptent combien de fois ils entendent le son [ɔ̃] dans chaque phrase.

Proposer une aide de repérage du son en dessinant au tableau ou au rétroprojecteur des grilles de ce type pour chaque phrase. Les cases représentent les syllabes et l'apprenant doit cocher la case correspondant à la place où il situe le son dans la phrase :

Ex : ***On** prend l(e) métro ou **on** attend ?* = 2

On	prend	l' mé	tro	ou	on	a	ttend ?
✓					✓		

c) Après ce repérage repasser l'enregistrement et solliciter quelques apprenants pour leur faire répéter les phrases à tour de rôle.

→ **CORRIGÉ : a)** [o] : 1, 4, 6, 8, 9 et 12 – [ɔ̃] : 2, 3, 5, 7, 10, 11, 13 et 14

b) 1. = 1 + 2

Par	don ?
	✓

On	s'a	rrête	à	quelle	sta	tion ?
✓						✓

2. = 2

À	la	ga	re	de	Lyon	il	y	a	une	lo	ca	tion	de	vé	lo.
					✓							✓			

3. = 2

Nous	a	llons	au	Grand	Tri	a	non.
		✓					✓

➡ OBJECTIF DE L'ACTIVITÉ 12 ⬅ **Faire connaître des personnages de BD célèbres.**

2 Cette courte activité permet un enrichissement culturel. Bruxelles étant une des villes de la BD, il paraissait important de faire connaître des personnages qui font partie du patrimoine de cet art. Pour rester dans le scénario proposé dans le parcours, les apprenants ont la tâche d'aider Marianne en réalisant cette activité d'appariement.

➡ **CORRIGÉ : a.** Lucky Luke – **b.** Boule et Bill – **c.** Le Chat

S'EXERCER n° 4 Corrigé ▶ p. 123

➡ OBJECTIF DE L'ACTIVITÉ 13 ⬅ **Transférer ce qui a été vu dans le parcours.**

3 La rédaction de la lettre se fait seul, en classe ou à la maison. Demander aux apprenants de choisir une ville et d'adresser leur courrier à un autre apprenant. Celui-ci, lors de la lecture de la lettre reçue, pourra refaire l'activité 9, mais en prenant la lettre de son camarade comme support de compréhension, ce sera une manière de vérifier que les différents paramètres n'ont pas été oubliés.

---

1. vous direz/vous aurez/des ascenseurs permettront/vous découvrirez/toute la famille pourra/vous admirerez/vous redescendrez

2. *Plusieurs réponses sont parfois possibles. Exemples de réponses :* **a.** il est en train de regarder une exposition – **b.** ils sont en train de manger – **c.** vous êtes en train de voir un film – **d.** je suis en train d'assister à un concert – **e.** nous sommes en train d'acheter des livres – **f.** on est en train de jouer

3. On part une semaine à Bruxelles : nos amis Farida et Maxime nous reçoivent chez eux ; ils sont vraiment sympathiques ! On m'a dit qu'il y a beaucoup de fêtes et festivals en Belgique : on va vraiment s'amuser ! Et puis, là-bas, on aime discuter, rire ensemble. Seul problème : il va pleuvoir ce week-end, donc on ne pourra pas rester dehors... Mais ça ne fait rien ! On ira visiter un ou deux musées : en général, ils ouvrent jusqu'à 17 heures.

4. assister à/aller voir une pièce de théâtre/une compétition/un défilé – participer à un concours – voir un film/une exposition – regarder une émission de télévision – écouter un opéra – visiter un musée – aller écouter un concert – déguster/découvrir une spécialité gastronomique

Ce **Carnet de voyage** vous propose un parcours à dominante socioculturelle, il se compose d'un seul volet :

Ce volet, intitulé *Parcours francophones*, fera d'abord découvrir aux apprenants un chanteur francophone actuel : Tété. Ils seront amenés à lire un article qui le présente, lui et son œuvre. Ils écouteront ensuite « *Je reviendrai à Montréal* », une chanson de Robert Charlebois, appartenant au patrimoine de la chanson francophone et plusieurs activités permettront d'approfondir l'étude de cette chanson.

Ce *Carnet de voyage* élargit vers le domaine artistique, celui de la chanson, la thématique développée tout au long du dossier : il est question de francophonie et, comme dans la leçon 1, Montréal et son climat sont à l'honneur dans les textes des deux chanteurs.

Parcours francophones

1 Il s'agit de faire repérer l'intérêt du choix de cette personnalité (Tété) pour illustrer ce *Carnet de voyage* sur la francophonie. Faire d'abord observer le document et demander de quoi il s'agit : *C'est un texte qui présente le chanteur Tété par un extrait d'interview et par une courte fiche d'identité*. Faire ensuite lire le texte silencieusement et répondre à la question en grand groupe.

➡ CORRIGÉ : **Le chanteur Tété a une double origine : les Antilles (par sa mère) et le Sénégal (par son père), dont l'un des traits communs est la francophonie. De plus, il partage sa vie entre deux grandes villes francophones : Paris et Montréal.**

2 Faire relire les deux questions du journaliste et demander de réaliser l'activité. En cas de besoin, il est possible d'aider les apprenants en leur faisant repérer le sujet qui revient dans les deux questions. L'interview fait écho à celle proposée en support de compréhension p. 98 du manuel : l'automne et son atmosphère sont à chaque fois évoqués et le pays auquel font référence les artistes est toujours le Canada.

➡ CORRIGÉ : **Le thème principal abordé par le journaliste est le dernier album de Tété, mais surtout une des chansons de cet album.**

3 Cette question permet d'aborder un sentiment qui n'avait pas été évoqué au cours de la leçon 1 (voir l'Aide-mémoire, p. 99 du manuel). C'est aussi l'occasion de nuancer les sentiments associés à l'automne par la réalisatrice dans ce premier parcours du dossier et de faire prendre conscience aux apprenants que le ressenti peut être très différent dans des circonstances identiques : pour Agnès Ruhlman, l'automne était synonyme de joie et de bons souvenirs, pour Tété, cette saison fait naître un sentiment de nostalgie.

➡ CORRIGÉ : **Le sentiment qui domine la chanson est la nostalgie.**

4 Cette activité s'effectue manuels fermés. Il s'agit d'une première approche. Faire écouter l'enregistrement avec la consigne de l'activité qui propose une compréhension globale de la chanson.

➡ CORRIGÉ : **1. trois parties – 2. Montréal – 3. l'hiver**

5 **a)** L'activité permet d'affiner la compréhension de la chanson. Proposer une deuxième écoute et faire répondre seul aux questions posées. Faire ensuite vérifier les réponses avec le voisin avant de passer à une mise en commun en grand groupe ; la partie suivante de l'activité donne des éléments de correction.

b) Par l'observation du titre de la chanson, les apprenants sont amenés à vérifier les réponses fournies au questionnaire « vrai/faux » précédent : faire étudier les différents indices fournis par le titre pour élucider la position du narrateur. L'emploi du futur simple, étudié dans le dossier, sera ici d'une aide précieuse pour aider à comprendre le titre et le sens de la chanson.

➡ CORRIGÉ : **a)** 1. vrai – 2. faux – 3. faux – 4. vrai
b) Le narrateur n'est pas à Montréal car il souhaite y revenir, plus tard : d'où l'emploi du futur simple. Sa volonté de revenir dans cette ville montre qu'il en a un bon souvenir.

5 L'activité permet de réinvestir les notions vues dans le dossier : le support est nouveau, mais il s'agit encore d'une ville, d'une saison, de sensations et de sentiments éprouvés. Le repérage peut se faire en binôme sur la transcription de la chanson, en effet, il serait trop difficile de faire retrouver ces éléments à partir de l'écoute du support. La chanson est aussi un texte poétique et cette activité, comme les suivantes, met l'accent sur cet aspect du texte.

➡ CORRIGÉ : **a) Mots relatifs à l'hiver :** *ses aurores boréales, cette lumière, neiger, les remparts blancs, le froid, des glaçons* et le mot *hiver* lui-même employé à plusieurs reprises. Peu d'indications sont données sur la ville, le thème principal est la ville en hiver.

b) la vue : *revoir l'hiver et ses aurores boréales, revoir ce lac étrange, revoir ce long désert, cette lumière, des roses bleues et d'or* – **l'ouïe :** *le silence, écouter le vent de la mer* – **le toucher :** *sentir le froid*

c) Le chanteur est très attaché à la ville, on peut comparer le sentiment au sentiment amoureux, il parle de la ville en hiver comme s'il parlait de la femme aimée : « *j'ai besoin* », « *je veux* », « *me marier* ».

7 L'appariement proposé dans cette activité propose un travail sur les figures de style employées dans le texte. Expliquer que les métaphores sont une sorte de comparaison et qu'elles contribuent à rendre le texte plus expressif.
Pour clore l'étude de la chanson de Robert Charlebois, il est possible de proposer une dernière écoute, manuels ouverts ; les apprenants qui le souhaitent peuvent aussi chanter.

➡ CORRIGÉ : un lac : le cristal – des glaçons : des bonbons – le vent : un grand cheval – des rues vides : le désert – la neige : des roses bleues et d'or

8 Dans cette dernière activité, les apprenants sont amenés à rédiger un texte poétique à la manière de celui qu'ils viennent d'étudier. C'est un travail individuel qui demande à chaque apprenant de faire preuve de créativité. Il peut s'effectuer en classe ou à la maison. Le guidage proposé est progressif : il permet de procéder par étape et incite la créativité de chacun.

Les **goûts** et les couleurs

CONTENUS SOCIOCULTURELS – THÉMATIQUES

La semaine du goût
L'organisation d'un repas type et les habitudes alimentaires en France

OBJECTIFS SOCIOLANGAGIERS

OBJECTIFS COMMUNICATIFS & SAVOIR-FAIRE	
Être capable de...	
Indiquer ses goûts alimentaires	– comprendre quand quelqu'un nomme des aliments – nommer des aliments
Comprendre/composer un menu	– comprendre un menu – rédiger un menu
Parler de sa consommation alimentaire	– comprendre une interview sur les habitudes alimentaires – parler de ses habitudes et de ses goûts alimentaires – comparer des habitudes alimentaires
OBJECTIFS LINGUISTIQUES	
GRAMMATICAUX	– prépositions *de*/*à* pour la composition d'un plat – les articles partitifs/définis/indéfinis – la quantité négative : *pas de*
LEXICAUX	– les aliments – quelques expressions de fréquence
PHONÉTIQUES	– maintien et suppression du *e* caduc

SCÉNARIO DE LA LEÇON

La leçon se compose de trois parcours :

Dans le premier parcours, les apprenants liront un prospectus de *la semaine du goût* qui leur permettra de découvrir les principaux aliments consommés en france.

Dans le deuxième parcours, ils découvriront les repas des Français en lisant les menus d'une cantine scolaire ; ils seront amenés composer des menus et à parler des aliments qu'ils aiment ou n'aiment pas.

Dans le troisième parcours, ils écouteront une enquête dans laquelle des personnes se prononcent sur leurs habitudes alimentaires. Les activités de compréhension, complétées par un travail sur les outils linguistiques (différents articles, adverbes de fréquence), leur permettront de pouvoir parler de leurs propres habitudes et, pour clore la leçon, de rédiger un menu français dans le but de préparer une soirée.

INDIQUER SES GOÛTS ALIMENTAIRES

%% Comprendre
  Écrit
Act. 1

Prospectus

%% Point culture
  La semaine du goût

%% Comprendre
  Oral
Act. 2

Échange avec des enfants

➡ OBJECTIF DE L'ACTIVITÉ 1 ⬅   Comprendre un prospectus qui présente les six groupes d'aliments.

1 L'activité permet d'aborder le lexique de l'alimentation grâce à l'étude d'un document pédagogique, lui-même destiné, à l'origine, à des enfants francophones. Faire observer le prospectus et demander aux apprenants à quoi sert ce document : *Il permet de présenter les différents groupes d'aliments.* Faire ensuite effectuer l'activité d'appariement qui permet de nommer chaque grande famille d'aliments.

➡ CORRIGÉ : **poissons et fruits de mer :** crevette, sole, moules, homard et saumon – **légumes frais :** carotte, radis, salade, haricots verts, poireau, pomme de terre, tomate et courgette – **viandes et volailles :** mouton, bœuf, porc, lapin, poulet et dinde – **produits laitiers :** lait, fromages, beurre, yaourt et crème fraîche – **fruits :** pomme, orange, poire, cerises, fraises et banane – **légumes secs et céréales :** pâtes, riz, lentilles et pain

---

La semaine du goût   POINT CULTURE

Ce Point culture permet d'apporter des informations sur l'historique de cette manifestation et d'en expliquer l'objectif. Compléter l'activité précédente par l'observation en grand groupe du titre du support « *La semaine du goût dans ton école* » : demander à qui s'adresse le prospectus et dans quelle situation. Pour aider les apprenants, attirer leur attention sur le mot *école* et sur le tutoiement : le prospectus est fait pour des enfants à l'occasion de la semaine du goût. Afin que les apprenants puissent mieux comprendre la visée de l'initiative, revenir au prospectus et demander de retrouver les conseils donnés aux enfants : « *Apprends à bien manger !... mange de tout !* »

Les deux dernières questions amènent les apprenants à comparer avec ce qui est organisé dans leur pays dans le même esprit et, ensuite, ils peuvent dire ce qu'ils en pensent. Cette dernière partie du Point culture peut s'effectuer par petits groupes pour favoriser les échanges d'expériences et de points de vue.

➔ **Corrigé :** Elle s'adresse aux enfants, pour développer des comportements alimentaires.

➡ OBJECTIF DE L'ACTIVITÉ 2 ⬅   Comprendre des enfants qui, interrogés par une adulte, parlent des aliments qu'ils aiment ou n'aiment pas.

2 Avant l'activité, faire écouter une première fois l'enregistrement et demander quelle est la situation : *Une adulte pose des questions à des enfants sur leurs goûts alimentaires.* Faire ensuite effectuer l'activité : proposer aux apprenants de réécouter l'enregistrement et, en même temps, d'observer le prospectus pour noter les aliments cités par les enfants.

➡ CORRIGÉ : les pommes de terres, les carottes, le riz, les courgettes, les bananes, les cerises, les fraises et les yaourts (aux fruits)

COMPRENDRE / COMPOSER UN MENU

🎞 Point culture Les repas en France **S'exercer n⁰ˢ 1 et 2**	🎞 Aide-mémoire Indiquer l'ingrédient principal d'un plat Indiquer un ingrédient important, le parfum ou une façon de préparer **S'exercer n⁰ 3**	🎞 Comprendre Écrit Act. 3	🎞 S'exprimer Écrit Act. 4	🎞 S'exprimer Oral Act. 5

Menus

Les repas en France   POINT CULTURE

Afin de comprendre les habitudes alimentaires des Français, les apprenants sont amenés à lire un menu de cantine scolaire pour en considérer les récurrences. Faire d'abord observer le menu et demander aux apprenants de quoi il s'agit : *C'est un document qui présente les menus d'un des repas de la journée pour une semaine (sauf le week-end).* Faire lire et compléter le texte qui permettra aux apprenants d'orienter leur observation des menus et d'en déduire des règles quant aux habitudes alimentaires des Français. Cette activité peut s'effectuer seul, suivie d'une mise en commun en grand groupe.

➔ **Corrigé :** Un repas ordinaire en France comporte en général quatre parties : une entrée, un plat principal, du fromage ou un produit laitier, puis un dessert. Pour le plat principal, il y a de la viande, des œufs ou du poisson […] de la charcuterie (saucisson, pâté, terrine) […] Le dessert est sucré : cela peut être un fruit, un gâteau, une crème, une crêpe, une mousse au chocolat, une compote de pomme.

S'EXERCER n⁰ˢ 1 et 2 ➔   Corrigé ▶ p. 130

AIDE-MÉMOIRE

Cet Aide-mémoire reprend un certain nombre de plats présentés dans les menus et permet de faire observer et de fixer leur formation (article + nom du plat ou de l'aliment + préposition + nom de l'aliment ou de la recette). C'est aussi l'occasion d'expliciter certains plats dont la signification peut paraître difficile.

S'EXERCER nº 3 Corrigé ▶ p. 130

> **→ OBJECTIF DE L'ACTIVITÉ 3 ←** Vérifier la compréhension d'un repas français « type », en réalisant la composition d'un menu.

3 Former des binômes et demander aux apprenants de composer un menu à partir de la liste de plats et aliments proposés, en fonction de leurs goûts. Lors de la mise en commun, veiller à ce que les quatre parties du repas soient respectées.

> **→ CORRIGÉ :** *Exemples de menu* : 1. salade grecque, steak haché/frites, fromage de chèvre, tarte aux pommes
> 2. terrine de poisson, omelette aux fines herbes/gratin de courgette, yaourt sucré, fruits au sirop

> **→ OBJECTIF DE L'ACTIVITÉ 4 ←** Composer un menu en tenant compte de certaines contraintes.

4 Avant l'activité, veiller à la compréhension des différents termes contenus dans la consigne (*végétarienne*, *régime*, *maigrir*) sans laquelle l'activité ne peut se réaliser. Former ensuite des petits groupes pour effectuer l'activité. Les contraintes étant très importantes, il ne sera pas facile de composer ce menu et les échanges au sein des groupes risquent d'être riches pour parvenir à une proposition pouvant satisfaire les différents invités. Après la rédaction des menus, proposer une mise en commun : un rapporteur lit le menu composé par son groupe et le reste de la classe le valide ou, au contraire, invoque les problèmes que le menu pourrait poser aux invités. Tous les menus composés sont ainsi soumis à l'avis de la classe.

> **→ OBJECTIF DE L'ACTIVITÉ 5 ←** Parler de ses goûts alimentaires.

5 Après avoir appris à nommer les différents aliments et à composer un menu, les apprenants sont maintenant amenés à parler de leurs préférences alimentaires. L'activité se fait en deux temps, il s'agit d'abord de dire quel est son menu préféré et, ensuite, de rédiger une liste d'aliments, appréciés ou pas, commune à toute la classe.

a) Proposer d'abord à chacun de noter ses menus préférés : un pour le quotidien et un autre pour un jour de fête. Former ensuite des petits groupes au sein desquels les apprenants peuvent présenter ces menus et en expliquer le contenu. Favoriser les groupes formés d'apprenants d'origines diverses, l'échange interculturel n'en sera que plus riche.

b) Former des groupes et demander de rédiger les listes indiquées dans la consigne. Pour réunir les listes de chaque groupe et parvenir à deux listes communes à toute la classe, il est possible de demander pour chaque groupe à un rapporteur de venir noter ses listes au tableau. L'observation de toutes les listes mises côte à côte permettra de supprimer les répétitions et de retirer un aliment qui apparaîtrait à la fois dans la liste de ceux qui sont aimés et dans celle de ceux qui ne le sont pas. Chacun doit se reconnaître dans les listes retenues au final, cela suppose de procéder à des négociations pour parvenir à se mettre d'accord.

PARLER DE SA CONSOMMATION ALIMENTAIRE

▓ Comprendre	▓ Point langue	▓ Point langue	▓ Phonétique	▓ S'exprimer	▓ S'exprimer
Oral	Les articles	Exprimer	Act. 9	Oral	Écrit
Act. 6, 7 et 8	pour parler	la fréquence		Act. 10 et 11	Act. 12
	de sa consommation	**S'exercer nº 5**			
	alimentaire				
	S'exercer nº 4				

Enquête

> **→ OBJECTIF DES ACTIVITÉS 6, 7 ET 8 ←** Comprendre une enquête dans laquelle des personnes parlent de leur consommation alimentaire.

6 Faire écouter la première partie du dialogue jusqu'à : « *Oui, bien sûr !* », pour faire identifier la situation : *Qui parle ?, À qui ?* et *Pour quoi faire ? Un enquêteur pose des questions à un monsieur dans le cadre d'une enquête sur la consommation alimentaire.* L'activité s'effectue en grand groupe.

1. Faire écouter les deux dialogues pour procéder à la première partie de l'activité. Veiller à ce que les apprenants cachent les dialogues, pour n'avoir sous les yeux que les questions.

2. Cette deuxième question permet de faire la transition avec l'activité suivante, c'est la dernière étape vers la compréhension finalisée : les produits évoqués ici seront notés par la suite.

➡ **CORRIGÉ : 1. Les personnes interrogées s'expriment sur les viandes (dialogue 1) et les légumes (dialogue 2).**

         2. Ils disent quels produits ils aiment et consomment en général.

Proposer une deuxième écoute de l'enregistrement et vérifier la compréhension des dialogues en faisant remplir le questionnaire de l'enquêteur. Par cette tâche, les apprenants sont amenés à sélectionner les informations pertinentes et à les classer selon une grille utile pour les résultats de l'enquête. Avant l'activité, attirer l'attention des apprenants sur le fait qu'ils devront noter, comme dans les exemples, le nom des aliments cités, mais aussi les articles qui les accompagnent.

➡ **CORRIGÉ : La personne n° 1 mange souvent du poulet, parfois du lapin et rarement du bœuf.**

         La personne n° 2 mange souvent des haricots verts, des tomates, des courgettes, mais jamais de navets.

Faire réécouter les dialogues pour que les apprenants comprennent et notent les explications fournies par les personnes interrogées quant à leur consommation alimentaire. Le relevé fera apparaître que l'explication principale est le goût de chacun pour tel ou tel aliment.

➡ **CORRIGÉ : Personne n° 1 :** *J'aime beaucoup les viandes blanches. / Je n'aime pas le cheval.*

         Personne n° 2 : *J'adore les légumes. / Je déteste les navets.*

Point **Langue**   ❭ **LES ARTICLES POUR PARLER DE SA CONSOMMATION ALIMENTAIRE**

Ce Point langue part de l'observation faite par les apprenants et propose une conceptualisation des différentes façons de parler de sa consommation alimentaire, notamment pour indiquer une quantité précise, indéterminée ou nulle et pour dire les aliments que l'on aime ou pas.

a) La première partie du Point langue peut s'appuyer sur le relevé effectué lors de l'activité 7. Les dialogues ne donnent pas d'exemples d'indication de quantité précise (avec un article indéterminé), mais en fournissent de nombreux dans lesquels les personnes interrogées indiquent des quantités indéterminées (avec un article partitif). Faire trouver les exemples dans la transcription des dialogues.

b) Cette seconde partie attire l'attention des apprenants sur l'expression d'une quantité nulle. Faire retrouver deux autres exemples dans le second dialogue. Enfin, revenir aux phrases relevées lors de l'activité 8 et faire observer l'emploi de l'article défini pour parler des aliments que l'on aime ou pas.

➡ **Corrigé : a)** Je mange du porc, du bœuf, du lapin, de la dinde, des carottes, des tomates, des courgettes.
  b) Je ne mange pas d'artichauts. Jamais de navets.

                                                S'EXERCER n° 4 Corrigé ▶ p. 130

Point **Langue**   ❭ **EXPRIMER LA FÉQUENCE**

La fiche de l'enquêteur donnée dans l'activité 7 proposait de répartir les aliments en fonction de la fréquence de leur consommation. Ce Point langue revient sur les adverbes employés dans les dialogues et les fait classer par les apprenants afin qu'ils comprennent le degré de fréquence contenu dans chaque mot.   **S'EXERCER n° 5** Corrigé ▶ p. 130

➡ **OBJECTIF DE L'ACTIVITÉ 9**   **Phonétique :** Suppression du *e* caduc.

La suppression du *e* caduc a déjà été abordée dans la leçon 1 du dossier 4 et la leçon 3 du dossier 5, dans les formes verbales pronominales au présent et au passé composé. Il s'agit ici d'appréhender la règle de prononciation ou de suppression du *e* à l'intérieur des mots ou des monosyllabiques comme « de ».

a) Faire écouter la phrase et demander à la classe de compter les syllabes. Il est possible de séparer cet énoncé en deux groupes rythmiques et de faire compter les syllabes de chaque groupe : *Vous achetez du veau / à la boucherie. //*
Demander ensuite aux apprenants s'ils entendent le *e* souligné. Faire remarquer que si on prononçait le *e*, on entendrait une syllabe de plus dans chaque groupe rythmique.

b) Faire écouter l'exemple et poser la question au groupe. Ensuite, passer l'enregistrement une fois dans sa totalité, puis procéder à une seconde écoute, séquentielle, afin que les apprenants puissent noter leur réponse. Enfin, repasser l'enregistrement une troisième fois, de façon continue, pour une vérification avant la correction.

À la suite de cet exercice, il est possible de procéder à une observation plus précise de ces énoncés (lettres en caractère gras dans le corrigé) en vue de conceptualiser la règle suivante : *Quand on entend deux consonnes avant le « e », celui-ci est toujours prononcé.* Terminer cette activité en invitant les apprenants à lire chaque énoncé à voix haute, à tour de rôle, en faisant attention à la suppression du e quand il le faut.

➡ CORRIGÉ : **a)** **Vous achetez du veau** = 5 syllabes / **à la boucherie** = 4 syllabes. Le e souligné n'est pas prononcé.

b) **une semaine** : *e* prononcé / **la semaine** : *e* non prononcé

Nous prenons notre repas ici : *e* prononcé / **Nous prenons nos repas ici** : *e* non prononcé

Une tranche de pomme : *e* prononcé / **Un quartier de pomme** : *e* non prononcé

Je mange de la dinde : *e* prononcé / **Je prends de la dinde** : *e* non prononcé

➡ OBJECTIF DES ACTIVITÉS 10 ET 11 ⬅ | **Comparer ses habitudes alimentaires. Dans les deux activités, les apprenants sont amenés à échanger en petits groupes.**

10 La première comparaison proposée est une comparaison interculturelle : les apprenants doivent parler des habitudes alimentaires de leur pays au regard de ce qu'ils ont découvert dans la leçon sur celles des Français. L'échange sera d'autant plus riche et intéressant si les groupes sont formés d'apprenants d'origines diverses.

a) Dans la première partie de l'activité, les apprenants sont amenés à jeter un nouveau regard sur leurs habitudes alimentaires, à les exposer à ceux de leur groupe et, éventuellement, à répondre aux questions posées par les autres apprenants. L'échange se fera autant sur les aliments consommés que sur le nombre et la composition des repas.

b) Dans la seconde partie, chaque apprenant présente un plat « typique » de son pays. Circuler entre les groupes pour, éventuellement, donner le lexique utile aux explications et dire, le cas échéant, l'équivalent en français du nom des plats présentés.

11 Ici, les apprenants parlent de leurs habitudes personnelles et non plus de celles de leurs concitoyens. Veiller au réemploi des outils linguistiques appris tout au long de la leçon (différents articles, adverbes de fréquence), pour cela, il est possible de passer dans les groupes et, si besoin, de demander des précisions sur les habitudes décrites. Les raisons évoquées peuvent être multiples : par goûts (comme dans les dialogues), par tradition, pour raison de santé...

➡ OBJECTIF DE L'ACTIVITÉ 12 ⬅ | **Transférer ce qui a été appris depuis le début de la leçon en rédigeant un menu qui convienne à toute la classe.**

12 Les apprenants sont mis en situation d'organiser une soirée française. Cette activité peut juste être un prétexte à faire transférer les acquis, mais il est aussi possible de réellement organiser une soirée (ou un déjeuner si cela paraît plus simple), cela stimulera la motivation de chacun. Former des petits groupes pour faire rédiger les menus. Préciser que ces menus doivent être conformes à ce qui a été dit dans le Point culture de la p. 115 du manuel. Les menus proposés peuvent être le point de départ de la rédaction d'un menu commun : lors de la mise en commun, proposer un échange en grand groupe pour parvenir à un accord, par le biais d'un vote, par exemple.

S'EXERCER – CORRIGÉ

2. *Réponse non exhaustive* : Les fruits qu'on mange toujours crus : les kiwis, les oranges, les clémentines, les litchis, l'avocat, les nectarines... – Les fruits qu'on peut manger cuits : les pommes, les poires, les bananes, les fraises, les cerises, les pêches, les abricots...

3. salade *à la* grecque, terrine *de* lapin, crêpe *au* fromage, omelette *aux* champignons, canard *à l'*orange, rôti *de* veau, purée *de* pommes de terre, salade *de* fruits, crème *à la* vanille, gâteau *de* riz

4. je prends *de la* salade, *du* poisson et *un* fruit de saison : j'adore *les* pêches et *les* abricots/je prends *de la* charcuterie en entrée, ensuite *un* steak avec *des* pommes de terre sautées

et, pour finir, *un* petit gâteau au chocolat et *un* bon café/je ne mange pas *de* viande, je prends *de la* soupe et *une* pizza

5. *Réponses à titre indicatif* : Les Italiens mangent *souvent* des pâtes, des pizzas. – Les Saoudiens *ne* mangent *jamais* de porc. – Les Français mangent *souvent* du fromage. – Les Japonais mangent *souvent* du riz, du poisson cru et *rarement* du pain. – Les Allemands mangent *souvent* de la charcuterie. – Les Polonais mangent *souvent* de la soupe. – Les Suédois mangent *souvent* du saumon. – Les Chinois mangent *souvent* du riz, des nouilles, du canard laqué... – Les Indiens mangent *souvent* du poulet au curry.

Quelle **allure** !

CONTENUS SOCIOCULTURELS – THÉMATIQUES

La mode

OBJECTIFS SOCIOLANGAGIERS

OBJECTIFS COMMUNICATIFS & SAVOIR-FAIRE	
	Être capable de...
Décrire une tenue	– comprendre une page de magazine sur la mode
	– décrire un vêtement (sa couleur, sa forme...)
Donner une appréciation positive/négative	– comprendre des appréciations sur l'apparence des personnes
	– exprimer une appréciation positive/négative sur l'apparence d'une personne (vêtements, physique)
	– nuancer son appréciation
Donner des conseils vestimentaires	– comprendre un prospectus publicitaire
	– comprendre des suggestions/conseils vestimentaires
	– conseiller quelqu'un sur son apparence/habillement
OBJECTIFS LINGUISTIQUES	
GRAMMATICAUX	– les pronoms personnels COD : *le, la, les, l'*
	– différentes structures pour le conseil
LEXICAUX	– les vêtements et les accessoires
	– l'appréciation positive et négative
	– les couleurs, la taille/la pointure
PHONÉTIQUES	– intonation : appréciation positive/négative, le doute et la persuasion

SCÉNARIO DE LA LEÇON

La leçon se compose de trois parcours :

Dans le premier parcours, les apprenants entreront dans l'univers de la mode en lisant une page de magazine qui présente différents modèles d'une collection. Grâce à un travail sur le lexique, ils pourront ensuite, eux aussi, présenter une tenue dans le cadre d'un échange avec les autres apprenants, puis rédiger une rubrique de magazine sur la mode.

Dans le deuxième parcours, ils écouteront une conversation dans laquelle deux personnes font des commentaires sur le défilé qu'ils sont en train de voir. Les apprenants étudieront comment on peut exprimer une appréciation sur un vêtement ou sur une personne, comment éviter de répéter les choses dont on parle en utilisant des pronoms COD pour, enfin, pouvoir, à leur tour, faire des commentaires sur des modèles.

Dans le troisième parcours, ils apprendront à donner des conseils vestimentaires en écoutant un dialogue dans lequel une conseillère en image personnelle aide une cliente à changer de look. À la fin du parcours, ils seront en mesure de conseiller quelqu'un qui cherche à changer de style.

DÉCRIRE UNE TENUE

🎬 S'exprimer Oral Act. 1	🎬 Comprendre Écrit Act. 2, 3 et 4	🎬 Point langue Les vêtements et les accessoires **S'exercer n° 1**	🎬 S'exprimer Oral Act. 5	🎬 S'exprimer Écrit Act. 6

Page de magazine

➡ OBJECTIF DE L'ACTIVITÉ 1 ⬅   Introduire la thématique de la mode.

1 Cette première activité permet aux apprenants d'entrer dans le thème de la leçon en parlant de la mode à partir de ce qu'ils savent déjà. Former des petits groupes et demander aux apprenants de répondre aux deux questions posées par l'activité. Il est possible de leur conseiller de faire un « remue-méninges » pour trouver le maximum de noms de la mode ou de mots sur le sujet : chacun dit un mot et, un mot en appelant un autre, les listes s'élargissent. Proposer une mise en commun pour faire comparer ce qui a été trouvé par chaque groupe.

➡ OBJECTIF DES ACTIVITÉS 2, 3 ET 4 ⬅   Comprendre une page de magazine qui présente une collection de vêtements.

2 Avant de faire répondre à la question de l'activité, demander aux apprenants de dire ce qu'ils voient : *une page de magazine qui présente une nouvelle collection de mode, les photos sont prises lors d'un défilé.* C'est aussi l'occasion de donner le vocabulaire utile qui sera réemployé par la suite, si celui-ci n'a pas été cité lors de la première activité : collection, mannequin, défilé… L'activité propose une compréhension globale du document. Faire observer les photos pour aider à répondre à la question en grand groupe : les vêtements présentés sont des vêtements portés en hiver (gants, écharpe, manteau…)
➡ **CORRIGÉ** : automne-hiver

3 Faire lire la rubrique silencieusement et demander quel est son but : dans la rubrique « Coup de cœur pour », le magazine décrit les modèles qui lui plaisent le plus dans cette nouvelle collection. Proposer ensuite d'effectuer l'appariement de l'activité qui permet de vérifier la compréhension globale du texte.
➡ **CORRIGÉ** : **premier commentaire** : photo « *pantalons* » – **deuxième commentaire** : photo « *robes* »

4 L'activité propose d'affiner la compréhension de la rubrique : les apprenants doivent repérer quelles informations y sont données. Faire faire cette activité seul ou à deux, il s'agit de la compréhension finalisée du support qui va vers une conceptualisation dans le Point langue suivant.
➡ **CORRIGÉ** : **informations données** : la forme, la couleur, la matière, le motif, le type de vêtement

---

Point **Langue**   › **LES VÊTEMENTS ET LES ACCESSOIRES**

Le Point langue revient sur les différentes informations repérées dans la rubrique du magazine. Il propose de classer, d'enrichir le lexique lié à la description des vêtements et des accessoires. Pour chaque partie de ce Point langue, les apprenants partent du support et sont amenés à compléter les listes à partir de leur observation. Les activités peuvent être faites en binôme, suivies d'une mise en commun en grand groupe.

➡ **Corrigé :** **a) vêtements :** un manteau – un bermuda – une jupe – un pantalon – un tailleur – une robe – une veste – un top – un short – un costume – un tee-shirt – une chemise
accessoires : un chapeau – un bijou – un sac – une écharpe – une cravate – une ceinture – des gants – une casquette – des chaussures
b) portés par un homme : une cravate – un costume
par une femme : une jupe – un tailleur – une robe – un top
par les deux : un manteau – un bermuda – un pantalon – une veste – une écharpe – un short – un tee-shirt – une chemise – un chapeau – un bijou – un sac – une ceinture – des gants – une casquette – des chaussures
c) la couleur : rouge – bleu – noir – blanc – marron
la forme : une robe courte – un vêtement à manches courtes – des chaussures à talons hauts
la matière : en laine – en soie
le motif : à rayures – à fleurs

S'EXERCER n° 1 Corrigé ▶ p. 136

➡ OBJECTIF DE L'ACTIVITÉ 5 ⬅   Décrire une tenue prévue pour une circonstance particulière.

5 Chaque apprenant peut d'abord retenir une situation. Puis, chacun imagine la tenue adaptée. Les groupes peuvent ensuite se former en fonction des circonstances choisies : l'échange sera plus riche car, pour la même situation, les apprenants auront sans doute imaginé des tenues très différentes en fonction de leurs goûts, de leur expérience et de leurs habitudes.

➡ OBJECTIF DE L'ACTIVITÉ 6 ⬅   Transférer ce qui a été vu depuis le début de la leçon en rédigeant la rubrique d'un magazine.

6 Il est possible de conserver les groupes formés pour les besoins de l'activité précédente, ou, si cela paraît plus pertinent, d'en constituer d'autres. Chaque groupe se met d'abord d'accord sur le thème retenu pour la rubrique, puis commence à rédiger. Le descriptif peut aussi être illustré par un dessin créé pour l'occasion.

DONNER UNE APPRÉCIATION POSITIVE / NÉGATIVE

| 🎵 Comprendre
Oral
Act. 7 et 8 | 🎵 Aide-mémoire
Exprimer une appréciation
sur un vêtement
Exprimer une appréciation
sur une personne
Nuancer son appréciation
S'exercer n° 2 | 🎵 Point langue
Les pronoms
personnels COD
S'exercer n° 3 | 🎵 Phonétique
Act. 9 | 🎵 S'exprimer
Oral
Act. 10 et 11 |

Dialogue

➡ **OBJECTIF DES ACTIVITÉS 7 ET 8** ⬅   Comprendre des commentaires faits par des personnes qui assistent à un défilé de mode.

7 Avant l'activité, faire observer le document et demander de quoi il s'agit : *C'est une « plaquette » qui présente la collection automne-hiver de Christian Lacroix.* Faire écouter l'enregistrement une première fois sans consigne pour faire repérer la situation de communication : *Un homme et une femme assistent au défilé de présentation de la collection de Christian Lacroix, ils font des commentaires pour dire ce qu'ils pensent des modèles présentés et des mannequins qui défilent.* Procéder ensuite à l'activité en grand groupe, avec une deuxième écoute, pour faire repérer aux apprenants sur quels modèles portent leurs appréciations.

➡ **CORRIGÉ :** Ils parlent des deux premiers modèles.

8 L'activité permet de vérifier la compréhension des détails de la discussion du couple. Dans la première partie de l'activité, les apprenants doivent repérer ce sur quoi portent les commentaires. Dans la seconde partie, ils doivent comprendre la nature des appréciations.
a) Faire réécouter le dialogue en demandant à la moitié des apprenants de concentrer leur écoute sur les commentaires de Paul et, à l'autre moitié, sur ceux de Marie. Le repérage sera alors plus aisé.
b) La deuxième partie de l'activité permet aux apprenants de dire comment ils ont compris les appréciations : les phrases prononcées par le couple seront reprises dans l'Aide-mémoire et l'intonation employée pour faire les commentaires sera travaillée lors de l'activité phonétique 9.

➡ **CORRIGÉ :** **a)** Paul et Marie font des commentaires sur la veste et les gants du mannequin femme ;
Paul en fait aussi sur le costume, les chaussures et la cravate du mannequin homme.
Marie en fait sur le mannequin homme et sur sa cravate.
b) L'appréciation de Paul sur le mannequin femme et sur ses vêtements est positive. Celle de Marie
est positive sur la veste, négative sur les gants portés par la femme et nuancée sur son physique
(« *pas mal* »). Au sujet du mannequin homme et de ses vêtements, l'homme a une appréciation négative ;
Marie, au contraire, porte une appréciation positive.

AIDE-MÉMOIRE

Cet Aide-mémoire permet de classer et de fixer les différentes formules qui permettent d'exprimer une appréciation et de nuancer cet acte de parole.

                S'EXERCER n° 2 Corrigé
▶ p. 136

Point **Langue**   › **LES PRONOMS PERSONNELS COD**

Le Point langue permet de conceptualiser l'emploi des pronoms COD *le, la, les* à partir de ceux employés dans le dialogue étudié en support de compréhension.
a) Le repérage des pronoms n'étant pas facile à l'oral, le Point langue donne les phrases du dialogue. Faire observer que les pronoms sont des mots mis « *à la place d'un nom* » et demander aux apprenants de retrouver, en s'appuyant sur l'activité 8 par exemple, de qui et de quoi parlent Paul et Marie dans ces phrases. Demander aux apprenants de réécrire les phrases avec les noms que remplacent les pronoms COD.
b) Faire observer, dans les phrases réécrites dans la partie précédente, quel pronom remplace quel nom (*quel genre, quel nombre*) et attirer l'attention sur la place du COD selon les cas, pronom ou nom. Ces observations permettront aux apprenants de formuler la règle en complétant l'énoncé proposé.

                                                        ... /...

Point **Langue**

... /...

➡ **Corrigé : a)** Je **la** trouve bien. → Je trouve **la veste** bien. – Je ne **les** aime pas du tout. → Je n'aime pas du tout **les gants**. – Je **le** trouve très distingué. → Je trouve **le mannequin** très distingué. – Je **l**'aime beaucoup. → J'aime beaucoup **la cravate**.

b) Pour ne pas répéter un mot COD, on utilise les pronoms *le* ou *l'* pour un nom masculin, *la* ou *l'* pour un nom féminin, *les* pour un nom pluriel.

S'EXERCER n° 3 Corrigé ▶ p. 136

➡ OBJECTIF DE L'ACTIVITÉ 9 ⬅ **Phonétique** : Intonation : appréciation positive ou négative.

9 **a)** Le premier exercice a pour but de sensibiliser les apprenants à l'intonation, révélatrice de sens pour l'appréciation positive ou négative. Les apprenants peuvent s'appuyer sur l'intonation et sur le sens des énoncés pour juger si l'appréciation est positive ou négative. Proposer de reproduire la grille suivante pour noter les réponses :

	+	–
1.		✓
2...		

b) Terminer cette activité en proposant une nouvelle écoute de l'enregistrement et en invitant les apprenants à répéter les énoncés en reproduisant l'intonation repérée.

➡ **CORRIGÉ : a) appréciation négative :** 1, 4, 5 et 8 – **appréciation positive :** 2, 3, 6 et 7

➡ OBJECTIF DES ACTIVITÉS 10 ET 11 ⬅ Transférer ce qui a été travaillé en compréhension depuis le début de la leçon à travers deux activités d'expression orale.

10 Cette première activité permet aux apprenants, en binômes, de s'entraîner à faire des commentaires. Les appréciations portent sur des modèles « figés par les photos », déjà découverts en début de parcours. Il s'agit de faire part de son point de vue personnel, ici à son voisin uniquement. En passant dans les groupes, veiller à ce que les apprenants réemploient les outils linguistiques vus dans les différents Points langue et/ou dans l'Aide-mémoire.

11 Dans la seconde activité, les apprenants sont mis dans la situation d'un défilé de mode. Des volontaires peuvent jouer le rôle des mannequins et les autres celui des spectateurs. L'activité précédente ayant permis de préparer cette activité, il n'est pas utile de faire préparer les commentaires par les « spectateurs », mais la scène peut être jouée directement, dès que les mannequins entrent en scène. Préciser que l'appréciation doit aussi s'entendre grâce à l'intonation.

■ **VARIANTE :** Il est aussi possible d'apporter (ou de faire apporter) quelques accessoires qui rendront le défilé plus réel et l'activité plus ludique.

DONNER DES CONSEILS VESTIMENTAIRES

🎞 Comprendre Écrit Act. 12	🎞 Comprendre Oral Act. 13 et 14	🎞 Point langue Donner des conseils **S'exercer n° 4**	🎞 Aide-mémoire Préciser la taille/ la pointure	🎞 Phonétique Act. 15	🎞 S'exprimer Oral Act. 16

Prospectus publicitaire | Dialogue

➡ OBJECTIF DE L'ACTIVITÉ 12 ⬅ Comprendre un prospectus publicitaire qui propose les services d'une conseillère en image personnelle.

12 Faire d'abord lire le prospectus qui sert à entrer dans le thème du parcours et permet de comprendre le scénario proposé. Proposer de répondre à la première question de l'activité, en grand groupe. Faire ensuite observer les photos et demander de qui il peut s'agir : *C'est une cliente aidée par Mary Mery*. Puis, les apprenants peuvent lire les deux fiches pour découvrir des exemples de profils de clientes et finir de répondre aux questions de l'activité.

➡ **CORRIGÉ : 1.** Marie Mery est conseillère en image personnelle.

2. Ses client(e)s sont des personnes qui souhaitent changer de « look ».

 OBJECTIF DES ACTIVITÉS 13 ET 14 **Comprendre un entretien au cours duquel une spécialiste donne des conseils pour améliorer son apparence.**

Faire écouter une première fois le dialogue en demandant aux apprenants d'en cacher la transcription. Demander qui parle : *Mary Mery et une cliente*. Puis, poser la question énoncée par l'activité. Il s'agit ici de vérifier la compréhension globale du dialogue et de faire le lien entre le prospectus et le dialogue écouté. Afin d'avoir une transition avec l'activité suivante, demander aussi de quoi elles parlent : *Mary Mery donne des conseils à Marion*.

➡ **CORRIGÉ** : Marion

1. Faire réécouter le dialogue. Pour faciliter le repérage et laisser le temps aux apprenants de noter les phrases entendues, il est possible de diviser la classe en deux et de donner une consigne d'écoute à chaque groupe : l'un note les conseils donnés pour mettre en valeur son visage, l'autre, ceux qui concernent la silhouette. Procéder ensuite à une mise en commun en grand groupe. Les phrases pour donner des conseils seront reprises dans le Point langue qui permettra de conceptualiser cet acte de parole.

2. Il s'agit ici de vérifier si les apprenants ont compris comment la cliente accueille les conseils donnés. Si nécessaire, repasser la fin de l'enregistrement (à partir de « *Oui c'est vrai, c'est bien* »). Le ton de la cliente a ici beaucoup d'importance pour comprendre sa réaction, l'activité suivante propose d'ailleurs de revenir sur le repérage du doute ou de la persuasion dans l'intonation.

3. La dernière partie de l'activité permet aux apprenants de réagir et de donner leur point de vue : la réaction de la cliente n'étant pas très tranchée, elle laisse la place à l'interprétation. La réponse à la question posée peut être l'occasion d'une courte discussion en grand groupe.

➡ **CORRIGÉ** : **1. son visage :** « il faut les mettre en valeur [les yeux] avec un bon maquillage », « évitez de porter des lunettes, mettez plutôt des lentilles de contact »
sa silhouette : « il faut porter des chaussures à talons », « vous pouvez jouer sur les couleurs et sur les formes », « il faut des couleurs sombres pour affiner votre silhouette », « n'hésitez pas à porter des accessoires »
2. Elle semble assez satisfaite du résultat lors de l'essayage des vêtements proposés.

Point **Langue**   › **DONNER DES CONSEILS**

Le Point langue s'arrête sur l'acte de parole repéré dans les activités de compréhension, notamment lors de l'activité 14, et permet aux apprenants d'avoir un aperçu de toutes les formulations possibles (à ce niveau de l'apprentissage) pour le réaliser.
a) L'un des conseils donnés au cours du dialogue est décliné en différentes formulations et les apprenants doivent sélectionner celles qui correspondent à un conseil. Cette partie peut se faire en binôme.
b) et c) Les apprenants sont amenés à déduire des règles de construction à partir de l'observation des phrases qu'ils ont auparavant identifiées comme étant des conseils.
d) Cette partie s'arrête sur des expressions dont le sens et la construction pourraient poser problème. Faire élucider la signification de ces deux expressions en proposant de revenir à la transcription du dialogue : Mary Mery les emploie pour donner ses conseils et le contexte pourra aider les apprenants à comprendre leurs sens et à trouver la formule équivalente.

➡ **Corrigé :** **a)** Mettez des lentilles. – Vous devez mettre des lentilles. – Il faut mettre des lentilles. – Je vous conseille des lentilles. – Je vous conseille de mettre des lentilles. – Vous pouvez mettre des lentilles. – Il vous faut des lentilles.
b) *Vous devez* + verbe – *Vous pouvez* + verbe – *Je vous conseille* + nom/+ *de* + verbe
c) Après *pouvoir/vouloir/conseiller de*, le verbe est à l'infinitif.
d) *Évitez de faire* = ne faites pas – *N'hésitez pas à faire* = faites

S'EXERCER n° 4 Corrigé
▶ p. 136

AIDE-MÉMOIRE

Cet Aide-mémoire reprend et fixe des phrases qui permettent de préciser la taille et la pointure. Cet acte de parole est utile pour pouvoir donner des conseils vestimentaires, et les apprenants pourront aussi employer les phrases ici répertoriées dans le cadre du jeu de rôles proposé en fin de leçon.

→ OBJECTIF DE L'ACTIVITÉ 15 ← **Phonétique : Intonation : le doute et la persuasion.**

15 Dans cette activité, les apprenants ne peuvent s'appuyer que sur l'intonation des énoncés pour juger si les phrases expriment le doute ou la persuasion. Leur proposer de reproduire la grille suivante pour noter leurs réponses :

Faire ensuite réécouter l'enregistrement afin de solliciter les apprenants, à tour de rôle, pour répéter les phrases, en leur demandant de reproduire l'intonation proposée.

	Doute	Persuasion
1.		✓
2...		

→ CORRIGÉ : **doute** : 1, 2, 4, 6 et 8 – **persuasion** : 3, 5, 7, 9 et 10

→ OBJECTIF DE L'ACTIVITÉ 16 ← **Transférer ce qui a été appris depuis le début du parcours.**

16 Il y a ici plusieurs façons de former les binômes. Il est possible de demander aux apprenants de se mettre par groupe de deux, de préparer la scène, puis de la jouer. On peut aussi diviser la classe en deux : d'un côté, les « conseillers en image personnelle » et, de l'autre, les « clients » qui cherchent leur style. Puis, tirer au sort quel client va chez quel conseiller. Quel que soit le scénario choisi, demander à quelques groupes de jouer la scène devant l'ensemble de la classe.

S'EXERCER – CORRIGÉ

1. *Plusieurs réponses sont possibles. Exemples de réponses* : **a.** une casquette en jean – **b.** un pyjama en coton – **c.** des lunettes de soleil/de vue – **d.** un pantalon en cuir/en jean – **e.** une jupe longue/courte – **f.** un bijou fantaisie

2. *Réponses possibles* : Ces chaussures, je les trouve vraiment originales/horribles. – Ces top models, elles sont très belles/élégantes. – Cette robe, je la trouve élégante/horrible. – Cette fille, elle est sublime/ridicule. – Ces modèles, ils sont élégants/beaux. – Ce type, il est beau/élégant/ridicule.

3. a. Tu *l*'as acheté où ? – **b.** Je *les* trouve sublimes ! – **c.** Je *les* adore ! – **d.** Moi, je ne *l*'aime pas du tout ! – **e.** Non, je ne *l*'ai jamais vu ! – **f.** Moi, je *le* trouve intéressant. – **g.** Ah ! Tu *la* trouves jolie ?

4. *Réponses possibles* : Il faut sélectionner des vêtements légers. – Choisissez des matières naturelles comme le coton ou le lin. – N'hésitez pas à prendre un pull pour les soirées fraîches. – Vous devez être très prudent sur la plage : le soleil est dangereux. – Vous pouvez mettre des lunettes pour vous protéger. – Ayez toujours une crème solaire dans votre sac. – Évitez l'exposition directe entre 13 heures et 16 heures.

Des **cadeaux** pour tous

CONTENUS SOCIOCULTURELS – THÉMATIQUES

Les occasions de cadeaux

OBJECTIFS SOCIOLANGAGIERS

OBJECTIFS COMMUNICATIFS & SAVOIR-FAIRE Être capable de...	
Choisir un cadeau	– comprendre une courte présentation d'un objet – conseiller pour un cadeau de façon informelle dans le cadre d'une situation amicale ou familiale
Caractériser un objet	– comprendre la description d'un objet ou de sa fonction – décrire un objet : indiquer sa fonction, son poids, sa forme, sa couleur, sa matière, son prix – rédiger un court texte descriptif sur un objet pour un magazine
OBJECTIFS LINGUISTIQUES	
GRAMMATICAUX	– les pronoms personnels COI : *lui, leur* – les pronoms relatifs *qui/que*
LEXICAUX	– la caractérisation des objets – les adjectifs en *-able*
PHONÉTIQUES	– Discrimination [k]/[g]

SCÉNARIO
DE LA LEÇON

La leçon se compose de deux parcours :

Dans le premier parcours, les apprenants liront la page d'un site Internet qui propose des idées de cadeaux. Ils écouteront deux conversations dans lesquelles des amis échangent des idées cadeaux en regardant cette page de site Internet. Un Point culture donnera des informations sur les occasions de faire un cadeau en France et proposera un échange interculturel sur ce thème. Enfin, pour clore ce parcours, les apprenants seront amenés à simuler une scène dans laquelle ils devront choisir, à deux, un cadeau pour une tierce personne.
Dans le second parcours, une page de magazine qui présente des objets astucieux sera proposée en support de compréhension, complétée par l'écoute d'une séquence d'émission radio. Les apprenants apprendront ainsi à caractériser des objets, notamment par l'emploi de pronoms relatifs (*qui* et *que*). Ils pourront, à leur tour, décrire des objets dans une activité ludique d'abord, puis dans le rôle d'un animateur radio.

CHOISIR UN CADEAU

▓ Comprendre Écrit Act. 1, 2, 3 et 4	▓ Point culture Faire des cadeaux	▓ Comprendre Oral Act. 5	▓ Point langue Les pronoms personnels COI : *lui, leur* **S'exercer n° 1**	▓ S'exprimer Oral Act. 6

Site Internet   Conversations

➡ OBJECTIF DES ACTIVITÉS 1, 2, 3 ET 4 ⬅   Comprendre un site Internet qui présente des idées cadeaux.

1 Faire observer le document et procéder à l'activité en grand groupe ; elle permet de vérifier la compréhension globale du document. Il est possible, pour compléter l'activité, de demander aux apprenants de lire la page Internet et de les consulter pour voir ce qu'ils comprennent par « *cadeau commun* » : la phrase « *offrir un cadeau à plusieurs* » en fournit l'explication et cette précision pose le contexte du parcours, notamment des situations proposées dans l'activité 5.

➡ **CORRIGÉ : 1. C'est une page de site Internet. – 2. Les objets présentés sont des suggestions de cadeaux.**

2 Former des petits groupes de trois ou quatre et demander aux apprenants d'effectuer l'activité : il s'agit pour eux de donner leur point de vue sur les cadeaux proposés en se mettant, non pas à la place de celui qui offre, mais à celle de celui qui va recevoir le cadeau. Les apprenants doivent justifier leurs réponses, cela les amène à envisager les différentes raisons pour lesquelles un cadeau peut, ou non, faire plaisir. C'est une façon de rappeler que, lorsqu'on choisit un cadeau, on tient compte de la personne à laquelle on veut faire plaisir.

3 L'appariement proposé peut se faire seul, suivi d'une vérification avec le voisin. Il s'agit de vérifier la compréhension des différentes rubriques de la page du site Internet et de découvrir différentes occasions de faire un cadeau commun.

➡ **CORRIGÉ : fête pour un nouveau logement : pendaison de crémaillère – fête d'anniversaire : une année de plus –**
fête pour célébrer plusieurs années de mariage : anniversaire de mariage

4 Les catégories proposées évoquent la fonction et l'intérêt des différents cadeaux. Les apprenants, qui peuvent travailler en binôme, sont amenés à classer les cadeaux dans des catégories d'activités : on fait un cadeau qui va servir à faire quelque chose.
Pour la seconde partie de l'activité, faire compléter la liste des cadeaux possibles pour les différentes catégories. Les apprenants doivent penser à d'autres idées de cadeaux, ils se préparent aussi pour le jeu de rôles de fin de parcours dans lequel ils auront à trouver un cadeau pour une personne de leur choix.

➡ **CORRIGÉ : a) voyager : voyage en Grèce, caméscope – décorer : horloge, lampes design, tableau – cuisiner :**
cours de cuisine – boire et manger : machine à café – sortir : soirée à l'opéra – s'habiller : pendentif cœur

---

Faire des cadeaux   **POINT CULTURE**

A. Ce Point culture énumère diverses occasions de se faire un cadeau dans la société française. Les apprenants effectuent l'activité d'appariement proposée pour retrouver, à deux, à qui on peut faire un cadeau et dans quelle circonstance. Il est possible de faire référence à la leçon sur les fêtes en France (leçon 3 du dossier 4) car c'est souvent dans de telles occasions que les Français sont amenés à s'offrir des cadeaux.

B. Après avoir découvert dans quelles circonstances on se fait un cadeau en France, les apprenants sont amenés à parler des pratiques de leur pays. La première question permet une comparaison avec la situation française et la seconde élargit le sujet : chacun pourra raconter ce qui est spécifique à sa culture et, au sein de petits groupes, l'échange avec les autres apprenants permettra à chacun de porter un nouveau regard sur ses habitudes.

➲ **Corrigé : A. anniversaire** : aux amis, aux enfants, aux membres de la famille, aux collègues, à son amoureux/amoureuse – **pendaison de crémaillère** : aux amis, aux membres de la famille, aux collègues, aux voisins, à son amoureux/amoureuse – **Saint-Valentin** : à son amoureux/amoureuse – **Noël** : aux amis, aux enfants, aux membres de la famille, à son amoureux/ amoureuse – **départ en retraite** : aux amis, aux collègues, aux professeurs/instituteurs, aux employés, aux gardiens d'immeubles – **mariage** : aux amis, aux membres de la famille – **naissance** : aux amis, aux membres de la famille, aux collègues – **fin de l'année scolaire** : aux enfants, aux professeurs/instituteurs – **nouvel an** : aux gardiens d'immeubles

---

➡ OBJECTIF DE L'ACTIVITÉ 5 ⬅   Comprendre des conversations amicales dans lesquelles des personnes échangent des idées au sujet de cadeaux qu'elles souhaitent faire.

5 Proposer d'abord une première écoute, manuels fermés, et faire répondre à la première question de l'activité. Pour compléter la compréhension globale de l'enregistrement, demander quelles sont les relations entre les personnes : *Ce sont des amis.* Les quatre dernières questions permettent d'affiner la compréhension des dialogues.

➡ **CORRIGÉ : 1. Elles regardent la page du site Internet et discutent pour trouver ensemble une idée de cadeau.**
2. dialogue 1 : pour Claire, une collègue/ dialogue 2 : pour les parents d'une des deux personnes
3. dialogue 1 : un tableau, une lampe, un voyage/ dialogue 2 : six bouteilles de bon vin pour le père,
un chèque théâtre pour aller une soirée à l'opéra pour les deux parents
4. dialogue 1 : le voyage/ dialogue 2 : le chèque théâtre
5. dialogue 1 : 1 000 euros/ dialogue 2 : 150-200 euros

Point **Langue**

> **LES PRONOMS** *LUI, LEUR*

Dans les dialogues étudiés, les amis parlent de personnes auxquelles elles souhaitent faire un cadeau. Pour éviter de répéter le nom des personnes concernées, des pronoms personnels COI sont employés. Ce Point langue permet la conceptualisation de ces outils linguistiques.

a) Faire d'abord observer, en situation, l'emploi de ces deux pronoms et demander de retrouver qui ils remplacent dans les phrases extraites des dialogues.

b) L'attention des apprenants est ensuite attirée sur *lui*, forme unique du pronom personnel COI à la 3e personne du singulier, qu'il remplace un homme ou une femme.

c) Enfin, faire observer la place de ces pronoms dans les phrases relevées pour faire énoncer la règle.

➔ **Corrigé : a)** À ton père : *Offrez-lui six bouteilles de bon vin.*
À notre collègue Claire : *On lui offre ce tableau. – On peut lui offrir ce voyage.*
À vos parents : *Vous pouvez leur offrir un chèque théâtre.*
b) *Lui* peut représenter un homme ou une femme.
c) Les pronoms COI se placent avant ou après le verbe.

S'EXERCER n° 1 Corrigé ▶ p. 141

➔ OBJECTIF DE L'ACTIVITÉ 6 ◀ Transférer ce qui a été travaillé en compréhension depuis le début du parcours.

6 Former des groupes de deux et demander à chaque binôme de choisir quelqu'un de la classe et d'imaginer qu'ils doivent faire un cadeau à cette personne : il s'agit de choisir ensemble le cadeau qu'ils vont lui faire en tenant compte d'un certain nombre de paramètres (l'occasion, les goûts de la personne, le budget disponible...). Les apprenants sont guidés dans leur préparation par une matrice qui reprend celle observée lors de l'écoute des dialogues : les questions posées dans l'activité 5 peuvent servir ici, à nouveau, pour vérifier que les scènes jouées respectent bien ce qui a été demandé dans la consigne.

CARACTÉRISER UN OBJET

🎵 Comprendre Écrit Act. 7 et 8	🎵 Point langue Les pronoms relatifs *qui* et *que* pour caractériser un objet ou une personne S'exercer n° 2	🎵 Phonétique Act. 9	🎵 Comprendre Oral Act. 10	🎵 Point langue Les adjectifs en *-able* pour caractériser un objet S'exercer n° 3	🎵 Aide-mémoire Indiquer la fonction d'un objet S'exercer n° 4	🎵 S'exprimer Écrit/Oral Act. 11	🎵 S'exprimer Oral Act. 12

Page de magazine   Émission de radio

➔ OBJECTIF DES ACTIVITÉS 7 ET 8 ◀ Comprendre une page de magazine qui présente des objets.

7 **a)** Faire observer les différents paramètres du document (photos, titre, prix...) et demander aux apprenants de faire des hypothèses à partir de ce qu'ils peuvent voir, sans lire le texte, pour essayer de trouver des réponses aux questions posées.

b) La deuxième partie de l'activité permet de procéder à la compréhension globale du document : il s'agit de vérifier les hypothèses émises auparavant, éventuellement de rectifier les erreurs, pour trouver les paramètres essentiels du document (son but, qui il vise et quelles informations il fournit).

c) Il s'agit pour les apprenants de donner leur point de vue afin de mesurer l'efficacité du message : la description est faite pour vendre, pour convaincre le lecteur de la page de magazine que ces objets sont exceptionnels. Les apprenants sont mis en situation de lecteurs « authentiques », hors du contexte de la classe, et doivent se prononcer sur l'intérêt suscité par les objets présentés.

➔ CORRIGÉ : **b) 1.** On présente ces objets pour les vendre. – **2.** Les campeurs et les randonneurs peuvent être intéressés par ces objets. – **3.** Le texte donne les caractéristiques des objets, il les décrit pour convaincre les éventuels acheteurs.

8 Cette activité permet de faire comprendre le fonctionnement du texte publicitaire. Les apprenants doivent repérer les différentes informations contenues dans le message. Faire observer les récurrences et en faire déduire les éléments essentiels à ce type de discours.
➡ CORRIGÉ : **la tente : les couleurs, les qualités, le prix et le client potentiel**
le sac à dos : la fonction, la matière, les qualités, le poids, le prix et le client potentiel

---

Point **Langue**
› LES PRONOMS RELATIFS *QUI* ET *QUE* POUR CARACTÉRISER UN OBJET OU UNE PERSONNE

Ce Point langue permet de conceptualiser les pronoms relatifs utilisés dans le document pour caractériser les objets.
a) La première partie fait observer les différentes phrases du texte dans lesquelles ces formes sont employées et énonce leur utilité.
b) La seconde partie s'arrête sur la fonction des deux pronoms relatifs : les apprenants sont amenés à déduire la règle à partir de leur observation.

➡ **Corrigé : a)** un sac *qui* permet de charger les appareils électroniques
une tente *que* vous lancez devant vous et *qui* retombe parfaitement montée
Il convient aux personnes *qui* partent plusieurs jours dans la nature.
b) *Qui* est le sujet du verbe qui suit.
Que est le COD du verbe qui suit.

S'EXERCER n° 2 Corrigé ▶ p. 141

➡ OBJECTIF DE L'ACTIVITÉ 9 ⬅ **Phonétique : Discrimination [k]/[g].**

9 **a)** L'exercice de discrimination auditive proposé a pour but de vérifier que tous les apprenants entendent bien la différence entre ces deux phonèmes. Procéder à l'écoute d'une dizaine de paires minimales, ou de paires de mots identiques, en demandant aux apprenants de dire si les deux mots entendus sont identiques ou s'ils sont différents. Faire dessiner aux apprenants une grille de ce type :

	=	≠
1.		✓
2...		

Pendant l'écoute de l'enregistrement (écoute séquentielle recommandée), chaque apprenant note ce qu'il entend. Procéder à la correction collective après une deuxième écoute de l'enregistrement (écoute continue).
b) Après cet exercice de discrimination, proposer aux apprenants de s'entraîner à prononcer ces deux sons dans des phrases de type « vire langue ». Afin de dynamiser l'activité, il est possible de proposer une compétition entre les apprenants qui essaieront de dire ces phrases sans se tromper.
➡ CORRIGÉ : **a) identiques : 2, 4, 8 et 11 – différents : 1, 3, 5, 6, 7, 9 et 10**

➡ OBJECTIF DE L'ACTIVITÉ 10 ⬅ **Comprendre la présentation d'un objet faite par un animateur radio.**

10 Faire d'abord écouter l'enregistrement, sans consigne, pour faire identifier la situation. Demander *Qui parle ?, À qui ?* et *Pour quoi faire ?* : *Au cours d'une émission radio, dans une rubrique quotidienne, un animateur présente un nouvel objet.* Faire établir le lien entre l'objet présenté et ceux de la page de magazine lue en début de parcours : l'animateur présente le sac à dos. Procéder ensuite à l'activité. Le repérage effectué lors de l'activité 8 pourra aider les apprenants à vérifier quelles informations ont été ou non oubliées. Proposer une deuxième écoute de l'émission pour faire repérer qu'il ne parle pas des qualités du sac à dos. Proposer de relever les qualités mentionnées dans le texte pour compléter les informations données. Cette activité permet aussi de faire le lien avec le Point langue suivant qui fait observer et comprendre comment on peut décrire les qualités d'un objet.
➡ CORRIGÉ : **Il ne parle pas des qualités du sac :** *imperméable* **et** *très résistant*, **ni de sa matière :** *en nylon*,
ni de son poids : *1,59 kg.*

Point **Langue**
› LES ADJECTIFS EN *-ABLE* POUR CARACTÉRISER UN OBJET

Ce Point langue propose une conceptualisation des adjectifs en *-able*. Les apprenants sont amenés à rechercher dans le texte les adjectifs qui correspondent aux définitions données pour ensuite remarquer leur trait commun et, enfin, en déduire la règle d'utilisation et de formation.

➡ **Corrigé :** un téléphone portable – une tente pliable – imperméable

S'EXERCER n° 3 Corrigé ▶ p. 141

AIDE-MÉMOIRE

Cet Aide-mémoire reprend et fixe des phrases qui permettent d'indiquer la fonction d'un objet. Le corpus cité pourra être utile à la réalisation des deux activités d'expression qui clôturent la leçon.

S'EXERCER n° 4 → Corrigé ▶ p. 141

> ◄ OBJECTIF DE L'ACTIVITÉ 11 ◄ **Rédiger un texte pour présenter un objet.**

Une première activité d'expression est proposée aux apprenants : c'est une activité ludique dans laquelle ils sont amenés à faire deviner, à leur voisin par exemple, des objets en se contentant de les caractériser, sans les nommer. Circuler entre les groupes pour, éventuellement, fournir le lexique utile à la caractérisation et pour aider à nommer les objets présentés. Cette activité permet de réemployer les outils linguistiques découverts dans le parcours et prépare à l'activité suivante au cours de laquelle la présentation se fera à l'oral.

> ◄ OBJECTIF DE L'ACTIVITÉ 12 ◄ **Transférer ce qui a été appris dans le parcours.**

La scène peut se jouer seul ou à deux : l'animateur peut en effet présenter seul sa rubrique ou être « aidé » par un collègue qui le sollicite et lui donne la réplique (comme dans le dialogue écouté dans l'activité 10). Il est possible d'évoquer ces deux scénarios avec les apprenants et de leur faire choisir celui qu'ils souhaitent préparer. Attirer l'attention des apprenants sur la consigne : il s'agit de présenter plusieurs objets. Leur demander de caractériser les objets en précisant qu'il s'agit de sélectionner les informations les plus pertinentes pour chacun afin de convaincre les auditeurs de l'intérêt qu'ils présentent. Pour rendre l'activité plus proche d'une situation authentique, il est possible de proposer à chaque apprenant ou binôme d'enregistrer sa présentation, comme on le fait pour une émission de radio. L'écoute des différentes productions permettra aussi une inter correction.

1. je *lui* ai acheté un jeu vidéo – je pense que je vais *lui* prendre une poupée – offre-*leur* des livres – non, je *leur* offre ça chaque année – je suis sûr que ça *leur* fera plaisir

2. a. C'est un objet *que* les coiffeurs utilisent souvent et *qui* sert à couper : une paire de ciseaux. – **b.** C'est un objet *qui* se trouve dans la maison et *qui* sert à éclairer une pièce : une lampe. – **c.** C'est un vêtement *qu'*on met quand il pleut et *qui* permet de se protéger : un imperméable. – **d.** C'est un objet *qu'*on utilise pour boire : un verre. – **e.** C'est un meuble *qu'*on trouve dans une maison ou dans un jardin et *qui* permet de s'asseoir : une chaise.

3. lavable : un sac à dos – **portables** : un téléphone, un téléviseur, une valise en cuir – **pliables** : une chaise, un parapluie, une table – **jetables** : un appareil photo, des mouchoirs – **imperméables** : un parapluie, un sac à dos, un sac en plastique

4. *un téléviseur* : Il permet de/il sert à/on l'utilise pour regarder des émissions. – *un ordinateur* : Il permet de/il sert à/on l'utilise pour aller sur Internet. – *un appareil photo* : Il permet de/il sert à/on l'utilise pour prendre des photos. – *un caméscope* : Il permet de/il sert à/on l'utilise pour filmer. – *un lecteur MP3* : Il permet de/il sert à/on l'utilise pour écouter de la musique. – *une valise* : Elle permet de/elle sert à/on l'utilise pour transporter des vêtements. – *des lunettes* : elles permettent de/elles servent à/on les utilise pour mieux voir. – *une montre* : elle permet de/elle sert à/on l'utilise pour savoir l'heure.

Ce `Carnet` `de` `voyage` se compose de deux volets :

Le premier, intitulé *Philippe Starck, grand nom du design*, propose la rencontre avec un designer français très connu. C'est une façon de poursuivre le thème du dossier en présentant un créateur d'objets hors du commun. Par les différentes activités, les apprenants découvriront d'abord l'artiste, ses créations, pour ensuite être mis en situation d'imaginer leurs propres objets design. Pour aller plus loin, il est possible de consulter le site officiel de Philippe Starck : www.philippe-starck.com.

Le second, intitulé *Les couleurs*, propose de prolonger la découverte faite dans la deuxième leçon du dossier (p. 118 du manuel) : les couleurs sont abordées sous un angle différent, elles ne permettent plus uniquement de caractériser un vêtement ou un objet mais, par ce qu'elles représentent et symbolisent, elles permettent d'exprimer des idées, des sentiments. Les différentes activités proposent une approche singulière des couleurs par le biais d'expressions, d'associations d'idées et de textes poétiques.

Philippe Starck, grand nom du design

1 **a)** L'observation de la photo permet une première approche du créateur. La représentation de Philippe Starck à la manière de Shiva, la déesse indienne, évoque le fait qu'il a de nombreuses créations à son actif. Faire observer ce qu'il porte dans chaque main pour amener les apprenants à dire qu'il crée des objets, parfois employés dans le quotidien par le plus grand nombre (bouteille plastique...). Les apprenants qui connaissent déjà ce créateur peuvent, à leur tour, avoir la parole pour dire ce qu'ils en savent et partager avec les autres leur savoir.

b) Faire lire l'extrait de dictionnaire et, éventuellement, élucider les notions qui posent problème.

2 Faire observer l'objet présenté et son titre : faire trouver que l'objet a la forme d'une brouette, mais n'est pas une brouette. La brouette permet de transporter des matériaux dans un jardin ou sur un chantier, ici les apprenants sont amenés à reconnaître l'usage détourné de l'objet créé : il sert à s'asseoir, c'est un fauteuil en forme de brouette, qui, pourquoi pas, pourrait permettre à la personne assise d'*être promenée* par quelqu'un.

L'activité explique aussi la référence à laquelle renvoie le titre : *Ceci n'est pas une pipe* est une phrase écrite sur le tableau *La trahison des images* (1928) de René Magritte, peintre belge du xxᵉ siècle. Magritte menait ici une réflexion sur la relation arbitraire entre le mot et l'image : le tableau « montre » une *pipe*, mais cela n'est pas une *pipe*, puisque c'est un tableau. De même que le fauteuil de Philippe Starck reproduit les caractéristiques d'une brouette, il n'en est pas moins un fauteuil.

3 **a)** Faire d'abord observer les photos des deux objets et demander à la classe de faire des hypothèses sur leur utilité. Préciser qu'il s'agit d'objets qui peuvent être utilisés dans le quotidien, ils ne sont pas uniquement décoratifs.

b) Faire lire les textes de présentation des objets pour vérifier les hypothèses émises auparavant.

➡ **CORRIGÉ :** **b)** *Juicy Salif* sert à presser les citrons. – *Poaa* est une sorte d'haltère qui permet aux sportifs de se muscler.

4 Dans cette activité, les apprenants sont amenés à donner leur point de vue sur la version design des objets créés par Starck pour ensuite parler du design dans leur pays.

a) La première partie de l'activité peut se faire en grand groupe. Les apprenants disent en quoi ils préfèrent tel ou tel modèle : faire justifier les réponses, il peut s'agir de l'utilité de l'objet, de son esthétisme ou de tout autre motif.

b) Former des petits groupes et demander à chacun de parler de la place du design dans son pays. Demander de trouver et de présenter des designers connus et leurs créations. C'est une manière d'amener les apprenants à porter un regard nouveau sur leur pays et sur ses artistes, peut-être ne se sont-ils jamais posé cette question auparavant et c'est là une façon de les y intéresser.

5 Cette activité suscite la créativité de chacun : former des petits groupes au sein desquels les apprenants en interaction pourront imaginer des objets design. Il est possible de faire dessiner les objets inventés et de faire rédiger un court texte permettant d'expliquer leur utilité.

Les couleurs

6 **a)** Cette activité prolonge une partie du Point langue, p. 118 du manuel, il s'agit de vérifier la connaissance du nom des différentes couleurs. Les photos illustrent aussi les couleurs en montrant ce à quoi elles sont souvent associées dans la société française : on dit « bleu ciel », « jaune citron », « rouge piment » et le vert renvoie à la nature. Faire compléter la liste par les couleurs qui ne sont pas représentées sur les photos.
b) Former des binômes et demander de reprendre chaque couleur de la liste faite auparavant pour y associer une image. Les apprenants sont amenés par cette première activité à découvrir que la perception des couleurs est différente d'une société à l'autre, d'une personne à l'autre.
➡ CORRIGÉ : **a) photo 1** : bleu et blanc – **photo 2** : jaune – **photo 3** : rouge – **photo 4** : vert

7 Garder les binômes formés lors de l'activité précédente et demander d'associer chaque réponse à une couleur. Lors de la mise en commun, faire remarquer que les phrases expriment parfois l'expression d'opinion personnelle (« pour moi », « à mon avis », « je trouve que ») ou évoquent des représentations propres à certaines cultures (« Au Japon », « En Chine »). Il s'agit encore de faire prendre conscience que le langage des couleurs est différent en fonction du pays d'origine et de chaque individu.

8 L'activité permet de faire vérifier, au niveau de la classe, l'idée, amorcée dans les activités 6 et 7, que les couleurs ne signifient pas toujours la même chose pour tous. Avant de procéder à l'activité, il est important de vérifier en grand groupe la compréhension des mots proposés dans la liste. Former des petits groupes constitués, si possible, d'apprenants d'origines diverses.
a) Faire associer une couleur à chaque mot. Si aucun mot ne permet d'illustrer la couleur, les apprenants peuvent en fournir d'autres.
b) Les apprenants terminent l'activité en précisant quelle est la couleur qu'ils préfèrent. Ils expliquent pourquoi, sachant que la raison évoquée ne sera pas forcément liée au mot auquel elle est associée, mais cela peut n'être qu'une question d'esthétisme.
Il peut être intéressant de proposer une rapide mise en commun pour faire un point sur l'écart des associations mot/couleur trouvées.

9 De nombreuses expressions françaises font appel aux couleurs pour évoquer un sentiment. L'appariement proposé permet aux apprenants de découvrir ces expressions.
➡ CORRIGÉ : **voir rouge : la colère – avoir des idées noires : le pessimisme – voir la vie en rose : l'optimisme – être vert : la jalousie – rire jaune : la gêne, l'embarras**

10 Faire lire le poème et en vérifier la compréhension en faisant trouver un autre titre. Lors de la mise en commun, faire observer que le poème évoque l'arc-en-ciel dont le spectacle offre la vision de toutes les couleurs. Le titre peut donc reprendre cette idée d'arc-en-ciel, il peut aussi évoquer les différents pays cités.

11 L'activité propose d'affiner la compréhension du poème. Faire retrouver, à deux, les différents éléments demandés par la consigne. Si besoin, faire expliquer ou expliquer certains termes du poème. Faire, par exemple, observer les mots nouveaux pour nommer des couleurs : *orangé* pour *orange*, *indigo* qui est le nom d'un bleu qui tend vers le violet.
➡ CORRIGÉ : **couleurs associées à un animal : le jaune (les girafes), l'indigo (un papillon) – couleurs associées à un aliment : le rouge (un fruit), le vert (un sorbet) – couleurs associées à un élément de la nature : l'orangé (le sable), le bleu (les vagues) et le violet (les volcans)**

12 La dernière activité en appelle à la créativité de chacun. C'est un travail individuel qui peut être fait en classe ou à la maison selon le temps dont on dispose. Faire observer qu'il s'agit d'écrire un poème « *à la manière de* » celui proposé dans l'activité 10 : la matrice suit la structure du poème étudié, cela donne une base aux apprenants qui sont guidés et peuvent ainsi développer leur créativité plus facilement.

Pour quelques **euros** de plus

CONTENUS SOCIOCULTURELS – THÉMATIQUES

Les achats de consommation courante et les moyens de paiement

OBJECTIFS SOCIOLANGAGIERS

OBJECTIFS COMMUNICATIFS & SAVOIR-FAIRE	
Être capable de...	
Faire des achats	– comprendre quand quelqu'un parle d'un magasin – comprendre des panneaux d'affichage dans les magasins – nommer des commerces – demander un produit, son prix – demander le total à payer et dire le mode de paiement
Faire des courses alimentaires	– comprendre un dialogue entre commerçant et un client dans un magasin alimentaire – comprendre la caractérisation de produits alimentaires – comprendre quand quelqu'un parle de quantités précises – comprendre une liste d'achats – rédiger une liste d'achats – préciser des quantités – caractériser des produits alimentaires
OBJECTIFS LINGUISTIQUES	
GRAMMATICAUX	– l'expression de la quantité précise – le pronom *en*
LEXICAUX	– les commerces/les commerçants – les expressions de quantité
PHONÉTIQUES	– la nasale [ã] – distinction [ã]/[ɔ̃]

SCÉNARIO DE LA LEÇON

La leçon se compose de deux parcours :

Dans le premier parcours, on amènera les apprenants à comprendre des situations d'achat dans différents rayons d'un magasin, puis à transférer leurs acquis dans un jeu de rôles.

Dans le second parcours, il s'agit d'apprendre à faire des courses alimentaires. D'abord, les apprenants seront amenés à comprendre, puis à rédiger une liste de courses. Ensuite, une compréhension orale permettra de travailler sur l'achat de denrées alimentaires. Enfin, les apprenants transféreront l'ensemble de leurs acquis dans un jeu de rôles.

FAIRE DES ACHATS

🎬 S'exprimer Oral Act. 1	🎬 Comprendre Oral Act. 2, 3 et 4	🎬 Point langue Faire des achats **S'exercer n° 1**	🎬 Point culture Comment paient les Français	🎬 S'exprimer Oral Act. 5	🎬 Comprendre Oral Act. 6	🎬 Point langue Les commerces et les commerçants **S'exercer n° 2**

Dialogues dans des magasins   Extraits de dialogues

➡ OBJECTIF DE L'ACTIVITÉ 1 ⬅ Entrer dans la thématique et identifier le contexte de la leçon : les achats dans les magasins. La photo représente un magasin Fnac ; le panneau d'affichage indique les principaux rayons de ce magasin.

1 **a)** Faire observer la photo et le panneau d'affichage ; demander de quel type de magasin il s'agit. Les apprenants répondent à partir des informations données sur le panneau d'affichage. Ne pas insister sur le détail des prestations, il s'agit juste ici de cerner le type de magasin.
b) Cette courte activité introduit une communication authentique. Interroger les apprenants de manière informelle sur la présence de la Fnac ou d'une chaîne similaire dans leur pays. Les amener aussi à s'exprimer de manière plus personnelle pour dire s'ils fréquentent ce type de magasin et quels sont les rayons qui les attirent.
c) Demander aux apprenants de faire la liste des articles qu'ils aimeraient acheter à la Fnac (entre trois et cinq articles). Faire comparer les réponses en binôme avant une brève mise en commun en grand groupe, le but étant de repérer des intérêts communs (la majorité achète de la musique, par exemple) ou, au contraire, spécifiques. Cette activité est importante dans la mesure où la liste effectuée sera utilisée lors du jeu de rôles, proposé dans l'activité 5.
➡ **CORRIGÉ : a)** C'est un magasin où on achète des livres, des CD, des DVD, des appareils et accessoires (télé, audio, vidéo, photo, ordinateurs, téléphones...). Il y a aussi une agence de voyages et une billetterie spectacles.

➡ OBJECTIF DES ACTIVITÉS 2, 3 ET 4 ⬅ Comprendre des dialogues de situations d'achat/règlement à la caisse, à la FNAC.

2 Avant l'activité, faire écouter le premier dialogue (manuels fermés). Vérifier la compréhension de la situation : un jeune homme est à la Fnac, il parle avec le vendeur du rayon librairie. Effectuer l'activité : passer les trois dialogues à la suite pour faire repérer les rayons où le client va. Lors de la mise en commun en grand groupe, faire remarquer que l'on n'a pas de dialogue dans le rayon informatique ; l'information est donnée de manière indirecte dans le dialogue 1 (il demande où se trouve le rayon) et dans le dialogue 3 (il règle une clé USB à la caisse).
➡ CORRIGÉ : Le client va aux rayons librairie, musique et informatique.

3 Faire réécouter le dialogue 1 afin que les apprenants repèrent les livres que le client demande au vendeur et s'il achète quelque chose. Lors de la mise en commun, vérifier que les apprenants ont compris pourquoi le client n'a rien acheté.
CORRIGÉ : **1.** Le client veut acheter le *Da Vinci Code* en livre de poche et *Le roman des Jardin*, d'Alexandre Jardin.
2. Le client n'achète aucun livre : le *Da Vinci Code* en livre de poche ne sera disponible que dans 48 h et *Le roman des Jardin* est trop cher pour lui.

4 Faire réécouter les trois dialogues afin de permettre aux apprenants de dire si le ticket de caisse correspond aux achats effectués. Selon le niveau de la classe, faire une pause entre chaque dialogue pour vérifier la compréhension. Ne pas hésiter à revenir sur les énoncés où le client demande l'article/le vendeur donne une information. Cette activité sert de transition vers le Point langue, où les principaux actes de parole présents dans une situation d'achat sont travaillés.
➡ CORRIGÉ : Le client a bien acheté une clé USB et le CD de Camille. Mais les prix qui figurent sur le ticket ne correspondent pas à ceux énoncés par le caissier (dialogue 3) : le CD coûte 12,78 € et la clé USB 24 €, ce qui fait un total de 36,78 €.

Point **Langue**   › **FAIRE DES ACHATS**

Il s'agit ici de repérer à quels actes de parole correspondent les énoncés donnés, issus des dialogues. Faire compléter le tableau à partir de la réécoute des dialogues. Diviser, par exemple, la classe en deux sous-groupes : les uns écoutent ce que dit le vendeur dans les différentes situations, les autres ce que dit le client. Faire comparer les réponses en binôme avant la mise en commun en grand groupe.

➡ **Corrigé :**

Vendeur	Client
Demander au client ce qu'il veut	*Demander un produit*
– Vous désirez ? – On s'occupe de vous ? – Ce sera tout ?	– Je voudrais le dernier CD de Camille. – Je cherche le *Da Vinci Code*
Dire le prix d'un produit	*Demander le prix d'un produit*
– Il coûte 7 euros.	– Combien coûte le disque ? – Il coûte combien ? – Quel est le prix du roman ?
Indiquer le total à payer	*Demander le total à payer*
– Ça fait 36,78 euros.	– Ça fait combien ? – Je vous dois combien ?
Demander le mode de paiement	Dire le mode de paiement
Vous payez comment ?	en espèces / par chèque / par carte

S'EXERCER n° 1 ➡ Corrigé ► p. 149

Comment paient les Français

POINT CULTURE

Le travail effectué dans les dialogues est l'occasion de s'arrêter sur l'aspect socioculturel des modes de règlement.

A. Cette première activité peut donner lieu à une brève discussion en grand groupe : amener d'abord les apprenants à nommer les modes de paiement cités dans les situations travaillées (dialogue 3 essentiellement), puis à dire comment ils règlent leurs achats.

B. Former des petits groupes. Demander aux apprenants d'observer le schéma afin de trouver quels sont les deux principaux modes de paiement des Français et les comparer avec ceux de leur pays. Faire une rapide mise en commun en grand groupe.

➔ **Corrigé : A.** par carte, par chèque, en espèces
B. Les deux principaux modes de paiement des Français sont : la carte bancaire (70 %) et le chèque (17 %).

➡ OBJECTIF DE L'ACTIVITÉ 5 ⬅ Transférer ce qui a été vu dans le parcours, dans une simulation de situation d'achat.

5 Le point de départ de cette activité est la liste d'achats que les apprenants ont rédigée dans l'activité 1 c). Afin de mettre en place le jeu de rôles, faire un bref inventaire des rayons de la FNAC où les apprenants auront à se rendre pour acheter les articles de leur liste. Puis, identifier des volontaires pour être les vendeurs. Préparer l'espace-classe d'après les différents rayons ; identifier chaque rayon avec un carton prévu à cet effet (librairie, musique, informatique…) ; penser à prévoir une ou deux caisses. Inviter les « vendeurs » et les « caissiers » à prendre place et proposer aux « acheteurs » d'effectuer leurs achats dans les différents rayons, puis de régler à la caisse. À la fin de l'activité, deux ou trois groupes jouent la scène devant le reste de la classe. Les autres écoutent, notent les articles achetés, leur prix et le total à payer. La mise en commun de ces informations donne lieu à la correction des erreurs.

➡ OBJECTIF DE L'ACTIVITÉ 6 ⬅ Travailler de manière ciblée sur les commerces et les commerçants.

6 Faire observer rapidement les enseignes des magasins, puis proposer d'écouter les extraits de dialogues. Faire associer situations et enseignes : effectuer un exemple avec la classe, puis proposer un travail individuel, suivi d'une mise en commun en grand groupe. Cette activité sert de transition vers le Point langue, essentiellement lexical.
➡ **CORRIGÉ :** 1 : d – 2 : g – 3 : b – 4 : e – 5 : c – 6 : f – 7 : a

Point **Langue**

› LES COMMERCES ET LES COMMERÇANTS

L'objectif de ce Point langue est double : faire conceptualiser les noms de commerces et de commerçants et faire observer les prépositions utilisées dans chaque cas.

➡ **Corrigé :** à la boulangerie, à la crèmerie, chez le cordonnier, chez le pharmacien, chez le boucher

S'EXERCER n° 2 Corrigé ▶ p. 149

FAIRE DES COURSES ALIMENTAIRES

▨ Comprendre Écrit	▨ S'exprimer Oral/Écrit	▨ Point langue Préciser la quantité	▨ Comprendre Oral	▨ Aide-mémoire Les	▨ Point langue Le pronom *en*	▨ Phonétique	▨ S'exprimer Oral
Act. 7	Act. 8	**S'exercer n° 3**	Act. 9 et 10	caractéristiques des produits alimentaires Préciser le degré	**S'exercer n° 4**	Act. 11	Act. 12

Menu
Liste des courses

Dialogues
au marché

→ OBJECTIF DE L'ACTIVITÉ 7 ← Reprendre les acquis de l'activité 6 (commerces et commerçants) et introduire le travail sur les quantités précises.

7 Avant d'effectuer l'activité, faire identifier les deux documents : un menu de dîner et une liste de courses. Faire observer que la liste de courses mentionne les articles nécessaires pour le dîner. Pour cela, s'appuyer sur un exemple : sur la liste, on retrouve *2 avocats* et *250 grammes de crevettes* pour préparer l'entrée *Avocats aux crevettes*.

a) Proposer aux apprenants de lire les deux documents afin de trouver dans la liste les produits nécessaires pour préparer le dîner. Ce travail peut être fait en binôme avant une mise en commun en grand groupe, au cours de laquelle le vocabulaire inconnu sera expliqué.

b) Faire relire la liste de courses afin de déterminer chez quels commerçants M. et Mme Neves vont faire leurs courses. Cette brève activité, visant la vérification des acquis à la suite de l'activité 6, peut être faite directement en grand groupe.

→ **CORRIGÉ : a)** 2 avocats, 250 grammes de crevettes, 4 filets de saumon, 1 bouquet d'aneth, 500 grammes de tagliatelles fraîches, 1 salade, 1 camembert, 1 morceau de tomme, 6 bananes, 1 kilo d'oranges, 1 kilo de pommes, 1 livre de poires, 1 barquette de fraises

Remarque : Préciser que pour la salade de fruits, les quantités utilisées peuvent varier.

b) chez le marchand de fruits et légumes (et aromates), chez le poissonnier, chez le crémier, chez le marchand de produits italiens, chez le boucher (ou chez le charcutier)

Point **Langue**   › **PRÉCISER LA QUANTITÉ**

L'objectif de ce Point langue est double : conceptualiser l'expression de la quantité du point de vue grammatical et fixer/élargir le champ lexical des quantités, en relation avec certains produits alimentaires.

a) Faire observer la liste avec des partitifs : *M. et Mme Neves achètent du jambon, de l'aneth…* Faire remarquer que cette liste ne permet pas de connaître les quantités. Revenir sur la liste de courses pour amener les apprenants à comprendre la tâche à effectuer : *M. et Mme Neves vont acheter du jambon ? Combien de jambon ?* → *4 tranches de jambon.* Faire compléter les quantités, puis mettre en commun.

b) À partir des éléments obtenus précédemment, arriver à la formulation de la règle.

c) En binôme, faire associer les quantités et les produits ; plusieurs réponses sont quelquefois possibles. Effectuer une mise en commun en grand groupe.

→ **Corrigé : a)** 4 tranches de jambon/1 bouquet d'aneth/1 pot de crème fraîche/1 kilo d'oranges/1 livre de poires/ 6 bananes

b) expression de quantité/mesure + de + nom – nombre + nom

c) *Pour certains produits, plusieurs réponses sont possibles :* un pot de mayonnaise/moutarde, une boîte de petits pois, une bouteille d'huile/de vin, un kilo de tomates/une livre de tomates, un paquet de biscuits, une tablette de chocolat, un tube de mayonnaise, un litre de lait, une part de gâteau, un morceau de fromage, une botte de radis, une tranche de jambon.

S'EXERCER n° 3 → Corrigé ▶ p. 149

→ OBJECTIF DE L'ACTIVITÉ 8 ← Transférer les acquis, en rédigeant une liste de courses en vue d'un événement précis.

8 Cette activité se passe en deux temps. Dans un premier temps, proposer aux apprenants d'échanger en petits groupes (trois ou quatre personnes) afin de choisir une situation et d'imaginer un menu en adéquation. Les apprenants peuvent prendre des notes, pour mémoire. Pour s'assurer que la consigne est comprise, demander par exemple : *Pour un dîner avec une personne qui fait un régime pour mincir, quel menu choisir ?* Dans un deuxième temps, les apprenants rédigent la liste de courses nécessaires pour l'occasion. La mise en commun/correction se fait en grand groupe. Les listes de courses seront réutilisées dans l'activité 12.

→ OBJECTIF DES ACTIVITÉS 9 ET 10 ← Comprendre des dialogues de situations d'achat au marché, impliquant la précision des quantités et la caractérisation des produits alimentaires.

9 **a)** Faire écouter les dialogues à la suite et vérifier la compréhension globale de la situation : Mme Neves est au marché ; elle va d'abord chez le marchand de fruits et légumes, puis chez le poissonnier.

b) Faire réécouter les dialogues afin de dresser la liste des produits achetés. Demander aux apprenants de prendre des notes pendant l'écoute, puis de comparer leurs notes en binôme. Lors de la mise en commun, faire remarquer que Mme Neves cherche à acheter les produits de la liste, mais que, pour différentes raisons, elle modifie son projet initial. Au cours de cette activité, les apprenants seront probablement amenés à s'interroger sur le pronom *en*. Faire observer qu'il reprend un produit nommé précédemment, mais effectuer le travail de conceptualisation plus tard, dans le Point langue.

c) Demander aux apprenants de comparer la liste des produits achetés avec la liste de départ. Cette activité peut être faite en grand groupe, pour clore la mise en commun amorcée précédemment.

➡ CORRIGÉ : **a)** Mme Neves fait ses courses au marché : chez le marchand de fruits et légumes, puis chez le poissonnier.

b) 3 barquettes de fraises, 6 bananes, 1 kilo d'oranges, 1 kilo de pommes, 1 livre de poires, 2 melons, des légumes, 1 salade, 1 botte de radis, 2 kilos de pommes de terre, 4 filets de cabillaud

c) Chez le marchand de fruits et légumes, elle achète 6 bananes, 1 kilo d'oranges, 1 kilo de pommes, 1 livre de poires, 1 botte de radis, 1 salade, 2 kilos de pommes de terre. Elle achète 2 melons à la place des avocats, 3 barquettes de fraises au lieu d'une seule. Elle n'achète pas de citron. Chez le poissonnier, elle n'achète pas de crevettes (parce qu'elle n'a pas acheté d'avocat), pas de saumon (il n'y en a plus) ; elle achète 4 filets de cabillaud.

10 Faire réécouter les dialogues pour noter les précisions données sur les produits. Si difficulté, ne pas hésiter à effectuer une écoute avec des pauses, pour un repérage progressif. Noter les précisions au tableau, en face des produits concernés.

➡ CORRIGÉ : des bananes pas trop mûres – des oranges pas trop grosses – des poires assez mûres – des avocats pas du tout mûrs – des melons parfumés – du poisson sans arrêtes, super frais

AIDE-MÉMOIRE

Cet Aide-mémoire reprend, organise et aide à fixer les outils linguistiques employés dans les dialogues pour préciser les caractéristiques des produits alimentaires. Ces outils seront utiles aux apprenants dans le cadre de la simulation proposée dans l'activité 12.

Point **Langue**   › LE PRONOM *EN*

Ce Point langue permet de conceptualiser l'usage du pronom *en*.

a) Proposer de lire les phrases issues des dialogues et demander aux apprenants de dire de quels produits on parle. À cet effet, une réécoute du dialogue peut s'avérer utile. La mise en commun se fait en grand groupe, en mettant l'accent sur « l'économie » qu'entraîne ce pronom.

b) À partir de l'observation des exemples, faire trouver la règle. Ce travail peut se faire en grand groupe.

➡ **Corrigé : a)** j'ai des avocats/ prenez des melons/ je prends deux melons/ je ne vois pas de saumon

b) quantité – avant le verbe – après le verbe

S'EXERCER n° 4 ➡ Corrigé ▶ p. 149

➡ OBJECTIF DE L'ACTIVITÉ 11 ⬅   **Phonétique :** Le son [ɑ̃] et la distinction des nasales [ɑ̃]/[ɔ̃].

11 a) L'exercice de discrimination auditive proposé a pour but de vérifier que tous les apprenants distinguent bien le son [ɑ̃] des deux autres nasales principales du français. Procéder à l'écoute d'une douzaine d'énoncés en demandant aux apprenants de dire si le son [ɑ̃] se trouve dans la 1re, la 2e ou la 3e syllabe de chaque énoncé. Faire dessiner aux apprenants une grille de ce type :

	1re	2e	3e
1.			✓
2...			

Pendant l'écoute de l'enregistrement (écoute séquentielle recommandée), chaque apprenant note ce qu'il entend. Procéder à la correction collective après une deuxième écoute de l'enregistrement (écoute continue).

b) Après cet exercice de discrimination, proposer une activité d'identification du son [ɑ̃] dans des phrases. Faire écouter chaque phrase et les apprenants doivent dire combien de fois ils ont entendu le son [ɑ̃]. Il est aussi possible de demander aux apprenants de situer le son [ɑ̃] dans les phrases entendues en présentant cet exercice sous la forme suivante (le nombre de carrés est équivalent au nombre de syllabes dans chaque phrase et les groupes rythmiques sont identifiables par un espace) :

1re phrase : ■ ■ ■   ■ ■ ■ .

2e phrase : ■ ■ ■   ■ ■ ■ ?

3e phrase : ■ ■ ■ ■ ■ ■ ■ .

c) Poursuivre le travail sur ce son en faisant réécouter les phrases aux apprenants et en leur proposant de les répéter à tour de rôle.

d) L'exercice de discrimination auditive proposé a pour but de vérifier que tous les apprenants entendent bien la différence entre les deux phonèmes [ɔ̃] et [ɑ̃]. Procéder à l'écoute d'une douzaine de paires minimales ou de paires de mots identiques en demandant aux apprenants de dire si les deux mots entendus sont identiques ou s'ils sont différents. Faire dessiner aux apprenants une grille de ce type :

	=	≠
1.		✓
2...		

Pendant l'écoute de l'enregistrement (écoute séquentielle recommandée), chaque apprenant note ce qu'il entend. Procéder à la correction collective après une deuxième écoute de l'enregistrement (écoute continue).

e) Pour finir cette activité, faire lire le menu aux apprenants et leur demander d'en constituer un autre avec des noms qui contiennent les sons [ɔ̃] et [ɑ̃].

▶ CORRIGÉ : **a)** 1re syllabe : 9 – 2e syllabe : 2, 3, 4, 6, 10, 11 et 12 – 3e syllabe : 1, 5, 7 et 8

        b) 1re phrase : ▢ ▢ ✓ ▢ ✓ ▢ . = 2 fois

        2e phrase : ▢ ✓ ▢ ▢ ✓ ▢ ▢ ? = 2 fois

        3e phrase : ▢ ▢ ✓ ▢ ▢ ▢ ✓ ▢ . = 2 fois

        d) **mots identiques** : 4, 7 et 11 – **mots différents** : 1, 2, 3, 5, 6, 8, 9, 10 et 12

▶ OBJECTIF DE L'ACTIVITÉ 12 ◀   Transférer ce qui a été vu dans la leçon, dans une simulation de situation d'achat.

Le point de départ de cette activité est la liste de courses que les apprenants ont rédigée dans l'activité 8. Afin de mettre en place le jeu de rôles, faire un bref inventaire des marchands chez qui les apprenants auront à se rendre pour acheter les articles de leur liste. Puis, identifier des volontaires pour être les marchands (de préférence ceux qui ont été clients dans l'activité 5). Préparer l'espace-classe avec les différents étalages ; identifier chaque étalage avec un carton prévu à cet effet (fruits et légumes, poissonnerie, crèmerie...). Inviter les « marchands » à prendre place et proposer aux « clients » d'effectuer leurs achats. À la fin de l'activité, deux ou trois groupes jouent la scène devant le reste de la classe. Les autres écoutent, notent les articles achetés, leur prix et le total à payer. La mise en commun en grand groupe de ces informations donne lieu à la correction des erreurs.

1. e – c – h – d – i – a – f – g – b

2. a. au marché, chez le marchand de fruits et légumes – **b.** à la boucherie/chez le boucher – **c.** à la pâtisserie/chez le pâtissier – **d.** à la poissonnerie/chez le poissonnier – **e.** à la crèmerie/chez le crémier – **f.** chez le fleuriste

3. *Certaines quantités sont données à titre indicatif* : 6 escalopes de veau, 1 pot de crème, 1 paquet de riz, 1 barquette de champignons, 4 fromages, 2 bananes, 2 pommes, 2 poires, 3 oranges, 1 kiwi, 2 bouteilles d'eau minérale : 1 plate, 1 gazeuse, 1 paquet de café

4. a) le client : a, d, f, g – **le vendeur** : b, c, e

b) b. prenez-*en* six – **c.** j'*en* ai, aujourd'hui – **d.** vous *en* avez ? – **e.** vous *en* désirez combien de barquettes ? – **f.** vous *en* avez ? – **g.** mettez-*en* trois

Les feux de la **rampe**

CONTENUS SOCIOCULTURELS – THÉMATIQUES

Les spectacles et la réservation au théâtre

OBJECTIFS SOCIOLANGAGIERS

OBJECTIFS COMMUNICATIFS & SAVOIR-FAIRE	
Être capable de...	
Proposer de sortir/ choisir un spectacle	– comprendre des annonces de spectacles – comprendre quand quelqu'un propose une sortie – comprendre quand quelqu'un exprime un point de vue sur une sortie – proposer une sortie en argumentant simplement – exprimer son opinion sur une sortie – faire un commentaire positif/négatif à propos d'un spectacle
Faire une réservation de spectacle	– comprendre des affiches de spectacle – comprendre une réservation pour un spectacle – comprendre quand quelqu'un demande des informations sur un spectacle – comprendre quand quelqu'un fait une offre limitée – faire une réservation
OBJECTIFS LINGUISTIQUES	
GRAMMATICAUX	– l'expression de la quantité restante (*ne... plus*), de la quantité restreinte (*ne... que*)
LEXICAUX	– les spectacles – la caractérisation positive/négative – le registre familier
PHONÉTIQUES	– intonation : réaction positive ou négative à une proposition

SCÉNARIO DE LA LEÇON

La leçon se compose de deux parcours :

Dans le premier parcours, les apprenants seront amenés à échanger à propos de leurs sorties-spectacles, pour entrer dans la thématique. Puis, ils liront la rubrique « sorties-spectacles » d'un journal et ils écouteront un dialogue d'invitation à sortir, basé sur les annonces de spectacles travaillées. En fin de parcours, il leur sera demandé de décider d'une sortie commune, à partir de différentes propositions de spectacles faites par les uns et les autres.

Dans le second parcours, les apprenants seront amenés à observer des affiches de spectacles et à comprendre trois dialogues de réservation pour les pièces de théâtre en question. En fin de parcours, ils réserveront, à leur tour, des places de spectacles, lors d'un jeu de rôles.

PROPOSER DE SORTIR/CHOISIR UN SPECTACLE

🎬 S'exprimer Oral Act. 1	🎬 Comprendre Écrit/Oral Act. 2, 3, 4 et 5	🎬 Point langue Proposer de sortir, réagir **S'exercer n° 1**	🎬 Point langue Le registre familier **S'exercer n° 2**	🎬 Phonétique Act. 6	🎬 S'exprimer Oral Act. 7

Programme de spectacles
Dialogue : proposition de sortie

→ **OBJECTIF DE L'ACTIVITÉ 1** ← Entrer dans la thématique, en échangeant à propos des sorties-spectacles.

1 Proposer aux apprenants d'échanger à propos de leurs sorties-spectacles, en s'appuyant sur le fil conducteur proposé dans l'activité : les questions 1, 2 et 3. Former des groupes de quatre personnes, de profils différents si possible (âge, sexe, personnalité...). Prévoir une brève mise en commun, pour constater les points communs et les disparités.

→ **OBJECTIF DES ACTIVITÉS 2, 3, 4 ET 5** ← Comprendre la rubrique « *sorties-spectacles* » d'un journal, puis un dialogue où deux personnes décident d'une sortie commune : l'une propose d'aller à un des spectacles annoncés et l'autre fait des commentaires/réagit aux propositions.

2 **1.** Faire observer le « Toulouscope » afin d'identifier le document : *Il s'agit de la rubrique « sorties/spectacles » du journal* La Dépêche du midi.
2. Faire remarquer les titres en rouge afin d'identifier les différentes parties du « Toulouscope ».
■ **POUR ALLER PLUS LOIN :** Faire observer les titres noirs en gras, qui correspondent aux noms des spectacles, puis proposer une lecture rapide, sans s'attarder sur les mots inconnus.
→ **CORRIGÉ : 1.** La rubrique « sorties/spectacles » / **2.** Musiques – Théâtre – Humour – Cirque

3 Faire écouter les quatre extraits à la suite. Vérifier si les apprenants ont compris de quoi il s'agit : *Ce sont des extraits de spectacles.* Proposer une deuxième écoute, afin d'identifier dans le « Toulouscope » à quels spectacles ils correspondent. Pour faciliter le repérage, faire une pause après chaque extrait. L'identification des extraits se fera à partir de certains indices : dans le premier extrait, les applaudissements permettent de comprendre qu'il s'agit d'une pièce de théâtre ; la réponse est trouvée par déduction : il ne s'agit ni d'un cabaret macabre ni d'un spectacle d'humour. Le deuxième extrait n'est pas annoncé dans le « Toulouscope » ; la musique de fond permet de comprendre qu'il s'agit d'un film. Les troisième et quatrième extraits sont facilement identifiables.
→ **CORRIGÉ : 1.** Le Songe d'une nuit d'été (il s'agit des dernières répliques) – **3.** In jazz quartet – **4.** Cirque à la une

4 Faire écouter le dialogue et vérifier la compréhension globale : *Pierre propose à Marion de sortir.* Demander aux apprenants de retrouver dans le « Toulouscope » les spectacles qu'il propose. Faire faire cette activité en binôme, suivie d'une mise en commun en grand groupe.
→ **CORRIGÉ :** Le Songe d'une nuit d'été – A-mor – Jambon beurre

5 Faire réécouter le dialogue afin de relever les réactions et les commentaires de Marion sur les spectacles que Pierre lui propose.
→ **CORRIGÉ : Le Songe d'une nuit d'été →** *J'aime bien ce qu'ils font mais je n'ai pas envie de classique.* **– A-mor →** *Bof, ça ne doit pas être terrible.* **– Jambon beurre →** *Ils sont très marrants ces deux-là ! J'aime bien leur humour.*

Point **Langue**   › **PROPOSER DE SORTIR, RÉAGIR**

Ce Point langue permet de travailler sur les différentes formulations utilisées pour proposer une sortie et pour faire un commentaire à propos d'un spectacle (réactions positives/négatives).
Faire réécouter le dialogue et, à l'aide des expressions données, faire compléter le tableau.
Les apprenants comparent leurs réponses avant la mise en commun en grand groupe.

→ **Corrigé :**

Proposer de sortir	Réactions positives	Réactions négatives
– *Le Songe d'une nuit d'été*, ça te dit ?	J'aime bien ce qu'ils font...	... mais je n'ai pas envie de théâtre classique.
– On peut aller voir *A-mor*.		Ça ne doit pas être terrible !
– Alors, pourquoi pas *Jambon beurre*, avec Nordine et Cédric ? Ça te tente ?	Ils sont très marrants ces deux-là ! J'aime bien leur humour.	

S'EXERCER nº 1 Corrigé
▶ p. 154

Point **Langue**   › **LE REGISTRE FAMILIER**

Ce Point langue permet de sensibiliser les apprenants au registre familier.
a) Proposer une réécoute du dialogue afin de repérer les phrases de sens équivalent à celles données. Lors de la mise en commun, mettre en parallèle les mots « équivalents », en soulignant qu'ils n'appartiennent pas au même registre.
b) Proposer une réécoute avec des pauses pour identifier les autres marques de l'oral contenues dans le dialogue.

.../...

Point **Langue**

➭ **Corrigé : a)** j'ai trop de **boulot** en ce moment/je suis **crevée**/Ça ne doit pas être **terrible** !/Ils sont très **marrants**, ces deux-là.

b) Le lexique appartenant au registre familier : boulot – crevé – terrible – marrant. La suppression du « ne » dans : *Tu veux pas aller au ciné... ? – bof* pour marquer le manque d'enthousiasme – Le sujet différé : le référent du pronom vient en fin de phrase : **ils** sont très marrants **ces deux-là** !

S'EXERCER nº 2 ➭ Corrigé ▶ p. 154

➭ OBJECTIF DE L'ACTIVITÉ 6 ◲   **Phonétique :** Intonation : réaction positive ou négative à une proposition.

6 **a)** La première partie de l'activité a pour but de sensibiliser les apprenants à l'intonation de différentes réactions qu'on peut avoir après une proposition de sortie. Dans cette première partie, les apprenants peuvent s'appuyer sur l'intonation *et* sur le sens des énoncés pour juger si la réaction est enthousiaste, hésitante ou négative. Il est possible de proposer de reproduire la grille suivante pour noter les réponses :

	enthousiaste	hésitante	négative
1.		✓	
2...			

Pendant l'écoute de l'enregistrement (écoute séquentielle recommandée), chaque apprenant note ce qu'il entend. Procéder à la correction collective après une deuxième écoute (écoute continue).

b) Dans la deuxième partie de l'activité, les apprenants doivent dire dans quel énoncé l'intonation est enthousiaste. Il s'agit là d'un exercice de discrimination de l'intonation, comme pour les sons. Il est aussi possible de proposer aux apprenants de reproduire la grille suivante pour noter les réponses :

	Intonation enthousiaste	Autre intonation (hésitante)
1a		✓
1b	✓	

Poursuivre cette activité en proposant une nouvelle écoute de chaque item, inviter les apprenants à répéter les énoncés en reproduisant l'intonation de l'enregistrement.

c) Pour terminer, proposer un exercice qui prépare les apprenants à la production orale et que l'on peut considérer comme un échauffement. Les apprenants doivent se servir des énoncés précédemment entendus pour réagir aux propositions de sorties de l'exercice. Pour dynamiser cet exercice, proposer aux apprenants de se lever et de réagir le plus vite possible à chaque phrase qui leur est adressée, ou en copiant les phrases sur des petits papiers qu'ils s'adressent les uns les autres en y réagissant mutuellement.

➭ CORRIGÉ : **a)** enthousiaste : 3, 6, 7 – hésitante : 1 – négative : 2, 4, 5, 8
b) intonation enthousiaste : 1. b / 2. a / 3. a / 4. b

➭ OBJECTIF DE L'ACTIVITÉ 7 ◲   Transférer les acquis du parcours et décider d'une sortie commune.

7 Former des groupes de quatre personnes. Chaque apprenant consulte le « Toulouscope » afin de proposer aux autres une sortie ; chacun réagit en fonction de ses goûts. À la fin, chaque groupe décide d'une sortie commune.

■ **VARIANTE :** Pour les cours basés dans un pays francophone, la sortie commune se décide à partir d'un vrai programme de spectacles. Pour les pays non francophones, et selon les contextes, il y a éventuellement la possibilité de se procurer un programme « spectacles » sur un site internet (www.theatreonline.com, entre autres).

FAIRE UNE RÉSERVATION DE SPECTACLE

▓ Comprendre
Écrit/Oral
Act. 8, 9, 10 et 11

▓ Point langue
Réserver
une place
de théâtre
S'exercer nº 3

▓ Point langue
Le pronom *en*
S'exercer nº 4

▓ S'exprimer
Oral
Act. 12

Affiches de pièces de théâtre
Dialogues de réservation

➜ OBJECTIF DES ACTIVITÉS 8, 9, 10 ET 11 ⬅   Comprendre des échanges téléphoniques de réservation de spectacle. L'écoute des trois dialogues est complétée par la lecture des affiches.

8 Faire identifier les trois documents : Il s'agit d'affiches de *pièces de théâtre*.
➜ CORRIGÉ : Ce sont affiches de pièces de théâtre.

9 **a)** Faire écouter le premier dialogue et vérifier la compréhension globale : *La personne téléphone pour réserver des places de théâtre.* Vérifier si les apprenants ont identifié la pièce dont il s'agit : *Hommes d'honneur.* Faire écouter les autres dialogues à la suite, avec le même objectif.
b) Faire associer chaque dialogue à une affiche.
◼ VARIANTE : En fonction du niveau de la classe, les activités a) et b) peuvent être couplées.
➜ CORRIGÉ : **a)** 1. Les personnes téléphonent à une centrale téléphonique de réservation de spectacles.
2. Pour réserver des places de théâtre.
b) dialogue 1 : *Hommes d'honneur* – dialogue 2 : *Accent aigu* – dialogue 3 : *État critique*

10 Faire réécouter les dialogues afin de repérer, pour chaque pièce, le nombre de places désirées, la date et l'heure de la représentation.
➜ CORRIGÉ : **dialogue 1 :** *Hommes d'honneur* – deux places désirées samedi prochain, à 21 h
dialogue 2 : *Accent aigu* – quatre places désirées jeudi prochain le 6 novembre, à 20 h
dialogue 3 : *État critique* – six places désirées dimanche en matinée, à 15 h

11 **a)** Vérifier si les apprenants sont capables, de mémoire, d'indiquer à quels dialogues correspondent les situations indiquées. Si cela s'avère difficile, faire réécouter le dialogue. Pour éviter trop de réécoutes, proposer d'effectuer en même temps la consigne 11 b).
b) Faire réécouter le dialogue (avec des pauses, éventuellement) pour repérer comment l'employé informe chaque personne de la situation.
c) Faire une dernière réécoute afin de relever les réactions de chaque client.
➜ CORRIGÉ : **a)** des places sont disponibles : *Accent aigu* – il n'y a pas assez de places : *État critique* – la réservation n'est pas possible : *Hommes d'honneur*
b) Hommes d'honneur : *Je suis désolée, il n'y a plus de place !* – **Accent aigu :** *Pas de problème, il y a encore des places.* – **État critique :** *Je suis désolée, je n'ai que quatre places !*
c) Accent aigu : *Ah, il y en a encore ! Ah, c'est bien, j'ai de la chance !* – **État critique :** *Oh ! C'est vraiment dommage ! Quatre places seulement ?*

Point **Langue**   > RÉSERVER UNE PLACE DE THÉÂTRE

L'objectif de ce Point langue est double : vérifier les acquis lexicaux et reprendre/approfondir le travail sur l'expression des quantités restreintes/restantes/négatives.
a) et **b)** Proposer aux apprenants d'associer les éléments des deux colonnes, puis mettre en commun en grand groupe.
➜ **Corrigé : a)** Le spectacle commence à 15 heures. → La représentation est en matinée.
réserver une place → faire une réservation – une place au balcon → une place en haut
Le spectacle commence à 21 heures. → La représentation est en soirée.
une place à l'orchestre → une place en bas
b) Il n'y a plus de place. → C'est complet. – Il y a encore des places. → La réservation est possible. –
Vous voulez six places, mais je n'ai que quatre places. → Il n'y a pas assez de places.

S'EXERCER n° 3 Corrigé ▸ p. 154

Point **Langue**   > LE PRONOM *EN*

Ce Point langue vise à approfondir le travail effectué sur le pronom *en*, dans un contexte élargi (hors alimentation) et plus complexe (la restriction, par exemple).
➜ **Corrigé :** Je n'**en** ai que quatre.
Il y **en** a encore.

S'EXERCER n° 4 Corrigé ▸ p. 154

➡ OBJECTIF DE L'ACTIVITÉ 12 ⬅   Faire transférer ce qui a été travaillé dans le parcours.

12 Former des binômes et proposer aux apprenants de préparer la simulation : ils lisent l'extrait de *Pariscope* afin de repérer les spectacles, les jours, les horaires... Ensuite, faire jouer la scène de réservation au téléphone selon les modalités indiquées dans la consigne. Dans un deuxième temps, proposer à deux ou trois groupes de jouer face à la classe (en se tournant le dos, puisqu'il s'agit d'une situation où on ne se voit pas).

■ **VARIANTE :** Les apprenants peuvent jouer la scène de réservation du spectacle choisi dans l'activité 7.

1. Cet exercice vise à transférer ce qui est travaillé dans le Point langue « proposer de sortir/réagir ». *Plusieurs réponses sont possibles.*
2. oui, très bien → ouais, sympa – Cette fille est vraiment belle. → Elle est canon, cette fille ! – je suis très fatigué → je suis crevé – ce n'est pas extraordinaire → c'est pas terrible – elle est très drôle → elle est vraiment marrante

3. a. Il n'y a que deux acteurs... – **b.** Le théâtre ne ferme que le mardi. – **c.** La pièce ne dure qu'une heure. – **d.** Comme décor, il n'y a qu'une table et une chaise. – **e.** Les acteurs n'ont eu que quinze jours pour... – **f.** On ne joue cette pièce qu'à Paris.
4. a. Il n'en reste plus/il n'y en a plus – **b.** il n'en reste que cinq/je n'en ai que cinq/il n'y en a que cinq – **c.** il en reste six/il y en a encore six – **d.** il n'en reste qu'une/je n'en ai qu'une/il n'y en a qu'une

Un **dîner** en ville

CONTENUS SOCIOCULTURELS – THÉMATIQUES

Critiques de restaurant, dîner en ville

OBJECTIFS SOCIOLANGAGIERS

OBJECTIFS COMMUNICATIFS & SAVOIR-FAIRE Être capable de…	
Choisir un restaurant	– comprendre une courte présentation de restaurant dans un magazine – comprendre la description/caractérisation d'un restaurant, le type de cuisine proposé – caractériser un restaurant (lieu, ambiance, service, nourriture, prix) – recommander ou déconseiller une adresse gastronomique – justifier son choix simplement
Commander au restaurant	– comprendre quand quelqu'un passe une commande dans un restaurant – comprendre quand quelqu'un recommande/conseille un plat – commander des plats au restaurant – recommander/conseiller un plat – caractériser un plat
Faire une appréciation au restaurant	– comprendre quand quelqu'un manifeste sa satisfaction/son mécontentement – donner une appréciation positive/négative sur un plat – exprimer sa satisfaction/son mécontentement
OBJECTIFS LINGUISTIQUES	
GRAMMATICAUX	– la place des adjectifs qualificatifs (2) – les formules pour commander
LEXICAUX	– les adjectifs de caractérisation positive/négative – la caractérisation positive/négative
PHONÉTIQUES	– distinction des trois nasales principales – intonation : appréciation positive ou négative

SCÉNARIO DE LA LEÇON

La leçon se compose de trois parcours :

Dans le premier parcours, les apprenants liront des critiques gastronomiques et travailleront sur la caractérisation. Puis, ils seront amenés à échanger en vue de présenter à la classe un restaurant qu'ils apprécient. À l'issue des présentations, la classe décidera d'un dîner en ville. Les apprenants transféreront aussi leurs acquis en écrivant une critique de restaurant.

Dans le deuxième parcours, les apprenants écouteront des dialogues afin de travailler sur les différents actes qui composent une commande au restaurant.

Dans le troisième parcours, les apprenants seront amenés à comprendre des commentaires appréciatifs au restaurant. Enfin, les apprenants seront amenés à jouer une situation de commande/appréciation d'un repas au restaurant.

CHOISIR UN RESTAURANT

⚙ Comprendre Écrit Act. 1 et 2	⚙ Point langue Caractériser un restaurant	⚙ Point langue La place de l'adjectif **S'exercer n° 1**	⚙ Phonétique Act. 3	⚙ S'exprimer Oral/Écrit Act. 4

Critiques de restaurant

> ▶ OBJECTIF DES ACTIVITÉS 1 ET 2 ◀   Comprendre des critiques de restaurant et travailler sur la caractérisation.

1 Faire lire le document, puis vérifier que les apprenants comprennent qu'il s'agit de critiques gastronomiques. Faire relire le document afin de repérer si les éléments cités dans la consigne apparaissent. Mettre en commun en grand groupe, puis proposer aux apprenants de repérer, en binôme, dans quel ordre les éléments apparaissent. Lors de la mise en commun, faire observer le plan des critiques (leur matrice discursive).

▶ **CORRIGÉ : a)** Ce sont des critiques gastronomiques.

b) localisation du restaurant/indications sur le décor ou l'ambiance/informations sur les menus et les prix/indications sur le type de cuisine/indications sur les jours et horaires d'ouverture/nom et coordonnées du restaurant

c) Le jardin de Nicolas → nom et coordonnées du restaurant/indications sur le décor ou l'ambiance/indications sur le type de cuisine/informations sur les menus et les prix/indications sur le décor ou l'ambiance (exposition de photographies)/indications sur les jours et horaires d'ouverture – **Le marché d'Alice** → nom et coordonnées du restaurant/localisation du restaurant/indications sur le type de cuisine/indications sur le décor ou l'ambiance/informations sur les menus et les prix/indications sur les jours et horaires d'ouverture

2 **a)** Faire relire les critiques afin d'identifier certaines caractéristiques des restaurants. Pour cela, amener les apprenants à choisir quel restaurant est adapté pour chacune des situations évoquées.

b) Faire identifier les points forts (caractéristiques positives) de chaque restaurant, selon les critères indiqués. Cette activité, effectuée en grand groupe, sert de transition vers la suivante.

c) Proposer aux apprenants de travailler en binôme afin de relever tous les éléments de description positive. La mise en commun en grand groupe permettra de vérifier la compréhension du lexique.

▶ **CORRIGÉ : a)**

	Le jardin de Nicolas	Le marché d'Alice
1.	... plus de 40 salades	... une cuisine du marché... en fonction des saisons
2.		repas de groupe sur réservation
3.	... plus de 40 salades	(... une cuisine du marché... en fonction des saisons)
4.	... vous entrez par la cuisine ; exposition *Photographies du siècle dernier*.	

b) les points forts : Le jardin de Nicolas → nourriture, décor/ambiance, prix – **Le marché d'Alice** → nourriture, décor/ambiance, petit prix à midi

c)

	Le jardin de Nicolas	Le marché d'Alice
Nourriture	... la nouvelle carte/(les salades) sont toutes géniales, délicieuses et copieuses/... cuisine classique lyonnaise	... une cuisine du marché simple et savoureuse, variée.
Décor/ambiance	... vous entrez par la cuisine, c'est original... rassurant/... la très belle cave voûtée/un moment agréable...	La décoration... est une réussite totale/accueil chaleureux et sympathique
prix	... sans se ruiner	à midi, petit prix...

Point **Langue**
› CARACTÉRISER UN RESTAURANT

Ce Point langue vise à vérifier les acquis lexicaux de ce premier parcours.
a) Faire relire les critiques, en binôme, afin de faire correspondre chaque appréciation aux critères donnés. Effectuer la mise en commun en grand groupe, puis enchaîner sur l'activité suivante.
b) Faire correspondre les appréciations négatives aux mêmes critères.

▶ **Corrigé : a) la cuisine :** variée, savoureuse, copieuse, délicieuse, simple, géniale – **le décor :** original, rassurant, beau – **l'ambiance :** agréable – **le personnel :** sympathique, chaleureux – **les prix :** petits
b) la cuisine : sans saveur, banale – **le décor :** sans originalité – **le personnel :** antipathique, froid – **l'ambiance :** désagréable – **les prix :** élevés

Point **Langue**   > **LA PLACE DE L'ADJECTIF**

Ce Point langue vise à faire observer la place de l'adjectif.
Les activités a) et b) se font à la suite, individuellement.
a) Faire observer les exemples donnés.
b) Demander de cocher la réponse correcte.
La mise en commun se fait en grand groupe. Penser à mentionner les exceptions : les adjectifs *nouvel/bel* s'utilisent avant un nom masculin commençant par une voyelle.

➡ **Corrigé :** b) après le nom – avant le nom   **S'EXERCER nº 1**   Corrigé ▶ p. 159

➡ OBJECTIF DE L'ACTIVITÉ 3 ⬅   **Phonétique : Distinction des trois nasales principales.**

3 **a)** L'exercice de discrimination auditive proposé a pour but de vérifier que tous les apprenants distinguent bien les trois nasales principales du système phonique français.

Avant l'écoute de l'enregistrement, établir avec le groupe un code gestuel qui sera utilisé pour l'activité b). Chaque nasale correspondra à un geste choisi par la classe en fonction de la position des lèvres lors de son articulation. On devra prononcer chaque nasale en exagérant la position des lèvres (le degré de labialité) pour chacune des trois nasales afin d'en faciliter la distinction.
Par exemple : Un geste avec les deux bras qui représente la position des lèvres quand on prononce [ɛ̃] : bras très écartés sur le côté ; pour [ɑ̃] : bras légèrement écartés devant ; pour [ɔ̃] : bras tendus devant le visage.
b) Procéder à l'écoute d'une vingtaine d'énoncés en demandant aux apprenants de faire le geste correspondant à la nasale qu'ils reconnaissent dans chaque énoncé.
c) Après cet exercice de discrimination, proposer l'activité d'identification des sons dans des phrases. Après l'écoute de chacune de ces phrases, les apprenants doivent dire combien de fois ils ont entendu le son [ɔ̃], le son [ɛ̃] ou le son [ɑ̃]. Il est aussi possible de demander aux apprenants de situer les sons dans les phrases entendues en présentant cet exercice sous la forme suivante (le nombre de carrés est équivalent au nombre de syllabes dans chaque phrase et les groupes rythmiques sont identifiables par un espace) :

1ʳᵉ phrase : [ɔ̃] : ▢ ▢ ▢ ▢ ▢   ▢ ▢ ▢ ▢ ▢ .
2ᵉ phrase : [ɛ̃] : ▢ ▢ ▢ ▢ ▢   ▢ ▢ ▢ ▢   ▢ ▢ ▢ ▢ ▢ ▢ ▢ ?
3ᵉ phrase : [ɑ̃] : ▢ ▢ ▢ ▢   ▢ ▢ ▢   ▢ ▢ ▢ ▢ ▢ ▢ .

d) Poursuivre l'activité sur ces sons en faisant réécouter les phrases et en proposant de les répéter à tour de rôle.
➡ **CORRIGÉ :** **b)** [ɔ̃] : 1, 2, 3, 5, 9, 10, 11, 16 et 18 – [ɛ̃] : 4, 7, 13, 15, 19 et 20 – [ɑ̃] : 6, 8, 12, 14 et 17

c) 1ʳᵉ phrase : [ɔ̃] : ▢ ▢ ▢ ✓ ▢   ✓ ▢ ▢ ✓ ▢ . = 3 fois
2ᵉ phrase : [ɛ̃] : ✓ ▢ ✓ ▢ ▢   ▢ ▢ ✓ ▢   ▢ ▢ ▢ ✓ ▢ ▢ ▢ ? = 4 fois
3ᵉ phrase : [ɑ̃] : ▢ ✓ ▢ ▢   ✓ ✓ ▢   ▢ ▢ ▢ ▢ ✓ ▢ . = 4 fois

4 ➡ OBJECTIF DE L'ACTIVITÉ 4 ⬅   Transférer les acquis du parcours en présentant un restaurant.

a) Former des groupes de quatre personnes ; chaque apprenant présente un restaurant de la ville qu'il apprécie particulièrement, en donnant des informations sur le lieu, le décor, l'ambiance, la nourriture, le personnel, le prix. Une fois que tous se sont exprimés, le groupe choisit un restaurant. Lors de la mise en commun, chaque groupe fait sa proposition aux autres, puis la classe décide dans quel restaurant aller dîner.
b) Reformer les sous-groupes pour écrire la critique du restaurant choisi dans la première étape de travail.

COMMANDER AU RESTAURANT

▨ **Comprendre**	▨ **Point langue**
Oral	Commander
Act. 5 et 6	au restaurant
	S'exercer nº 2

Dialogues : commande au restaurant

→ OBJECTIF DES ACTIVITÉS 5 ET 6 ← Comprendre une situation de commande au restaurant.

5 **1.** et **2.** Faire écouter le premier dialogue, manuels fermés. Vérifier que les apprenants identifient la situation : *Au restaurant, le serveur prend la commande auprès d'un couple.*

3. Faire écouter les autres dialogues afin de repérer les étapes de la commande.

→ CORRIGÉ : **1.** au restaurant – **2.** les clients (un couple), le serveur – **3.** commande des plats et de la boisson, commande du dessert, commande des cafés et de l'addition

6 **a)** Faire réécouter les trois dialogues afin de dire quelle addition correspond au repas. Demander de justifier la réponse (*cf.* corrigé).

b) Faire réécouter le dialogue 2 afin de repérer le problème avec les desserts.

→ CORRIGÉ : **a)** La première addition, car elle mentionne 2 tartes normandes et 1 eau minérale.

b) La dame demande d'abord une crème caramel, mais ce n'est pas dans la formule aujourd'hui ; puis, elle demande une salade de fruits, mais il n'y en a plus. Le serveur recommande alors la tarte normande et les deux personnes suivent son conseil.

Point **Langue**   › **COMMANDER AU RESTAURANT**

Ce Point langue permet de travailler sur les formules utilisées dans les dialogues de commande au restaurant ; il prépare l'apprenant au jeu de rôles proposé dans l'activité 9.

Faire repérer dans les dialogues les formules utilisées par le serveur et les clients. Selon le niveau de la classe, faire faire ce travail à partir de la transcription des dialogues ou de leur écoute. Proposer aux apprenants de comparer leurs réponses avant la mise en commun en grand groupe.

→ **Corrigé : Le serveur prend la commande.** → *vous avez choisi ?/ et comme plat ?/ vous désirez boire du vin ?/ vous désirez des cafés ?*

Il recommande un plat. → pour l'osso bucco : *C'est très bon, je vous le recommande* – pour la tarte normande : *Elle est excellente. Une spécialité du chef.*

Il souhaite connaître l'appréciation des clients. → *Ça vous a plu ?*

Les clients commandent. → *Nous allons prendre deux formules./Comme entrée, deux melons/un osso bucco pour moi/Je vais prendre une côte de bœuf grillée./ Je voudrais une crème caramel./Deux cafés, s'il vous plaît.*

S'EXERCER n° 2 Corrigé ▶ p. 159

FAIRE UNE APPRÉCIATION AU RESTAURANT

🎵 Comprendre	🎵 Phonétique	🎵 S'exprimer
Oral	Act. 8	Oral
Act. 7		Act. 9
S'exercer n° 3		

⟶

Extraits : commentaires
au restaurant

→ OBJECTIF DE L'ACTIVITÉ 7 ← Comprendre des commentaires (positifs/ négatifs) au restaurant (lieu, nourriture, service).

7 Avant l'activité, faire écouter deux ou trois répliques afin de vérifier si les apprenants comprennent la situation : *Les clients font des commentaires au restaurant.* Demander d'observer la grille et amorcer l'activité en grand groupe (deux ou trois items). Faire faire l'activité ; pendant l'écoute de l'enregistrement (écoute séquentielle recommandée), chaque apprenant coche la case qui lui semble correspondre. Effectuer une mise en commun en grand groupe, en confirmant à chaque fois la réponse à partir de la réécoute du commentaire.

→ CORRIGÉ :

	Le lieu		La nourriture		Le service	
	☺	☹	☺	☹	☺	☹
1.						✓
2.			✓			
3.			✓			
4.				✓		
5.	✓					
6.					✓	
7.				✓		
8.			✓			
9.				✓		
10.		✓				
11.					✓	
12.				✓		

S'EXERCER n° 3 Corrigé
▶ p. 159

→ OBJECTIF DE L'ACTIVITÉ 8 ← **Phonétique :** Intonation : appréciation positive ou négative.

8 L'activité a pour but de sensibiliser les apprenants à l'intonation de l'appréciation. Dans cette activité, les apprenants ne peuvent s'appuyer que sur l'intonation des énoncés pour juger si l'appréciation est positive ou négative. Il est possible de proposer de reproduire la grille suivante pour noter les réponses :

	positive	négative
1a	✓	
1b		✓

Pendant l'écoute de l'enregistrement (écoute séquentielle recommandée), chaque apprenant note ce qu'il entend. Procéder à la correction collective après une deuxième écoute (écoute continue). Poursuivre l'activité en faisant réécouter les énoncés et en proposant de les répéter à tour de rôle en reproduisant chaque fois l'intonation proposée.

→ CORRIGÉ : **1.** a. (+), b. (−) / **2.** a. (−), b. (+) / **3.** a. (−), b. (+) / **4.** a. (−), b. (+) / **5.** a. (+), b. (−) /
6. a. (−), b. (+) / **7.** a. (+), b. (−) / **8.** a. (−), b. (+)

→ OBJECTIF DE L'ACTIVITÉ 9 ← Transférer dans un jeu de rôles ce qui a été travaillé dans les deux derniers parcours.

9 Lors de la préparation du jeu de rôles, diviser la classe en deux groupes : clients et serveurs. Les uns et les autres s'entraînent aux actes de parole qu'ils auront à exécuter : les « serveurs » à prendre la commande, recommander un plat, demander l'appréciation des « clients » ; les « clients » à commander (leur conseiller de choisir au préalable le « menu » qu'ils commanderont), les commentaires (sur le lieu, la nourriture, le service...). Dans un deuxième temps, proposer aux apprenants de jouer la scène, en parallèle, en groupes de trois (deux client(e)s, un(e) serveur/se). Enfin, proposer à deux ou trois groupes de présenter le jeu de rôles devant la classe. Les autres écoutent, notent la commande, les commentaires. La mise en commun en grand groupe de ces informations donne lieu à la correction des erreurs.

1. a) a. Ce sont des assiettes copieuses. – **b.** C'est une cuisine excellente/une bonne cuisine. – **c.** Ce sont des petits prix/prix raisonnables/modestes. – **d.** C'est une cuisine banale/sans saveur. – **e.** C'est un personnel antipathique/désagréable. – **f.** C'est un nouveau restaurant. – **g.** C'est une cuisine originale.
b) a. petites – **b.** sans saveur, modeste – **c. d.** originale – **e.** agréable – **f. g.** ordinaire
2. – Vous avez choisi ?/ – Oui, deux plats du jour et un steak frites./ – Quelle cuisson ?/ – À point./ – Vous prenez une entrée ?/ – Non, directement le plat principal./ – Et comme dessert ?/ – Deux tartes aux pommes./ – Désolé, mais je n'ai plus qu'une part de tarte./ – Bon alors, une tarte aux pommes et une glace à la vanille./ – Vous désirez boire quelque chose ?/ – Un quart de vin rouge et une bouteille d'eau minérale.
3. a) le décor → c, e – **la nourriture** → b, d, g, h – **le service** → a, f
b) appréciations positives → c, d, f, g – **appréciations négatives** → a, b, e, h

Ce `Carnet de voyage` permet de prolonger la principale thématique du dossier, intitulé *Pour le plaisir*. Il propose deux parcours à dominante culturelle et interactive.

Il se compose de deux volets :

Le premier, intitulé *La consommation des Français*, permettra de découvrir une étude et des témoignages sur ce thème. Cette activité amènera les apprenants à s'exprimer ensuite sur la gestion de leur budget consommation. Ce volet peut être travaillé à la fin du dossier.

Le second, nommé *Les sorties culturelles des Français*, reprend et élargit la thématique des sorties, abordée dans la leçon 2. Comme point de départ, proposer une activité où les apprenants seront amenés à s'exprimer sur leurs sorties culturelles et à envisager une sortie avec la classe. Ensuite, ils découvriront une étude sur les sorties et visites culturelles des Français, dans une perspective interculturelle. Enfin, ils liront l'article commentant le classement et diront quelle est leur priorité : sorties culturelles ou télévision ?

La consommation des Français

1 Cette activité vise à faire découvrir une étude sur la consommation des Français. Faire observer le document afin de l'identifier : il s'agit d'une étude parue dans le journal *Le Parisien*. Faire remarquer les indications qui montrent les rubriques en hausse et celles en baisse (couleur rouge ou bleue, flèches vers le haut ou vers le bas). Enfin, proposer aux apprenants de trouver, dans la liste, les secteurs qui manquent dans le schéma (quatre vignettes rouges et bleues n'ont pas d'intitulé).

➡ CORRIGÉ : **1.** l'évolution des achats des Français

        2. une augmentation

        3. nouvelles technologies – vêtements – loisirs – alimentation

2 Les témoignages ont un lien direct avec le schéma étudié dans l'activité précédente. Faire identifier le type de document (témoignages à la suite d'un micro-trottoir), vérifier que les apprenants font le lien avec le thème du schéma, puis faire trouver les secteurs évoqués dans chaque témoignage.

➡ CORRIGÉ : **D. Kusma** : alimentation/ loisirs

        M. Ouadjer : alimentation/ nouvelles technologies

3 Cette activité permet d'aller plus loin dans l'interprétation des témoignages : proposer aux apprenants de relire le document afin de trouver les éléments qui correspondent aux tendances décrites dans le schéma.

➡ CORRIGÉ : **Dans le schéma, les dépenses en alimentation sont en baisse, les loisirs et les nouvelles technologies en hausse. On retrouve ces tendances dans les témoignages : D. Kusma diminue ses dépenses d'alimentation et, grâce à ses économies, il s'offre des vacances ; M. Ouadjer surveille aussi les dépenses en alimentation et, avec l'argent économisé, il s'offre des produits informatique et high tech.**

4 Cette activité amène les apprenants à interagir à partir de leur vécu. Leur proposer d'échanger en petits groupes de quatre personnes. Cette discussion a comme point de départ le schéma de la p. 142 du manuel et donne ensuite lieu à un échange plus libre, proche de la communication authentique.

Les sorties culturelles des Français

Cette activité amène les apprenants à échanger à propos de leurs sorties culturelles. Demander aux apprenants de faire un classement par ordre de préférence, puis de former des petits groupes (quatre personnes) afin de comparer leurs réponses et effectuer un classement commun. Leur proposer d'envisager une sortie culturelle convenant à l'ensemble du groupe.

Cette activité permet de comparer leur classement avec une étude sur les sorties culturelles des Français. Les apprenants sont invités à commenter spontanément le classement, en fonction de ce qui les surprend par exemple. Puis, dans une perspective interculturelle, ils comparent avec leur pays.

a) Pour aller plus loin, proposer aux apprenants de lire les deux paragraphes qui commentent l'étude. En grand groupe, vérifier de manière globale la compréhension des documents, qui peut donner lieu à quelques commentaires spontanés. Puis, effectuer l'activité, qui introduit l'élément « télévision » dans la thématique des pratiques de loisir.

b) Proposer aux apprenants de former des petits groupes (quatre personnes) pour échanger à propos de leur position et de leurs priorités concernant la télévision et les sorties culturelles.

➡ CORRIGÉ : Le document explique que « la télévision est la seule pratique de loisir qui diminue quand les autres augmentent ».

Changement de **décor**

OBJECTIFS SOCIOLANGAGIERS

OBJECTIFS COMMUNICATIFS & SAVOIR-FAIRE	
Être capable de...	
Évoquer des souvenirs	– comprendre l'évocation de souvenirs de la vie autrefois/un souvenir d'enfance – comprendre la description de lieux du passé – évoquer des souvenirs d'enfance – évoquer une situation ancienne – rédiger un court témoignage évoquant des souvenirs liés à une ville
Comparer avant et maintenant	– comprendre une interview à la radio sur un sujet familier – comprendre l'expression de l'opinion sur un lieu de vie – comprendre la comparaison de conditions de vie : avantages et inconvénients – rédiger un court témoignage pour un magazine – caractériser simplement des conditions/lieux de vie – comparer des situations anciennes et actuelles – exprimer son opinion sur ses conditions de vie
OBJECTIFS LINGUISTIQUES	
GRAMMATICAUX	– l'imparfait pour évoquer des souvenirs – les structures de la comparaison (avec adjectifs et noms)
LEXICAUX	– expressions pour évoquer un souvenir – avantages et inconvénients des lieux de vie
PHONÉTIQUES	– discrimination [e]/[ɛ] – prononciation de *plus*

SCÉNARIO DE LA LEÇON

La leçon se compose de deux parcours :

Dans le premier parcours, les apprenants prendront connaissance d'un recueil de souvenirs des habitants d'une ville de la banlieue parisienne. Ensuite, ils liront quelques extraits de l'ouvrage où les personnes évoquent des souvenirs d'enfance, liés à leur ville. Puis, ils écouteront un extrait, lu par un des auteurs à la soirée de présentation du livre. Enfin, les apprenants évoqueront à leur tour des souvenirs d'enfance liés à leur ville, en échangeant en classe et en rédigeant un témoignage pour un recueil comme celui travaillé en compréhension.
Dans le second parcours, la thématique des néoruraux sera abordée par le biais de la lecture d'un programme d'émission de radio. Les apprenants écouteront ensuite une interview où des néoruraux témoignent sur leur changement de vie et comparent leur vie avant/maintenant. En fin de parcours, les apprenants écriront un témoignage pour un magazine, à la suite d'un changement de vie (comparaison de la vie avant/maintenant).

ÉVOQUER DES SOUVENIRS

Comprendre Écrit Act. 1, 2, 3 et 4	Point langue L'imparfait pour évoquer des souvenirs **S'exercer n° 1**	Comprendre Oral Act. 5	Aide-mémoire Évoquer un souvenir	Phonétique Act. 6	S'exprimer Écrit Act. 7 et 8
Extrait de livre		Extrait de livre (lu à haute voix)			

▶ OBJECTIF DES ACTIVITÉS 1, 2, 3 ET 4 ◀ Faire découvrir la thématique du premier parcours, à travers la couverture du livre *Paroles vanvéennes* et l'appel à contributions qui est à l'origine du recueil collectif (activité 1). Amener les apprenants à lire quelques extraits du livre, où les personnes évoquent des souvenirs (activités 2 à 4).

1 Faire observer la couverture du livre et l'annonce. Le titre de l'annonce, *Création d'un livre de mémoire vanvéenne*, et le petit texte explicatif permettent de comprendre de quel type de livre il s'agit et le type d'initiative qui en est à l'origine.

➡ **CORRIGÉ :** Le livre s'appelle *Paroles vanvéennes* car il s'agit d'un recueil de souvenirs des habitants de Vanves (en banlieue parisienne). L'annonce permet de comprendre comment le projet a été lancé : le Service Jeunesse de la ville a fait un appel à contributions auprès des Vanvéens (l'annonce a été affichée dans la ville et mise dans les boîtes aux lettres).

2 Faire lire le texte et en vérifier la compréhension globale : *Il s'agit d'un extrait du livre ; Mme Branciard est une personne âgée qui raconte ses souvenirs ; elle parle de sa ville quand elle était enfant.*

➡ **CORRIGÉ : 1.** très âgée – **2.** sa ville dans le passé – **3.** de la première partie de sa vie

3 Faire relire le texte afin d'affiner la compréhension et d'amener l'idée d'évocation d'une situation passée : *Mme Branciard raconte comment était la ville de Vanves autrefois, quand elle était enfant.* Amener les apprenants à dire que certains éléments n'existent plus dans la ville aujourd'hui, puis demander de les citer. Faire faire cette activité en binôme, puis mettre en commun en grand groupe.

➡ **CORRIGÉ : 1.** sa ville – **2.** à la limite de Paris – **3.** les potagers/les fermes/le laitier avec sa voiture à cheval/les réverbères à gaz/le berger avec ses chèvres

4 Avant d'effectuer l'activité, faire observer que les deux extraits proviennent du même livre. Faire lire les deux extraits, puis faire relever (en binôme) dans les trois textes les expressions qui montrent que les personnes parlent de leur enfance. Mettre en commun en grand groupe.

➡ **CORRIGÉ : 1. expressions liées à l'enfance :** texte 1 : *au temps de mon enfance* ; texte 2 : *quand j'avais dix ans/ à mon entrée en 6ᵉ* ; texte 3 : *quand j'étais petite* – **2. les souvenirs personnels :** le texte 2 dans son ensemble ; texte 3 : *j'allais beaucoup jouer au parc Pic... j'allais à l'école du centre* – **3. les souvenirs sur la ville :** le texte 1 dans son ensemble ; texte 3 : *nous habitions dans le bas de Vanves, rue Louis-Blanc.*

Point **Langue**   **> L'IMPARFAIT POUR ÉVOQUER DES SOUVENIRS**

Ce Point langue permet de conceptualiser l'imparfait dans sa valeur d'évocation de souvenirs.
a) Faire relire les trois extraits (ou simplement y revenir rapidement) afin de compléter la liste avec d'autres exemples de souvenirs. Compte tenu des tâches effectuées dans l'activité 4, il ne s'agit en aucun cas d'être exhaustif ; se contenter de quelques exemples que les apprenants donneront spontanément.
b) Faire observer les verbes et faire compléter les terminaisons.
c) Faire observer à nouveau les verbes afin de trouver la base qui sert à former l'imparfait (l'exemple clé est *je faisais*).

➡ **Corrigé : a)** Les textes contiennent en majorité des souvenirs ; *plusieurs réponses sont possibles (se contenter de quelques exemples).*
b) je → *-ais*, il/elle/on → *-ait*, nous → *-ions*, ils/elles → *-aient*
c) la base de *nous* au présent

S'EXERCER nº 1 Corrigé ▶ p. 166

▶ OBJECTIF DE L'ACTIVITÉ 5 ◀ Comprendre un extrait de livre, lu à haute voix, évoquant des souvenirs.

5 Faire écouter l'enregistrement (manuels fermés) et vérifier d'abord si les apprenants font le lien avec les autres extraits : *Il s'agit de souvenirs d'enfance* (la consigne précise que la personne lit son texte à la soirée de présentation du livre *Paroles vanvéennes*). Faire nommer le lieu évoqué : la boulangerie où la personne allait chaque jour après l'école.

■ **POUR ALLER PLUS LOIN :** Faire réécouter l'extrait afin de repérer plus précisément les souvenirs (quand la personne y allait, ce qu'elle achetait, ce que le lieu représentait pour elle et ce qui l'a marquée).

➡ **CORRIGÉ : 1.** Ce sont des souvenirs d'enfance, à Vanves. – **2.** la boulangerie

AIDE-MÉMOIRE

Cet Aide-mémoire permet de fixer les expressions utilisées pour évoquer un souvenir, dans les extraits de *Paroles vanvéennes*. Ces expressions seront utiles aux apprenants pour effectuer les activités 7 et 8.

➔ OBJECTIF DE L'ACTIVITÉ 6 ◄   **Phonétique :** Discrimination [e]/[ɛ].

6 **a)** L'exercice de discrimination auditive proposé a pour but de vérifier que tous les apprenants entendent bien la différence entre ces deux phonèmes. Il n'est pas inutile de se renseigner sur l'existence de ces deux phonèmes dans la langue des apprenants.

On procédera à l'écoute d'une douzaine de paires minimales ou de paires de mots identiques en demandant aux apprenants de dire si les deux mots entendus sont identiques ou s'ils sont différents. Proposer de faire dessiner aux apprenants une grille de ce type :

	=	≠
1.		✓
2...		

Pendant l'écoute de l'enregistrement (écoute séquentielle recommandée), chaque apprenant note ce qu'il entend. Procéder à la correction collective après une deuxième écoute (écoute continue).

b) L'exercice proposé ensuite est une activité de reproduction des sons dans des phrases de type « virelangues » (petites phrases d'entraînement à l'articulation pour les acteurs et les conteurs). Lire les phrases et demander aux apprenants de les lire à leur tour jusqu'à ce qu'ils puissent les dire par cœur sans se tromper. On peut dynamiser l'exercice en mettant en compétition les apprenants. Le but du jeu sera de dire les phrases sans se tromper et de plus en plus vite.

➡ CORRIGÉ : **a) mots identiques :** 7 et 10 **– mots différents :** 1, 2, 3, 4, 5, 6, 8, 9, 11 et 12

➔ OBJECTIF DE L'ACTIVITÉ 7 ◄   Parler de ses souvenirs, liés à la ville de son enfance.

7 Proposer aux apprenants d'échanger à propos de leurs souvenirs liés à la ville de leur enfance : *Habitaient-ils une grande ville ? un village ? Comment c'était ?* En fonction du groupe, proposer aux apprenants de fermer les yeux pour se souvenir plus précisément des lieux. Puis, chaque apprenant dit à son voisin s'il y a un lieu particulier dans sa mémoire et pourquoi. Clore l'activité par une rapide mise en commun : deux ou trois volontaires racontent leurs souvenirs.

■ VARIANTE : Pour les apprenants de même origine, proposer de parler de leur quartier.

➔ OBJECTIF DE L'ACTIVITÉ 8 ◄   Transférer les acquis en rédigeant le même type de texte que ceux étudiés en compréhension.

8 Revenir brièvement sur les extraits étudiés pour en rappeler le contexte : *Ils ont été écrits en vue de leur publication dans un ouvrage collectif sur la ville.* Proposer aux apprenants de rédiger un court témoignage pour une initiative similaire à *Paroles vanvéennes.* Bien entendu, les souvenirs évoqués peuvent être ceux partagés lors de l'activité précédente.

COMPARER AVANT ET MAINTENANT

▨ Comprendre Écrit	▨ Comprendre Oral	▨ Point langue Comparer	▨ Phonétique	▨ Comprendre Écrit
Act. 9 et 10	Act. 11, 12 et 13	**S'exercer nos 2 et 3**	Act. 14	Act. 15
Programme de radio	Interview à la radio			

➔ OBJECTIF DES ACTIVITÉS 9 ET 10 ◄   Comprendre un programme d'émission de radio introduisant la thématique du parcours (les néoruraux).

9 Avant l'activité, faire observer le document afin de l'identifier : il s'agit d'un programme. Demander aux apprenants de le lire.

a) Proposer aux apprenants de travailler en binôme afin de répondre au « vrai-faux ». Lors de la mise en commun en grand groupe, faire justifier les réponses.

b) En grand groupe, vérifier que les apprenants comprennent deux notions clé de la leçon : *néoruraux* et *se mettre au vert.*

c) Proposer aux apprenants de relire le texte afin de relever les expressions équivalentes à *quitter la ville.* Faire comparer les réponses en binôme, avant la mise en commun en grand groupe.

➡ CORRIGÉ : **a) 1. faux :** On annonce le programme d'une émission de radio (*cf.* indice en fin de document : « Vous **entendrez** également plusieurs reportages sur la question ». **– 2. vrai :** L'émission parle des néoruraux. **– 3. faux :** Il s'agit d'un phénomène social (deux millions de Français ont déserté les espaces urbains ces cinq dernières années). **– 4. faux :** Deux personnes viennent témoigner à propos de leur changement de vie.

b) néoruraux = citadins qui fuient la vie urbaine **– se mettre au vert** = quitter la vie urbaine pour s'installer dans des petites communes, en province

c) quitter la ville = se mettre au vert = fuir la vie urbaine = déserter les espaces urbains

Faire relire la présentation de Florence et de François afin de vérifier que les apprenants comprennent l'idée implicite : *Avant, ils habitaient dans la région parisienne ; maintenant, ils habitent en province, ce qui entraîne un changement de vie et de travail.* En effet, on découvrira dans l'enregistrement (activités 11 à 13) que les deux personnes comparent leur vie avant/maintenant.

> **CORRIGÉ** : **1.** Ils habitaient en région parisienne.
> **2.** Ils habitent maintenant en province : Florence à Troyes (Aube) et François à Tours (Indre-et-Loire).

> **OBJECTIF DES ACTIVITÉS 11, 12 ET 13** ← Comprendre une interview où des néoruraux parlent de leur changement de vie, en comparant leur vie avant/maintenant.

Avant de faire faire l'activité, il peut être intéressant de procéder à une première écoute afin de vérifier la compréhension globale du document. Il s'agit avant tout de faire le lien avec le document lu précédemment et de vérifier que les apprenants comprennent qu'il s'agit de l'interview annoncée dans le programme. Puis, faire l'activité : les apprenants écoutent l'enregistrement afin de repérer les questions du journaliste.

> **CORRIGÉ** : *Pourquoi vous avez quitté la ville ?/Quels sont les avantages de votre nouvelle vie ?/Il n'y a pas d'inconvénients... tout est positif ?* On ne retiendra pas les questions qui visent à donner la parole aux interviewés.

Faire réécouter l'interview afin de repérer dans la liste les raisons pour lesquelles Florence et François ont quitté la ville.

> **CORRIGÉ** : **Florence** : manque de temps, opportunité professionnelle, manque d'espace – **François** : manque de temps, manque d'espace, difficulté à vivre dans une grande ville avec un enfant, stress de la grande ville

Vérifier tout d'abord si les apprenants ont compris que pour Florence et François le changement de vie est globalement positif. Faire réécouter l'interview afin de faire relever les avantages cités par chacun. En fonction du groupe, une réécoute avec des pauses peut s'avérer nécessaire.

> **CORRIGÉ** : **a)** Pour Florence et François, le changement est globalement positif.
> **b) Florence** : *maintenant nous habitons une maison de 200 m²/la campagne est à dix minutes, moins peuplée que les parcs parisiens/nous organisons mieux le temps, on peut faire plus de choses en une seule matinée/ les trajets sont plus courts.* – **François** : *je suis bien plus efficace quand je travaille à la maison/je suis mieux organisé dans mon travail et plus cool quand je vais au bureau/j'ai un appartement beaucoup plus grand/ nous avons plus d'activités le week-end.*

Point **Langue** › **COMPARER**

Ce Point langue permet de conceptualiser les comparatifs. Il ne s'agit ici que d'une première approche, l'approfondissement se fera dans le livre 2 (dossier 1). Faire lire les deux colonnes afin d'observer que d'un côté on compare une qualité, de l'autre une quantité. Puis, faire compléter la règle. Pour finir, attirer l'attention sur les cas particuliers (*bon/ne* et *bien*).

> **Corrigé : b)** On compare une qualité : *moins* + adjectif + *que*
> On compare une quantité : *moins de* + nom + *que*

S'EXERCER nᵒˢ 2 et 3 Corrigé ▶ p. 166

> **OBJECTIF DE L'ACTIVITÉ 14** ← **Phonétique :** Prononciation de *plus.*

Cette activité a pour but d'aider les apprenants à distinguer les différentes prononciations de *plus*, en leur proposant d'écouter des phrases qui serviront de corpus d'observation en vue d'une conceptualisation. Procéder à l'écoute et demander aux apprenants d'indiquer quelle prononciation ils entendent. Proposer de dessiner une grille de ce type :

	[plys]	[ply]	[plyz]
1.		✓	
2...	✓		

Après l'exercice d'écoute et la correction, on pourra montrer la grille complète suivante :

	[plys]	[ply]	[plyz]
1		Je voulais un cadre de vie *plus* sympathique.	
2	On peut faire *plus* de choses en une seule matinée.		
3			Je suis bien *plus* efficace quand je travaille à la maison.
4		Les trajets sont *plus* courts.	
5	En *plus*, j'ai un appartement très grand et très confortable.		
6	En ville, on perd *plus* de temps dans les transports.		
7		Nous vivons dans un espace *plus* grand.	
8	Dans quelques années, il y aura 2,4 millions de néoruraux en *plus*.		

Les apprenants pourront remarquer que *plus* est prononcé [plys] quand il est suivi de la préposition *de* suivie d'un nom ou dans l'expression *en plus*. On prononce [ply] devant un adjectif qui commence par une consonne et [plyz] devant un adjectif qui commence par une voyelle.
Terminer cette activité en faisant lire les phrases aux apprenants.
➔ **CORRIGÉ :** [plys] = 2, 5, 6, 8 − [ply] = 1, 4, 7 − [plyz] = 3

➔ **OBJECTIF DE L'ACTIVITÉ 15** ◄ **Transférer ce qui a été travaillé en compréhension, en écrivant un témoignage à la suite d'un changement de vie (comparaison de la vie avant/ maintenant).**

15 Cette activité d'expression peut se faire individuellement ou en petit groupe (deux ou trois personnes). Les apprenants imaginent qu'ils témoignent pour un magazine à propos d'un changement de vie, parmi ceux proposés. En fonction du groupe, d'autres thèmes peuvent être choisis. Pour les classes ayant lieu en France, on peut, par exemple, proposer aux apprenants de comparer leur vie dans leur pays et leur vie en France.

S'EXERCER – CORRIGÉ

1. *Plusieurs réponses sont quelquefois possibles.* **a.** Quand j'étais petit, j'allais.../on jouait dans le parc/J'aimais beaucoup... − **b.** ... quand je partais.../je trouvais toujours.../ ... mes parents racontaient/nous comptions... − **c.** Quand j'avais 12 ans, nous habitions.../On avait un chien qui s'appelait Léo./... me donnait toujours des bonbons. − **d.** Quand j'étais à l'école primaire, je ne voulais pas y aller. Je faisais toujours.../ Les maîtres étaient trop sévères, ils criaient beaucoup et me donnaient des punitions.
2. a. Avant, j'étais stressé mais maintenant j'ai le temps de vivre. − **b.** Avant, les enfants restaient devant la télé après l'école ; maintenant, ils jouent dans le jardin. − **c.** Avant, on n'avait pas de contact avec les voisins ; maintenant, on s'invite. − **d.** Avant, il y avait beaucoup de bruit ; maintenant, c'est le silence total. − **e.** Avant, on n'avait pas d'animaux ; maintenant, on a deux chats et un chien. − **f.** Avant, je n'avais pas beaucoup d'activités le dimanche : maintenant, je me promène, je jardine.
3. a. ... de meilleures conditions de vie : il y a plus d'espace, c'est plus calme et c'est moins cher ! − **b.** C'est beaucoup mieux maintenant ! J'ai plus de temps, moins de problèmes/ ... je suis plus heureux ! − **c.** ... tout va mieux ! On a plus de distractions, on fait plus de sport, plus de promenades et on a plus d'amis. − **d.** ... je suis plus efficace et j'ai de meilleurs résultats parce que je suis moins stressé qu'avant.

Votre **maison** a une âme

CONTENUS SOCIOCULTURELS – THÉMATIQUES

Les préférences des Français concernant le logement

OBJECTIFS SOCIOLANGAGIERS

OBJECTIFS COMMUNICATIFS & SAVOIR-FAIRE	
Être capable de...	
Décrire un logement	– comprendre la description simple d'une habitation – décrire un logement
Parler de sa maison, décrire des transformations	– comprendre quand quelqu'un parle de transformations liées à l'habitation – expliquer des transformations effectuées dans un logement – situer un événement dans le temps – raconter un souvenir lié à une habitation
OBJECTIFS LINGUISTIQUES	
GRAMMATICAUX	– l'imparfait pour une situation passée/le présent pour une situation actuelle – les marqueurs temporels *depuis*/*il y a*
LEXICAUX	– *servir à*/*de* – le logement, le mobilier
PHONÉTIQUES	– distinction passé composé/imparfait

SCÉNARIO DE LA LEÇON

La leçon se compose de deux parcours :

Dans le premier parcours, les apprenants seront amenés à comprendre un article de journal intitulé « La maison de vos rêves ». Cet article rapporte les résultats d'une étude sociologique sur la maison idéale pour les Français et décrit leurs préférences, pour chaque pièce de la maison. Les apprenants seront ensuite amenés à décrire leur maison et à imaginer leur maison idéale.

Dans le second parcours, les apprenants seront amenés à comprendre deux supports complémentaires : un article de magazine et un témoignage, où une personne parle de la rénovation de sa maison et évoque les transformations effectuées. À la fin de la leçon, les apprenants transféreront l'ensemble de leurs acquis en décrivant une maison avant rénovation, puis les transformations effectuées.

DÉCRIRE UN LOGEMENT

⁂ Comprendre Écrit Act. 1	⁂ S'exprimer Oral Act. 2	⁂ Comprendre Écrit Act. 3 et 4	⁂ Point langue Parler du logement S'exercer n°s 1 et 2	⁂ Aide-mémoire Indiquer la fonction	⁂ S'exprimer Oral Act. 5	⁂ S'exprimer Oral/Écrit Act. 6

Article de journal   Article de journal
(suite)

→ OBJECTIF DE L'ACTIVITÉ 1 ←   Entrer dans la thématique du logement et effectuer une première approche du lexique des pièces de la maison.

1 Faire observer le plan afin de l'identifier : *Il s'agit d'un plan de maison*. Proposer aux apprenants de faire l'activité, individuellement. Mettre en commun en grand groupe en demandant aux apprenants de justifier leurs réponses.
   → CORRIGÉ : **1.** faux : C'est le plan d'une maison. − **2.** vrai − **3.** faux : Il y a trois chambres. − **4.** vrai : La suite parentale comporte une salle de bains. − **5.** faux : Il y a deux WC. − **6.** faux : On peut manger dans la cuisine. − **7.** vrai : Il y a une séparation entre les deux espaces.

→ OBJECTIF DE L'ACTIVITÉ 2 ←   Observer les pièces d'une maison type française et comparer avec les maisons type des pays des apprenants.

2 Cette courte activité d'expression repose sur l'interculturel. Proposer aux apprenants de travailler en petits groupes afin d'observer le plan de cette maison française (nombre de pièces et leur fonction) et dire si elle ressemble aux maisons de leur pays. Lors de la mise en commun, interroger les apprenants à propos des principales différences (le WC séparé de la salle de bains, par exemple).

→ OBJECTIF DES ACTIVITÉS 3 ET 4 ←   Comprendre un article décrivant la maison idéale pour les Français.

3 Avant d'effectuer l'activité, faire observer le document dans sa globalité, afin de l'identifier : *Il s'agit d'un article de journal*. Faire observer les différentes parties qui le composent : le titre, le chapeau, le plan de la maison, le texte avec des numéros qui renvoient aux parties de la maison. Effectuer l'activité, en proposant aux apprenants de lire le titre de l'article et le chapeau. Lors de la mise en commun, vérifier que les apprenants ont bien saisi qu'il s'agit de la maison dont rêvent les Français, selon l'étude publiée par G. Erner, professeur de sociologie.
   → CORRIGÉ : Ce plan représente la maison idéale pour les Français.

4 Proposer aux apprenants de lire la suite du texte et de dire, pour chaque pièce, quelles sont les préférences des Français et pourquoi (attention, l'article fournit la justification pour quelques éléments seulement). Faire faire l'activité en sous-groupes, puis mettre en commun en grand groupe.
   → CORRIGÉ : La **cuisine** est grande car c'est la pièce majeure pour les Français. Il y a deux **salles de bains**, dont une pour les parents (avec deux lavabos). La **chambre des parents** est éloignée de celle des enfants : cela préserve leur intimité (notamment dans les familles recomposées) ; les parents disposent d'une suite : chambre, dressing, salle de bains. La **chambre des enfants** a souvent une salle de bains. Le **salon** et la **salle à manger** ne forment plus une pièce unique ; une séparation est prévue afin que la télé n'empêche pas d'autres activités. La pièce ou le coin **bureau** sont très demandés, pour que les parents puissent travailler à la maison ; le bureau doit aussi pouvoir servir de chambre d'amis. Il y a deux **WC**, avec lave-mains. Il y a un petit **jardin** pour les jeux des enfants et la détente des parents (sieste), les activités de loisir (jardinage, bricolage).

Point **Langue**   > **PARLER DU LOGEMENT**

Ce Point langue permet de vérifier les acquis lexicaux, en ce qui concerne les pièces de la maison et le mobilier. Proposer aux apprenants de faire les activités a) et b) l'une à la suite de l'autre, puis mettre en commun en grand groupe.

   → **Corrigé : a)** *Plusieurs réponses sont quelquefois possibles.* On joue dans le jardin/on bricole dans le jardin (ou le garage)/on fait la cuisine dans la cuisine/on dîne dans la salle à manger (ou la cuisine)/on dort dans la chambre/on travaille dans le bureau/on se lave dans la salle de bains/on reçoit des amis dans le salon.
   b) *Plusieurs réponses sont quelquefois possibles.* l'ordinateur : dans le bureau – le bureau : dans le bureau/dans la chambre des enfants – le lit simple : dans la chambre des enfants – le lit double : dans la chambre des parents – la table : dans la salle à manger/dans la cuisine – le placard : dans les chambres – l'armoire : dans les chambres – le fauteuil : dans le salon/dans la chambre des parents

S'EXERCER n°s 1 et 2 →   Corrigé ▶ p. 171

AIDE-MÉMOIRE

Cet Aide-mémoire permet de fixer les structures *servir à/servir de*, pour indiquer la fonction. Les exemples donnés sont tirés de l'article travaillé en compréhension.

→ OBJECTIF DE L'ACTIVITÉ 5 ←   Comprendre une description de logement, décrire un logement.

5 Cette activité permet de transférer ce qui a été travaillé en compréhension. Proposer aux apprenants de travailler en binôme ; l'un décrit son logement, l'autre le dessine (et vice-versa). Ensuite, ils comparent les plans dessinés et les rectifient éventuellement à partir des nouvelles indications. Effectuer une rapide mise en commun en grand groupe afin de vérifier si les objectifs sont atteints et s'il y a des logements « particuliers » (taille, type d'habitation...).

→ OBJECTIF DE L'ACTIVITÉ 6 ←   Écrire un court article sur le modèle de l'article « La maison de vos rêves ».

6 Proposer aux apprenants de travailler en sous-groupes. Dans un premier temps, ils doivent se mettre d'accord sur une maison idéale. Dans un deuxième temps, ils dessinent le plan et écrivent un commentaire pour expliquer leur choix.

PARLER DE SA MAISON, DÉCRIRE DES TRANSFORMATIONS

| ▒ Comprendre Écrit Act. 7 et 8 | ▒ Point langue Les marqueurs temporels *Il y a/depuis* **S'exercer n° 3** | ▒ S'exprimer Oral Act. 9 | ▒ Comprendre Oral Act. 10, 11 et 12 | ▒ Aide-mémoire Les transformations de la maison **S'exercer n°s 4 et 5** | ▒ Comprendre Oral/Écrit Act. 13 | ▒ Phonétique Act. 14 | ▒ S'exprimer Oral Act. 15 |

Article de magazine   Témoignage   Article de journal/ témoignage

→ OBJECTIF DES ACTIVITÉS 7 ET 8 ←   Comprendre une page de magazine où une personne raconte la transformation de sa maison.

7 Avant de faire l'activité, faire identifier le document : *Il s'agit d'une page de magazine, rubrique décoration (« Dossier déco »).* Puis, proposer aux apprenants de lire le texte et de vérifier qu'ils comprennent qui est Paola : une personne (peut-être une lectrice) qui raconte la transformation de sa maison.

→ CORRIGÉ : Paola raconte la transformation de sa maison.

8 Proposer aux apprenants de relire le témoignage et faire repérer les énoncés qui donnent les informations suivantes : quand Paola a acheté la maison et quelle en est la surface actuelle, après rénovation. Ces repérages serviront de transition vers le Point langue.

→ CORRIGÉ : 1. Paola a acheté sa maison en 2004, car l'article est publié en 2006. Dans l'article, elle dit :
Nous avons acheté notre maison il y a deux ans.
2. La surface actuelle de la maison est de 230 m^2 : *Depuis l'agrandissement, elle mesure 230 m^2.*

Point Langue   > LES MARQUEURS TEMPORELS *IL Y A* ET *DEPUIS*

Ce Point langue permet de conceptualiser les marqueurs temporels *il y a* et *depuis*.
Faire faire l'activité en grand groupe, car il est important de vérifier au fur et à mesure que les apprenants comprennent les notions clé : *situation actuelle/événement passé ; origine dans le passé d'une situation actuelle/temps écoulé entre un événement passé et le moment présent.* Pour vérifier la compréhension, demander aux apprenants de donner d'autres exemples. Par exemple, par rapport à leur apprentissage du français : *J'ai commencé à apprendre le français il y a trois mois/j'apprends le français depuis trois mois.*

→ Corrigé : *Nous avons acheté notre maison il y a deux ans* → on parle d'un événement passé.
Depuis six mois, j'apprécie ma maison → on parle d'une situation actuelle.
Avec *il y a* + durée, on indique le temps écoulé entre un événement passé et le moment présent.
Avec *depuis* + événement/durée, on indique l'origine dans le passé d'une situation actuelle.

S'EXERCER n° 3   →   Corrigé ▶ p. 171

> **OBJECTIF DE L'ACTIVITÉ 9**   Dire où l'on habite, et depuis quand.

9 Proposer aux apprenants d'échanger avec leur voisin, pour dire où ils habitent et depuis quand. Effectuer une rapide mise en commun en interrogeant deux ou trois personnes.

> **OBJECTIF DES ACTIVITÉS 10, 11 ET 12**   Comprendre quand quelqu'un parle de la rénovation de sa maison ; repérer la situation de départ/les transformations/la situation actuelle.

10 Faire écouter l'enregistrement (manuels fermés) afin de repérer les pièces que Paola commente.
> **CORRIGÉ :** Elle commente, dans cet ordre : la cuisine, le couloir, la chambre des parents, la chambre de sa fille de huit ans, la salle de bains des enfants.

11 Faire réécouter l'enregistrement afin de faire repérer pour chaque pièce, quel(s) aspect(s) Paola commente. Proposer une mise en commun en binôme avant celle en grand groupe.
Si nécessaire, faire réécouter l'enregistrement avec des pauses afin de confirmer les réponses.
> **CORRIGÉ : le style :** la cuisine
> **la couleur des murs/de la décoration :** le couloir, la chambre de la fille, la salle de bains des enfants
> **les transformations faites :** la cuisine, le couloir, la salle de bains des enfants
> **les meubles :** la chambre des parents, la salle de bains des enfants
> **la situation de la pièce dans la maison :** la chambre des parents

12 Faire réécouter l'enregistrement afin de relever la situation de départ, les transformations et la situation actuelle. Proposer une mise en commun en binôme avant celle en grand groupe.
Si nécessaire, faire réécouter l'enregistrement avec des pauses afin de confirmer les réponses.
> **CORRIGÉ :**

	Situation de départ	Transformations	Situation actuelle
la cuisine	C'était une pièce séparée.	Nous avons ouvert la cuisine sur le salon.	C'est une cuisine américaine.
le couloir	Il était sombre.	J'ai voulu y mettre des couleurs gaies et chaleureuses. On a posé du parquet et on a peint les murs en jaune et vert.	Il est très clair maintenant.
la salle de bains des enfants	Une seule salle de bains pour cinq, ça ne suffisait pas.	On a transformé cette pièce pour les enfants. Nous avons mis du carrelage blanc et des tapis bleu turquoise pour la couleur. On a aussi installé de grands placards.	Chaque enfant a de la place pour ses serviettes et ses produits de toilette.

AIDE-MÉMOIRE

LES TRANSFORMATIONS DE LA MAISON

Cet Aide-mémoire permet de fixer les expressions relatives aux transformations dans une maison. Il prépare l'activité 15.

S'EXERCER nos 4 et 5 Corrigé ▶ p. 171

> **OBJECTIF DE L'ACTIVITÉ 13**   Interpréter une description de maison (le témoignage de Paola) à partir des éléments sociologiques fournis par l'article « La maison de vos rêves », travaillé dans le premier parcours.

13 Faire relire l'article « La maison de vos rêves » p. 150 du manuel et demander aux apprenants de repérer, en binôme, les éléments que l'on retrouve dans l'aménagement de la maison de Paola. Mettre en commun en grand groupe.
> **CORRIGÉ :** La chambre des parents est éloignée de celle des enfants, ce qui permet de conserver intimité et indépendance ; elle inclut une salle de bains et un coin bureau. Les enfants disposent d'une salle de bains.

➡ OBJECTIF DE L'ACTIVITÉ 14 ⬅ **Phonétique : Distinction passé composé/imparfait.**

L'exercice de discrimination auditive proposé a pour but de vérifier que tous les apprenants entendent bien la différence entre ces deux temps. Procéder à l'écoute des huit phrases. Les apprenants doivent dire si ce qu'ils entendent est au passé composé ou à l'imparfait.
Pendant l'écoute de l'enregistrement (écoute séquentielle recommandée), chaque apprenant note ce qu'il entend. Procéder à la correction collective après une deuxième écoute (écoute continue).
Finir cette activité en faisant réécouter et répéter les énoncés de l'enregistrement.

➡ **CORRIGÉ :** **passé composé :** 1, 3, 4, 6, 7 – **imparfait :** 2, 5, 8

■ **VARIANTE :** Cette activité peut aussi se faire comme une activité dite de « comparaison dirigée ». Les apprenants choisissent la version écrite qui correspond à la version sonore entendue. Le travail est individuel pendant l'écoute de l'exercice. Avant la correction collective, les apprenants peuvent comparer leur travail en binôme. Finir cette activité en demandant aux apprenants de répéter les énoncés de l'enregistrement, puis de lire les énoncés de tout l'exercice, à tour de rôle. Reproduire la version suivante de l'exercice, avec la consigne : *Écoutez l'enregistrement et soulignez la phrase entendue :*
1. J'ai tapissé les murs en vert/Je tapissais les murs en vert. – 2. J'ai souhaité une chambre claire/Je souhaitais une chambre claire. – 3. J'ai posé le parquet/Je posais le parquet. – 4. J'ai commencé par une pièce/Je commençais par une pièce. – 5. J'ai réparé la porte/Je réparais la porte. – 6. On a aménagé à notre goût/On aménageait à notre goût. – 7. Tu as installé de grands placards/ Tu installais de grands placards. – 8. J'ai acheté ma maison/J'achetais ma maison.

➡ OBJECTIF DE L'ACTIVITÉ 15 ⬅ **Décrire un logement et son réaménagement.**

Dans un premier temps, proposer à un apprenant d'aller au tableau afin d'effectuer, d'après les indications du groupe classe, un dessin représentant un logement avant sa rénovation. Dans un deuxième temps, proposer aux apprenants de travailler en petits groupes afin d'élaborer une liste de transformations à effectuer dans ce logement et de les représenter dans un nouveau dessin. Lors de la mise en commun, un rapporteur est nommé dans chaque groupe pour présenter les transformations à la classe.

1. a. la chambre – **b.** le salon – **c.** la cuisine – **d.** la salle de bains – **e.** dans le bureau – **f.** dans le jardin
2. a. une table, six chaises – **b.** un canapé, deux petits fauteuils – **c.** une superbe table basse – **d.** un lit – **e.** mon ordinateur, mon bureau – **f.** le placard – **g.** cette belle armoire
3. a. depuis – **b.** il y a – **c.** il y a – **d.** depuis – **e.** il y a – **f.** depuis

4. j'ai supprimé le mur, j'ai refait l'électricité, j'ai posé du carrelage, j'ai repeint, j'ai remplacé
5. *Plusieurs réponses sont quelquefois possibles.* Avant les travaux, il y avait un mur qui séparait le salon et la salle à manger, l'électricité était à refaire, il n'y avait pas de carrelage dans la salle de bains, les murs étaient sales/jaunis, le parquet de ma chambre était en mauvais état.

Cherchons **colocataires**

CONTENUS SOCIOCULTURELS – THÉMATIQUES

Les petites annonces immobilières – La colocation

OBJECTIFS SOCIOLANGAGIERS

OBJECTIFS COMMUNICATIFS & SAVOIR-FAIRE Être capable de…	
Chercher un logement	– comprendre une petite annonce immobilière (avec des abréviations)
	– comprendre quand quelqu'un demande des informations simples sur un logement
	– comprendre des précisions concernant un logement et les conditions de location
	– demander des informations sur un logement
	– caractériser un logement
Chercher un colocataire	– comprendre un entretien en vue d'une colocation
Parler de ses relations	– comprendre des témoignages sur la cohabitation
	– (faire) passer un entretien en vue d'une colocation
	– rédiger une petite annonce de colocation
	– parler de sa manière de choisir un colocataire
OBJECTIFS LINGUISTIQUES	
GRAMMATICAUX	– les pronoms COD/COI (synthèse)
LEXICAUX	– expressions pour caractériser un logement
PHONÉTIQUES	– intonation expression d'une appréciation positive ou négative

SCÉNARIO DE LA LEÇON

La leçon se compose de trois parcours :

Dans le premier parcours, les apprenants seront amenés à comprendre des petites annonces immobilières et un dialogue où l'on demande/donne des informations sur un logement à louer. Ils transféreront ensuite leurs acquis lors d'un jeu de rôles basé sur le même type de situation.

Dans le deuxième parcours, ils seront sensibilisés à la thématique de la colocation, par le biais d'un dialogue-entretien avec un candidat à la colocation.

Dans le troisième parcours, les apprenants liront des témoignages sur les relations entre colocataires. Ils seront ensuite amenés à échanger sur le thème de la colocation, puis à transférer leurs acquis, en rédigeant un témoignage sur leur manière de choisir un colocataire et en écrivant une petite annonce de colocation.

CHERCHER UN LOGEMENT

▨ Comprendre Écrit Act. 1, 2 et 3 **S'exercer n° 1**	▨ Comprendre Oral/Écrit Act. 4 et 5	▨ Point langue S'informer sur un logement **S'exercer n° 2**	▨ S'exprimer Oral Act. 6

Sommaire/
petites annonces immobilières

Petites annonces immobilières/
dialogue

➡ **OBJECTIF DES ACTIVITÉS 1, 2 ET 3** ⬅ Entrer dans la thématique de la recherche d'un logement, comprendre des petites annonces immobilières.

1 Avant de faire l'activité, faire identifier les documents : *Il s'agit du sommaire du journal « Marseille Immo » et de petites annonces immobilières.* Faire effectuer l'activité : proposer aux apprenants de repérer les rubriques où les annonces se trouvent.

➡ CORRIGÉ : **appartements locations : annonces 1, 2, 3, 5 et 6**
appartements colocations : annonce 4

2 Faire lire les annonces : faire classer les appartements du plus petit au plus grand et selon le prix des loyers.

➡ CORRIGÉ : **du plus petit au plus grand (en tenant compte du nombre de pièces et de la surface) : annonces 3, 2, 1, 5, 6 et 4. –**
du loyer le plus cher au loyer le moins cher : 3, 2, 1, 5 et 6.
Remarque : le loyer indiqué dans l'annonce 4 correspond à la part du locataire, pas à la location de l'appartement.

3 Avant de faire l'activité, faire observer une petite annonce afin que les apprenants remarquent la présence de nombreuses abréviations. Ensuite, faire relire les annonces et effectuer l'activité en deux temps. D'abord, faire associer les abréviations aux mots qui correspondent dans la liste. Puis, trouver pour chaque annonce quels types de précision sont donnés (type de logement, situation géographique, surface, éléments de confort...). Chacune de ces tâches peut se faire en binôme et être suivie d'une mise en commun en grand groupe.

➡ CORRIGÉ : **1l – 2k – 3h – 4d – 5c – 6p – 7j – 8e – 9b – 10n – 11o – 12m – 13f – 14g – 15a – 16i**
Toutes les annonces précisent le type de logement, la situation géographique (sauf le n° 4), la surface, les éléments de confort (parking, cave, ascenseur, cuisine équipée, 2 WC) et certaines caractéristiques positives (calme, vue dégagée, parquet, état neuf, orientation plein sud, vue sur la mer, balcon).

S'EXERCER n° 1 Corrigé
► p. 176

➡ **OBJECTIF DES ACTIVITÉS 4 ET 5** ⬅ Comprendre des informations simples sur un logement ; comprendre des demandes de précisions sur un logement.

4 **a)** Faire écouter l'enregistrement (manuels fermés) et vérifier la compréhension globale : *Une jeune femme appelle une propriétaire de logement, au sujet de la petite annonce parue dans « Marseille Immo ».* Proposer aux apprenants de repérer la petite annonce concernée, p. 154 du manuel.
b) Faire relire la petite annonce afin de faire les repérages indiqués dans la consigne. Prévenir les apprenants qu'on ne retrouve pas la totalité des informations : en effet, les caractéristiques/éléments de confort et l'état du logement ne sont pas précisés dans l'annonce, ils sont donnés dans l'enregistrement. Ce travail se fait individuellement avec une mise en commun en grand groupe.

➡ CORRIGÉ : **a) annonce 3 – b) type de logement : studio/situation géographique : rue Camille-Pelletan, 3ᵉ arrondissement de Marseille, dernier étage, vue dégagée/surface : 25 m²/caractéristiques et éléments de confort particuliers, état du logement : non précisés/loyer : 300 € + 20 € de charges**

5 Faire réécouter l'enregistrement afin de repérer quelles informations complémentaires sont données par la propriétaire et les questions posées par l'étudiante. Proposer une mise en commun en binôme avant la mise en commun en grand groupe. Si nécessaire, faire réécouter l'enregistrement avec des pauses pour confirmer certains éléments. Enfin, demander aux apprenants si, à leur avis, l'étudiante va louer l'appartement.

➡ CORRIGÉ : **1. Les précisions concernent surtout les caractéristiques/éléments de confort : les WC et la douche sont séparés, le séjour est très clair, il y a une belle terrasse, la vue est très dégagée. On apprend aussi un inconvénient : il faut le rafraîchir, car il n'est pas très propre. – 2. L'appartement est disponible tout de suite ? Le séjour est comment ? C'est en bon état ? – 3. Elle ne va pas louer l'appartement car la visite a lieu le lendemain et elle ne sera pas encore arrivée à Marseille (elle habite à Lyon). Par ailleurs, l'échange téléphonique se termine mal, car la propriétaire est très désagréable.**

Point **Langue** › **S'INFORMER SUR UN LOGEMENT**

Ce Point langue a deux objectifs : vérifier la compréhension des formules, pour demander/donner des informations sur un logement, et celle des expressions, pour caractériser un logement. Les deux parties du Point langue peuvent être faites à la suite ou individuellement. Pour la consigne b), préciser qu'il s'agit d'associer des caractéristiques opposées, pas forcément des contraires. La mise en commun se fait en grand groupe.

... /...

➡ **Corrigé : a)** Quelle est la surface ? L'appartement fait 52 m² exactement/Il est disponible à partir de quand ? à partir de la semaine prochaine/Il y a combien de pièces ? deux pièces/C'est à quel étage ? au 4e étage sans ascenseur. Quel est le loyer ? 500 € par mois, charges comprises. Est-ce que c'est à proximité des transports ? Oui, il y a une station de métro à 100 m et deux arrêts de bus au bout de la rue.
b) donne sur la rue ≠ donne sur la cour – au rez-de-chaussée ≠ au dernier étage – clair, lumineux ≠ sombre – en mauvais état ≠ en bon état – meublé ≠ vide – orienté au nord ≠ orienté au sud – spacieux ≠ petit

S'EXERCER n° 2 Corrigé ▶ p. 176

➡ OBJECTIF DE L'ACTIVITÉ 6 ⬅   Transférer ce qui a été travaillé tout au long du parcours, dans une situation de demande de renseignements, en vue d'une location d'appartement.

6 Former des binômes et proposer aux apprenants de préparer la scène : après s'être réparti les rôles (propriétaire/candidat au logement), ils choisissent une petite annonce et se donnent un petit temps de préparation individuelle. Le « propriétaire » envisage toutes les informations complémentaires qu'il sera amené à donner ; la « personne intéressée » réfléchit aux questions qu'elle souhaite poser. Ensuite, faire jouer la scène de réservation au téléphone selon les modalités indiquées dans la consigne. Enfin, proposer à deux ou trois groupes de jouer face à la classe (en se tournant le dos, puisqu'il s'agit d'une situation où on ne se voit pas).

CHERCHER UN COLOCATAIRE

▨ Comprendre
Oral
Act. 7 et 8

Dialogue : faire connaissance en vue d'une candidature

➡ OBJECTIF DES ACTIVITÉS 7 ET 8 ⬅   Introduire la thématique de la colocation et fournir en contexte des éléments qui seront repris dans le Point langue (conceptualisation des pronoms).

7 Faire écouter l'enregistrement (manuels fermés) et en vérifier la compréhension globale : *La jeune femme est intéressée par une colocation*. Faire repérer quelle annonce (p. 154) correspond à la situation entendue. Puis, demander aux apprenants de donner leur avis sur l'entretien : est-ce qu'elle va venir habiter dans l'appartement ? En justifiant leurs réponses, les apprenants seront amenés à dire quels éléments leur ont semblé significatifs dans l'échange entendu.
➡ CORRIGÉ : 1. l'annonce 4 – 2. C'est probable, car le jeune homme lui dit : *Ça va pour la première étape ! Les autres colocataires seront là demain ; je te propose de revenir et tu nous verras ensemble.* Par ailleurs, le contact passe bien, puisqu'il lui propose le tutoiement et l'invite à prendre l'apéro avec les colocataires le lendemain.

8 Faire réécouter l'enregistrement afin de repérer qui prononce chacune des phrases données, et identifier dans quel ordre elles sont dites dans le dialogue. Selon le niveau du groupe, faire l'activité en deux temps : a), puis b).
➡ CORRIGÉ : **a) le jeune homme :** 1, 2, 3, 4, 7 et 8 – **la jeune femme :** 5 et 6
b) 5, 3, 6, 4, 2, 7, 8, 1

PARLER DE SES RELATIONS

▨ Comprendre	▨ Point langue	▨ Phonétique	▨ S'exprimer	▨ S'exprimer
Écrit	Les pronoms COD	Act. 11	Oral	Écrit
Act. 9 et 10	et COI		Act. 12 et 13	Act. 14 et 15
	S'exercer n° 3			

Témoignages
sur un site Internet

→ OBJECTIF DES ACTIVITÉS 9 ET 10 ← Comprendre des témoignages sur des expériences de colocation.

9 Avant de faire l'activité, faire identifier le document : il s'agit de témoignages de colocataires sur le site Internet www.coloc.com. Puis, proposer aux apprenants de lire les témoignages et de répondre individuellement aux questions. Ensuite, mettre en commun en grand groupe.
→ CORRIGÉ : 1. elles sont en colocation – 2. elles s'expriment sur les relations avec les colocataires.

10 Faire relire les témoignages afin de dire s'ils positifs ou négatifs. Demander aux apprenants de travailler en binôme pour relever des exemples qui montrent quelles sont les relations de Romain et de Chloé avec leurs colocataires. La mise en commun se fait en grand groupe et sert de transition vers le Point langue.
→ CORRIGÉ : **a)** Le premier témoignage est positif, le deuxième négatif.
b) Romain : *Je leur fais la cuisine/ je les régale avec des petits plats/ on s'entend super bien/ ce sont des amis pour moi/ on sort tout le temps ensemble.* – **Chloé :** *Côté ambiance, ce n'est pas toujours génial. Je les vois cinq minutes le matin/ quand je leur parle, c'est surtout pour leur signaler quelque chose qui ne va pas/ hier, j'ai eu un problème avec une de mes colocataires : je lui ai dit pour la énième fois de ne pas prendre mes yaourts dans le frigo !... Je ne la supporte plus.*

Point **Langue** ⟩ **LES PRONOMS COD ET COI**

Ce Point langue propose une reprise/synthèse des pronoms COD et COI travaillés séparément dans le dossier 7. Faire faire l'activité individuellement. Lors de la mise en commun en grand groupe, vérifier la compréhension de la règle (similitudes/différences entre les pronoms COD et COI).

→ **Corrigé : a) colonne de gauche :** Tu m'invites demain./Je le connais./Je l'invite.
colonne de droite : Vous voulez me poser des questions ?/Il nous parle.
b) Les pronoms COD et COI sont identiques aux 1res et 2es personnes du singulier et du pluriel (*me/ te/ nous/ vous*). Ils sont différents aux 3es personnes (*le/ la/ les* pour les COD et *lui/ leur* pour les COI).

S'EXERCER n° 3 Corrigé ▶ p. 176

→ OBJECTIF DE L'ACTIVITÉ 11 ← **Phonétique :** Intonation : expression d'une appréciation positive ou négative.

11 a) Cet exercice a pour but de sensibiliser les apprenants à l'intonation de l'appréciation positive ou négative. Dans cet exercice, les apprenants peuvent s'appuyer sur l'intonation *et* sur le sens des énoncés pour juger si l'appréciation est positive ou négative. Proposer de reproduire la grille suivante pour noter les réponses :

	positive	négative
1.	✓	
2...		

b) Après cet exercice, on fera réécouter l'enregistrement afin de solliciter les apprenants à tour de rôle pour répéter les phrases, en leur demandant de reproduire l'intonation proposée.
→ CORRIGÉ : **positive :** 1, 4, 6, 7, 8, 10 et 12 – **négative :** 2, 3, 5, 9 et 11

→ OBJECTIF DE L'ACTIVITÉ 12 ← S'exprimer à partir de sa culture et de son vécu, sur le thème de la colocation.

12 Proposer aux apprenants d'échanger en petits groupes de trois ou quatre personnes, à partir du thème de la colocation. Leur proposer de dire si ce mode de logement est fréquent dans leur pays et s'ils ont déjà vécu en colocation, si l'expérience a été positive ou négative.

→ OBJECTIF DE L'ACTIVITÉ 13 ← Transférer ce qui a été travaillé tout au long du parcours, dans une situation d'entretien en vue d'une colocation.

13 Former des groupes de trois colocataires et un groupe de candidats à la colocation. Les uns préparent l'entretien, en songeant notamment aux questions à poser au candidat et aux critères de sélection. Les autres préparent leur présentation, en fonction de ce qui peut leur être demandé (*cf.* activités 7 et 8). Former ensuite des sous-groupes : les colocataires font passer l'entretien à leur candidat. Après l'entretien, les colocataires se réunissent pour prendre leur décision et les candidats pour raconter comment ça s'est passé, s'ils pensent être pris. Lors de la mise en commun, les colocataires informent les candidats de leur décision. L'activité peut se terminer par une improvisation : deux ou trois entretiens entre un colocataire et un candidat (comme dans l'activité 7) sont présentés à la classe.

→ OBJECTIF DE L'ACTIVITÉ 14 ← **Parler de sa manière de choisir un colocataire.**

14 Proposer aux apprenants d'écrire un court témoignage sur le site www.coloc.com afin d'expliquer comment ils procèdent pour choisir un colocataire *(Je lui donne rendez-vous, lui propose de visiter l'appartement, lui pose des questions, ne lui donne pas la réponse tout de suite...).* Cette activité peut se faire en binôme en classe ou, individuellement, à la maison.

→ OBJECTIF DE L'ACTIVITÉ 15 ← **Transférer ce qui a été vu tout au long de la leçon, en rédigeant une petite annonce de colocation.**

15 Proposer aux apprenants de travailler en petits groupes afin de rédiger une annonce pour trouver un(e) colocataire. Pour cela, ils peuvent se baser sur l'annonce p. 154 du manuel et donner des informations sur l'appartement et aussi sur leurs critères d'exigence.

S'EXERCER – CORRIGÉ

1. Annonce 1 : L'appartement a 3 pièces ; il se trouve à proximité du centre ; c'est un bel appartement, il fait 80 m², il est refait neuf ; il est au 3e étage, il y a un ascenseur dans l'immeuble. Dans l'appartement, il y a une salle de bains, une cuisine équipée. Il est libre début septembre et le loyer est de 900 €, charges comprises. – **Annonce 2** : L'appartement se trouve dans un quartier agréable ; c'est un 2 pièces, au rez-de-chaussée sur rue ; il y a une grande salle de bains, du parquet, le chauffage est électrique. Le loyer est de 620 €, charges non comprises.

2. *Plusieurs réponses sont quelquefois possibles.* Il y a combien de pièces dans l'appartement ? – Le loyer est de combien ? – L'appartement se trouve à quel étage ? – Quelle est sa surface ? – C'est près des transports ? – Quand je peux le visiter ?
3. a) lui/lui/le
b) l'/lui/ lui/ le
c) lui/lui/leur

Ce `Carnet de voyage` se compose d'un seul volet :

Ce volet, intitulé *Une maison dans mon cœur*, a comme point de départ des photos d'une maison de famille. Ensuite, un texte de type littéraire permet de prendre connaissance de souvenirs d'enfance liés à cette maison. Ce *Carnet de voyage* renoue avec la thématique abordée dans la leçon 1 et peut être travaillé à la suite de cette leçon.

1 Faire observer les photos et faire remarquer qu'elles sont dans un cœur, nom donné au parcours : *Une maison dans mon cœur*. Faire faire des hypothèses sur la maison : *Où elle se trouve ?* (en ville, dans un village, à la campagne...), *Qui y habite ?* (faire observer la photo 2 : autour de la table, on aperçoit différentes générations), *la saison ?* (l'été, période de vacances).
➡ CORRIGÉ : **La maison se trouve dans un petit village, à la campagne (*cf*. photos 3, 4, 8) – La maison appartient**
à une grande famille, bourgeoise. – Les photos ont été prises l'été.

2 Proposer un échange en petits groupes afin que les apprenants disent ce qu'ils pensent de la maison, s'ils ont envie d'y séjourner et afin de connaître ses occupants. Une rapide mise en commun permettra de connaître globalement l'opinion et les impressions des apprenants sur la maison et ses occupants.

3 Avant de faire lire l'extrait, faire identifier qui l'a écrit et le titre : *Une maison dans mon cœur*, afin de faire le lien avec les photos. Ensuite, proposer aux apprenants de lire l'extrait pour vérifier leurs hypothèses sur la maison (*cf*. activité 1) et sélectionner les photos qui correspondent à des passages du texte. Proposer une rapide mise en commun en binôme avant la mise en commun en grand groupe, au cours de laquelle on demandera aux apprenants de justifier le choix des photos à partir d'éléments du texte.
➡ CORRIGÉ : **a) La lecture permet de confirmer qu'il s'agit d'une maison de famille, mais on apprend qu'il s'agit**
d'une maison de vacances. Les caractéristiques de la maison (taille, court de tennis, portraits d'ancêtres...)
permettent de confirmer qu'il s'agit d'une famille bourgeoise.
b) photo 4 : la grille d'entrée – photo 7 : la cour – photo 6 : la cuisine – photo 1 : la chambre des enfants –
photo 8 : le court de tennis

4 Proposer aux apprenants de relire le texte afin de trouver les éléments cités dans l'activité. Répartir éventuellement les repérages indiqués sur un ou deux groupes à chaque fois : les uns repèrent les personnages, d'autres les lieux, d'autres les expressions qui évoquent différentes perceptions, et enfin d'autres les évocations positives. Une mise en commun en grand groupe permettra d'affiner la compréhension du texte.
➡ CORRIGÉ : **les personnages évoqués → *les enfants* : le narrateur (Marguerite Roux), ses frères et/ou sœurs (les enfants**
cités au début du texte), les cousins – *les adultes* : les parents de Marguerite Roux, les grands-parents,
les oncles et les tantes
les lieux évoqués → *à l'intérieur* : le grand hall, la cuisine, les chambres des adultes au Ier étage, les chambres
des enfants au 2e étage – *à l'extérieur* : la cour, le terrain de tennis, le parc
les expressions qui évoquent différentes perceptions (vue, odorat, ouïe) → *la lumière* (ou l'absence de
lumière) : le hall sombre, la lumière dorée d'une fin d'après-midi – *le bruit* (ou absence de bruit) : le grincement
de la porte de la cuisine, le silence dans la chambre des parents, les rires de la joyeuse bande de cousins –
***les odeurs* : l'odeur d'une pièce longtemps endormie – *les évocations positives* : le bonheur retrouvé/des**
cousins [...], oncles et tantes nous accueillaient chaleureusement : on est tellement heureux de vous revoir !/
On l'aimait bien, Simone, mais on aimait aussi et surtout les bons gâteaux qu'elle nous faisait ! l'univers magique
d'une enfance partagée/une bande de cousins bien décidés à s'amuser/Nous nous sentions totalement libres.../
les rires de la joyeuse bande/tous savouraient le début des vacances

DOSSIER 10

CONTENUS SOCIOCULTURELS – THÉMATIQUES
Différences culturelles et quiproquos
Savoir-vivre en France et en Europe

OBJECTIFS SOCIOLANGAGIERS

OBJECTIFS COMMUNICATIFS & SAVOIR-FAIRE Être capable de...	
Vacances en France	– comprendre une bande dessinée – comprendre/exprimer une réaction psychologique – exprimer son opinion sur des comportements
Savoir-vivre	– comprendre/exprimer des interdictions – identifier des différences culturelles – comprendre/faire des recommandations
Savoirs	– comprendre des instructions simples – mobiliser ses acquis en vue de répondre à des questions
OBJECTIFS LINGUISTIQUES	
GRAMMATICAUX	– l'infinitif et l'impératif – *devoir/pouvoir* + infinitif – *il faut* + infinitif
LEXICAUX	– formules de l'interdiction et de la recommandation
PHONÉTIQUES	– intonation : recommandation, obligation ou interdiction

SCÉNARIO DE LA LEÇON

Le dossier se compose de trois parcours :

Dans le premier parcours, les apprenants seront amenés à comprendre une bande dessinée sur le comportement des Français face aux étrangers en vacances ou sur le comportement des étrangers en vacances en France. Puis, ils échangeront en petits groupes sur les comportements qui les étonnent ou qui les amusent, ceux des étrangers en vacances dans leur pays ou celui de leurs compatriotes face aux étrangers.

Dans le deuxième parcours, les apprenants seront amenés à échanger sur des comportements et à comprendre des interdictions. Puis, ils s'exerceront à exprimer et à rédiger des interdictions à partir d'une situation dessinée. Ils seront amenés ensuite à comprendre des recommandations et, en fin de parcours, échangeront sur les coutumes de leurs pays en rédigeant une page du *Petit Guide du savoir-vivre* destiné aux étrangers dans leur pays.

Dans le troisième parcours, les apprenants devront former des équipes et participer à un jeu/concours qui mobilisera leurs acquis, pour être en mesure de répondre le plus rapidement à des questions sur différents thèmes (activité ludique mettant la classe en situation de compétition).

VACANCES EN FRANCE

▓ Comprendre Écrit Act. 1, 2 et 3	▓ Aide-mémoire Exprimer une réaction psychologique **S'exercer n° 1**	▓ S'exprimer Oral Act. 4 et 5

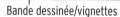

Bande dessinée/vignettes

→ OBJECTIF DE L'ACTIVITÉ 1 ←   Comprendre une bande dessinée.

1 Avant de faire lire la bande dessinée, faire observer les personnages et amener les apprenants à faire des hypothèses sur leur identité (*Qui ils sont ?, Où ?, À quel moment ?...*). Faire observer leur allure physique et leurs vêtements pour confirmer les hypothèses. Faire aussi supposer les motifs de leurs réactions. Puis, faire lire la bande dessinée.

→ CORRIGÉ : Les étrangers en vacances

→ OBJECTIF DE L'ACTIVITÉ 2 ←   Associer un intitulé à une vignette de la bande dessinée.

2 Proposer aux apprenants de relire la bande dessinée et de prendre connaissance des intitulés avant de répondre à la question de cette activité.

→ CORRIGÉ : 1. d, e − 2. a, b, c − 3. f, g

→ OBJECTIF DE L'ACTIVITÉ 3 ←   Associer un commentaire à une vignette de la bande dessinée.

3 Faire lire les commentaires. Faire trouver ceux qui sont identiques à ceux de la bande dessinée ou qui s'en rapprochent et faire associer les autres.
Cette activité (comme les activités 1 et 2) se prépare individuellement ou en binôme avant la mise en commun en grand groupe.

→ CORRIGÉ : a2 − b5 − c7 − d1 − e3 − f4 − g6

AIDE-MÉMOIRE

Cet Aide-mémoire permet de fournir aux apprenants le moyen d'exprimer une réaction psychologique. Faire relever, dans les commentaires 2, 5 et 7 de l'activité précédente, les réactions des étrangers et faire dégager la règle de construction de la phrase :
Être surpris/déçu/indigné + par + nom
Être surpris/déçu/indigné + de + verbe à l'infinitif
Avoir la bonne surprise + de + verbe
Puis, faire lire l'Aide-mémoire pour compléter la dernière ligne :
Avoir la bonne surprise/être content/ravi + de + verbe

S'EXERCER n° 1 Corrigé ▶ p. 182

→ OBJECTIF DE L'ACTIVITÉ 4 ←   Transférer les acquis du parcours en échangeant sur le thème en petits groupes.

4 Proposer aux apprenants d'échanger à propos des comportements qui les étonnent, qui les amusent ou qui les choquent. Former des groupes de trois ou quatre personnes, de profils différents si possible (âge, sexe, personnalité...). Prévoir une brève mise en commun, pour constater les points communs et les disparités.

→ OBJECTIF DE L'ACTIVITÉ 5 ←   Transférer les acquis du parcours en s'exprimant oralement sur le thème.

5 Proposer aux apprenants de réfléchir aux comportements des étrangers, qui peuvent donner lieu à des quiproquos ou à des désagréments dans leur pays, et aux réactions que les étrangers peuvent susciter par certains comportements. La réflexion peut se faire en binôme ou en petits groupes. Les apprenants prennent ensuite la parole devant la classe. Cette activité peut prendre la forme d'un débat.

SAVOIR-VIVRE

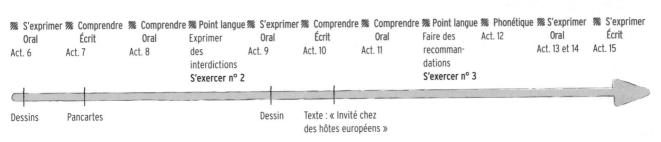

🎬 S'exprimer Oral	🎬 Comprendre Écrit	🎬 Comprendre Oral	🎬 Point langue Exprimer des interdictions	🎬 S'exprimer Oral	🎬 Comprendre Écrit	🎬 Comprendre Oral	🎬 Point langue Faire des recommandations	🎬 Phonétique	🎬 S'exprimer Oral	🎬 S'exprimer Écrit
Act. 6	Act. 7	Act. 8	S'exercer n° 2	Act. 9	Act. 10	Act. 11	S'exercer n° 3	Act. 12	Act. 13 et 14	Act. 15

Dessins   Pancartes   Dessin   Texte : « Invité chez des hôtes européens »

➜ OBJECTIF DE L'ACTIVITÉ 6 ⬅   Échanger sur des comportements observables dans des situations dessinées.

6 Faire observer les dessins. Faire décrire chaque situation (*Qui ?, Où ?, Quoi ?...*). Faire réagir les apprenants par rapport à ces situations en faisant justifier leurs réactions.

➜ OBJECTIF DE L'ACTIVITÉ 7 ⬅   Associer une interdiction à une situation.

7 **a)** et **b)** Faire lire les pancartes et demander de quoi il s'agit. S'assurer que le lexique est compris de tous. Puis, faire associer chaque pancarte à un dessin. Travail possible en binôme avec mise en commun après.

c) Faire exprimer la réaction de la classe face aux comportements évoqués dans les dessins et demander de qualifier ces comportements dans la liste proposée.

➜ CORRIGÉ : **a)** des interdictions

b) a : Les chiens ne sont pas admis – **b** : Défense de fumer – **c** : Ne pas traverser au feu vert –
d : Interdiction de faire du bruit après 22 h – **e** : Pelouse interdite – **f** : Il est interdit de stationner

c) indiscipliné (a, b, c, d, e, f) – irresponsable (c) – égoïste (b, d)

➜ OBJECTIF DE L'ACTIVITÉ 8 ⬅   Associer un dialogue à une interdiction.

8 Faire écouter les dialogues. Demander de quoi il s'agit (*Qui parle ?, Où ?, De quoi ?, À qui ?... : Des personnes qui énoncent des interdictions à d'autres personnes dans des situations différentes*). Puis, faire associer chaque dialogue à une interdiction. Faire réécouter au besoin.

➜ CORRIGÉ : **1.** Il est interdit de stationner – **2.** Pelouse interdite – **3.** Les chiens ne sont pas admis –
4. Défense de fumer – **5.** Ne pas traverser au feu vert – **6.** Interdiction de faire du bruit après 22 h

---

Point **Langue**   › **EXPRIMER DES INTERDICTIONS**

Ce Point langue permet de fournir aux apprenants les moyens d'exprimer des interdictions en faisant associer deux structures différentes, orales et écrites, mais de sens équivalent. Faire réécouter les dialogues de l'activité précédente et faire relever comment chaque interdiction est exprimée. Puis, faire correspondre ces formulations orales aux inscriptions des pancartes.

➜ **Corrigé :** Ne pas traverser au feu vert → On ne doit pas traverser au feu vert.
Pelouse interdite → Ne marchez pas sur la pelouse.
Interdiction de faire du bruit après 22 h → C'est défendu de faire du bruit après 22 h !
Il est interdit de stationner → Vous ne devez pas stationner.
Défense de fumer → Il ne faut pas fumer.
Les chiens ne sont pas admis → Vous ne pouvez pas entrer avec votre chien.

S'EXERCER nº 2   Corrigé ▶ p. 182

➜ OBJECTIF DE L'ACTIVITÉ 9 ⬅   Transférer les acquis du parcours en exprimant oralement des interdictions.

9 Proposer aux apprenants d'échanger à propos des comportements observables sur le dessin et leur faire formuler, puis rédiger, les interdictions correspondantes. Former des groupes de trois ou quatre personnes. Prévoir une brève mise en commun.

➜ OBJECTIF DE L'ACTIVITÉ 10 ⬅   Comprendre un texte relatant des différences de coutumes lors d'une invitation à dîner.

10 **a)** et **b)** Demander aux apprenants s'il y a dans leur pays des règles à suivre quand on est invité à dîner. Puis, faire lire le texte, demander de quoi il s'agit et faire associer les intitulés aux paragraphes du texte.

➜ CORRIGÉ : **a)** des informations sur quelques coutumes en Europe

b) l'heure du dîner : 1er paragraphe – la manière de se comporter à table : 5e paragraphe –
la manière de saluer : 3e paragraphe – le cadeau : 4e paragraphe – l'heure d'arrivée : 2e paragraphe

➜ OBJECTIF DE L'ACTIVITÉ 11 ⬅   Comprendre des recommandations à l'oral.

11 **a)** et **b)** Faire écouter l'enregistrement. Demander de quoi il s'agit (*Qui parle ?, De quoi ?, À qui ?...*). Faire réécouter dans le but de faire relever les recommandations qui sont faites. Cette activité sert de transition vers le Point langue où seront présentées quelques formulations pour faire des recommandations.

➔ CORRIGÉ : **a) 1.** La personne s'adresse à des stagiaires étrangers en France.

2. La personne fait des recommandations sur la manière de se comporter en société.

b) « Il est recommandé d'arriver un quart d'heure après l'heure prévue. – Serrez-leur la main. –
Vous arriverez avec un bouquet de fleurs. – Évitez de mettre les mains sous la table. –
Il faut poser les mains sur la table. – Ne parlez pas trop de sujets personnels. »

Point **Langue**   › **FAIRE DES RECOMMANDATIONS**

Ce Point langue permet de travailler sur les différentes formulations utilisées pour faire des recommandations. Faire
réécouter l'enregistrement et faire trouver un exemple pour chaque forme proposée. Les apprenants comparent leurs
réponses avant la mise en commun en grand groupe.

➔ **Corrigé :** *Il est recommandé de* + infinitif → *Il est recommandé d'*arriver un quart d'heure après l'heure prévue.
Impératif → *Serrez*-leur la main.
Il faut + infinitif → *Il faut* poser les mains sur la table.
Évitez de + infinitif = *Évitez de* mettre les mains sous la table.

S'EXERCER n° 3   Corrigé
▶ p. 182

📘 OBJECTIF DE L'ACTIVITÉ 12 ◀   **Phonétique :** Intonation : Recommandation, obligation ou interdiction.

2 a) Cet exercice a pour but de sensibiliser les apprenants à l'intonation de la
recommandation, de l'obligation ou de l'interdiction. Les apprenants ne pourront
s'appuyer que sur l'intonation des énoncés pour juger si les phrases expriment
la recommandation, l'obligation ou l'interdiction. Proposer de reproduire la grille
suivante pour noter les réponses :

	Recommandation	Obligation	Interdiction
1.	✓		
2.	✓		
3.		✓	
4...			✓

Pendant l'écoute de l'enregistrement (écoute séquentielle recommandée), chaque
apprenant note ce qu'il entend. Procéder à la correction collective après une
deuxième écoute (écoute continue).

➔ CORRIGÉ : **recommandation :** 1, 2, 4, 7, 8, 11, 13 et 14 – **obligation :** 3, 5, 9, 10 et 12 – **interdiction :** 6, 15 et 16

b) Faire réécouter l'enregistrement afin de solliciter les apprenants à tour de rôle pour répéter les phrases,
en leur demandant de reproduire l'intonation proposée.

📘 OBJECTIF DE L'ACTIVITÉ 13 ◀   Transférer les acquis du parcours en échangeant sur le thème.

3 Proposer aux apprenants de réfléchir aux coutumes qui sont d'usage dans leur pays et leur faire comparer leurs coutumes aux coutumes françaises. La réflexion peut se faire en binôme ou en petits groupes. Les apprenants prennent ensuite la parole devant la classe.

📘 OBJECTIF DES ACTIVITÉS 14 ET 15 ◀   Transférer les acquis du parcours en exprimant des recommandations oralement,
puis à l'écrit.

**4
5** Faire préparer oralement par les apprenants les recommandations à faire à un ami étranger qui doit venir dans leur pays. Puis, leur
faire rédiger ces recommandations qu'ils présenteront comme un guide à l'usage des étrangers. La réflexion peut se faire en binôme
ou en petits groupes. Les apprenants prennent ensuite la parole devant la classe.

SAVOIRS

📘 OBJECTIF DE L'ACTIVITÉ ◀   Transférer les acquis de manière ludique.

Procéder selon la consigne : former des groupes de trois ou quatre personnes, de profils différents si possible (âge, sexe, personnalité...). Prévoir une mise en commun après chaque grande rubrique, pour écouter les réponses proposées par chaque équipe et désigner l'équipe gagnante du point pour chaque question (c'est l'équipe qui a donné le plus de réponses exactes à une question qui
gagne le point). Jouer le rôle d'un arbitre pour animer cette activité ludique, afin de mettre la classe en compétition dans un jeu.
Il est possible de prévoir des « récompenses » pour les gagnants (et les perdants).

1. Je suis déçu(e) par ce climat/de rentrer si vite.

Je suis surpris(e) par leur accent/par ce climat/par les prix très élevés/de devoir donner des pourboires/par l'importance de ces personnes.

Je suis ravi(e) par ce climat/de rentrer si vite.

Je suis indigné(e) par les prix très élevés/de devoir donner des pourboires/par l'importance de ces personnes.

2. a. Écrit : Défense d'entrer/Interdiction d'entrer/Entrée interdite – **Oral** : Il est interdit d'entrer./Vous ne devez pas entrer./N'entrez pas./Il ne faut pas entrer.

b. Écrit : Portables interdits/Éteignez votre portable. – **Oral** : Il est interdit de téléphoner./Il ne faut pas téléphoner./Ne téléphonez pas.

c. Écrit : Silence, hôpital/Interdiction de faire du bruit – **Oral** : Ne faites pas de bruit./Il ne faut pas faire de bruit.

d. Écrit : Baignade interdite/Danger : interdiction de se baigner/Il est interdit de se baigner. – **Oral** : Vous ne devez pas vous baigner./Il ne faut pas se baigner./Ne vous baignez pas.

3. Assistez régulièrement aux cours. – Il faut assister régulièrement aux cours.

Il faut écouter attentivement les consignes du professeur. – Écoutez attentivement les consignes du professeur.

Il est recommandé de s'aider mutuellement pendant le travail. – Aidez-vous mutuellement pendant le travail.

Évitez d'utiliser systématiquement le dictionnaire. – N'utilisez pas systématiquement le dictionnaire. – Il ne faut pas utiliser systématiquement le dictionnaire.

Il faut poser des questions aux professeurs en cas de problème. – Il est recommandé de poser des questions aux professeurs en cas de problème. – Posez des questions aux professeurs en cas de problème.

Guide culturel

DOSSIER 1 – Leçon 2

> Une médiathèque

Une bibliothèque est un dépôt de livres accessible au public qui peut les consulter sur place ou les emprunter. Lorsque ce lieu propose d'autres supports documentaires comme des journaux, des magazines, des disques compacts, des Cd-rom, des vidéocassettes ou des DVD et est pourvu d'accès Internet, il est appelé médiathèque.

DOSSIER 1 – Leçon 3

> TV5

TV5, créée en 1984, est rebaptisée le 1er janvier 2006 TV5MONDE. C'est une chaîne généraliste, la première chaîne mondiale de télévision en français, dont les programmes (offrant des sous-titres en dix langues) tiennent compte des décalages horaires et des intérêts des publics. On peut y voir de fréquents journaux d'informations mais aussi des films, des documentaires et des émissions de divertissement. Pour plus d'informations, consultez le site : www.tv5.org.

> Le Tour de France

Le Tour de France cycliste, qu'on appelle aussi la Grande Boucle, est sans doute la manifestation sportive la plus populaire de France : pendant quinze jours, deux chaînes de la télévision publique se relaient pour transmettre les images de chaque étape et des milliers de personnes se massent le long des routes, en particulier dans les étapes de montagnes où le spectacle peut être admiré plus longuement. L'itinéraire, bien que différent chaque année, finit toujours sur les Champs-Élysées.

> Fête de la musique

En 1982, une étude sur les pratiques culturelles des Français révèle que 5 millions de personnes (dont un jeune sur deux) jouent d'un instrument de musique. Jack Lang, alors ministre de la Culture, tente d'instaurer une politique nouvelle de la musique. Il est proposé à tous ces musiciens de descendre dans la rue pour jouer. La Fête de la musique est lancée le 21 juin 1982, jour du solstice d'été, sans autre slogan que « Faites de la musique, Fête de la musique ». Cette fête populaire ouverte à tous les genres musicaux remporte un franc succès ; elle gagne rapidement les pays voisins, puis s'exporte sur tous les continents.

> Le Louvre

L'ancienne résidence des rois de France devient l'un des premiers et des plus importants musées d'Europe en 1791, quand un décret fait du Louvre le Muséum central des arts de la République. En 1803, le musée, rebaptisé « musée Napoléon », s'enrichit du butin des campagnes militaires de l'Empereur. Mais c'est sous la IIIe République que l'établissement devient officiellement « propriété de l'État », accédant ainsi à son statut actuel de musée national. En 1988, le président de la République, François Mitterrand, inaugure la nouvelle entrée principale du musée du Louvre : une pyramide de verre construite par l'architecte Ieoh Ming Pei au milieu de la cour Napoléon. Les collections du Louvre rassemblent des œuvres couvrant les civilisations antiques jusqu'à la première moitié du XIXe siècle. Ce musée est mondialement célèbre, mais nombreux sont les touristes à ne s'y rendre que pour contempler le sourire de La Joconde. Les guides la présentent désormais en fin de visite ! Pour plus d'informations, consultez le site : www.louvre.fr.

> La Tour d'Argent

Ce restaurant, renommé dans le monde entier, est situé à Paris, dans le 5e arrondissement, et donne sur la Seine et Notre-Dame. Une des spécialités de ce restaurant de grand standing est le « canard au sang » servi numéroté. Sa cave, que l'on peut éventuellement visiter, renferme près de 500 000 bouteilles.

DOSSIER 2 – Leçon 1

> La Défense

Situé à l'ouest de Paris, la Défence est le plus important quartier d'affaires d'Europe. Tours de bureaux, hôtels... sont reliés par une dalle dédiée aux piétons. Un jardin suspendu, de nombreux espaces verts ont été créés et une soixantaine de sculptures contemporaines gigantesques y ont été installées. En 1989, Mitterrand, alors président de la République, fait construire l'Arche de la Défense, inaugurée pour le bicentenaire de la Révolution.

> Le jardin du Luxembourg

Au cœur du Quartier latin, ce grand jardin dépend aujourd'hui du Sénat qui est l'ancien château de Marie de Médicis. Outre des espaces verts agrémentés de nombreuses statues d'écrivains et de peintres célèbres, il contient entre autres un théâtre de Guignol, une école d'apiculture et d'arboriculture, un préau où des joueurs d'échecs s'affrontent. Ce jardin est célèbre car il est évoqué dans de très nombreux romans (Balzac, Proust, Nerval...).

> L'Arc de triomphe

Situé à l'ouest de Paris, il sert de carrefour à douze rues. Les premiers édifices de ce genre furent construits dans la Rome antique et comportent généralement un ou plusieurs passages dans un énorme massif rectangulaire. À l'instar des Romains qui célébraient ainsi des éminences victorieuses, l'Arc de triomphe fut érigé en l'honneur des victoires de Napoléon. On y voit donc, gravés dans la pierre, les noms de ses victoires, de ses généraux. À son pied, se trouve la tombe du soldat inconnu symbolisant tous les soldats tombés lors de la Première Guerre mondiale.

> Le bois de Boulogne

Ce bois de l'ouest parisien servit longtemps de terrain de chasse aux rois de France. Haussmann y aménagea deux lacs reliés par une cascade. Ce bois est encore prisé pour ses ballades : on peut s'y restaurer, faire de la barque, du vélo, faire découvrir aux enfants des plantes et animaux exotiques au jardin d'acclimatation ou encore aller voir les chevaux courir sur l'hippodrome de Longchamp.

> L'église Saint Sulpice

Très ancien édifice dont la reconstruction débuta en 1646, mais dont les travaux s'éternisèrent par difficultés de financement. Cette église de style jésuite atteint les dimensions d'une cathédrale. Des peintures de Delacroix peuvent être admirées dans la chapelle des Saints Anges. Elle possède un des plus grands orgues de France que l'on peut venir écouter le dimanche.

> Notre-Dame

C'est le nom donné à la cathédrale de Paris. Pour voir ce remarquable édifice gothique, audacieux pour l'époque, théâtre de grands événements religieux et politiques, il faut se rendre sur l'île de la Cité, cœur historique de la capitale. Ce lieu fut chanté, inspira des romanciers, des réalisateurs de films…

> La place de la Concorde

Cette grande place parisienne est bordée par les Champs-Élysées et le jardin des Tuileries. C'est là qu'on installa la première guillotine lors de la Révolution. Alors place Louis-XV, elle fut rebaptisée place de la Révolution en 1792. De nombreuses têtes tombèrent, dont certaines emblématiques. La place, dit-on, était rouge ! Elle ne prit son nom actuel que quelques années plus tard.

> Le cimetière du Père-Lachaise

De nombreuses célébrités y sont enterrées : d'Héloïse et Abélard à Jim Morrison, en passant par Oscar Wilde, Molière, La Fontaine, Balzac, Chopin, Piaf… C'est un lieu d'un grand romantisme, peuplé d'arbres, de bosquets, de chemins sinueux et accidentés.

Dossier 2 – Leçon 2

> Carcassonne, cité médiévale

Cette petite ville de 45 000 habitants est située dans la région Languedoc-Roussillon. Elle est traditionnelle-ment divisée en deux, la ville basse et la ville haute (ou cité). Cette dernière est située sur un promontoire élevé et entourée d'épais remparts depuis le Moyen Âge. En 1997, l'UNESCO inscrivit la cité au patrimoine mondial de l'humanité.
Pour plus d'informations : www.carcassonne.org

> Les auberges de jeunesse

Les premières auberges voient le jour au début du siècle, en Allemagne. Le succès est tel que ce concept s'exporte rapidement en Europe, puis dans le monde entier. Les « routards » voyageant généralement sur de longues périodes avec peu d'argent en poche affectionnent ce type d'hébergement proposant non seulement des lits à petits prix, mais aussi la possibilité d'y faire de nombreu-ses rencontres puisqu'on partage la chambre, le petit déjeuner, la machine à laver… on s'y retrouve au bar, aux fêtes ou excursions organisées. Cependant, toutes ne se ressemblent pas : les dortoirs, par exemple, sont plus ou moins grands, pour femmes, hommes ou mixtes.

Dossier 2 – Leçon 3

> Nice

Située sur la Côte d'Azur, Nice est la deuxième ville tou-ristique française après Paris. Cette ville de 350 000 habitants est réputée pour son climat doux, sa vieille ville, le cours Saleya qui abrite marchés et restaurants, l'hôtel Victoria où habita Matisse, les musées Chagall et Matisse, le Mamac (art contemporain), et bien sûr la promenade des Anglais qui s'étend sur plusieurs kilomètres. Chaque hiver, le Carnaval donne lieu à deux semaines de festivités.

Dossier 3 – Leçon 2

> La Saint-Valentin

La fête des amoureux a lieu le 14 février. À cette occasion, on invite sa valentine ou son valentin à dîner, on lui offre un bouquet de fleurs (souvent des roses rouges), on lui envoie une lettre d'amour…

Dossier 3 – Leçon 3

> Pendre la crémaillère

Lorsqu'on emménage dans une nouvelle habitation, la première fête qui y est organisée s'appelle « la pendaison de crémaillère ». On invite des amis afin de leur montrer son nouveau chez-soi ; ils offriront traditionnellement un objet décoratif pour la maison.

Dossier 4 – Leçon 1

> Heures et jours d'ouverture des magasins

Les hypermarchés et supermarchés sont généralement ouverts du lundi au samedi de 9 heures à 19 ou 20 heures (souvent plus tard). Les commerces spécialisés (phar-macies, fromageries, fleuristes, etc.) sont ouverts de 9 heures (parfois beaucoup plus tôt pour les boulangeries) à 19 ou 20 heures, en général 6 jours par semaine : certains sont ouverts le dimanche, ils sont dans ce cas fermés un jour de la semaine ou parfois une partie de l'après-midi. Certaines petites épiceries de quartier, dans les grandes villes, sont ouvertes 7 jours sur 7 de 9 heures à 22 heures ou 23 heures, parfois minuit. Les marchés sont en général présents un ou deux jours par semaine dans un quartier donné, de 8 heures à 13 heures.

> La télévision française

Sept chaînes de télévision sont diffusées par voie hertzienne. Parmi ces chaînes, quatre appartiennent au secteur public et sont financées par la redevance, de subventions de l'État et la publicité : France 2, France 3, la chaîne franco-allemande Arte et La Cinquième. Trois relèvent du secteur privé : TF1 et M6, financées par des actionnaires et qui ne vivent que de la publicité, Canal +, chaîne cryptée et payante, qui perçoit aussi des recettes publicitaires.

TF1 est la chaîne la plus regardée. C'est une chaîne populaire généraliste axée sur les jeux, le sport, les variétés et les films grand public.

M6 est une chaîne regardée par un public relativement jeune. Elle diffuse des fictions, de la musique et des journaux spécifiques.

Canal + fut la première chaîne privée. Elle est regardée surtout pour ses offres « cinéma » et « sport ». « Les guignols de l'info », marionnettes parodiant les personnalités du monde politique, artistique et sportif, sont très populaires.

France 3 propose un journal régional d'informations en début de soirée « le 19-20 » très regardé.

Arte est une chaîne culturelle, diffusée aussi en Allemagne, qui propose entre autres des soirées avec films, débats, reportages, autour d'un thème unique. Sur le même canal, aux heures laissées libres par Arte, **La Cinquième**, est consacrée au « savoir, à la formation et à l'emploi ».

Canal Satellite et **TPS** proposent un ensemble de chaînes thématiques.

DOSSIER 4 – Carnet de voyage

> Le jour de l'an (1er janvier)

C'est le premier jour de l'année et c'est un jour férié. La fête commence la veille (le soir de la Saint-Sylvestre), généralement entre amis ou parents. À minuit, on échange des vœux. On se souhaite généralement « Bonne année, bonne santé » et l'on se fait la bise.

> Mardi gras (février)

C'est le dernier des sept jours gras qui précèdent les quarante jours maigres de Carême. Le premier jour de cette période consacrée au jeûne, s'appelle le mercredi des Cendres. Le jour du mardi gras, les enfants ont coutume de manger des crêpes et de se déguiser.

> Pâques (entre le 22 mars et le 25 avril)

Après les 40 jours de Carême arrive Pâques, jour où l'on fête la résurrection du Christ. On souhaite alors aux personnes de « Joyeuses Pâques » et l'on cache dans le jardin des œufs en chocolat pour les enfants.

> Noël (25 décembre)

C'est le jour supposé de la naissance du Christ. Le réveillon de Noël, le 24, est l'occasion de faire un bon repas en famille. On s'offre des cadeaux qui sont généralement mis sous le sapin et que l'on ouvre le 24, après le dîner ou le 25 au matin.

> Fête du travail (1er mai)

Elle est fêtée dès 1793, mais cela ne dura que quelques années. C'est un siècle plus tard qu'elle prend racine en France comme dans de nombreux autres pays. Ce jour-là est chômé et l'on offre généralement un brin de muguet (symbole du printemps) aux femmes, à ses collègues ou amis.

> Fête des mères (dernier dimanche de mai)

C'est Napoléon qui lance cette fête dont le but était de prôner les vertus familiales. Traditionnellement, chaque enfant rapporte de l'école un cadeau qu'il a réalisé lui-même et l'offre à sa mère.

> Fête nationale (14 juillet)

C'est le jour où l'on commémore la prise de la Bastille de 1789. La Bastille était alors une prison qui incarnait aux yeux du peuple parisien le pouvoir tyrannique du roi. Ce jour symbolise la chute de l'Ancien régime et des privilèges de la noblesse.

> Halloween

Ce jour-là, tous les enfants se déguisent. Le thème est l'épouvante : costumes de fantômes, lutins, chauve-souris, sorciers(ères)... C'est aussi la tradition d'acheter une citrouille et de la sculpter en forme de tête effrayante. Halloween est remis à la mode après de nombreux siècles d'oubli. C'est une fête très populaire aux États-Unis, mais elle est d'origine celte. Avant de revenir en Europe, Halloween n'avait pas cessé d'être fêté en France dans des régions comme l'Alsace ou la Lorraine.

DOSSIER 5 – Leçon 1

> Faire-part

Un faire-part est une lettre, un billet ou une carte annonçant à quelqu'un un événement familial comme une naissance, un décès, des fiançailles, un mariage ou encore un baptême. Il sert à communiquer les informations essentielles sur l'événement. Les fiançailles sont, par exemple, annoncées entre six mois et un an avant le mariage ; le mariage, entre six semaines et deux mois avant la cérémonie ; l'arrivée d'un nouveau-né, dans le mois qui suit la naissance. Il est d'usage d'y répondre en envoyant une carte ou un mél.

DOSSIER 5 – Leçon 3

> **Clotilde Courau** fait partie de la nouvelle génération de comédiennes françaises. Elle débute sa carrière cinématographique dans *Le Petit Criminel* de Doillon. Depuis 2003, elle tient un rôle des plus remarqués, celui de princesse depuis qu'elle est mariée au prince Emanuele Filiberto de Savoie. Elle a donné naissance la même année à une petite Vittoria, nom rappelant celui de son grand-père, Victor, chef de la maison de Savoie, et celui d'une ancienne parente, Vittoria de Savoie.

> **Serge Gainsbourg** (1928–1991) : auteur, compositeur, interprète français.
http://sergegainsbourg.artistes.universalmusic.fr
www.gainsbourg.org/

> **Jane Birkin** (1946) : actrice et chanteuse britannique vivant en France.
www.janebirkin.net/

> **Charlotte Gainsbourg** (1971) : actrice française.
www.charlottegainsbourg.net/

> **Lou Doillon** (1982) : actrice française.
http://lou.doillon.actricesdefrance.org/

> **Catherine Deneuve** (1943) : actrice française.
http://catherine.deneuve.actricesdefrance.org/

> **Marcello Mastroianni** (1924–1996) : acteur italien.
http://fr.wikipedia.org/wiki/Marcello_Mastroianni

> **Chiara Mastroianni** (1972) : actrice française.
http://chiara.mastroianni.actricesdefrance.org/

> **Johnny Hallyday** (1943) : chanteur et interprète d'origine franco-belge.
www.hallyday.com.fr/

> **Sylvie Vartan** (1944) : chanteuse française d'origine arménienne, née en Bulgarie.
www.sylvie-vartan.com

> **David Hallyday** (1966) : chanteur, auteur, compositeur français.
http://davidhallyday.artistes.universalmusic.fr/

DOSSIER 5 – Carnet de voyage

> **Marcel Pagnol** (1895–1974) : écrivain et cinéaste français.
www.marcel-pagnol.com

> **Georges Brassens** (1921–1981) : auteur, compositeur et interprète.
www.georges-brassens.com

> **Fernandel** (1903–1971) : acteur français.
http://fernandel.online.fr/

> **Jean de la Fontaine** (1621–1695) : poète français.
www.lafontaine.net

> **Jules Verne** (1828–1905) : écrivain français.
www.jules-verne.net

> **Napoléon Bonaparte** (1769–1821) : empereur des Français de 1804 à 1815.
http://fr.wikipedia.org/wiki/Napoléon_Bonaparte

> **Louis de Funès** (1914–1983) : acteur comique français.
www.louisdefunes.com

> **Jean Gabin** (1904–1976) : acteur français.
www.musee-gabin.com/

> **Daniel Balavoine** (1952–1986) : auteur, compositeur, interprète français.
www.dbalavoine.com

> **Serge Gainsbourg** (*cf.* p. 187).

> **Zinédine Zidane** (1972) : joueur de football, surnomé Zizou.
www.zidane.fr/

> **Charlemagne** (dit Charles le Grand, 742–814) : roi des Francs à partir de 768, roi des Lombards à partir de 774 et empereur d'Occident à partir de 800. Son règne prit fin à sa mort.
http://fr.wikipedia.org/wiki/Charlemagne

> **Lino Ventura** (1919–1987) : acteur italien ayant fait carrière en France.
http://fr.wikipedia.org/wiki/Lino_Ventura

> **François Mitterrand** (1916–1996) : président de la République française de 1981 à 1995.
www.mitterrand.org/

> **Gustave Eiffel** (1832–1923) : ingénieur et industriel français.
http://fr.wikipedia.org/wiki/Gustave_Eiffel

> **Émile Zola** (1840–1902) : écrivain français.
http://emilezola.free.fr/

> **Sœur Emmanuelle** (1908) : ancien professeur de lettres et de philosophie, elle s'est consacrée aux pauvres à sa retraite.
http://lesmadeleines.free.fr/celebrites/cinquin.htm

> **Jean Moulin** (1899–1943) : personnage de la Résistance française lors de la Seconde Guerre mondiale.
http://fr.wikipedia.org/wiki/Jean_Moulin

> **Charles Aznavour** (1924) : chanteur, compositeur et acteur français.
www.c-aznavour.com

INFO

> **Yves Montand** (1921–1991) : acteur et chanteur français d'origine italienne.
http://fr.wikipedia.org/wiki/Yves_Montand

> **Jeanne d'Arc** (1412–1431) : figure emblématique de l'histoire de France durant la fin de la guerre de Cent Ans.
www.jeanne-darc.com

> **Général Leclerc** (1902–1947) : Maréchal de France.
http://fr.wikipedia.org/wiki/Général_Leclerc

> **Voltaire** (1694–1778) : écrivain et philosophe français.
www.voltaire-integral.com/

> **Johnny Hallyday** (*cf.* p. 187).

> **Antoine de Saint-Exupéry** (1900–1944) : écrivain et aviateur français.
www.saint-exupery.org/

> **Claude François** (1939–1978) : chanteur français. Surnommé Cloclo.
http://site.voila.fr/cloclocollection
http://membres.lycos.fr/rvcloclo/

> **Professeur Christian Cabrol** (1925) : chirurgien et homme politique français.
http://fr.wikipedia.org/wiki/Christian_Cabrol

> **Jean-Paul Belmondo** (1933) : acteur français.
www.biosstars.com/j/jeanpaulbelmondo.htm

> **Jules Ferry** (1832–1893) : politicien français.
www.senat.fr/evenement/archives/ferry.html

> **Louis Lumière** (1864–1948) : inventeur, producteur et exploitant du cinématographe.
http://fr.wikipedia.org/wiki/Louis_Lumière

> **Michel Platini** (1955) : footballeur français.
http://fr.wikipedia.org/wiki/Michel_Platini

> **Jacques Chirac** (1932) : président de la République française.
http://fr.wikipedia.org/wiki/Jacques_Chirac

> **Charles Trenet** (1913–2001) : chanteur français.
http://fr.wikipedia.org/wiki/Charles_Trenet

> **Georges Pompidou** (1911–1974) : président de la République française de 1969 à 1974.
http://fr.wikipedia.org/wiki/Georges_Pompidou

> **Michel Sardou** (1947) : chanteur français.
www.sardou.com

> **Simone Signoret** (1921–1985) : actrice française.
www.ecrannoir.fr/stars/legendes/signoret.htm

> **Haroun Tazieff** (1914–1998) : géologue et volcanologue.
http://fr.wikipedia.org/wiki/Haroun_Tazieff

> **Jacques Prévert** (1900–1977) : poète et scénariste français.
www.geocities.com/Athens/Academy/5520/

> **Éric Tabarly** (1931–1998) : navigateur français.
http://fr.wikipedia.org/wiki/Eric_Tabarly

> **Louis XIV** (dit Louis le Grand, 1638–1715) : roi de France et de Navarre de 1643 à 1715.
http://fr.wikipedia.org/wiki/Louis_XIV

DOSSIER 6 – Leçon 1

> **Le Québec**

Les français s'installèrent au Québec au XVIIe siècle. C'est une des provinces du Canada qui possède, comme d'autres, des milliers de lacs et des paysages magnifiques. Cette province à dominante francophone, trois fois grande comme la France, a pour capitale Montréal. 80 % des habitants de cette ville, logée entre deux rivières, sont francophones contre près de 8 % d'anglophones.

DOSSIER 6 – Leçon 2

> **Les DOM-TOM**

La France d'outre-mer est constituée de :
– 4 départements et régions d'outre-mer (DOM-ROM, ou DROM) : la Martinique, la Guadeloupe, la Guyane et la Réunion.
– 4 collectivités d'outre-mer (COM) : Wallis-et-Futuna, Saint-Pierre-et-Miquelon et Mayotte. La Polynésie française est également une COM mais aussi un pays d'outre-mer. COM à venir : Saint-Martin et Saint-Barthélemy. Toutes possèdent des statuts spécifiques.
– 1 TOM qui ne bénéficie plus constitutionnellement de ce statut mais le conserve en pratique : les Terres Australes et Antarctiques françaises, constituées de l'archipel des Crozet, des îles Kerguelen, Amsterdam, Saint-Paul et de la Terre Adélie.
– La Nouvelle-Calédonie garde un statut provisoire en attendant qu'elle choisisse entre l'indépendance et l'attachement à la République française.
Pour plus d'informations : http://a.ttfr.free.fr

> **La Réunion**

Depuis 2003, l'île de la Réunion est une région d'outre-mer à département unique. Sa population constitue une véritable mosaïque ethnique et raciale. Aujourd'hui, ce coin de paradis vit surtout du tourisme. On peut y faire des randonnées, surfer avec les requins, boire du rhum dit « arrangé », admirer la flore très riche ou les coulées de lave du Piton de la Fournaise, un des volcans les plus actifs de la planète. Un taux de chômage très élevé pousse ses habitants à venir chercher du travail en France métropolitaine.

DOSSIER 6 – Leçon 3

> Bruxelles et la bande dessinée

Depuis 1991, un parcours « bandes dessinées » a été imaginé à Bruxelles (prononcer « Brussel »). On rencontre ainsi dans la ville des personnages de BD et des fresques entières peintes sur les murs qui nous replongent instantanément dans l'ambiance de ces livres d'images. Il y en a pour tous les goûts. Mais la rue n'est pas le seul lieu d'expression : bars, restaurants ou hôtels de la ville se prêtent aussi au jeu.

DOSSIER 6 – Carnet de voyage

> Tété

Enfant métis (mère antillaise et père sénégalais), ce chanteur français commence sa carrière en se produisant dans les cafés parisiens. Son style « pop-reggae acoustique » plaît et se fait vite remarquer. Ses textes assez poétiques évoquent l'amour, la guerre, son vécu… Sa présence sur scène est très remarquée.
Son nom d'artiste « Tété » vient du wolof (une des langues sénégalaises) et signifie « le guide ».

> Robert Charlebois (1944)

Chanteur, compositeur, interprète, musicien (guitariste et pianiste) et acteur. Son premier album, qui sort à la fin des années 1960, est plutôt rock et poétique. *Je reviendrai à Montréal* est une chanson évoquant de façon nostalgique et romantique, les hivers québécois si rigoureux.

DOSSIER 7 – Leçon 1

> Les repas de la journée en France

Le petit déjeuner : le matin, on peut manger des céréales, du pain, du beurre et de la confiture, des viennoiseries (brioche, croissant, pain au chocolat…), des yaourts et des fruits. On boit principalement du café, du thé, du chocolat, du jus de fruits.
Le déjeuner : le repas de midi est souvent constitué d'une entrée (charcuterie, crudités ou salade), d'un plat chaud (viande, poisson ou tarte salée) garni de légumes verts ou de pâtes, de riz, de pommes de terre, de féculents… d'un morceau de fromage et d'un dessert (fruits, yaourts ou pâtisserie).
Le goûter est apprécié des enfants et des adolescents quand ils rentrent de l'école.
Le dîner : le repas du soir est normalement plus léger que celui du midi. Il peut se composer d'une soupe (en hiver), d'un morceau de viande ou de poisson, d'un plat à base d'œufs (omelette…) ou d'une salade verte agrémentée de quelques éléments.
Au cours des repas, on boit le plus souvent de l'eau, du vin ou des sodas ; les sirops et les jus de fruits sont réservés aux enfants.

Parmi les spécialités culinaires françaises, on peut citer le cassoulet, la quiche lorraine, la tarte Tatin, le pot-au-feu… Vous trouverez les recettes de ces spécialités sur www.cuisineaz.com

DOSSIER 7 – Leçon 2

> Christian Lacroix

Né en 1951 à Arles, Christian Lacroix quitte la Provence pour faire l'école du Louvre à Paris. Il abandonne cependant rapidement ses études pour intégrer, dès 1978, le milieu de la haute couture. Ses vêtements sont colorés et extravagants, son style plaît. En 1987, Bernard Arnault (régnant sur l'empire du textile) débauche le jeune modéliste qui travaillait alors chez Jean Patou pour l'aider à monter sa propre maison. Lacroix présente alors son premier défilé de haute couture. Le couturier suit également des projets extérieurs comme l'habillage des voitures de TGV, du personnel d'Air France ou la maquette du dictionnaire Larousse.

DOSSIER 7 – Carnet de voyage

> Starck

Né en 1949 à Paris, Philippe Starck est un des designers les plus célèbres du monde. La profession de designer émerge au début du XXe siècle : on intervient sur la forme, la couleur, la matière, l'image… Après avoir suivi des études d'architecture d'intérieur et de design, Stark se lance dans le dessin d'objets domestiques, s'inspirant de l'art déco. Il habille des boîtes de nuit, des restaurants et même la chambre de la première dame de France (alors Mme Mitterrand). Dans les années 1980, il conçoit des meubles qui se veulent décoratifs, utilitaires et fonctionnels. Il s'est lancé plus récemment dans le design industriel (musée, usines, immeubles de bureaux, résidences…) et crée divers objets allant des brosses à dents aux ordinateurs, en passant par les lunettes.

DOSSIER 8 – Leçon 1

> FNAC

Fondée en 1954, la FNAC « Fédération Nationale d'Achats pour Cadres » est destinée avant tout aux cadres. Elle se popularise rapidement et l'acronyme devient : « Fédération Nationale d'AChats ». Cette chaîne est aujourd'hui leader de la distribution de produits culturels et de loisirs en France comme dans d'autres pays d'Europe. Elle regroupe ses ventes principalement autour de six produits : la musique, la littérature, la micro-informatique, le son, la vidéo et la photographie. On peut aussi y acheter des billets de spectacle.

DOSSIER 8 – Leçon 2

> Toulouse

Occupée par les Celtes, puis par les Romains, la *ville rose* se situe dans la région Midi-Pyrénées. Toulouse, aujourd'hui la quatrième ville de France, attire beaucoup de monde grâce à son emplacement stratégique, sa qualité de vie, son centre universitaire, son école de l'aéronautique et de l'espace…

> Lyon

Deuxième ville de France (avec Marseille), située au confluent du Rhône et de la Saône. Lyon et sa région représentent aujourd'hui un pôle de développement majeur. Son industrie, très développée dans les secteurs de la chimie et de la santé, se porte bien. De nombreux chefs cuisiniers (Paul Bocuse, Paul Lacombe…) y ont élu domicile. Lyon passe pour être la capitale de la gastronomie : Rosette de Lyon (saucisson), quenelles, l'excellent fromage Mont d'or que l'on mange en hiver ou encore le Saint-marcellin. Les choix ne manquent pas.

DOSSIER 9 – Leçon 1

> Vanves

Vanves est une petite ville située dans le sud-ouest de la petite couronne qui borde Paris.
De nombreuses initiatives, comme celle présentée dans cette leçon (création d'un livre de mémoire vanvéenne), se développent en France.

DOSSIER 9 – Leçon 3

> Marseille

Chef-lieu de la région PACA (Provence-Alpes-Côte d'Azur), Marseille est aujourd'hui la deuxième plus grande ville de France après Paris avec 1,5 million d'habitants. C'est un grand port de commerce, en particulier vers l'Afrique et, comme dans tous les grands ports, la population est très cosmopolite : Italiens, Nord-Africains, Espagnols… sont venus s'y installer. La ville est aussi le siège d'une grande équipe de football : l'Olympique de Marseille. L'hymne national français s'appelle la *Marseillaise* car ce chant de guerre de la Révolution fut au départ chanté par un régiment venu de Marseille.

> Colocation

Le partage du logement se rencontre surtout dans les grandes agglomérations. Au début, ce phénomène touchait principalement les jeunes célibataires (étudiant ou démarrant dans la vie active). Depuis quelques années, les trentenaires sont également concernés. C'est en effet un moyen de lutter contre la solitude et de trouver une alternative aux prix exorbitants des loyers.

L'ÉVALUATION dans ALTER EGO

L'**évaluation** en classe de FLE

Quels sont les besoins en évaluation en classe de langues : évaluation formative ou sommative ? Avant d'entrer de façon plus détaillée dans le projet d'*Alter Ego*, voici quelques rappels sur ces concepts.

	Pendant l'apprentissage :	En fin d'un moment d'apprentissage :
Quand ?	➡ au cours d'une session ➡ à la fin de chaque unité d'apprentissage	➡ à la fin d'une session de plusieurs unités
Pour quoi faire ?	⚏ partager une information sur les acquis : Pour l' enseignant → faire le point sur les acquis dispensés : réviser sa façon d'enseigner apprenant → faire le point sur ses savoir-faire : prendre conscience de ses mécanismes d'apprentissage pour une plus grande autonomie ⚏ motiver pour progresser	⚏ valider des compétences de communication ⚏ changer de niveau
Quoi ?	Évaluation formative Évaluer des objectifs d'apprentissage vus récemment : → Évaluation « convergente »	Évaluation sommative Évaluer des objectifs d'apprentissage divers et de plus en plus complexes : → Évaluation « divergente »
Quels outils ?	Les quatre compétences de communication réceptives et productives : compréhension orale et écrite/expression orale et écrite	
	Évaluation formative : *le test* Un exercice (tâche authentique ou semi-authentique) pour chaque compétence en lien direct avec les acquis de chaque séance d'apprentissage.	Évaluation sommative : *le bilan / examen* Un ou plusieurs exercices (tâches authentiques ou semi-authentiques) pour chaque compétence faisant intervenir différents acquis des séances d'apprentissage précédentes afin de valider des savoir-faire multiples.
	• Des questions fermées ou ouvertes de type QCM (questions à choix multiple), questions à réponses ouvertes courtes, appariements, classements... • Des supports/documents oraux ou écrits authentiques ou semi-authentiques : dialogues, annonces publiques, messages personnels, interviews, micro-trottoirs... ; affiches d'informations administratives, publicités, extraits d'articles de presse, extraits de lettres... • Des sujets d'expression écrite ou orale portant sur la capacité à s'informer, (se) présenter, décrire, raconter, exprimer son opinion de façon simple : capacités référencées dans le Cadre commun européen de référence pour les niveaux A1-A2.	

L'**évaluation** dans *Alter Ego* : Un projet d'abord formateur

On parle de plus en plus d'auto-apprentissage, mais comment apprendre en autonomie si l'apprenant n'a pas conscience de ses propres mécanismes d'apprentissage ?

Ce qui revient à dire que fournir des documents écrits, oraux, des mémentos grammaticaux, des exercices et des tests aux apprenants dans un contexte d'autonomie ou semi-autonomie n'est pas synonyme d'auto-apprentissage ni de réussite.

L'auto-apprentissage n'est pas inné, il est **le fruit d'une formation à l'autonomie**. Ainsi, l'apprenant doit être guidé non seulement dans ses choix d'outils de travail, mais aussi sur le comment et le pourquoi de ses progrès et de ses échecs, c'est-à-dire le fonctionnement de son apprentissage.

L'enseignant, dont la première fonction est d'enseigner à apprendre, se doit de mettre en place cette réflexion, particulièrement en évaluation puisque celle-ci permet à l'apprenant de comprendre ses propres mécanismes, de prendre conscience de ses progrès, donc d'être motivé, et de devenir réellement autonome.

Aujourd'hui, tous les manuels fournissent des fiches d'auto-évaluation et des « portfolios ». Plus particulièrement, d'ailleurs, depuis la parution des travaux du Conseil de l'Europe en 2000 : *Le Cadre Européen Commun de Référence pour les Langues* (*Apprendre, Enseigner, Évaluer)* et les portfolios européens officiels : *Mon premier portfolio* destiné au primaire, *Le portfolio européen des langues* destiné aux adolescents et adultes, *Le Portfolio de ALTE** (association des centres d'évaluation des langues en Europe/audit en évaluation des langues au Conseil de l'Europe).

Ces documents ont redonné un rôle important à l'évaluation dans l'apprentissage, en parallèle avec la formation à l'autonomie pour l'apprentissage tout au long de sa vie comme le préconise la politique linguistique du Conseil de l'Europe.

L'évaluation formative

Alter Ego souhaite guider l'enseignant dans sa démarche de formateur à l'auto-évaluation, l'aider à mettre en place l'évaluation formative (car formatrice) par opposition à l'évaluation sommative (examen/certification).

Le manuel propose d'aider l'apprenant à réfléchir à ses processus d'apprentissage grâce à **des fiches de réflexion** intitulées *Vers le portfolio, comprendre pour agir* (une fiche par dossier) découpées en cinq étapes :

1. Ce que l'apprenant a appris : cette étape permet à l'apprenant de prendre conscience des savoir-faire qu'il a travaillés dans le dossier.

2. Quelles activités l'ont aidé à apprendre ? Ici l'apprenant fait le lien entre ses activités dans le dossier et les savoir-faire qu'il a listés précédemment.

3. Son auto-évaluation : l'apprenant peut enfin remplir sa fiche de réflexion de façon réfléchie et non aléatoire grâce à la réflexion des étapes précédentes.

4. Des tests, disponibles dans le guide pédagogique, permettent à l'enseignant de vérifier les acquis des apprenants immédiatement après chaque dossier, et à l'étudiant de vérifier et confirmer ses réponses à sa propre auto-évaluation.

5. Les moyens pour progresser : cette cinquième étape renforce l'enseignant dans son rôle de guide et de formateur. Elle contribue au dialogue entre l'apprenant et l'enseignant et participe du contrat d'apprentissage.

L'évaluation sommative

L'évaluation sommative n'est pas pour autant oubliée. Tout enseignant souhaite répondre à cet autre besoin qu'est la validation des compétences de l'apprenant par une institution officielle : véritable passeport dans la société dont l'impact n'est plus à démontrer.

L'enseignant se doit donc **d'entraîner les apprenants aux Certifications et Tests de niveau** officiels, particulièrement ceux reconnus actuellement au niveau international et surtout en Europe.

Le Conseil de l'Europe a défini six niveaux sur l'échelle des compétences en communication, et l'association *ALTE* [1] a décrit les niveaux d'évaluation de ces mêmes compétences. Ces descripteurs ont permis de clarifier ce qui est attendu à un niveau donné : contenus d'apprentissage et contenus d'évaluation.

L'influence de *ALTE* au sein des travaux du Conseil de l'Europe a apporté une reconnaissance européenne à certaines Certifications ou Tests de niveau, en les positionnant sur son *Cadre de Référence*. En ce qui concerne le FLE, il s'agit, pour les niveaux A1-A2 européens, dont il est question dans ce manuel :

– des DELF A1 et A2 (Ministère de l'Éducation nationale) ;
– du CEFP1 (Alliance Française) ;
– des tests TCF (CIEP) ;
– du TEF (Chambre de Commerce de Paris) ;
– de BULATS informatisé (Alliance Française de Paris).

Positionnement des certifications et tests sur le Cadre de Référence de ALTE

A1 Découverte	A2 Niveau 1	B1 Niveau 2	B2 Niveau 3	C1 Niveau 4	C2 Niveau 5
	CEFP1/A2	CEFP2/B1	DL/ B2	DSLCF/C1	DHEF/C2
DELF A1	DELF A2	DELF B1	DELF B2	DALF C1	DALF C2
Tests couvrant tous les niveaux : TCF/TEF/BULATS informatisé					

Tous les trois dossiers, l'enseignant dispose d'une évaluation/bilan : il s'agit d'une véritable préparation aux certifications précitées, ce qui permet à l'enseignant de valider les compétences de ses apprenants dans ces trois dossiers, voire même de revenir sur les acquis des dossiers précédents.

---

1. **ALTE : Association des centres d'évaluation en langues en Europe :** ALTE est une association fondée en 1992 dont les membres produisent et assurent la diffusion des examens de langue européens. Elle est composée d'une trentaine d'institutions toutes expertes dans le domaine des tests linguistiques : l'Université de Cambridge ESOL, l'Université de Salamanca et l'Institut Cervantes, l'Institut Goethe, l'Alliance Française et le CIEP, l'Université de Perugia, l'Université de Lisbonne, l'Université d'Athènes...
Toutes ces institutions travaillent en étroite collaboration pour classer, décrire et mettre au point des examens standards respectant une charte de qualité professionnelle.
La valeur des diplômes : L'un des principaux objectifs de ALTE est d'indiquer de façon précise comment les diplômes sont obtenus dans les différentes langues et à quelles compétences ils correspondent afin de rendre les diplômes plus faciles à utiliser et de permettre une mobilité plus grande des diplômés.
Le Cadre de Référence de ALTE : Les membres de ALTE ont mis en place un Cadre de Référence Européen composé de six niveaux d'aptitudes linguistiques, alignés sur *Le Cadre Commun Européen de Référence pour les langues : apprendre, enseigner, évaluer* du Conseil de l'Europe. Les examens des différentes institutions ont été intégrés ›
à ce cadre de telle sorte que des degrés d'équivalence en compétences de communication puissent être établis entre eux.
Pour rendre le cadre facile à utiliser, ALTE a mis au point, pour chaque niveau, une série de descripteurs formulés en termes de savoir-faire simples, concrets et compréhensibles par les non spécialistes.
Autres projets de ALTE :
➡ Dix membres ont réalisé le *Glossaire multilingue des termes utilisés dans les tests de langue*, qui est disponible en livre et sur CD ROM.
➡ Le portfolio EAQUALS/ALTE
➡ Le groupe KOBALT (six membres de ALTE) a élaboré les tests BULATS (tests informatisés plurilingues dont le français).
Pour de plus amples informations concernant le FLE vous pouvez consulter les sites internet suivants :
www.alliancefr.org
www.ciep.fr
www.alte.org

Synthèse des outils d'évaluation dans *Alter Ego* et **conseils pratiques** pour leurs utilisations

Dans le guide pédagogique, l'enseignant dispose :

▨ **d'un test par dossier** : information ponctuelle sur les acquis et les progrès, véritable apprentissage à l'auto-évaluation et donc à l'auto-apprentissage.

→ *En tout : 9 tests évaluant les contenus des leçons du dossier précédent.*

▨ des corrigés des tests et des fiches

▨ des transcriptions des enregistrements des tests

Dans le livre de l'élève, l'enseignant et l'apprenant disposent :

▨ **de fiches de réflexion formative,** *Vers le portfolio, comprendre pour agir* : une fiche par dossier (à partir du dossier 3, les moyens linguistiques de l'apprenant ne permettant pas ce travail plus tôt dans son parcours). Cette fiche est destinée à accompagner chaque test proposé dans le guide pédagogique.

Il est souhaitable que ces fiches de réflexion fassent l'objet d'un **partage** (contrat d'apprentissage) **entre l'enseignant et l'apprenant** :

1. L'enseignant doit participer à la phase au cours de laquelle l'apprenant remplit sa fiche : il **guide l'apprenant dans sa réflexion sur son travail** dans le dossier : ce qu'il a appris et les activités qui lui ont permis d'apprendre.

2. L'apprenant remplit sa fiche d'**auto-évaluation**.

3. Ensuite, l'enseignant propose **le test** aux apprenants.

4. Enfin, l'enseignant **corrige le test avec l'apprenant** : l'enseignant guide l'apprenant dans une correction collective pour une formation à l'auto-évaluation (ce qui n'empêche en aucun cas l'enseignant de ramasser les tests pour une correction notée pour ses propres besoins, personnels ou institutionnels). Il laisse le temps nécessaire à l'apprenant pour réviser/ confirmer ses réponses à l'auto-évaluation.

5. L'enseignant répond aux interrogations de l'apprenant en ce qui concerne les moyens de progresser.

→ *En tout : 7 fiches couplées aux tests de vérification.*

Dans le cahier d'activités :

L'apprenant dispose d'**un portfolio** très détaillé de douze pages qu'il peut compléter en toute autonomie, grâce à la mise en place à la fin de chaque dossier de sa réflexion partagée et vérifiée avec l'enseignant. Il s'agit là d'une véritable auto-évaluation et non d'une simple auto-estimation !

Dans le carnet complémentaire, *Évaluation/Entraînement au Delf,* l'enseignant et l'apprenant disposent :

▨ d'une évaluation/bilan tous les trois dossiers : validation des compétences de communication et véritables entraînements aux certifications FLE actuellement positionnées sur le Cadre européen ALTE au niveau A1 et préparation en partie à celles du niveau A2 :

– DELF A1 et préparation au DELF A2 ;

– Préparation au CEFP1 ;

– Tests : TCF, TEF, Bulats informatisé...

→ *En tout : 6 évaluations/bilans sommatifs.*

▨ des corrigés

▨ des transcriptions des enregistrements

	Dossiers du livre correspondants	Niveau CECR correspondant
Bilan 1	1-2-3	A1
Bilan 2	4-5-6	A1
Bilan 3	7-8-9	A1/A2
Bilan 4	Synthèse des dossiers 1 à 10	A1/A2
DELF A1 – numéro 1	Entraînement DELF A1	A1
DELF A1 – numéro 2	Entraînement DELF A1	A1

Quelques conseils pour préparer les évaluations/bilans :

Les évaluations/bilans sommatifs correspondent exactement aux activités développées dans les dossiers cités ainsi qu'à celles des tests formatifs. Ils permettent ainsi aux apprenants de faire la synthèse sur ce qu'ils ont acquis dans les dossiers précédents en croisant les savoir-faire sans préparation de type bachotage.

Calqués sur le *Cadre Européen Commun de Référence pour les Langues* et le *Portfolio européen,* ils permettent aux apprenants d'atteindre les compétences en langue référencées au niveau européen quel que soit le diplôme visé pour autant que celui-ci soit officiellement positionné sur le CECR.

Description des niveaux A1 et A2 de *Alter Ego 1*

Pour mieux appréhender les niveaux A1 et A2 concernés par les évaluations/bilans voici :

- 〽 Les descripteurs des niveaux A1/A2 décrits du Cadre européen commun de référence (échelle globale) ;
- 〽 Les compétences de communication décrites dans le Portfolio Européen des Langues du Conseil de l'Europe (Eaquals/ ALTE) ;
- 〽 Les thèmes, les situations et les savoir-faire développés pour chaque compétence, extraites du Cadre de ALTE pour les niveaux A1 et A2.

Cadre européen commun de référence (échelle globale)

A1 : Peut comprendre et utiliser des expressions familières et quotidiennes ainsi que des énoncés très simples qui visent à satisfaire des besoins concrets. Peut se présenter ou présenter quelqu'un et poser à une personne des questions la concernant – par exemple, sur son lieu d'habitation, ses relations, ce qui lui appartient, etc. – et peut répondre au même type de questions. Peut communiquer de façon simple si l'interlocuteur parle lentement, distinctement et se montre coopératif.

A2 : Peut comprendre des phrases isolées et des expressions fréquemment utilisées en relation avec des domaines immédiats de priorité (par exemple, informations personnelles et familiales simples, achats, environnement proche, travail). Peut communiquer lors de tâches simples et habituelles ne demandant qu'un échange d'informations simple et direct sur des sujets familiers et habituels. Peut décrire avec des moyens simples sa formation, son environnement immédiat et évoquer des sujets qui correspondent à des besoins immédiats.

Portfolio Européen des Langues du Conseil de l'Europe (Eaquals/ALTE)

Pour le niveau A1

〽 **Écouter**

Je peux comprendre si on parle très lentement et distinctement avec moi et s'il y a de longues pauses qui me laissent le temps de saisir le sens.

Je peux comprendre des indications simples : comment aller de A à B, à pied ou par les transports publics.

Je peux comprendre une question ou une invitation à faire quelque chose lorsqu'elles me sont adressées distinctement et lentement, et je peux suivre des instructions brèves et simples.

Je peux comprendre les nombres, les prix et l'heure.

〽 **Lire**

Je peux comprendre les informations concernant des personnes (domicile, âge, etc.) en lisant le journal.

Je peux choisir un concert ou un film en lisant des affiches ou des programmes de manifestations et je peux comprendre où et quand il a lieu.

Je peux comprendre suffisamment un questionnaire (à la frontière, à l'arrivée à l'hôtel) pour y indiquer, par exemple, mes nom, prénom, date de naissance, nationalité.

Je peux comprendre les mots et expressions sur les panneaux indicateurs que l'on rencontre dans la vie quotidienne (par exemple « gare », « centre », « parking », « défense de fumer », « serrer à droite »).

Je peux comprendre les principales consignes d'un programme informatique, par exemple « *sauvegarder* », « *ouvrir* », « *fermer* », « *effacer* ».

Je peux comprendre des messages brefs et simples sur une carte postale, par exemple une carte de vacances.

Je peux comprendre de brèves et simples indications écrites (par exemple de parcours).

Je peux comprendre dans la vie quotidienne les messages simples, laissés par mes connaissances et collaborateurs, par exemple « *Je reviens à 16 heures* ».

〽 **Prendre part à une conversation**

Je peux présenter quelqu'un et utiliser des expressions de salutations et de prises de congé simples.

Je peux répondre à des questions simples et en poser, je peux réagir à des déclarations simples et en faire, pour autant qu'il s'agisse de quelque chose de tout à fait familier ou dont j'ai immédiatement besoin.

... /...

... / ...

Je peux communiquer de façon simple, mais j'ai besoin que la personne qui parle avec moi soit prête à répéter plus lentement ou à reformuler et qu'elle m'aide à formuler ce que j'aimerais dire.

Je peux faire des achats simples lorsque je peux m'aider en faisant des mimiques ou en pointant du doigt les objets concernés.

Je peux me débrouiller avec les notions de nombre, de quantité, d'heure et de prix.

Je peux demander ou donner quelque chose à quelqu'un.

Je peux poser des questions personnelles à quelqu'un, par exemple sur son lieu d'habitation, ses relations, les choses qui lui appartiennent, etc. et je peux répondre au même type de questions si elles sont formulées lentement et distinctement.

Je peux donner des indications temporelles en utilisant des expressions telles que « *la semaine prochaine* », « *vendredi dernier* », « *en novembre* », « *à trois heures* ».

S'exprimer oralement en continu

Je peux donner des renseignements sur moi-même (par exemple adresse, numéro de téléphone, nationalité, âge, famille, activités de loisirs).

Je peux décrire où j'habite.

Stratégies

Je peux dire que je ne comprends pas quelque chose.

Je peux demander, de manière très simple, à quelqu'un de répéter quelque chose.

Écrire

Je peux inscrire des détails personnels dans un questionnaire (profession, âge, domicile, goûts, loisirs).

Je peux écrire une carte de vœux, par exemple pour un anniversaire.

Je peux écrire une carte postale simple, par exemple de vacances.

Je peux écrire une note pour indiquer brièvement à quelqu'un l'endroit où je me trouve ou le lieu où nous allons nous rencontrer.

Je peux écrire de simples phrases sur moi-même, par exemple où j'habite et ce que je fais.

Pour le niveau A2

Écouter

Je peux comprendre ce qu'on me dit, dans une conversation simple et quotidienne, si le débit est clair et lent ; il est possible, lorsqu'on s'en donne la peine, de se faire comprendre par moi.

Je peux comprendre, en règle générale, le sujet de la conversation qui se déroule en ma présence, si le débit est clair et lent.

Je peux comprendre des phrases, expressions et mots relatifs à ce qui me concerne de très près (par exemple des informations élémentaires sur moi-même, ma famille, les achats, l'environnement proche, le travail).

Je peux saisir l'essentiel d'annonces et de messages brefs, simples et clairs.

Je peux capter les informations essentielles de courts passages enregistrés ayant trait à un sujet courant et prévisible, si l'on parle d'une façon lente et distincte.

Je peux saisir l'information essentielle de nouvelles télévisées sur un événement, un accident, etc. si le commentaire est accompagné d'images éclairantes.

Lire

Je peux saisir les informations importantes de nouvelles ou d'articles de journaux simples qui sont bien structurés et illustrés et dans lesquels les noms et les chiffres jouent un grand rôle.

Je peux comprendre une lettre personnelle simple dans laquelle on me raconte des faits de la vie quotidienne ou me pose des questions à ce sujet.

Je peux comprendre les communications écrites simples, laissées par mes connaissances ou collaborateurs (par exemple m'indiquant à quelle heure se retrouver pour aller au match ou me demander d'aller au travail plus tôt).

Je peux trouver les informations les plus importantes de dépliants sur des activités de loisirs, des expositions, etc.

Je peux parcourir les petites annonces dans les journaux , trouver la rubrique qui m'intéresse et identifier les informations les plus importantes, par exemple dimensions et prix d'un appartement, d'une voiture, d'un ordinateur, etc.

Je peux comprendre les modes d'emploi simples pour un équipement (par exemple pour le téléphone public).

Je peux comprendre les messages et les aides simples de programmes informatiques.

Je peux comprendre de brefs récits qui parlent de choses quotidiennes et de thèmes familiers, s'ils sont écrits de manière simple.

... / ...

🎬 Prendre part à une conversation

Je peux effectuer des opérations simples dans un magasin, un bureau de poste ou une banque.

Je peux utiliser les transports publics (bus, train, taxi) demander un renseignement sommaire ou acheter un billet.

Je peux obtenir des renseignements simples pour un voyage.

Je peux commander quelque chose à boire ou à manger.

Je peux faire des achats simples, dire ce que je cherche et en demander le prix.

Je peux demander le chemin ou l'indiquer avec une carte ou un plan.

Je peux saluer quelqu'un, lui demander de ses nouvelles et réagir si j'apprends quelque chose de nouveau.

Je peux inviter quelqu'un et réagir si on m'invite.

Je peux m'excuser ou accepter des excuses.

Je peux dire ce que j'aime ou non.

Je peux discuter avec quelqu'un de ce qu'on va faire et où on va aller et je peux convenir de l'heure et du lieu du rendez-vous.

Je peux poser des questions à quelqu'un sur son travail et ses loisirs ; je peux répondre au même type de questions.

🎬 S'exprimer oralement en continu

Je peux me décrire ainsi que ma famille ou d'autres personnes.

Je peux décrire où j'habite.

Je peux rapporter brièvement et simplement un événement.

Je peux décrire ma formation et mon activité professionnelle actuelle ou récente.

Je peux parler de manière simple de mes loisirs et de mes intérêts.

Je peux parler d'activités et d'expériences personnelles, par exemple mon dernier week-end, mes vacances.

🎬 Stratégies

Je peux m'adresser à quelqu'un.

Je peux indiquer quand je comprends

Je peux demander, de manière simple, à quelqu'un de répéter quelque chose.

🎬 Qualité/Moyens linguistiques

Je peux communiquer à l'aide de phrases mémorisées et de quelques expressions simples.

Je peux relier des groupes de mots avec des mots simples tels que « *et* », « *mais* » ou « *parce que* ».

Je peux utiliser correctement quelques modèles de phrases simples.

Mon vocabulaire me suffit pour me débrouiller dans des situations quotidiennes simples.

🎬 Écrire

Je peux écrire une note brève ou un message simple.

Je peux décrire avec des phrases simples un événement et dire ce qui s'est passé (*où, quand, quoi*), par exemple une fête ou un accident.

Je peux écrire avec des phrases et des expressions simples sur des aspects de la vie quotidienne (les gens, les lieux, le travail, l'école, la famille, les hobbys).

Je peux donner, dans un questionnaire, des informations sur ma formation, mon travail, mes intérêts et mes domaines de spécialité.

Je peux me présenter dans une lettre avec des phrases et des expressions simples (famille, école, travail, hobbys).

Je peux écrire une brève lettre utilisant des formules d'adresse, de salutations, de remerciements pour demander quelque chose.

Je peux écrire des phrases simples et les relier par des mots tels que « *et* », « *mais* », « *parce que* ».

Je peux utiliser les mots nécessaires pour exprimer la chronologie des événements (« *d'abord* », « *ensuite* », « *plus tard* », « *après* »).

🄲 ADRE DE **ALTE** POUR LES NIVEAUX **A1** ET **A2**

« Locuteur débutant, niveau de survie »

Les examens offerts par les membres de ALTE à ce niveau s'appuient sur les recommandations du Waystage 90 du Conseil de l'Europe. À ce niveau, les utilisateurs acquièrent une capacité générale de base qui leur permet de communiquer dans un nombre limité de situations les plus courantes de la vie quotidienne où la langue intervient. Ils doivent être capables de comprendre les points principaux de discours simples dont la plupart sont ceux dont on a besoin pour survivre lorsqu'on voyage ou que l'on se déplace dans un pays étranger. À ce niveau, la langue est utilisée dans des situations de survie et pour obtenir des éléments essentiels d'information.

... / ...

⁂ Compétence réceptive

Compréhension orale

⁂ En voyage et dans les relations sociales courantes, les utilisateurs à ce niveau peuvent comprendre des choses simples relatives, par exemple, à la vie de famille telles que l'heure des repas, l'emplacement des pièces ; ils peuvent comprendre aussi les prix dans les magasins, des questions simples et les conseils d'un médecin, les conditions et le prix d'un loyer, des directions simples et répondre aux questions courantes .

⁂ Au travail, ils peuvent comprendre des consignes simples et recevoir un message téléphonique simple à condition que ce soit en contexte familier et prévisible.

⁂ En situation scolaire, ils sont capables de suivre un exposé ou une démonstration très simple pour autant qu'ils soient illustrés de schémas et d'exemples et appartiennent à un domaine connu. Ils peuvent comprendre les consignes de base relatives à l'emploi du temps, aux dates, ainsi que les précisions quant aux tâches à exécuter.

Compréhension écrite

⁂ En voyage et dans les relations sociales courantes, l'utilisateur de niveau élémentaire (Waystage) peut lire des panneaux routiers, un guide des rayons dans un grand magasin et des instructions simples, des étiquettes de prix, les noms sur les étiquettes de produits, le nom courant de plats sur un menu standard, les factures, les panneaux dans un hôtel, l'information de base sur la publicité pour des logements, les instructions dans les banques, les bureaux de poste et sur les distributeurs de billets, et les affiches relatives aux mesures d'urgence.

⁂ Au travail, ils sont capables d'identifier le courrier courant comme les commandes et les demandes d'information et d'extraire l'information de base de textes factuels dans leur propre domaine de compétence. Ils peuvent comprendre des affiches simples et brèves.

⁂ En situation scolaire, ils sont capables de retrouver les informations de base, comme l'emploi du temps, des messages sur des affiches, et de faire un usage limité de sources d'information telles que des ordinateurs et des dictionnaires bilingues. À ce niveau, il est peu probable que les utilisateurs soient capables d'étudier en langue étrangère, ils étudient la langue elle-même.

⁂ Compétence productive

Expression orale

⁂ En voyage et dans les relations sociales courantes, les utilisateurs à ce niveau peuvent demander de la marchandise dans les magasins où elle est visible et commander un repas dans un restaurant si les plats sont présentés ou illustrés sur le menu. Ils peuvent réserver une chambre dans un hôtel (en face-à-face) et poser des questions simples à leurs hôtes. Dans une banque ou un bureau de poste, ils peuvent demander les services les plus courants et ils peuvent indiquer à un médecin la nature d'un problème de santé, encore qu'ils soient sans doute obligés de préciser par gestes. Lors d'une visite guidée, ils peuvent comprendre des informations simples données dans des situations prévisibles, mais leur capacité à poser des questions et à demander des informations complémentaires est très limitée.

⁂ Au travail, ils peuvent faire des demandes simples, par exemple pour vérifier des consignes ou demander des informations, mais ils ne sauraient comprendre qu'une très brève réponse.

⁂ En situation scolaire, ils peuvent poser des questions simples, par exemple vérifier des consignes ou demander des informations, mais ils ne sauraient comprendre qu'une très brève réponse.

Expression écrite

⁂ En voyage et dans les relations sociales courantes, les utilisateurs à ce niveau peuvent rédiger une lettre ou une télécopie simple pour, par exemple, réserver une chambre d'hôtel et ils peuvent remplir un formulaire dans un hôtel ou dans une banque. Ils peuvent écrire un message factuel ou une carte de remerciements.

⁂ Au travail, ils peuvent également écrire un message ou faire une requête auprès d'un collègue sur une question très courante. Ils sont capables de noter des consignes et des demandes de clients telles que les commandes et des dates de livraison.

⁂ En situation scolaire, ils peuvent recopier des horaires, des dates et des lieux sur les différents tableaux de classe ou d'affichage.

COMPRÉHENSION ORALE

(10 pts)

Écoutez les enregistrements une première fois.
Lisez les questions et observez les dessins.
Écoutez les enregistrements une deuxième fois et répondez.

1

Extrait 1 : annonce
Écoutez cette annonce au Salon des langues et complétez l'écran d'information.

(2 pts)

TABLEAU DES CONFÉRENCES			
NOM DU CONFÉRENCIER	HEURE	ESCALIER	SALLE N°
Claire DUBOIS	16 h 00	....	....

2

Extrait 2 : messages
Écoutez le message d'Émilie et écrivez votre réponse.

(2 pts)

> Numéro de téléphone portable d'Émilie :
>
> 06 … … … …

3

Extrait 3 : dialogues
Écoutez. Voici 6 dialogues et 8 dessins. Quel dialogue correspond à quel dessin ?
Écrivez le numéro du dialogue sous le dessin correspondant.

(6 pts)

A.

RÉSERVATION
de véhicule automobile

Nom : *Brel* **Prénom :** *Jacques*

Date de naissance : *18 août 1980*

Adresse : *3 rue de Paris – Bruxelles*

Dialogue n° …

B.

Dialogue n° …

C.

Dialogue n° …

D.

Dialogue n° …

E.

Dialogue n° …

F.

TIONS… INFORMATIONS …INFOR			
TRAIN N°	POUR	QUAI N°	HEURE
2338	Lyon	4	9 h 30

Dialogue n° …

G.

Dialogue n° …

H.

Dialogue n° …

COMPRÉHENSION ÉCRITE

(10 pts)

 Lisez ces documents et écrivez.

Voici deux stars. Observez les informations sur les affiches.

AMÉLIE POULAIN
20 JUIN 1974 – ENGHIEN

AUDREY TAUTOU   MATHIEU KASSOVITZ

Le Fabuleux Destin d'Amélie Poulain

Un film de JEAN-PIERRE JEUNET

RUE DES VIGNES

29 février 1968

Lara Croft
Star virtuelle

www.laracroftonline.com

Les aventures de LARA CROFT

Mlle Lara Croft
3 avenue des Mimosas
06 000 Nice
France

Maintenant, choisissez une star et complétez sa fiche d'identité.

 Club Montmartre Photos

Formulaire d'inscription

M. ☒   Mlle ☒   Mme ☒

Nom : .....*POULAIN*......

Prénom : ....

Nationalité : ....

Date de naissance : ....

Lieu de naissance : ....

Âge : ....

Célibataire ☒   Marié(e) ☒

Profession : ....*serveuse*..................

Lieu de travail : ....*« les 2 moulins »*

Adresse : n°..*10*.. rue...................

Ville : .... Pays : ....

Paris, juin 1997

Amélie Poulain (Signature)

🏍 Association Moto Sport

Formulaire d'inscription

M. ☐   Mlle ☒   Mme ☐

Nom : .....*CROFT*......

Prénom : ....

Nationalité : ....

Date de naissance : ....

Lieu de naissance : .....*Angleterre*.......

Âge : ....

Célibataire ☒   Marié(e) ☐

Profession : ....

Adresse en France : n°........ rue ....

.... Ville : ....

Adresse électronique : ....@..........

Nice, mai 1996

Lara Croft (Signature)

EXPRESSION ÉCRITE

(10 pts)

Votre institution expose des affiches de stars : personnages de film ou de jeu vidéo.
Écrivez un texte (30 ou 40 mots) pour présenter votre star.

« Le fabuleux destin d'Amélie Poulain » est un film. Le personnage principal est une femme. Elle s'appelle
.... Elle...

« Tomb Raider » est un jeu vidéo. Le personnage principal est une femme. Elle s'appelle......................
Elle...

EXPRESSION ORALE

(10 pts)

 Jeu/devinette
Votre personnage/star virtuelle préféré(e), homme ou femme, se présente : prénom seulement
(pas le nom), nationalité, âge, adresse, langue parlée, profession...
Vos camarades posent des questions et trouvent le nom du personnage.

« Je m'appelle *(prénom seulement)*................................... Qui suis-je ? »

COMPRÉHENSION ORALE

(10 pts)

Écoutez les trois dialogues une première fois.
Lisez les trois fiches de réservation.
Écoutez les trois dialogues une deuxième fois et répondez.

1

Voici 3 fiches de réservations d'hôtel et 3 dialogues. Notez le numéro du dialogue qui correspond à la fiche.

(6 pts)

A.

Hôtel ★ ★   **_Réservations_**

NOM : ....FABIEN.........

Nombre de personnes : ....

...2... chambre(s) avec   douche   ☒

                                 salle de bains   ▩

Prix : ....80 euros x 2......

Date de réservation : ....demain 3 avril.......

Dialogue n° ....

B.

Réservations   ⌂

NOM : ....

Nombre de personnes : ....*1*...........

...*1*... chambre(s) avec   douche   ☐

                                 salle de bains   ☒

Prix : ....*53 euros*......

Date de réservation : ....*aujourd'hui 2 avril*.......

Dialogue n° ....

C.

⌂

Réservations

NOM : ....*DUBAIN*......

Nombre de personnes :

......*2*.....

...*1*..... chambre(s) avec

douche   ☐

salle de bains   ☐

Prix : ....*95 euros* ......

Date de réservation :

samedi 4 et dimanche 5 avril ....

Dialogue n° ....

2

Une information manque sur chaque fiche. Complétez.

(3 pts)

3

Écrivez le nom de l'hôtel qui correspond à cette publicité.

Hôtel de..

COMPRÉHENSION ÉCRITE

  Observez les documents ci-dessous et écrivez.

Voici un prospectus et un formulaire d'inscription.

Vous êtes nouveau dans notre ville ?

Venez
rencontrer des ami(e)s
à une sortie organisée par l'AEP !
(des restos, des balades, des soirées dansantes...)

Envoyez votre inscription à l'AEP (Association des Étudiants Parisiens)
16 rue des Princes, 75 005 Paris

Formulaire d'inscription à l'AEP

M. ☐   Mlle ☒   Mme ☐

Nom : ...*VARGAS*......................   Prénom : ...*Clara*..........................

Adresse : n° ...*39*....   Rue : ...*des Alpes*.........................

Code postal : ...*75 006*....   Ville : ......*Paris*......

Tél. domicile : ...*01 44 68 31 15*...   Tél. portable : ...*06 19 55 89 14*...

Adresse électronique : ...*cvargas@aol.com*...

Profession : ...*étudiante*...   Âge : ...*19 ans*...

Activités préférées :

☒ Cinéma   ☐ Musique   ☐ Théâtre   ☒ Sport   ☒ Échanges avec les autres

Cotisation de 55 euros par an, payée à l'ordre de l'AEP par chèque, envoyé au 16 rue des Princes
(75 005 Paris), avec ce formulaire d'inscription.

Date : ...*le 10 octobre*...   Signature : *Claravargas*

1

Remplissez le chèque de Clara pour son inscription.

(5 pts)

Prix en lettres ?

CRÉDIT EUROPÉEN

à rédiger exclusivement en euros

Payez contre ce chèque non endossable

(somme en toutes lettres)

sauf au profit d'une banque ou d'un organisme visé par la loi

€

à _____

€

Nom de l'association ?

Payable en France
Agence Raspail
8 rue d'Assas
75 006 Paris
Tél. 01 36 24 00 02
Chèque n° 784993

Compte n° 1P3RSU
Clara Vargas
39 rue des Alpes
75 006 Paris

à _____   le _____

Signature

Claravargas

Prix en chiffres ?

||||| 2178763 ||||| 075000004908 ||||| 177000IP3RSU

Ville de Clara ?

Date du chèque ?

2

L'enveloppe de Clara pour l'AEP n'est pas exacte. Corrigez l'adresse.

(5 pts)

Club de l'Étudiant Parisien
6 rue des princes
16 006 Paris

....
....
....

EXPRESSION ÉCRITE

(10 pts)

Clara voudrait visiter le Parc Disneyland Paris. Elle regarde les informations sur le site Villefutee et elle écrit un court message électronique (de 30 à 40 mots) à ses nouveaux amis, Julie et Sébastien, pour expliquer comment aller au Parc Disneyland Paris et pourquoi elle veut aller là-bas.

Départ : Place Saint-Michel – Paris 6ᵉ	Arrivée : Parc Disneyland Paris
Temps de parcours : 1 h 08	Villefutee

🏃 jusqu'à station de bus Saint-Michel

| Bus 27 | direction : Gare Saint-Lazare | ⏱ 13 min |
| **de :** Saint-Michel | **à :** Auber | |

🏃 jusqu'à Auber — ⏱ 7 min

| RER A | direction : Marne-la-Vallée-Chessy | ⏱ 43 min |
| **de :** Auber | **à :** Marne-la-Vallée-Chessy | |

🏃 jusqu'à Parc Disneyland Paris — ⏱ 5 min

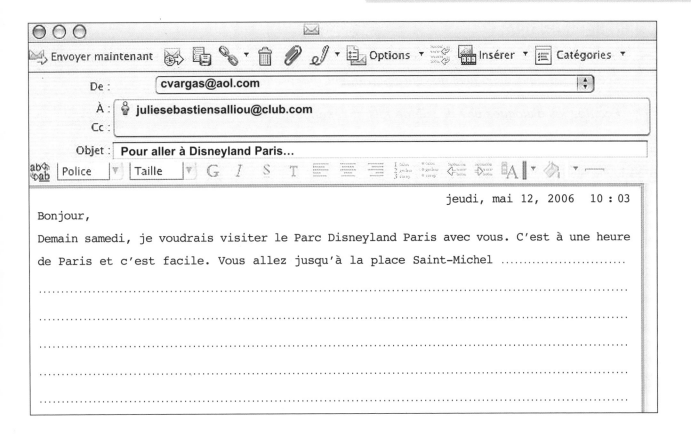

Bonjour,

Demain samedi, je voudrais visiter le Parc Disneyland Paris avec vous. C'est à une heure de Paris et c'est facile. Vous allez jusqu'à la place Saint-Michel ....

....

....

....

....

....

EXPRESSION ORALE

(10 pts)

 Par groupe de deux, choisissez une des situations proposées et dialoguez.
  – *Saluez.*
  – *Demandez un achat simple (café, sandwich, livre, billet de cinéma, CD, carte de transport, chambre...) : demandez ou précisez les informations nécessaires.*
  – *Demandez le prix/donnez le prix.*
  – *Payez.*
  – *Remerciez.*

| au café | à la gare | dans un magasin | à la médiathèque |

COMPRÉHENSION ORALE

 Écoutez les deux dialogues de l'enregistrement une première fois.
Lisez les questions.
Écoutez les dialogues une deuxième fois et répondez.

1

Extrait 1 : dialogue 1
Aujourd'hui, c'est le 11 mai, le docteur Marie prend ses rendez-vous. Complétez sa fiche de rendez-vous.

(5 pts)

Fiche de rendez-vous

Mlle ☐   Mme ☐

M.   ☐

Nom : ....

Prénom : ....

RV :   jour :...............   heure :...............

2

Extrait 2 : dialogue 2
Entourez la lettre correcte ou écrivez votre réponse.

(5 pts)

Exemple : Qui est Loïc ?

(A.) son ami   B. son professeur   C. son père

1. Lucie demande à Loïc

A. de dîner au restaurant.
B. de venir chez elle.
C. d'aller au cinéma.

2. Quand ?

A. aujourd'hui
B. demain soir
C. dimanche

3. À quelle heure ? ....

4. Où ?

A. Place Gambetta
B. Plazza Cambia
C. rue des Grands Tas

5. Loïc veut

A. retéléphoner.
B. venir.
C. rester chez lui.

COMPRÉHENSION ÉCRITE

(10 pts)

 Lisez les documents ci-dessous et répondez aux questions.

> Je m'appelle Marco.
> Je suis italien.
> J'ai 19 ans. Je cherche
> une semaine de vacances
> calmes, à la mer,
> en Europe, en chambre
> d'étudiant.

> Sophia, espagnole, 21 ans.
> Mes goûts : soleil, nature,
> activités sportives. Je voudrais
> passer un mois dans une
> famille. Europe, Amérique,
> Afrique ou Asie… !

> Julien, 19 ans, français.
> J'aime le cinéma, le théâtre,
> la musique. Mon rêve :
> 2 semaines en campus
> à Barcelone, Venise.

Découverte
Île de la Réunion

sports, mer, montagne !

4 semaines
échanges avec familles de jeunes
réunionnais 20 ans ou plus

www.Découvertessportives.com

Entourez la lettre correcte ou écrivez votre réponse.

1. Quelle personne correspond à la publicité : « Découverte Île de la Réunion » ?

(2 pts)

A. Marco
B. Sophia
C. Julien

2. Pourquoi ? Écrivez quatre réponses.

(4 pts)

....
....
....
....

3. La personne va

(1 pt)

A. écrire à une famille réunionnaise.
B. téléphoner à « Découvertes sportives ».
C. se connecter à un site Internet.

4. Qui aime les activités culturelles ?

(2 pts)

....

5. Marco veut

(1 pt)

A. rencontrer des jeunes.
B. rester tranquille.
C. voir des spectacles.

EXPRESSION ÉCRITE

(10 pts)

Vous aussi, vous partez à l'île de la Réunion avec « Découvertes sportives ».
Complétez votre billet d'avion ci-dessous et écrivez un message électronique (de 40 à 50 mots)
à votre famille d'accueil pour donner des informations sur votre vol, parler de vous
(votre physique, votre caractère, vos goûts...) et poser deux questions.

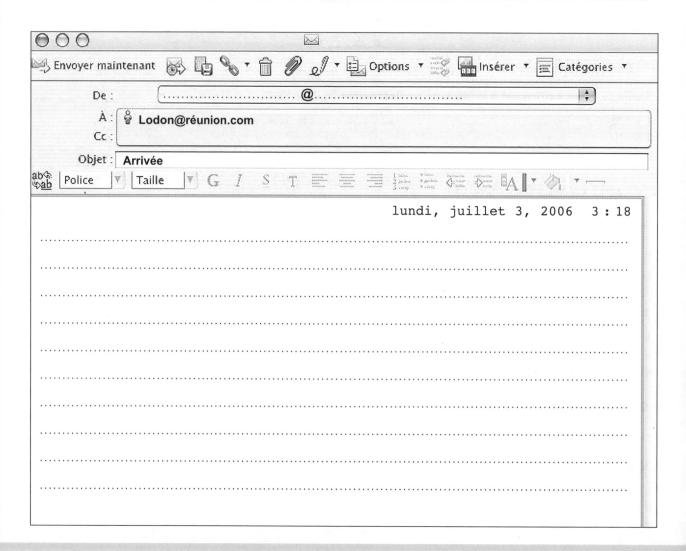

Nom passager	tarif	type d'avion	Nom passager
....	EUR **1100	Airbus A320	....
N° du vol **classe**	**date**	**heure du départ**	**De**
AF 1532 X	10 juillet	21 h 30	Paris-Charles-de-Gaulle 2D
		heure d'arrivée	**à**
		8 h 45	Saint-Denis de la Réunion

AIR FRANCE

Envoyer maintenant   Options   Insérer   Catégories

De : ....@...................

À : Lodon@réunion.com

Cc :

Objet : Arrivée

Police   Taille   G   I   S   T

lundi, juillet 3, 2006 3 : 18

Pour cette activité, vous devez :

🎟 savoir écrire un message amical (présentation, formules de politesse, registre...) ;

🎟 savoir vous présenter (votre identité, votre âge...) ;

🎟 savoir donner des informations simples sur votre physique, votre caractère, vos goûts ;

🎟 savoir donner des informations sur le lieu, le jour, l'heure de votre arrivée ;

🎟 savoir demander des informations simples sur des lieux, des personnes...

Pour évaluer votre message, vous pouvez utiliser cette grille :

	Réussi	Presque réussi	À travailler
✓ **Capacité à communiquer :** • adéquation à la consigne			
✓ **Capacité à utiliser les outils de langue :** • grammaire • vocabulaire • registre			

EXPRESSION ORALE

(10 pts)

 Par groupe de deux, choisissez une de ces situations et discutez.
– Proposez une invitation.
– Acceptez ou refusez.
– Dites pourquoi vous acceptez ou refusez, en quelques mots simples.

1.  **2.**  **3.**  **4.**  **5.**

6.  **7.**  **8.**  **9.**  **10.**

Pour cette activité, vous devez :

🎟 savoir faire une proposition ;

🎟 savoir présenter la situation, le lieu, le temps, l'activité ;

🎟 savoir accepter ;

🎟 savoir refuser ;

🎟 savoir justifier une acceptation ou un refus simplement.

Pour évaluer votre dialogue/échange, vous pouvez utiliser cette grille :

	Réussi	Presque réussi	À travailler
✓ **Capacité à communiquer :** • adéquation à la consigne			
✓ **Capacité à utiliser les outils de langue :** • grammaire • vocabulaire • prononciation • aisance			

COMPRÉHENSION ORALE

(10 pts)

 Écoutez les quatre messages de l'enregistrement une première fois. Lisez les affiches qui correspondent aux messages.
Écoutez les messages une deuxième fois.
Il y a quelques secondes après chaque message pour compléter les affiches (notez les heures avec des chiffres).

Message 1

Caisses

« livraison à domicile » ouvertes

de .... à ....

Message 2

Foyer des étudiants
Programme TV de ce soir
.... votre film de la soirée : « Le grand chef ! »
.... résultats sportifs de la journée
.... informations de la nuit

Message 3

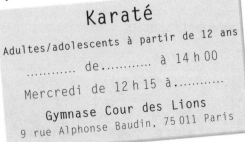

Karaté
Adultes/adolescents à partir de 12 ans
.... de........... à 14 h 00
Mercredi de 12 h 15 à...........
Gymnase Cour des Lions
9 rue Alphonse Baudin, 75 011 Paris

Message 4

27 juillet **St Martin**
....
La fête des fleurs
10 h 30
Défilé de chars fleuris
15 h 00
Spectacles, vente
....
Déjeuner
....
Dîner et danse

COMPRÉHENSION ÉCRITE

(10 pts)

 Lisez le document et répondez aux questions. Entourez la lettre correcte ou écrivez votre réponse.

Lisez l'article suivant.

Une journée avec Andrée Chedid

(Andrée Chedid est poète et écrivain. D'origine libanaise, elle a d'abord habité au Caire avant de s'installer en France. Elle est la mère du chanteur Louis Chedid et la grand-mère de Matthieu, primé aux Victoires de la musique.)

Je me réveille à sept heures, je prépare mon petit déjeuner et je le prends dans mon lit, où je reste pendant une heure. Je regarde les nouvelles à la télévision et j'admire les nuages, les oiseaux dans le ciel. J'habite une tour dans le 15e et j'ai une vue magnifique sur la ville.

Vers huit heures trente, je commence à travailler. En ce moment, j'écris un roman, je travaille beaucoup jusqu'à midi. Quand j'écris de la poésie, c'est différent. Je n'ai pas d'heure, j'écris, j'écris... J'ai un ordinateur mais j'écris à la main. Mon petit-fils de douze ans va venir me donner mes premières leçons ! Quand je suis fatiguée, je sors en ville : j'adore son animation, être dans la rue, regarder les gens, me promener sur les ponts, m'arrêter dans un bistrot, m'asseoir sur un banc au soleil. On me dit souvent : « Oh, Paris, quelle pollution ! », pour moi ce n'est pas important, j'ai une passion pour cette ville. La France est un pays que j'adore, j'y vis depuis cinquante ans et, en même temps, je garde toujours en moi mon Orient natal.

À midi, je déjeune souvent avec un ou deux amis, j'aime ces moments. Je vois beaucoup les personnes de ma famille, mais seules et pas régulièrement. L'après-midi, je vais très souvent au cinéma. Le soir, je lis, je ne travaille jamais. J'ai besoin de la lumière du jour pour écrire.

D'après *ELLE,* mai 2000.

1

Voici une page de l'agenda de Andrée Chedid.

(5 pts)

a) Corrigez sa journée (rayez les activités ou les lieux qui ne correspondent pas au texte). (1 pt)

b) Complétez la page avec les activités qui manquent. (4 pts)

```
6 h 00  •

7 h 00  •

8 h 00  •

9 h 00  •    ...et/ ou...
      ...promenade dans Paris...

10 h 00 •

11 h 00 •

12 h 00 ...déjeuner dans...
       ...un bistrot...

14 h 00 •
```

```
15 h 00 •

16 h 00 •

17 h 00 •
       ...visite de mon petit-fils...

18 h 00 •

19 h 00 •

20 h 00 ...dîner avec des amis...

21 h 00 .

22 h 00 •    ...cinéma...
```

2

Entourez la lettre correcte.

(5 pts)

1. Andrée Chedid est née

A. à l'étranger.
B. au Caire.
C. à Paris.

2. Andrée Chedid, son fils et son petit-fils sont tous les trois

A. des musiciens.
B. des artistes.
C. des écrivains.

3. Le matin, Andrée Chedid déjeune

A. dans son jardin.
B. dans sa chambre.
C. dans son bureau.

4. Elle aime beaucoup

A. envoyer des messages électroniques à son petit-fils.
B. travailler sur son ordinateur.
C. écrire avec des crayons et du papier.

5. Andrée Chedid

A. adore vivre dans la capitale.
B. voudrait habiter au bord de la Méditerranée.
C. déteste la pollution de Paris.

EXPRESSION ÉCRITE

(10 pts)

Stéphanie et Nicolas veulent passer leur samedi à la campagne avec au programme : visite culturelle, promenade dans la nature, spectacle original... Ils vous ont demandé de les aider. Vous avez trouvé un dépliant sur un château à 100 km de Paris.
Vous écrivez un court message électronique (environ 50 mots) à Stéphanie et Nicolas pour leur proposer ce programme.

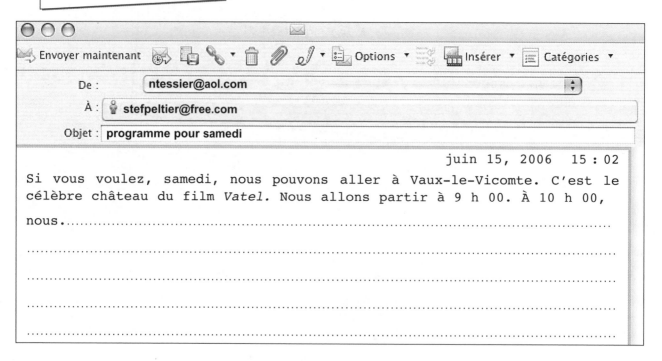

Votre journée **à** **Vaux-le-Vicomte**

Avant ou après la visite du château et la promenade dans les jardins, Vaux-le-Vicomte vous propose :

le grill-cafétéria pour le déjeuner ou le goûter : 11 h 30 – 18 h 00

les jeux d'eau et les cascades dans les jardins : 15 h 00 – 18 h 00

la visite aux chandelles : 20 h 30 – 23 h 00, le château éclairé par plus de mille bougies retrouve une illumination de fête comme autrefois...

Envoyer maintenant — Options ▼ — Insérer ▼ — Catégories ▼

De : ntessier@aol.com

À : stefpeltier@free.com

Objet : **programme pour samedi**

juin 15, 2006   15 : 02

Si vous voulez, samedi, nous pouvons aller à Vaux-le-Vicomte. C'est le célèbre château du film *Vatel*. Nous allons partir à 9 h 00. À 10 h 00, nous..

....

....

....

....

Pour cette activité, vous devez :

▨ savoir écrire un message amical (présentation, formules de politesse, registre...) ;

▨ savoir proposer le programme d'une journée (heures, actions...) ;

▨ savoir donner des informations sur des activités (actions, lieux...).

Pour évaluer votre message, vous pouvez utiliser cette grille :

	Réussi	Presque réussi	À travailler
✓ **Capacité à communiquer :** • adéquation à la consigne			
✓ **Capacité à utiliser les outils de langue :** • grammaire • vocabulaire • registre			

EXPRESSION ORALE

(10 pts)

Deux activités au choix :

 Jeu/devinette

Choisissez un de ces personnages, mais ne montrez pas sa photo et ne dites pas son nom. Demandez à vos camarades de vous poser des questions sur le personnage : sa journée type... Vous répondez pour les aider à deviner qui est votre personnage.

 Présentation

Présentez votre programme d'un jour de week-end ou de vacances.

Pour cette activité, vous devez :
- savoir donner des informations sur un emploi du temps ;
- savoir parler des activités d'une personne ;
- savoir préciser le moment, l'heure de ces activités ;
- savoir parler des lieux de ces activités.

Pour évaluer votre présentation, vous pouvez utiliser cette grille :

	Réussi	Presque réussi	À travailler
✓ **Capacité à communiquer :** • adéquation à la consigne			
✓ **Capacité à utiliser les outils de langue :** • grammaire • vocabulaire • prononciation • aisance			

COMPRÉHENSION ORALE

(10 pts)

Écoutez l'enregistrement (un message sur répondeur et un dialogue) une première fois. Lisez les documents et les questions. Écoutez les deux enregistrements une deuxième fois et répondez (entourez la lettre correcte ou notez votre réponse).

1

Extrait 1 : message sur répondeur
Complétez les heures d'ouverture affichées sur la porte du Docteur Lebois.

(6 pts)

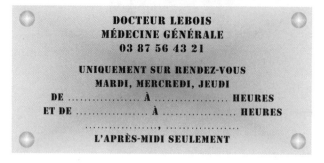

DOCTEUR LEBOIS
MÉDECINE GÉNÉRALE
03 87 56 43 21

UNIQUEMENT SUR RENDEZ-VOUS
MARDI, MERCREDI, JEUDI
DE .... À .... HEURES
ET DE .... À .... HEURES
.................,
L'APRÈS-MIDI SEULEMENT

2

Extrait 2 : dialogue
Entourez la lettre correcte.

(4 pts)

1. Mme Haumont téléphone

A. pour son petit-fils.
B. pour son enfant.
C. pour son mari.

2. Quel est son problème de santé ? Il a mal

A. au ventre.
B. à la gorge.
C. à la tête.

3. Finalement, elle prend rendez-vous

A. ce matin.
B. ce soir.
C. demain matin.

4. Le docteur Lebois conseille

A. de rester au chaud.
B. de prendre un médicament.
C. de se reposer.

COMPRÉHENSION ÉCRITE

(10 pts)

Lisez l'article et répondez aux questions.

Le mariage surprise d'Estelle et Arthur

Surprise ! Il est 11 heures, à la mairie du VIIe arrondissement de Paris, Michel Dumont, le maire, célèbre le mariage d'Arthur, 38 ans, animateur de TF1, avec le mannequin Estelle Lefébure, 37 ans.

Arthur, de son vrai nom Jacques Essebag, a pour témoins Françoise Doux, son attachée de presse, et Steve Haouat, un ami.

Estelle, dans une robe blanche de chez Dior, est accompagnée de deux petites filles. Le chanteur David Halliday, son premier mari, est le père de ces deux petites filles. Elle a divorcé en 2002. C'est le premier mariage d'Arthur et il semble très ému.

Cette union est une surprise pour la famille et les amis du couple. Jusqu'à la dernière minute, les futurs époux ont gardé secrète cette cérémonie. Ils ont invité leur famille proche et quelques amis du show-biz et de la télé : en tout, une soixantaine d'invités seulement.

Juste après la cérémonie, les jeunes mariés et leurs invités vont aller à la Tour d'Argent, le célèbre restaurant parisien, pour un déjeuner inoubliable. Mais, en milieu d'après-midi, l'animateur va aller à Fun Radio pour animer son émission « Planète Arthur » jusqu'à 18 h 30 !

1

Complétez le faire-part de mariage d'Estelle et Arthur.

(4 pts)

> M. ET MME.................................
>
> M. ET MME.....................................
> SONT HEUREUX DE VOUS ANNONCER LE MARIAGE DE LEURS.............................
>
> ## ESTELLE ET ARTHUR-JACQUES
>
> LE JEUDI..................................
> À.................. HEURES
> À LA.................. DU VIIE ARRONDISSEMENT DE..................

2

Complétez la fiche d'état civil des mariés, déposée à la mairie <u>avant leur mariage</u>.

(4 pts)

	Estelle	*Arthur-Jacques*	
Âge	....	....	(1 pt)
Profession	....	....	(2 pts)
État civil (cochez la case)	☐ Célibataire ☐ Marié(e) ☐ Divorcé(e)	☐ Célibataire ☐ Marié(e) ☐ Divorcé(e)	(1 pt)

3

Entourez la lettre correcte ou notez votre réponse.

1. Combien de personnes ont assisté au mariage ? ....

(1 pt)

2. Où est-ce qu'Estelle et Arthur vont fêter leur mariage ?

A. à Fun Radio, rue Bayard.

B. dans un grand restaurant de la Capitale.

C. sur le plateau de télévision de TF1.

(1 pt)

EXPRESSION ÉCRITE

(10 pts)

 Votre meilleur ami se marie à la campagne ! Il vous invite bien sûr, mais il est très occupé et il a demandé à son cousin Julien, que vous ne connaissez pas, d'aller vous chercher à la gare. Vous écrivez un court message (environ 50 mots) à Julien pour le remercier et donner des informations sur vous (votre âge, comment vous êtes physiquement, l'heure et le numéro de votre train...).

Envoyer maintenant   ▾   🗑   📎   ✒ ▾   Options ▾   Insérer ▾   Catégories ▾

De : ....

À : 👤 **julienvesin@libertysurf.fr**

Objet : **mariage**

avril 2, 2006   18 : 32

....

....

....

....

....

....

....

....

....

....

....

....

Pour cette activité, vous devez :

▨ savoir écrire un message amical (présentation, formules de politesse, registre...) ;
▨ savoir remercier ;
▨ savoir vous présenter, dire votre âge ;
▨ savoir vous décrire physiquement ;
▨ savoir donner des informations sur votre voyage.

Pour évaluer votre message, vous pouvez utiliser cette grille :

	Réussi	Presque réussi	À travailler
✓ **Capacité à communiquer :** • adéquation à la consigne			
✓ **Capacité à utiliser les outils de langue :** • grammaire • vocabulaire • registre			

EXPRESSION ORALE

(10 pts)

Deux activités au choix :

 Jeu/devinette
Choisissez une personne de votre classe, ne dites pas son nom. Demandez à vos camarades de vous poser des questions sur son âge, son physique, ses goûts... Répondez !

Pour cette activité, vous devez :

※ savoir comprendre des questions sur la description d'une personne ;
※ savoir parler d'une personne, la décrire physiquement... ;
※ savoir parler des goûts d'une personne, de ses activités...

 Présentation/échange
Voici une enquête sur ce que pensent les Français de leur relation frère et sœur. Lisez les documents et réagissez (dites ce que vous pensez et parlez de vos frères et/ou sœurs : leur âge, leur physique, leurs goûts, leurs activités...).

Aujourd'hui, comment voyez-vous un frère et/ou une sœur ? C'est...

(en pourcentage)	Oui, tout à fait	Oui, plutôt	Non, plutôt pas	Non, pas du tout
une personne à aider et à protéger	**42**	27	11	19
une personne indispensable à votre équilibre	**38**	28	15	18
un ami confident et complice	31	**33**	14	20
mon meilleur ami	25	**27**	23	25
une personne comme les autres	21	12	17	**50**
comme un père et une mère	14	9	19	**57**
une source de problèmes	5	10	18	**67**
un étranger	2	3	9	**86**

Pour cette activité, vous devez :

※ savoir parler de votre famille ;
※ savoir parler simplement de vos relations avec votre famille ;
※ savoir parler d'une personne, décrire cette personne physiquement ;
※ savoir parler des goûts, des activités de cette personne.

Pour évaluer votre présentation/échange, vous pouvez utiliser cette grille :

	Réussi	Presque réussi	À travailler
✓ **Capacité à communiquer :** • adéquation à la consigne			
✓ **Capacité à utiliser les outils de langue :** • grammaire • vocabulaire • prononciation • aisance			

TEST

COMPRÉHENSION ORALE

(10 pts)

 Écoutez ce dialogue une première fois.
Lisez le document et les questions.
Écoutez le dialogue une deuxième fois et répondez.

1

Marie vient de rencontrer l'homme de sa vie : Baptiste ! Entourez la réponse correcte.

1. Où ?

A. chez son amie Sophie
B. au service informatique de son entreprise
C. à la montagne

2. Quand ?

(2 pts)

A. hier soir
B. ce week-end
C. lundi matin

2

Complétez la fiche signalétique de Baptiste.

(5 pts)

Nom et prénom : ....*GUEGUEN Baptiste*............

Âge :...

Couleur des yeux :...

Profession :...

Taille :..

Couleur des cheveux :...

3

Entourez la lettre correcte.

(3 pts)

1. Quel est le point commun entre Marie et Baptiste ? Ils aiment tous les deux

A. les chats.
B. les voyages.
C. la randonnée.
D. le cinéma.

2. Sophie

A. est contente pour Marie.
B. voudrait se reposer.
C. remercie Marie pour son appel.

3. Quel conseil Sophie donne-t-elle à Marie ?

A. oublier Baptiste
B. être à l'heure au travail
C. aller dormir

COMPRÉHENSION ÉCRITE

(10 pts)

 Lisez le texte ci-dessous et répondez aux questions.

Ma ville...

C'est un endroit unique, affirme Déborah. C'est un village dans une ville, dans un pays, comme les poupées russes ! D'abord la vieille ville, perchée sur son rocher, avec le palais princier et ses rues étroites et, juste en dessous, le quartier de la Condamine avec le port ; puis le mythique Monte-Carlo avec son casino et ses palaces ; et enfin, le moderne Fontvieille, 500 m² gagnés sur la mer, avec ses architectures de verre. Et partout, des jardins où j'aime me balader. Comme tous les Monégasques, je suis fière de vivre dans la Principauté de Monaco. On y vit hors du temps, comme dans une bulle. Rêve inaccessible, paradis fiscal, histoires de princes et de princesses... Les membres de la famille royale sortent en ville et il n'est pas rare de les remarquer. Pour nous, c'est normal, comme la présence des stars dans de luxueuses voitures. Je savoure « ma ville ». J'aime boire un verre à la terrasse du Café de Paris, retrouver mes amis dans un petit restau pour une soirée gourmande, bref, prendre le temps de vivre ! Je n'imagine pas vivre ailleurs...

D'après *Femme Actuelle*, décembre 2003.

1

Écrivez votre réponse.

1. Déborah habite une ville où on parle français. Quelle est sa ville ? ....

(2 pts)

2. Déborah présente les trois parties principales de sa ville.

(3 pts)

a) Identifiez-les dans la liste ci-dessous.

b) Classez les trois parties identifiées dans l'ordre où elles sont présentées dans le texte (notez les chiffres 1, 2 et 3 dans les cases qui correspondent à ces parties).

☐ Le quartier du jardin exotique.

☐ Les salles de jeu et les hôtels de luxe.

☐ Les petites rues populaires et le marché aux poissons.

☐ Les rues anciennes autour du château.

☐ Les hautes tours modernes.

☐ Les magasins de stars.

2

Entourez la lettre correcte.

1. Que dit-elle des jardins ? Ils sont

(1 pt)

A. petits.
B. exotiques.
C. nombreux.

2. Que pense-t-elle de sa ville ?

(1 pt)

A. Elle rêve de vivre dans un de ces palaces.
B. Elle adore l'atmosphère de sa ville.
C. Elle trouve qu'il y a trop de touristes.

3. Quelles sont ses trois activités préférées ?

(3 pts)

A. admirer les bateaux dans le port
B. dîner entre copains dans les petits restaurants
C. rencontrer des stars dans leurs luxueuses voitures
D. savourer une boisson et regarder les gens passer
E. faire du shopping dans les magasins
F. attendre la famille royale devant son palais
G. se promener dans les espaces verts

EXPRESSION ÉCRITE

(10 pts)

Vous avez trouvé cette publicité et consulté le site Internet. Intéressé(e), vous venez de partir. Vous écrivez une carte postale (environ 50 mots) à un(e) ami(e) pour lui raconter où vous êtes, avec qui, le temps qu'il fait, ce que vous faites, ce que vous allez faire...

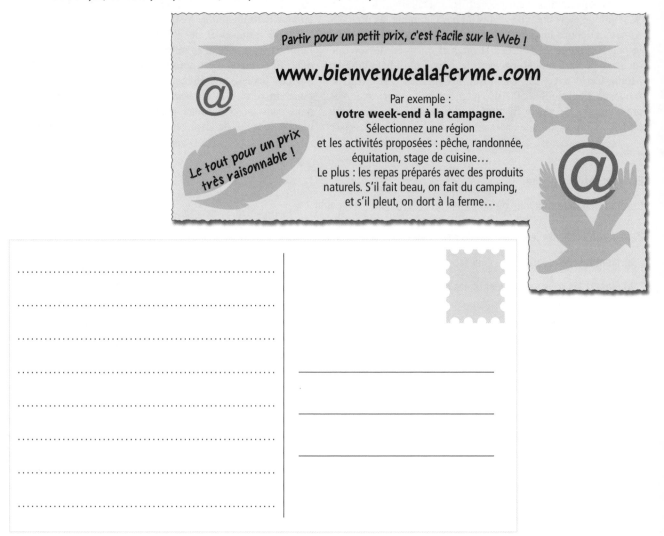

Partir pour un petit prix, c'est facile sur le Web !

www.bienvenuealaferme.com

Par exemple :
votre week-end à la campagne.
Sélectionnez une région
et les activités proposées : pêche, randonnée,
équitation, stage de cuisine…
Le plus : les repas préparés avec des produits
naturels. S'il fait beau, on fait du camping,
et s'il pleut, on dort à la ferme…

Le tout pour un prix très raisonnable !

Pour cette activité, vous devez :

※ savoir écrire une carte postale amicale (présentation, formules de politesse, registre…) ;
※ savoir donner des informations sur un lieu ;
※ savoir parler des personnes ;
※ savoir décrire le temps qu'il fait ;
※ savoir parler de vos activités présentes et futures.

Pour évaluer votre message, vous pouvez utiliser cette grille :

	Réussi	Presque réussi	À travailler
✓ Capacité à communiquer : • adéquation à la consigne			
✓ Capacité à utiliser les outils de langue : • grammaire • vocabulaire • registre			

EXPRESSION ORALE

 Lisez ces témoignages. Puis, comme Chloé, Tayeb et Sophie, présentez votre meilleur programme pour le week-end. Vous répondez aux questions de votre professeur et/ou de vos camarades.

Témoignages

Mon meilleur plan pour le week-end

Chloé

« L'hiver, comme j'adore skier, je vais à Val-d'Isère. Je dors dans un chalet pour étudiants, je paie un forfait pour la location des skis et les remontées mécaniques. La vie dans la station est plutôt animée et les rues sont pittoresques ! »

Tayeb

« J'adore voyager aussi, je viens de passer trois jours à Rotterdam. Je suis parti en bus avec une promotion : 49 euros aller/retour ! On a loué des vélos pour une grande balade. Une bonne adresse pour dormir sur l'eau : le bateau-hôtel The Clipper (22 euros la chambre pour 4) ! »

Sophie

« J'aime bien découvrir une nouvelle ville, par exemple : Rochefort. Le centre est agréable, avec la place Colbert, on y a tourné beaucoup de films. Je ne rate jamais la visite des sites historiques ou culturels et la dégustation des spécialités locales… »

Pour cette activité, vous devez :

- savoir présenter un lieu ;
- savoir le décrire ;
- savoir dire pourquoi vous aimez ce lieu ;
- savoir dire quelles activités on peut y faire ;
- savoir répondre aux questions.

Pour évaluer votre présentation, vous pouvez utiliser cette grille :

	Réussi	Presque réussi	À travailler
✓ **Capacité à communiquer :** · adéquation à la consigne			
✓ **Capacité à utiliser les outils de langue :** · grammaire · vocabulaire · prononciation · aisance			

COMPRÉHENSION ORALE

(10 pts)

 Vous allez entendre un forum de discussion à la radio. Écoutez les témoignages une première fois.
Lisez les documents et les questions.
Écoutez l'enregistrement une deuxième fois et répondez.

1

Le journaliste a pris des notes pendant l'émission. Complétez sa fiche.

(7 pts)

(1 pt)

(6 pts)

Thème du forum : ....

Prénom	Âge	premier(s) choix	autre(s) choix possible(s)
Éric	....		
Laure	....		
Thomas	....		
Stéphanie	....		

2

Entourez la lettre correcte.

1. Les membres de la famille d'Éric

(1 pt)

    A. ont décidé de lui faire une autre surprise.
    B. participent tous à l'achat du cadeau.
    C. vont lui donner de l'argent pour des CD.

2. Laure dit

(1 pt)

    A. qu'elle adore voyager aux USA.
    B. qu'elle veut revoir New York.
    C. que son souhait n'est pas nouveau.

3. Thomas

(1 pt)

    A. déteste qu'on lui offre des vêtements.
    B. aime choisir ses vêtements avec ses amis.
    C. préfère les vêtements offerts par sa copine.

COMPRÉHENSION ÉCRITE

(10 pts)

 Lisez ce texte et répondez.

> Le peintre Claude Monet découvre Giverny en 1883 et, alors, sa table est célèbre. Bien manger est chez Monet une habitude de toujours… Mais il ne touche jamais une casserole, et il ne met jamais les pieds à la cuisine ! C'est Alice, sa seconde femme, qui fait la cuisine.
> À eux deux, ils créent un certain art de vivre simple, un style ! À leur table, on sert des plats merveilleusement cuisinés avec les produits du jardin ou les animaux de la basse-cour. Mais c'est aussi la table de gens qui réalisent des recettes des restaurants chics où ils dînent, ou encore les recettes d'amis écrivains, collectionneurs, peintres, acteurs, et qu'on retrouve dans beaucoup de livres de cuisine d'aujourd'hui…

1. Ce texte est extrait

(1 pt)

A. d'un guide critique des restaurants au XIXe siècle.
B. d'une histoire de la gastronomie régionale.
C. d'un récit biographique.

2. À Giverny, qui fait la cuisine ?

(1 pt)

A. le peintre et ses amis
B. une employée
C. la femme de Claude

3. Le peintre Monet

(1 pt)

A. ne s'est jamais intéressé à la cuisine.
B. a toujours aimé la bonne nourriture.
C. a découvert les grands restaurants en 1883.

4. D'après l'auteur, et parmi cette liste, quels sont les aliments servis à Giverny ?

(4 pts)

A. les poissons   E. les fruits de mer
B. les légumes   F. les céréales
C. les œufs   G. les volailles
D. la charcuterie   H. les fruits

5. L'auteur trouve la cuisine de Giverny (3 réponses)

(3 pts)

A. naturelle.   E. fine.
B. originale.   F. exotique.
C. classique.   G. excellente.
D. grasse.

EXPRESSION ÉCRITE

(10 pts)

Vous avez reçu ce message de vos amis Caroline et Antoine. Malheureusement, vous ne pouvez pas passer le week-end avec eux. Vous leur envoyez un court message (environ 80 mots) pour leur expliquer les raisons de votre absence, où trouver les clés de votre studio, et leur donner quelques conseils pour manger des spécialités de votre ville. Vous leur dites aussi quels vêtements ils doivent prendre selon la saison, et vous leur demandez de vous apporter un objet précis que vous ne trouvez pas dans votre ville.

Envoyer maintenant ▸ 🖂 📋 🔗 ▾ 🗑 📎 ✐ ▾ 🗐 Options ▾ 🎞 Insérer ▾ ☰ Catégories ▾

De : **caroant@yahoo.fr**
À : ....
Objet : **Nous arrivons !**

```
Nous arrivons vendredi soir vers 21 heures pour passer le week-end avec toi.
Nous sommes impatients de découvrir ta nouvelle installation.
Comment est la ville ?
Y a-t-il beaucoup de choses à faire et à voir ?
À vendredi, bisous.
Caroline et Antoine.
```

Envoyer maintenant ▸ 🖂 📋 🔗 ▾ 🗑 📎 ✐ ▾ 🗐 Options ▾ 🎞 Insérer ▾ ☰ Catégories ▾

De : ....
À : caroant@yahoo.fr
Objet : ....
....
....
....
....
....
....

Pour cette activité, vous devez :

🕮 savoir écrire un message amical (présentation, formules de politesse, registre...) ;
🕮 savoir donner la raison d'une situation ;
🕮 savoir donner des indications sur un lieu ;
🕮 savoir conseiller ;
🕮 savoir parler des aliments ;
🕮 savoir décrire des vêtements ;
🕮 savoir parler du temps qu'il fait ;
🕮 savoir décrire un objet.

Pour évaluer votre message, vous pouvez utiliser cette grille :

	Réussi	Presque réussi	À travailler
✓ **Capacité à communiquer :** • adéquation à la consigne			
✓ **Capacité à utiliser les outils de langue :** • grammaire • vocabulaire • registre			

EXPRESSION ORALE

(10 pts)

 Présentation et échange

Lisez le document ci-dessous et réagissez à ces témoignages.
Dites ce que vous faites vous-même à midi : où, avec qui, ce que vous préférez manger,
boire, pourquoi. Répondez aux questions de votre professeur ou de vos camarades.

VIE QUOTIDIENNE

═══ *Notre journal a lancé une enquête*
sur le repas du midi. Voici quelques réponses. ═══

Lionel, 23 ans :

« À midi, je prends le temps de rentrer à la maison et de me préparer un petit repas. C'est assez simple, en général je fais de la purée ou des plats préparés et je m'installe parfois devant la télé. Je mange très rarement des sandwichs. »

Malika, 19 ans :

« Je viens de me mettre aux salades pour des raisons diététiques. Je fais attention et je pense que je mange mieux. Il m'arrive souvent de ne pas manger au travail, car je ne supporte pas de rester au bureau. Alors, je prends une salade et je l'avale en marchant et en regardant les boutiques. »

Yves, 25 ans :

« Je mange beaucoup moins qu'avant parce que je n'ai pas le temps. J'avale des sandwichs trois fois par semaine, au-dessus du clavier de l'ordinateur. Quand j'ai le temps, je vais au restaurant. »

Martin, 20 ans :

« Il m'arrive de sauter jusqu'à trois repas par semaine. Je sais que c'est déconseillé pour des raisons diététiques. Si je ne mange pas à midi, je ne mange pas de sandwich, car je n'aime pas le goût. Je fais un bon dîner le soir pour compenser. »

Pour cette activité, vous devez :

░ savoir exprimer votre opinion sur des habitudes alimentaires ;
░ savoir parler de votre alimentation ;
░ savoir décrire vos goûts alimentaires ;
░ savoir interagir dans la discussion.

Pour évaluer votre présentation/échange, vous pouvez utiliser cette grille :

	Réussi	Presque réussi	À travailler
✓ **Capacité à communiquer :** · adéquation à la consigne			
✓ **Capacité à utiliser les outils de langue :** · grammaire · vocabulaire · registre · aisance			

COMPRÉHENSION ORALE

(10 pts)

 Écoutez ce dialogue une première fois. Lisez les documents et les questions. Écoutez le dialogue, extrait du livre Histoires *de Jacques Prévert, une deuxième fois et répondez (entourez la lettre correcte ou notez votre réponse).*

1

Entourez la lettre correcte.

Ce client est

(1 pt)

    A. dans un magasin d'alimentation.
    B. dans un restaurant.
    C. sur un marché.

2

Voici son addition.

a) Elle n'est pas correcte, corrigez-la (barrez les éléments que le client n'a pas demandés).

(6 pts)

(4,5 pts)

b) Complétez les quantités demandées.

(1,5 pt)

```
┌─────────────────────────────────────────────┐
│  ╫╫          ADDITION                         │
│                                              │
│  ............  jambon cru        4     euros │
│  ............  œufs durs         3     euros │
│  ............  moules marinière  5     euros │
│  ............  crevettes roses   6     euros │
│                                              │
│  ............  agneau            10    euros │
│  ............  veau              13    euros │
│  ............  saumon            12    euros │
│                                              │
│  ............  petits pois       4     euros │
│  ............  haricots verts    4     euros │
│  ............  pommes de terre   3     euros │
│  ............  asperges          6     euros │
│                                              │
│  ............  fromage           4,50  euros │
│  ............  crème fraîche     4     euros │
│                                              │
│  ............  vin blanc         5     euros │
│  ............  café              1,50  euros │
└─────────────────────────────────────────────┘
```

3

Entourez la lettre correcte ou notez votre réponse.

1. Le client a demandé deux autres choses. Lesquelles ? ....

(2 pts)

....

2. À votre avis, le client

(1 pt)

    A. discute le prix de chaque chose.
    B. dit qu'il n'aime pas le service.
    C. refuse de payer l'addition.

COMPRÉHENSION ÉCRITE

(10 pts)

 Lisez le document ci-dessous et répondez aux questions.

Lille spectacles

A.

DES PLACES POUR L'OPÉRA ?

Demain soir, le concert de Nora Gubish, mezzo-soprano, et Jean-Claude Magloire va avoir lieu dans la grande salle de l'Opéra de Lille. Un spectacle lyrique, dans un cadre majestueux, à découvrir absolument.
Précipitez-vous, il reste quelques places.

B.

Sinclair... Superstar...

Le rouquin le plus funky de la scène française est en concert à l'Aéronef de Lille, jeudi soir. Parti en tournée intime dans toute la France avec sa super guitare, sa super coupe de cheveux, sa super bonne attitude, il ne fait qu'un seul arrêt dans le Nord pour chanter ses tubes « Ensemble », « Supernova Superstar »..., mais aussi la bande originale de *Mon idole*, le film de Guillaume Canet : à ne manquer sous aucun prétexte si vous êtes fan !

C. On se fait une toile ? Au Majestic, rue de Béthune à Lille : « Mariage mixte » à l'affiche !

Max Zagury, propriétaire d'une chaîne de casinos et homme d'affaires respectable, a une fille, Lisa, qu'il aime plus que tout au monde. Pour la garder proche de lui, il a toujours tout organisé et prévu dans sa vie y compris son mariage…
Le réalisateur Alexandre Arcady a eu l'idée de cette comédie au moment de la naissance de sa fille Lisa, il y a 18 ans. Le cinéaste se souvient : « Quand pour la première fois, je l'ai prise dans mes bras, j'ai pensé comme tous les pères du monde : un jour, un homme va me la prendre ! » Faire ce film a été pour lui un moyen de se préparer à cette étape de la vie. Un bon moment de détente assuré.
Séance tous les soirs à 20 h 10.

1

Des amis vont venir vous voir cette semaine à Lille. Ils vous ont demandé d'organiser la soirée. Vous avez sélectionné les trois spectacles ci-dessus. Complétez le tableau ci-dessous pour les aider à faire leur choix.

(7 pts)

Type de spectacle	Titre du spectacle	Où ?	Quand ?	Commentaire
Spectacle lyrique	………………	………………	………………	………………
………………	………………	………………	………………	………………
………………	………………	………………	………………	………………

2

Entourez la lettre correcte.

1. Spectacle B. Sinclair

   A. est musicien et comédien.

   B. a joué dans un film de Guillaume Canet.

   C. chante la musique de *Mon idole*.

2. Spectacle C. Lisa est

   A. la femme d'un homme d'affaires.

   B. la fille du réalisateur.

   C. la mère d'un propriétaire de casinos.

3. Spectacle C. Alexandre Arcady

   A. met en image ses propres sentiments.

   B. raconte l'histoire d'une femme jalouse.

   C. décrit la vie d'un homme qui n'a pas de temps pour sa famille.

EXPRESSION ÉCRITE

(10 pts)

 Vous répondez à Marc et Cécile (environ 60 mots) pour leur proposer votre restaurant préféré. Vous décrivez l'ambiance, vous donnez des indications sur les spécialités (entrées, plats, desserts), les prix et le service.

Envoyer maintenant · Options ▾ · Insérer ▾ · Catégories ▾

De : **marcec@libertysurf.fr**

À :

Objet : **Conseil**

```
Salut,
Toi qui sors souvent, as-tu une adresse à nous conseiller pour dîner ce soir ?
Bisous,
Marc et Cécile
```

Envoyer maintenant · Options ▾ · Insérer ▾ · Catégories ▾

De : ....

À : marcec@libertysurf.fr

Objet : ....

....

....

....

....

....

....

....

....

Pour cette activité, vous devez :

🏁 savoir écrire un message amical (présentation, formules de politesse, registre...) ;
🏁 savoir indiquer une adresse ;
🏁 savoir caractériser un lieu (ambiance) ;
🏁 savoir décrire des plats ;
🏁 savoir donner votre opinion sur un plat, un lieu ;
🏁 savoir donner des informations sur les prix ;
🏁 savoir caractériser le service.

Pour évaluer votre message, vous pouvez utiliser cette grille :

	Réussi	Presque réussi	À travailler
✓ **Capacité à communiquer :** · adéquation à la consigne			
✓ **Capacité à utiliser les outils de langue :** · grammaire · vocabulaire · registre			

EXPRESSION ORALE

(10 pts)

Présentation/échange

Présentez le dernier film (ou livre) que vous avez vu (lu) et donnez votre opinion.
Donnez le titre. Précisez quand l'histoire se passe et où. Donnez des informations
sur les personnages principaux. Racontez l'histoire : les actions principales.
Dites si vous avez aimé ou non et pourquoi.
Répondez aux questions de votre professeur ou de vos camarades

Pour cette activité, vous devez :

🏁 savoir parler d'un film ou d'un livre ;
🏁 savoir raconter une histoire : des actions au présent ;
🏁 savoir situer une histoire dans le temps et l'espace ;
🏁 savoir caractériser les personnages ;
🏁 savoir exprimer votre opinion sur le film ou le livre ;
🏁 savoir interagir dans l'échange.

Pour évaluer votre présentation/échange, vous pouvez utiliser cette grille :

	Réussi	Presque réussi	À travailler
✓ **Capacité à communiquer :** · adéquation à la consigne			
✓ **Capacité à utiliser les outils de langue :** · grammaire · vocabulaire · registre · aisance			

COMPRÉHENSION ORALE

(10 pts)

Écoutez ce dialogue une première fois.
Lisez les documents et les questions.
Écoutez le dialogue une deuxième fois et répondez.

Voici la fiche que la secrétaire des établissements Leroy remplit pendant la conversation. Complétez-la.

Établissement Leroy du Déménagement

À l'attention de Mme Legras, conseillère

Nom du client : ....

Adresse : .... rue ....

Numéro de téléphone : ....

Date souhaitée pour le déménagement : ....

Logement actuel :
surface : ....   nombre de pièces : ....
Distance du prochain logement : .... km
Rendez-vous pris pour le devis :   jour : ....
heure : ....

COMPRÉHENSION ÉCRITE

(10 pts)

Lisez ce message et répondez.

De :	salliou@wanadoo.fr
À :	lepage@free.fr
Objet :	Réponse à demande d'information

Mademoiselle,
En réponse à votre lettre concernant notre petite annonce, voici les renseignements que vous nous demandez.
L'appartement est composé de deux pièces. Il y a une petite chambre de 12 m^2 avec un lit double et une grande armoire. Le salon fait 25 m^2 avec un coin cuisine. Il y a un canapé, une table basse, un fauteuil et la télévision. Près du coin cuisine, il y a une table ronde et quatre chaises.
Le coin cuisine est aménagé avec quelques placards, une plaque électrique, un four et un frigo.
Dans l'entrée de l'appartement il y a une petite salle de bains avec lavabo, douche, lave-linge et WC. De grands placards sont aménagés dans l'entrée.
Le chauffage est électrique. Il y a des radiateurs dans toutes les pièces.
L'appartement est au 4e étage sans ascenseur. Il est très clair avec un balcon qui donne sur un jardin. Il est donc très calme. Il fait 63 m^2 en tout.
Le bus est à 200 m et vous avez un centre commercial et des équipements sportifs juste à côté de l'appartement.
Le loyer est de 650 euros par mois charges comprises.
Nous nous tenons à votre disposition pour vous faire visiter.
Veuillez agréer, mademoiselle, nos salutations les meilleures.
Mme Salliou

1

Complétez le tableau ci-dessous.

(3 pts)

Qui écrit ?	À qui écrit-on ?	Pour quoi faire ? (exemple : poser des questions, remercier, informer, féliciter…)
……………………………	……………………………	……………………………

2

Que dit le message ? Entourez les lettres correctes. (7 réponses).

(7 pts)

A. Il y a deux chambres.

B. Le salon est plus grand que la chambre.

C. On peut dormir à deux.

D. Une cuisine séparée donne dans l'entrée.

E. Il y a des placards dans le salon.

F. Les toilettes sont à côté de la salle de bains.

G. Le chauffage va bientôt être réparé.

H. Il faut monter à pied.

I. L'appartement donne sur une rue.

J. Les transports sont plus loin que les magasins.

K. La piscine est à une demi heure en bus.

L. On peut faire ses courses près de l'appartement.

M. L'appartement est situé au quatorzième.

N. Les charges sont incluses dans le prix.

O. Le loyer est mensuel.

EXPRESSION ÉCRITE

(10 pts)

Vous avez trouvé cette petite annonce et, après la visite, vous avez décidé de louer ce studio. Vous écrivez une lettre à des amis pour leur décrire le studio (pièces, vue, points positifs et négatifs…). À la fin, vous leur demandez de venir vous aider et vous leur indiquez le chemin pour venir. (80 à 100 mots)

Studio 30 m^2, petite cuisine équipée, douche, WC, cheminée.
Jolie vue ensoleillée. 5e étage sans ascenseur dans petit immeuble calme. Prévoir travaux.
Centre ville, tous commerces, transports.
Loyer mensuel 520 euros ch. comp.

....

✉ ....

☎ ....

@ ....

                                   ....

....

....

....

....

....

....

....

....

....

....

....

....

                                   ....

Pour cette activité, vous devez :

▨ savoir écrire une lettre amicale (présentation, formules de politesse, registre…) ;

▨ savoir décrire un logement ;

▨ savoir exprimer une opinion (exprimer des qualités et des défauts) ;

▨ savoir demander de l'aide ;

▨ savoir indiquer un chemin.

Pour évaluer votre lettre, vous pouvez utiliser cette grille :

	Réussi	Presque réussi	À travailler
✓ **Capacité à communiquer :** • adéquation à la consigne			
✓ **Capacité à utiliser les outils de langue :** • grammaire • vocabulaire • registre			

EXPRESSION ORALE

 Vous venez d'emménager dans un nouveau logement. Vous expliquez à un(e) ami(e) ce qui a changé dans votre vie : vous décrivez votre vie avant votre déménagement (quartier, immeuble, ancien logement, habitudes de transport, commerces...), vous lui expliquez ce qui a changé et quelles sont vos nouvelles habitudes. Votre ami(e) vous pose des questions sur les choses que vous aimez dans votre nouvelle vie et ce que vous regrettez.

Pour cette activité, vous devez :

▨ savoir décrire une situation présente ;

▨ savoir comparer une situation passée par rapport à une situation présente ;

▨ savoir décrire un environnement, des habitudes ;

▨ savoir exprimer une opinion positive et négative ;

▨ savoir exprimer des regrets.

Pour évaluer votre présentation/échange, vous pouvez utiliser cette grille :

	Réussi	Presque réussi	À travailler
✓ **Capacité à communiquer :** • adéquation à la consigne			
✓ **Capacité à utiliser les outils de langue :** • grammaire • vocabulaire • registre • aisance			

Votre travail dans le dossier 3

1. Quelles sont vos découvertes dans ce dossier ? Cochez les propositions exactes.

☒ faire connaissance
☐ parler de sa famille
☐ demander à quelqu'un son identité
☒ proposer une activité à quelqu'un
☒ exprimer ses goûts de façon simple
☒ fixer un rendez-vous
☐ comprendre un itinéraire
☒ accepter ou refuser une invitation
☐ raconter une activité passée
☐ écrire une lettre administrative

2. Où faites-vous ces activités dans le livre ? Notez en face de chaque activité le numéro de la leçon et de l'activité qui correspondent.

– comprendre les goûts de quelqu'un à l'écrit	L1, 3-8
– décrire la vie, les goûts de quelqu'un à l'écrit	L1, 10
– parler de son caractère	L2, 7
– fixer le lieu et l'heure d'un rendez-vous à l'oral	L3, 7
– comprendre la description physique de quelqu'un	L2, 2-4
– parler de ses animaux préférés à l'oral	L1, 7
– parler des qualités et des défauts	L2, 8
– donner des instructions à l'écrit	L3, 11
– comprendre une conversation téléphonique	L3, 1

Votre travail dans le dossier 4

1. Qu'est-ce que vous avez appris à faire dans ce dossier ? Cochez les affirmations exactes.

☒ comprendre l'heure
☐ demander à quelqu'un un horaire
☒ proposer une sortie
☐ comprendre un programme de théâtre
☒ exprimer des projets immédiats
☒ parler de ses activités habituelles
☐ décrire quelqu'un
☐ annoncer un événement familial
☒ comprendre une action passée
☒ donner la date d'un événement

2. Quelles activités vous ont aidé(e) à apprendre ? Voici une liste de savoir-faire de communication. Notez en face de chaque savoir-faire le numéro de la leçon et de l'activité qui correspondent dans le dossier.

– comprendre des horaires de lieux publics à l'oral	L1, 1
– rédiger un questionnaire	L3, 7
– parler de sa fête préférée	L3, 6
– raconter une journée passée	L2, 11
– comprendre des informations sur une fête	L3, 2-3
– écrire un petit texte sur la journée-type d'une personne	L2, 6
– comprendre des faits passés	L2, 9
– proposer un programme de fête	L3, 12
– parler de ses rythmes de vie	L2, 4

Votre travail dans le dossier 5

1. Qu'est-ce que vous avez appris à faire dans ce dossier ? Cochez les affirmations exactes.

☒ comprendre un faire-part
☐ décrire le caractère de quelqu'un
☒ donner des nouvelles de quelqu'un
☒ comprendre des données statistiques sur la famille
☒ annoncer un événement familial
☐ comprendre un programme de fête familiale
☒ décrire le physique de quelqu'un
☐ caractériser un lieu
☒ évoquer une action passée
☐ parler de sa ville

2. Quelles activités vous ont aidé(e) à apprendre ? Voici une liste de savoir-faire de communication. Notez en face de chaque savoir-faire le numéro de la leçon et de l'activité qui correspondent dans le dossier.

– comprendre une action passée	L3, 2-3
– parler de la famille	L1, 11
– répondre au téléphone	L2, 3
– raconter quelques événements de la vie d'une personne à l'écrit	Carnet de voyage, 6
– comprendre quelqu'un qui donne de ses nouvelles	L1, 6
– réagir à un événement familial	L1, 7
– comprendre la description physique de personnes	L3, 12
– comprendre un faire-part	L1, 1-4
– situer une action dans le passé immédiat	L2, 4
– comprendre des données statistiques	L2, 7

Votre travail dans le dossier 6

1. Qu'est-ce que vous avez appris à faire dans ce dossier ? Cochez les affirmations exactes.

☒ comprendre des informations touristiques
☒ caractériser un lieu
☐ parler de la santé de quelqu'un
☒ comprendre quelqu'un qui parle de ses loisirs de plein air
☐ rédiger une lettre de félicitations
☒ parler des saisons
☒ exprimer des sensations
☐ commander un repas
☒ comprendre des informations de localisation
☐ parler de ses voyages

2. Quelles activités vous ont aidé(e) à apprendre ? Voici une liste de savoir-faire de communication. Notez en face de chaque savoir-faire le numéro de la leçon et de l'activité qui correspondent dans le dossier.

– prendre des notes	L1
– présenter le climat de sa ville	L1, 10
– parler de ses loisirs	L3, 13
– exprimer des sentiments/des sensations	L1, 7
– comprendre un extrait de guide touristique	L3, 7-8-9
– parler de sa saison préférée	L1, 7
– caractériser un lieu géographique	L2, 6
– comprendre un programme culturel	L3, 2-3-4
– exprimer ses impressions sur un lieu à l'écrit	L2, 11

Votre travail dans le dossier 7

1. Qu'est-ce que vous avez appris à faire dans ce dossier ? Cochez les affirmations exactes.

☒ décrire un objet
☒ indiquer les ingrédients d'un plat
☐ décrire un magasin d'alimentation
☒ comprendre des habitudes alimentaires
☒ exprimer une opinion sur un plat
☐ rédiger une lettre d'invitation
☒ exprimer une opinion positive ou négative sur quelqu'un
☐ comprendre une critique de spectacle
☒ conseiller
☐ organiser une sortie

2. Quelles activités vous ont aidé(e) à apprendre ? Voici une liste de savoir-faire de communication. Notez en face de chaque savoir-faire le numéro de la leçon et de l'activité qui correspondent dans le dossier.

– comprendre un prospectus alimentaire	L1, 1
– parler de produits alimentaires	L1, 2
– décrire un vêtement	L2, 5
– exprimer une appréciation sur une personne	L2, 10
– comprendre une page de catalogue	L3, 1
– s'exprimer sur ses goûts alimentaires	L1, 5
– conseiller quelqu'un sur son apparence	L2, 15
– composer un menu	L1, 3
– parler de ses habitudes alimentaires	L1, 11
– caractériser un objet	L3, 12

Votre travail dans le dossier 8

1. Qu'est-ce que vous avez appris à faire dans ce dossier ? Cochez les affirmations exactes.

☒ comprendre une annonce de spectacle
☐ décrire un logement
☐ comprendre un récit de vacances
☒ organiser une sortie
☒ décrire un repas au restaurant
☐ exprimer ses goûts sur les loisirs
☒ faire une réservation
☒ conseiller une adresse gastronomique
☐ parler de sa ville

2. Quelles activités vous ont aidé(e) à apprendre ? Voici une liste de savoir-faire de communication. Notez en face de chaque savoir-faire le numéro de la leçon et de l'activité qui correspondent dans le dossier.

– exprimer une opinion sur un spectacle	L2, 5
– comprendre une personne qui fait des courses alimentaires	L1, 7-9
– exprimer une appréciation sur un restaurant	L3, 8
– réserver une place de spectacle	L2, 12
– identifier et nommer des commerces	L1, 6
– comprendre quelqu'un qui demande des informations dans un magasin	L1, 2-3
– caractériser des produits alimentaires	L1, 10
– comprendre une personne qui fait une réservation	L2, 9-10-11
– comprendre une personne qui commande un repas	L3, 5-6
– rédiger une critique de restaurant simple	L3, 4

*Votre travail dans le dossier 9*_____

1. Qu'est-ce que vous avez appris à faire dans ce dossier ? Cochez les affirmations exactes.

☒ Chercher un logement
☐ comprendre un contrat de location
☒ décrire un logement
☒ comparer des situations
☐ rédiger une petite annonce pour un emploi
☐ rédiger une lettre de plainte adressée à un propriétaire
☒ exprimer son opinion sur un lieu de vie
☒ parler de colocation
☐ écrire à son propriétaire

2. Quelles activités vous ont aidé(e) à apprendre ? Voici une liste de savoir-faire de communication. Notez en face de chaque savoir-faire le numéro de la leçon et de l'activité qui correspondent dans le dossier.

– comprendre une description au passé   L1, 3
– comprendre un souvenir   L1, 2-3-5
– quelqu'un qui décrit des changements   L2, 7-8-12-15
– raconter un changement de vie   L1, 15
– comprendre quelqu'un qui demande des informations
     sur un logement   L3, 5
– parler de ses relations avec des personnes   L3, 10
– comprendre une petite annonce immobilière   L3, 1-2-3
– situer un événement dans le temps   L2, 9
– parler d'un souvenir d'enfance   L1, 7-8
– témoigner de son expérience   L3, 12

 DOSSIER 1

COMPRÉHENSION ORALE

1

Escalier B, salle 27

2

06 34 28 42 16

3

A1 – B4 – C2 – H5 – G3 – F6

- - - - - - - - - - - - - - - - - - - **TRANSCRIPTIONS**

Extrait 1 : Annonce

La conférence de Mme Claire Dubois *Voyage en France*, commence à 16 h 00, salle 27, escalier B.

Extrait 2 : Message

Salut, c'est Émilie, je ne suis pas là. Vous pouvez m'appeler sur mon portable au 06 34 28 42 16.

Extrait 3 : Dialogues

Dialogue 1

– Bonjour mademoiselle, je voudrais louer une voiture.

– Bonjour monsieur. Bien sûr, une petite ou une grosse voiture ?

– Une petite voiture, pour 3 jours.

– Bien, quels sont vos nom et prénom ?

– Je m'appelle Jacques Brel, je suis belge. Je suis né le 18 août 1980 et j'habite 3 rue de Paris à Bruxelles...

Dialogue 2

– Bonjour madame.

– Mademoiselle ?

– Ana Garcia habite ici ?

– La jeune fille espagnole ? Non, elle habite juste à côté, au 10.

– Merci madame.

Dialogue 3

– Salut ! Toi aussi tu attends tes bagages ?

– Oui, mon sac à dos. Mais c'est long !

– Ton nom est écrit dessus ?

– Oui, c'est Tessier.

– Regarde, il y a un sac qui arrive là. C'est pas ton sac ?

– Oui, enfin ! Bon alors..., salut !

– Tu m'attends pas ? On peut prendre un café si tu veux...

Dialogue 4

– S'il vous plaît monsieur, je cherche les toilettes.

– C'est juste à côté, madame. Vous continuez tout droit et c'est la deuxième porte à droite après l'escalier. Il est mignon, votre petit garçon. Il a quel âge ?

– Quatre ans et il s'appelle Antoine. Excusez-moi, on est pressés.

Dialogue 5

– Eh ? Jeune homme... Vous pouvez me dire où est le boulevard Raspail ? C'est la première fois que je viens à Paris !

– Bien sûr, madame, il y a encore quatre stations de bus.

– Merci, jeune homme ! Je vais voir ma petite-fille. Elle habite rue du marché et elle travaille à la pizzeria « Chez Luigi » place d'Italie, vous connaissez ?

Dialogue 6

– Pardon, madame ! Où est le train pour Lyon ?

– Le train 2338 qui part à 9 h 30 ?

– Oui, c'est ça.

– Alors, c'est ici, sur le quai 4.

– Merci, madame.

- - - - - - - - - - - - - - - - - - -

COMPRÉHENSION ÉCRITE

Club Montmartre Photos

Formulaire d'inscription

M. ☐   Mlle **X**   Mme ☐

Nom : **POULAIN**

Prénom : **Amélie**

Nationalité : **Française**

Date de naissance : **20 juin 1974**

Lieu de naissance : **Enghein**

Âge : **23 ans**

Célibataire **X**   Marié(e) ☐

Profession : **serveuse**

Lieu de travail : **café « les 2 moulins »**

Adresse : n° **10**, rue **des vignes**

Ville : **Paris**   Pays : **France**

Paris, juin 1997

Amélie Poulain (Signature)

Association Moto Sport

Formulaire d'inscription

M. ☐   Mlle **X**   Mme ☐

Nom : **CROFT**

Prénom : **Lara**

Nationalité : **anglaise**

Date de naissance : **29 février 1968**

Lieu de naissance : **Angleterre**

Âge : **28 ans**

Célibataire **X**   Marié(e) ☐

Profession : **Star virtuelle**

Adresse en France : n° **3**, rue **des mimosas**   Ville : **Nice**

Adresse électronique : **laracroft@online.com**

Nice, mai 1996

Lara Croft (Signature)

DOSSIER 2

COMPRÉHENSION ORALE

1
A 3 – B 2 – C 1

2
A : 4 (personnes) – B : GARCIN – C : avec douche

3
Hôtel de la gare

TRANSCRIPTIONS

Dialogue 1
– Hôtel de France, bonjour.
– Bonjour, vous avez une chambre pour deux personnes ?
– Bien sûr madame, pour quelle date ?
– Pour le week-end prochain.
– Bien, j'ai une chambre pour deux personnes avec douche à 95 euros petit déjeuner compris.
– C'est parfait, je réserve cette chambre. Mon nom est Dubain, D.U.B.A.I.N.
– Entendu madame, l'hôtel est juste à côté du musée de France. À samedi !

Dialogue 2
– Allô, l'hôtel de La Gare ?
– Oui monsieur.
– Est-ce qu'il vous reste une chambre pour une personne pour aujourd'hui ?
– Oui monsieur, nous avons une chambre avec salle de bains, pour 53 euros petit déjeuner compris. Elle est située sur le parc.
– Ça me convient, je suis monsieur Garcin, G.A.R.C.I.N.
– Merci monsieur, à ce soir.

Dialogue 3
– Hôtel de La Place ?
– Oui madame, à votre service.
– Nous sommes quatre et je voudrais réserver deux chambres pour demain, 3 avril.
– Il reste deux chambres avec douche, toilettes et il y a un parking.
– Quel est le prix ?
– 80 euros la chambre.
– C'est d'accord. Donc 2 chambres pour 2 personnes au nom de Fabien, F.A.B.I.E.N.
– Pas de problème madame, à demain.

COMPRÉHENSION ÉCRITE

1

2
Association des Étudiants Parisiens
16 rue des Princes
75 005 Paris

DOSSIER 3

COMPRÉHENSION ORALE

1

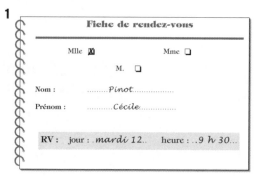

2
1. C – 2. A – 3. 20 heures – 4. Place Gambetta – 5. venir

TRANSCRIPTIONS

Extrait 1 : Dialogue 1
– Allô, Docteur Marie ?
– Oui, c'est moi.
– Bonjour, Docteur. Je voudrais un rendez-vous pour demain matin, s'il vous plaît.
– Demain... Oui, j'ai 9 h 00 ou... midi.
– Je préfère 9 h 00.
– Quel est votre nom ?
– Cécile Pinot. P.I.N.O.T.
– Bon. C'est entendu, madame Pinot. Demain, mardi 12 à 9 h 00.
– Bien. Merci Docteur. À demain.

Extrait 2 : Dialogue 2
– Allô, Guillaume. C'est Lucie.
– Salut, Lucie. Ça va ?
– Ça va ! Dis, tu veux voir un film ce soir avec moi ? Ma famille est partie en week-end et je suis seule.
– Pourquoi pas ! Quand et où ?
– À 20 h 00 au Plazza, place Gambetta. Alors, t'es d'accord ?
– D'accord !

COMPRÉHENSION ÉCRITE

1. B – 2. Elle a 21 ans. Elle veut passer un mois, dans une famille. Elle aime la nature et les activités sportives. Elle aime l'Afrique. – 3. C – 4. Julien – 5. B

DOSSIER 4

COMPRÉHENSION ORALE

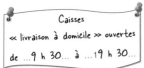

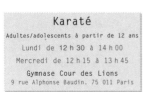

TRANSCRIPTIONS

Extrait 1 : Message 1
Pour une livraison, présentez-vous aux caisses « livraison à domicile » après vos courses. Les caisses sont ouvertes de 9 h 30 à 19 h 30. Avec nos hôtesses, vous pouvez choisir votre horaire de livraison.

Extrait 2 : Message 2
Ce soir à 20 h 50 « Le grand chef », comédie française d'Henri Verneuil en noir et blanc.
À 23 h 00, les résultats du match PSG-Marseille.
À 23 h 30, dernier journal.

Extrait 3 : Message 3
Inscrivez-vous à nos cours de Karaté pour adultes et adolescents à partir de 12 ans. Le lundi de midi et demi à deux heures et le mercredi de midi et quart à deux heures moins le quart, au gymnase Cour des lions, 9 rue Alphonse Baudin, à Paris XIe.

Extrait 4 : Message 4
Dimanche 27 juillet, c'est la fête des fleurs à St Martin. A 10 h 30 défilé de chars fleuris, à midi repas, de 15 h 00 à 19 h 30 spectacles et stands de vente de produits gastronomiques. Et pour finir, à huit heures moins le quart : paëlla et bal gratuit.

COMPRÉHENSION ÉCRITE

1

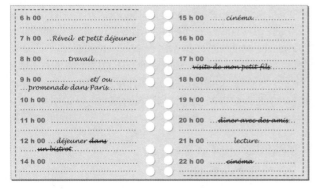

2
1. A – 2. B – 3. B – 4. C – 5. A

DOSSIER 5

COMPRÉHENSION ORALE

1
de 10.30 à 12.30 heures et de 15.45 à 20.15 heures
lundi, vendredi

2
1. B – 2. C – 3. B – 4. B

TRANSCRIPTIONS

Extrait 1 : Message sur répondeur
Vous êtes bien au cabinet du Docteur Lebois. Le Docteur Lebois reçoit sur rendez-vous les mardi, mercredi et jeudi de 10 h 30 à 12 h 30 et de 15 h 45 à 20 h 15. Les lundi et vendredi l'après-midi seulement. Merci de rappeler aux heures de consultation.

Extrait 2 : Dialogue
– Allô, Docteur Lebois ?
– C'est moi-même. Bonjour, madame.
– Bonjour, docteur. C'est madame Haumont à l'appareil, je voudrais prendre rendez-vous pour cet après-midi si possible.
– Cet après-midi, non ce n'est pas possible, tous les rendez-vous sont pris. Demain matin ?
– Oh c'est difficile, c'est pour mon fils Marc. Il a 39° de fièvre depuis hier soir et il a très mal à la tête. Je suis très inquiète.
– Il a mal au ventre, à la gorge... ?
– Non, non, seulement à la tête.
– Bon d'accord, je vais m'arranger. Venez à 20 h 10. En attendant, donnez-lui deux comprimés d'aspirine toutes les trois heures et faites-lui boire beaucoup d'eau.
– Merci, Docteur. À ce soir.
– Au revoir, madame Haumont. À ce soir !

COMPRÉHENSION ÉCRITE

1

M. ET Mme LEFÉBURE   M. ET Mme ESSEBAG
SONT HEUREUX DE VOUS ANNONCER LE MARIAGE DE LEURS ENFANTS

ESTELLE ET ARTHUR-JACQUES

LE JEUDI 13 FÉVRIER
À 11 HEURES
À LA MAIRIE DU VIIE ARRONDISSEMENT DE PARIS

2
Estelle : 37 ans, mannequin, divorcée
Arthur-Jacques : 38 ans, animateur, célibataire
3
1. 60 – 2. B

DOSSIER 6

COMPRÉHENSION ORALE

1
1. C – 2. B

2
Âge : 24 ans
Taille : grand
Couleur des cheveux : bruns
Couleur des yeux : verts
Profession : Ingénieur ou informaticien

3
1. A – 2. B – 3. C

TRANSCRIPTIONS

– Allô Sophie ?

– Marie ? T'as vu l'heure ? Il est deux heures du matin !

– Oui, je sais. Mais il faut absolument que je te raconte ! C'est génial ! Tu le verrais, il est beau, intelligent et super sympa.

– Mais de qui tu parles ?

– Baptiste ! Je l'ai rencontré samedi. Tu sais, j'ai passé le week-end au ski avec Pierre et Cécile... Et bien, c'est le cousin de Pierre. Nous ne nous sommes pas quittés du week-end !

– Il est comment ?

– Il a 24 ans, il est grand, brun avec des yeux verts. Et tu sais, il est ingénieur en informatique !

– Oui, mais tu ne le connais pas vraiment. Tu ne sais pas ce qu'il aime à part le ski.

– Mais si ! Je t'ai dit qu'on ne s'est pas quittés ! Il est passionné par les voyages, les randonnées dans la nature, le cinéma et, comme moi, il adore les chats. D'ailleurs, je vais le revoir ce soir, on dîne ensemble.

– Bon, c'est pas tout ça, mais demain, on est lundi, je vais travailler à 8 heures et je n'ai pas encore rencontré l'amour de ma vie, moi ! Alors, je te laisse, je vais dormir. Un conseil : tu dors toi aussi et tu me racontes le reste plus tard. Salut !

– Mais Sophie... attends !

COMPRÉHENSION ÉCRITE

1
1. Monaco – 2. 1 les rues anciennes autour du château, 2 les salles de jeu et les hôtels de luxe, 3 les hautes tours modernes

2
1. C – 2. B – 3. BDG

DOSSIER 7

COMPRÉHENSION ORALE

1

Thème du forum : ....Les cadeaux de Noël......................			
Prénom	Âge	premier(s) choix	autre(s) choix possible(s)
Éric	25 ans	home cinéma et CD	
Laure	21 ans	billet d'avion pour NY	baladeur MP3 ou CD ou livre
Thomas	18 ans	appareil photo numérique	livre de photographie
Stéphanie	20 ans	ordinateur	parfum

Ne pas tenir compte de l'orthographe pour la correction.

2
1. B – 2. C – 3. A

TRANSCRIPTIONS

Journaliste : Aujourd'hui comme tous les jours sur notre antenne, nous vous avons donné la parole sur le thème : les cadeaux de Noël. Nous avons enregistré quatre témoignages. Alors, quel cadeau aimeraient-ils recevoir pour cette fête ?

Éric : Je m'appelle Éric et j'ai 25 ans. Ce qui me ferait plaisir, c'est un home cinéma. Et pour ne pas avoir de mauvaise surprise, je l'ai dit à ma famille ! Comme c'est un cadeau un peu cher, je sais qu'ils se sont organisés pour se mettre à plusieurs. J'aimerais aussi trouver toute une panoplie de DVD sous le sapin. Un home cinéma sans films à regarder, ça ne sert à rien !

Laure : Laure, 21 ans. Un billet d'avion pour New York est le numéro un sur ma liste de cadeaux pour Noël. Mes parents et amis savent que cette ville me fait rêver et que je souhaite y aller depuis longtemps. C'est peut-être un peu irréaliste, mais je suis prête à participer. Bon, mais je ne serai pas triste si je reçois un baladeur MP3 ou un CD ou un livre...

Thomas : Moi, c'est Thomas, 18 ans. Un appareil photo numérique ! Je suis un passionné de photo et j'aurais vraiment besoin d'un équipement moderne. Je vais bientôt en parler à ma famille, je n'aimerais pas me retrouver avec une écharpe multicolore ou un vêtement quelconque qui ne me plairait pas. Les vêtements, moi, je préfère les choisir moi-même. Mais à défaut d'un appareil, je pourrais me contenter d'un livre de photographie.

Stéphanie : Je m'appelle Stéphanie, 20 ans, et j'avoue que je n'ai pas encore vraiment réfléchi. Un ordinateur personnel serait un beau cadeau, ou plus classiquement du parfum.

COMPRÉHENSION ÉCRITE
1. C – 2. C – 3. B – 4. BCGH – 5. AEG

DOSSIER 8

COMPRÉHENSION ORALE

1
B

2

```
╔═══════════════════════════════════════════╗
║  🍴       ADDITION                         ║
║                                            ║
║ ............   jambon-cru        4   euros ║
║ .....2.......  œufs durs         3   euros ║
║ ............   moules-marinière  5   euros ║
║ ............   crevettes-roses   6   euros ║
║                                            ║
║ ............   agneau            10  euros ║
║ .....1.......  veau              13  euros ║
║ ............   saumon            12  euros ║
║                                            ║
║ ....1.......   petits pois       4   euros ║
║ ............   haricots-verts    4   euros ║
║ ............   pommes-de-terre   3   euros ║
║ .....1.......  asperges          6   euros ║
║                                            ║
║ ....1.......   fromage           4,50 euros║
║ ............   crème-fraîche     4   euros ║
║                                            ║
║ ............   vin-blanc         5   euros ║
║ ....1.......   café              1,50 euros║
╚═══════════════════════════════════════════╝
```

3
1. un téléphone, des cigarettes – 2. C

- **TRANSCRIPTIONS**

– Garçon, l'addition !
– Voilà. Vous avez… deux œufs durs, un veau, un petit pois, une asperge, un fromage avec du beurre, une amande verte, un café filtre, un téléphone…
– Et puis des cigarettes !
– C'est ça même…. des cigarettes… Alors ça fait…..
– N'insistez pas, mon ami, c'est inutile, vous ne réussirez jamais.
– !!!!
– On ne vous a donc pas appris à l'école que c'est ma-thé-ma-ti-que-ment impossible d'additionner des choses d'espèce différente.
– !!!!
– Enfin, tout de même, de qui se moque-t-on ? Il faut réellement être insensé pour oser essayer de tenter d'« additionner » un veau avec des cigarettes, des cigarettes avec un café filtre, un café filtre avec une amande verte et des œufs durs avec des petits pois, des petits pois avec un téléphone… Pourquoi pas un petit pois avec un grand officier de la Légion d'Honneur, pendant que vous y êtes ! Non, mon ami, croyez-moi, n'insistez pas, ne vous fatiguez pas, ça ne donnerait rien, vous entendez, rien, absolument rien… pas même le pourboire !

COMPRÉHENSION ÉCRITE

1

Type de spectacle	Titre du spectacle	Où	Quand	Commentaire
Spectacle lyrique	Concert de Norah Gubish	Grande salle de l'opéra	Demain soir	Cadre majestueux, à découvrir absolument
Spectacle de musique funky	Concert de Sinclair	L'Aéronef de Lille	Jeudi soir	À ne manquer sous aucun prétexte
Cinéma/film	Mariage mixte	Cinéma Majestic	Tous les soirs 20 h 10	Comédie : bon moment de détente assuré

2
1. C – 2. B – 3. A

DOSSIER 9

COMPRÉHENSION ORALE

```
┌─────────────────────────────────────────────────────┐
│ Établissement Leroy        À l'attention de Mme Legras,│
│ du Déménagement                          conseillère. │
│                                                       │
│ Nom du client : ......Breton.........................│
│ Adresse : ...23... rue ..............des fleurs........│
│ Numéro de téléphone : ......06 14 34 67 89............│
│ Date souhaitée pour le déménagement : ......15 avril..│
│ Logement actuel :                                     │
│ surface : ......60 m²..........  nombre de pièces : ..2..│
│ Distance du prochain logement : .........30.........km.│
│ Rendez-vous pris pour devis :  jour : ..vendredi......│
│                                heure : ...18 h........│
└─────────────────────────────────────────────────────┘
```

- **TRANSCRIPTIONS**

– Allô, les établissements Leroy du déménagement ?
– Oui, bonjour monsieur. Que puis-je pour vous ?
– Voilà, je déménage le mois prochain. Des amis m'ont recommandé votre entreprise et je voudrais avoir des renseignements sur vos prix et vos disponibilités.
– Bien sûr, monsieur. Vous déménagez dans la même ville ou vous partez en province ?
– Je m'installe à 30 km en banlieue, à Grosbois.
– D'accord, nos prix varient en fonction du transport et du nombre de vos meubles et affaires personnelles. Quelle est votre surface de logement actuel ?
– J'habite un logement de 60 m², j'ai une chambre et un salon mais je n'ai pas beaucoup de meubles.
– Si vous voulez, nous allons prendre un rendez-vous pour voir le nombre exact de vos affaires et pour fixer le prix et une date de déménagement. Vous souhaiteriez déménager dans combien de temps ?
– En fait; je voudrais déménager dans deux semaines, vers le 15 avril.

– Je crois que c'est possible. Dites-moi, quand êtes-vous libre pour notre visite ?

– Je suis libre tous les soirs à partir de 18 heures.

– Bien, nous sommes aujourd'hui mercredi... Voulez-vous vendredi ?

– Entendu ! Je vous donne mon nom et mon adresse. Je suis monsieur Breton, B.R.E.T.O.N., 23 rue des fleurs. Mon numéro de portable est le 06 14 34 67 89.

– Et bien, c'est d'accord. Madame Legras, notre conseillère, passera vous voir vendredi à 18 heures pour vous proposer un devis et une date pour le déménagement.

– Merci, au revoir madame.

– Au revoir monsieur.

- -

COMPRÉHENSION ÉCRITE

1

Mme Salliou écrit à Mlle Lepage pour lui donner des informations.

2

BCHJLNO

CORRIGÉS
du
cahier d'activités

CORRIGÉS • Cahier d'activités

Fenêtre sur...
Du côté du lexique

1
1. C'est écrit en anglais. – 2. C'est écrit en vietnamien. – 3. C'est écrit en italien. – 4. C'est écrit en russe. – 5. C'est écrit en arabe. – 6. C'est écrit en chinois.

2
1. C'est un diplomate italien. – 2. C'est un diplomate allemand. – 3. C'est un diplomate chinois. – 4. C'est un diplomate espagnol.

3
1. Porte soixante-huit – 2. Porte quinze – 3. Porte quarante-trois – 4. Porte douze – 5. Porte vingt et un

4
1. cinquante-trois euros – 2. dix-huit euros – 3. vingt-cinq euros – 4. quarante-deux euros – 5. cinquante-six euros

Du côté de la grammaire

5
Mlle Patricia TRACE : canadienne – M. Franz MULLER : autrichien – M. Michal KIESLOWSKI : polonais – Mme Sofia VOLGOROF : russe – M. Mathias LORENZ : allemand – Mlle Suzy PARKER : américaine – Mme Pierrette LEGRAND : française – M. Yong QIU : chinois

6
1. C'est une compagnie allemande. – 2. C'est une compagnie américaine. – 3. C'est une compagnie japonaise. – 4. C'est une compagnie autrichienne. – 5. C'est une compagnie coréenne. – 6. C'est une compagnie espagnole. – 7. C'est une compagnie tunisienne. – 8. C'est une compagnie russe. – 9. C'est une compagnie thaïlandaise. – 10. C'est une compagnie italienne.

7
1. – Bonjour, je m'appelle Marco Ferrero, je suis italien ? Et vous, vous êtes ?
– Moi, je m'appelle Sonia Pages, je suis espagnole. Et voici mon collègue, Alberto Da Silva. Il est brésilien.
– Ah, vous êtes brésilien ! Alors, vous parlez portugais !
2. – Tu t'appelles Alicia, c'est ça ?
– Non, je m'appelle Tania. Alicia, c'est mon amie.

8
1. – Bonjour, je m'appelle Elena Gravas, je suis grecque. Et vous ?
– Moi, je suis japonaise. Je m'appelle Yoko Mitsuko.
2. – Qui est-ce ?
– C'est le pilote de l'Airbus A380. Il s'appelle Thierry Morand, il est français.
3. – Je suis américaine, et toi, tu es française ?
– Oui, je suis française.

Du côté de la communication

9
1. b – 2. c – 3. b

11
1. le professeur – 2. les étudiants – 3. les étudiants – 4. le professeur – 5. les étudiants – 6. le professeur – 7. le professeur – 8. les étudiants – 9. les étudiants – 10. le professeur ou les étudiants

Dossier 1 – Leçon 1
Du côté du lexique

1
page de gauche : mardi – mercredi ; **page de droite** : jeudi – vendredi – samedi – dimanche

2
1. mathématiques – 2. littérature – 3. architecture – 4. économie

Du côté de la grammaire

3
1. – Bonjour, **je** me présente : **je** m'appelle Mathias Lorenz, **je** suis allemand. Et **vous** ?
– **Je** m'appelle Maria, **je** suis polonaise.
– **Vous** êtes étudiante ?
– Non, **je** suis professeur.
2. – Bonjour Alice, **tu** vas bien ?
– Oui, bien, et toi ?
– Ça va.
3. – Mademoiselle **vous** parlez anglais ?
– Oui, **je** suis américaine.
4. – **Tu** t'appelles comment ?
– Amina.
– **Tu** es française ?
– Oui, et toi ?

4
1. Je suis étudiant à **l'**université de Grenoble. J'étudie **la** littérature française et **l'**anglais.
2. Je m'appelle Marco, j'étudie **les** relations internationales. J'ai mes cours **l'**après-midi, je suis libre **le** matin.
3. Je m'appelle Julien, j'étudie **les** langues. Je parle chinois, et je suis libre **l'**après-midi pour accueillir **les** nouveaux étudiants chinois.

5
1. **Mon** nom – 2. **Ma** nationalité – 3. **Mon** âge – 4. **Mes** études – 5. **Mes** jours libres – 6. **Mon** ami – 7. **Mon** professeur – 8. **Ma** salle de classe

6
1. – Tu **es** américain ?
– Non, je **suis** anglais.
– Tu **as** quel âge ?
– J'**ai** vingt ans.
– Tu **as** beaucoup de temps libre ?
– Oui, j'**ai** le mardi et le jeudi libres, alors je **suis** bénévole à l'accueil de l'université.
2. – Nous **avons** une amie super, elle **est** espagnole et elle **est** étudiante en sciences.
– Vous **n'avez pas** d'amis français ?

– Non, nous **sommes** toujours avec des amis étrangers.
3. – John et Pedro **sont** brésiliens ?
– Non, pas exactement. John **est** américain et Pedro **est** brésilien.
– Mais John **n'a pas** l'accent américain !
4. – Les professeurs **sont** bons ?
– Oui, mon professeur d'économie **est** super ! Mais nous **avons** beaucoup de travail !

7
1. Non, non, je **ne suis pas** Carlos Marquez, je m'appelle Carlos Lopez ! – 2. Non, non, elle **n'est pas** allemande, elle est suédoise ! – 3. Non, non, ils **n'ont pas** le mardi après-midi libre, ils ont le mardi matin libre ! – 4. Non, non, nous **ne sommes pas** étudiants en architecture, nous sommes étudiants en littérature ! – 5. Non, non, vous **n'avez pas** un accent français, vous avez un accent belge ! – 6. Non, non, le jeudi, tu **n'as pas** cours le matin, tu as des cours l'après-midi ! – 7. Non, non, je **n'ai pas** 20 ans, j'ai 22 ans !

Du côté de la communication

8
1. a, b – 2. a, c – 3. a, c – 4. b, c

9
1. – Bonjour, Mme Leclerc !
– Bonjour, M. Lenoir, comment allez vous ?
– Bien, merci, et vous ?
– Très bien. Bonne journée !
2. – Au revoir tout le monde, bonne soirée !
– Salut, Sophie ! Bonne soirée à toi aussi et à demain.

En situation

10
1. a – 2. c – 3. d – 4. b – 5. e – 6. f

Dossier 1 – Leçon 2
Du côté du lexique

1
1. A comme **avril**, comme **août** – 2. D comme **décembre** – 3. F comme **février** – 4. J comme **janvier**, comme **juin** , comme **juillet** – 5. M comme **mars**, comme **mai** – 6. N comme **novembre** – 7. O comme **octobre** – 8. S comme **septembre**

2
1. soixante-quinze – 2. quatre-vingt-dix – 3. quarante et un – 4. quatre-vingt-onze – 5. soixante-neuf – 6. vingt et un – 7. vingt-quatre – 8. dix-sept – 9. vingt-neuf – 10. dix-neuf.

3
1. cent vingt et un – 2. trois mille neuf cent soixante et onze

4
Nom : Bergmann
Profession : commerce international
Prénom : Alicia
Adresse : 114, av. Victor-Hugo, Vanves

Âge : 21 ans   Téléphone : 06 40 70 80 91
Nationalité : allemande
Mél : berg.al@wanadoo.fr

Du côté de la grammaire

5
1. Pour une inscription : **une** pièce d'identité, **un** passeport ou **une** carte nationale d'identité, **des** photos, **un** formulaire d'inscription.
2. À l'université : **des** étudiants, **des** professeurs, **une** salle d'informatique, **un** restaurant universitaire, **des** livres.
3. Un lieu : **un** magasin, **une** médiathèque, **un** bureau, **un** couloir, **un** escalier.
4. Des personnes : **un** employé, **un** vendeur, **une** étudiante, **un** professeur, **une** vendeuse.

6
1. quel – 2. quel – 3. quelle – 4. quelle –
5. quel – 6. quelle

Du côté de la communication

7
1. d – 2. f – 3. a – 4. b – 5. h – 6. g – 7. e – 8. c
8
c
9
1. b – 2. d – 3. e – 4. c – 5. a

Dossier 1 – Leçon 3

Du côté du lexique

1
1. le feu d'artifice du 14 juillet – la fête de la musique – le tour de France
2. la tour d'argent – le musée du Louvre
2
1. le Kenya – le Mali
2. le Mexique – le Canada – l'Argentine – la Colombie
3. le Japon – la Chine – l'Inde
4. le Portugal – l'Italie – l'Espagne – l'Autriche – l'Angleterre – la Suisse – la Suède – la Grèce
5. la Nouvelle-Zélande – l'Australie

Du côté de la grammaire

3
1. aux États-Unis/en France – 2. au Brésil –
3. en Pologne – 4. en Espagne – 5. au Maroc –
6. en Italie
4
1. – Aude Julliard, votre travail, une passion ?
– Oui, **je joue** du violon dans un grand orchestre, **j'aime** la musique classique !
2. – Marielle et Yvan, vous êtes étudiants ?
– Oui, nous **étudions** le journalisme, nous **désirons** être reporters pour la télévision.
3. – Flore Bessac, vous **adorez** l'architecture ?
– Non, non, je suis architecte !
– Oh pardon ! Et vous **habitez** à Paris ?
– Oui, **j'aime** beaucoup travailler dans la capitale !

4. Aujourd'hui, avec nous à la télévision, une femme exceptionnelle : elle est interprète, elle **habite** en France et en Afrique, elle **parle** quinze langues !
5. Les candidats ce soir de notre jeu *Les mots de la Francophonie* : ils sont professeurs de français, ils **habitent** dans six pays différents. Ils **parlent** la langue française et ils **rêvent** de venir en France !

5
Gabriela est mexicaine, elle est étudiante en journalisme. Elle a une passion : les voyages.
Young est chinois, il est informaticien. Il a 25 ans. Il a une passion : les langues.
Steve et Franck ont 30 et 32 ans. Ils sont américains. Ils sont à Paris pour 5 jours, ils ont des amis français et un numéro de téléphone à Paris. Ils sont professeurs de français.

6
1. f – 2. b – 3. c – 4. e – 5. a – 6. d
7
1. d – 2. a – 3. e – 4. c – 5. b
8
1. c – 2. b
10
1. J'ai une passion : les voyages. – 2. J'habite à Paris, mais je ne suis pas française, je suis marocaine. – 3. J'adore le chocolat ! – 4. Madame, quel est votre prénom ?
11
Bonjour,
Je m'appelle Antoine. J'ai 20 ans. J'habite à Marseille. Je suis électricien mais ma passion c'est la photographie.
Vous aimez la photographie ? Envoyez-moi un message, s'il vous plaît.
À bientôt.
Antoine

En situation

12 Proposition de corrigé
Bonjour,
Je m'appelle Félix, j'ai 22 ans. Je suis suisse et j'étudie l'informatique. Mes passions : Internet et le cinéma et je rêve de réaliser un film.
À bientôt.
Felix

Bonjour,
Je m'appelle Alexandra, je suis grecque. J'étudie les relations internationales. J'ai 27 ans, j'aime la politique et je rêve de travailler au Parlement européen.
À bientôt.
Alexandra

Bonjour,
Je m'appelle Julia, je suis canadienne. J'étudie la littérature européenne, j'ai 24 ans. J'aime la poésie et le théâtre et je rêve d'écrire un best-seller.

À bientôt.
Julia

Bonjour,
Je m'appelle Simon, je suis malien. J'étudie l'architecture et j'ai 26 ans. J'aime la musique et les voyages et je rêve de faire le tour du monde.
À bientôt.
Simon.

Dossier 2 – Leçon 1

Du côté du lexique

1

2
1. b – 2. d – 3. g – 4. h – 5. a – 6. c – 7. e – 8. f

Du côté de la grammaire

4
a) 1. un passeport – 2. un livre – 3. une maison – 4. un restaurant
b) 1. C'est le passeport de Charlotte Debreuq. –
2. C'est *Le petit prince* de Saint-Exupéry. –
3. C'est la maison de M. et Mme Durand. –
4. C'est le restaurant de Jean.

6
1. Je suis **sous** un arbre, **devant** l'église Saint-Marthurin.
2. Je suis **en face du** Musée de la marine. **Devant** la porte, il y a un groupe de touristes japonais. Les tableaux sont magnifiques **dans** ce musée.

Du côté de la communication

7
8. a – 9. b – 2. c – 3. d – 5. e – 6. f – 7. g –
4. h – 1. i
8
1. b – 2. d – 3. e – 4. a – 5. f – 6. c

En situation

9
a) annonce 1
b) se présenter – exprimer ses goûts – nommer un lieu – localiser un lieu – justifier son choix

Dossier 2 – Leçon 2

Du côté du lexique

1
1. ~~gare~~ – 2. ~~cuisine commune~~

2
1. ~~habiter~~ – 2. ~~voyager~~
3
1. pont – 2. boulevard – 3. place – 4. rue –
5. avenue
4
1. e – 2. a – 3. b – 4. c – 5. d

Du côté de la grammaire
5
1. Le petit déjeuner est inclus ?/Est-ce que le petit déjeuner est inclus ? – 2. Il y a des chambres à trois lits ?/Est-ce qu'il y a des chambres à trois lits ? – 3. Vous restez trois nuits ?/Est-ce que vous restez trois nuits ? – 4. Les WC sont à l'étage ?/Est-ce que les WC sont à l'étage ? – 5. Je peux réserver une chambre pour deux personnes ?/Est-ce que je peux réserver une chambre pour deux personnes ? – 6. Vous téléphonez pour une réservation ?/Est-ce que vous téléphonez pour une réservation ? – 7. Vous avez une adresse mél ?/Est-ce que vous avez une adresse mél ? – 8. Vous désirez une chambre avec vue sur la mer ?/ Est-ce que vous désirez une chambre avec vue sur la mer ?
6
1. Vous êtes français ? → réceptionniste – 2. Vous aimez cette ville ? → réceptionniste ou client – 3. Vous réservez maintenant ? → réceptionniste – 4. L'hôtel est dans le centre ville ? → client – 5. Vous avez votre passeport ? → réceptionniste – 6. Vous acceptez les animaux ? → client
7
1. continuez/prenez – 2. traversons/tournez – 3. continues/ prends – 4. descends

Du côté de la communication
8
À la réception : 7, 1, 4, 3 – Dans la rue : 5, 2, 6, 8

En situation
9
a. 3 – b. 2 – c. 1

Dossier 2 – Leçon 3
Du côté du lexique
1
1. timbre – 2. destinataire – 3. signature – 4. expéditeur – 5. amicalement – 6. adresse
2
1. c – 2. d – 3. a – 4. e – 5. b

Du côté de la grammaire
3
1. a. ces – b. cette – c. ce
2. a. cette/ce – b. cette – c. cette
3. a. ces – b. cette – c. cet
4
1. Il vient d'Argentine. – 2. Il vient d'Australie. – 3. Il vient du Brésil. – 4. Il vient du Chili. – 5. Il vient d'Égypte.

Du côté de la communication
5
1. **Chers** amis,

Je suis en **vacances** dans les Alpes. Il fait **froid** (– 5 °C !), la **montagne** est magnifique ! Je suis dans un petit **hôtel** sympa. J'adore cet **endroit** ! Je vous téléphone à mon **retour**.
Je vous embrasse,
Corinne
2. **Salut** les filles !
Je passe des **vacances** merveilleuses. La plage est **extraordinaire** ! Je me baigne tous les jours. Il fait **chaud** et **beau**.
À **lundi** au bureau !
Bises
Lisa
6

Chers amis,
Nous sommes en vacances en Thaïlande. C'est magnifique ! Il fait beau et chaud. Nous nous baignons chaque matin dans la mer ou la piscine de l'hôtel. Ce soir comme tous les jours, restau sur la plage. Nous adorons la cuisine thaï. On vous téléphone à notre retour. Amicalement.
Marion et Philippe

M. et Mme Pons
4, rue de l'Université
75 007 Paris

Dossier 3 – Leçon 1
Du côté du lexique
1
1. cinéma – 2. télévision – 3. peinture – 4. théâtre – 5. équitation – 6. photo – 7. voile – 8. vélo
2
1. c, d – 2. a, b, e – 3. e, f, g – 4. g – 5. f
3
Animaux à quatre pattes : un chien, un chat, un cheval, une vache, un lapin, un lion.
Animaux à deux pattes : un perroquet, un pigeon.
4
1. ~~pâtissier~~ – 2. ~~architecte~~ – 3. ~~coiffeur~~

Du côté de la grammaire
5
Mme TAIEB : pharmacienne – M. ARMAL : dentiste – Sonia MALO : coiffeuse – Mme Lopes : boulangère – Nordine et Zelma BEN JALOUN : photographes – Myriam LOÏC : réalisatrice télé
6
1. Je vais faire de la voile et de la plongée en août.
2. En janvier je vais faire du ski le week-end dans les Pyrénées.
3. Samedi, je vais faire du vélo à la campagne de 14 heures à 18 heures avec le véloclub de Tour.

Du côté de la communication
7
1. a, b – 2. a, c – 3. b, c
8
a) 1. Cette personne joue dans des films. – 2. Cette personne enseigne. – 3. Cette personne joue au foot. – 4. Cette personne explore. – 5. Cette personne chante. –

6. Cette personne fait du pain. – 7. Cette personne fait des vêtements.

En situation
9
a) 1, 2, 6, 7, 8
b) 7, 1, 8, 2, 6

Dossier 3 – Leçon 2
Du côté du lexique
1
1. ~~créatif~~ – 2. ~~bonne cuisinière~~
2
1. h – 2. d – 3. a – 4. b – 5. c – 6. g – 7. e – 8. f
3
1. … mais mon mari a horreur de la campagne. – 2. … mais moi, j'ai horreur du mien. – 3. … mais mon mari adore lire. – 4. … mais, moi j'adore l'art. – 5. … mais nous, nous avons horreur de la routine.

Du côté de la grammaire
4
a) 1. L'Allemande est calme, disciplinée et intelligente. – 2. La Suédoise est grande, blonde et sportive. – 3. La Française est indépendante et cultivée. – 4. L'Espagnole est passionnée et généreuse. – 5. L'Américaine est décontractée, expansive et dynamique. – 6. L'Italienne est romantique, aventurière et élégante.
b) 1. Les Allemandes sont calmes, disciplinées et intelligentes. – 2. Les Suédoises sont grandes, blondes et sportives. – 3. Les Françaises sont indépendantes et cultivées. – 4. Les Espagnoles sont passionnées et généreuses. – 5. Les Américaines sont décontractées, expansives et dynamiques. – 6. Les Italiennes sont romantiques, aventurières et élégantes.
5
1. moi, toi – 2. lui, elle – 3. elles, eux – 4. vous – 5. moi, toi – 6. eux, elles – 7. lui, elle

Du côté de la communication
6
1. Bonjour, Je m'appelle Tom. Je suis quelqu'un d'optimiste, de généreux, d'impatient mais je suis aussi autoritaire. J'adore le sport, la musique, la télévision, j'aime aussi la lecture et le cinéma, par contre je n'aime pas beaucoup la campagne et je déteste le théâtre et l'opéra. Je recherche une amie pour sortir avec moi.
2. Bonjour, nous sommes Mariette et Pierre. Nous sommes un couple indépendant et cultivé et aimons la cuisine gastronomique, les vins, faire de la moto et nous détestons la télévision ! Nous cherchons d'autres couples pour partager de la bonne cuisine et des voyages en moto.
8
11. a – 2. b – 7. c – 12. d – 5. e – 8. f – 3. g – 4. h – 9. I – 6. j – 10. k – 1. l

En situation
9
1. faux – 2. vrai – 3. faux – 4. vrai – 5. faux – 6. faux – 7. vrai – 8. faux

Dossier 3 – Leçon 3

Du côté du lexique

1
1. au café/au bar – **2.** au cinéma – **3.** à la discothèque/en boîte – **4.** au restaurant – **5.** au musée

Du côté de la grammaire

2
1. – Nous, **on** adore sortir en boîte ? Et **vous** ?
– Nous **on** préfère rester chez **nous** pour regarder la télé, ou bien **on** invite des gens à dîner.
2. – **Vous** ne connaissez pas le Blue Morning ? C'est une boîte géniale où **on** peut écouter du jazz toute la nuit.
– Ah ! C'est super ! **On** adore le jazz !
– Alors, **nous** pouvons aller là-bas tous ensemble samedi soir !

3
1. *Un journaliste et un couple*
– Pardon, messieurs dames, vous habitez dans ce quartier ?
– Oui, **on habite** ici depuis vingt ans.
– Vous avez un endroit préféré dans ce quartier ?
– **On préfère** le Café des sports.
– Pourquoi aimez-vous cet endroit ?
– Parce qu'**on rencontre** tous nos amis là-bas.
– Je vous remercie.
2. *Entre amis*
– Comment faites-vous pour aller dans le centre ?
– **On va** tout droit jusqu'à la poste, puis **on tourne** à gauche, **on traverse** le pont et **on prend** le boulevard Gambetta.

4
1. – Qu'est-ce que tu fais ce soir ? Tu **veux** aller au cinéma ?
– Ah non ! Ce soir, je ne **peux** pas, je **dois** dîner chez mes parents.
– Alors, demain soir ?
– D'accord, demain, je **veux** bien.
2. – J'organise une fête chez moi vendredi prochain. Vous **voulez** venir, Nicolas et toi ?
– Oui, super ! Nous **pouvons** pour la préparation si tu **veux**.
– C'est gentil, merci. Alors, vous **devez** apporter un gâteau.
3. – Pour la discothèque, demain soir, on se retrouve où et quand ?
– Vous **pouvez** venir chez moi à 9 heures et on part en boîte après ?
– Moi, je **peux** être chez toi à 9 heures, mais Antoine, lui, il ne **peut** pas. Il **doit** travailler jusqu'à 9 heures.
– Ok ! On **peut** se retrouver directement à la discothèque à 10 heures, alors ?
– D'accord, c'est bon !
4. – Les enfants vous **voulez** aller au cinéma aujourd'hui ?
– Oui, super ! On **peut** voir le dernier film de Spielberg ?
– D'accord, si vous **voulez**.
– Mais Mélanie et Loïs **doivent** venir chez

nous cet après-midi. Est-ce qu'ils **peuvent** aller au cinéma avec nous ?
– Oui, si leurs parents **veulent** bien.

5
a) Nouveau ! Le Bataclan ouvre ses portes ! **Venez** nombreux samedi ! **Téléphonez** pour réserver une table ou **envoyez** un mél. Et surtout, **faites** circuler l'information !
tél. : 04 74 15 15 00 ou www.bataclan@sortir.com
b) Le Bataclan ouvre ses portes ! **Viens** samedi ! S'il te plaît, **téléphone-moi** pour réserver ou **envoie-moi** un mél. Et surtout fais circuler l'information !

Du côté de la communication

6
1. a, c – **2.** a, c – **3.** a, c – **4.** a, c

7
– Allô ! Émeline ? Ça va ?
– Ah ! Salut, Jonathan ! Oui, ça va bien !
– Tu fais quoi ce week-end ?
– Ce week-end ? Samedi soir, je vais au théâtre, mais dimanche je suis libre. Pourquoi ?
– On peut aller à la piscine si tu veux ?
– À la piscine ? Pourquoi pas ? C'est une bonne idée !
– Le matin ou l'après-midi ?
– L'après-midi, je préfère. À 4 heures, ça va ?
– Oui, pas de problème.
– Alors, rendez-vous devant la piscine à 4 heures. Salut Jonathan !
– Salut !

En situation

8

FÊTE SAMEDI 18		Apportent
Invités		musique → Benoît
Jessica		gâteaux : Stéphanie
Benoît	✓	chaises
Stéphanie	✓	salades
Marco	✓	champagne : Blandine
Fanny	✓	et Lisa
Olivia		
Blandine	✓	
Lisa	✓	

10
Mél 1 : Salut Virginie,
Pour le dîner de samedi, peux-tu apporter une bouteille de vin ?
Merci et à samedi !
Mél 2 : Salut Florent,
Vendredi, on va voir « La guerre des mondes », tu veux aller à la séance de 18 h ou de 20 h ? On va au restau après ?
Tu me confirmes ?
À vendredi !
Mél 3 : Bonjour, Je vous confirme le déjeuner de samedi à 13 heures. Marie

Dossier 4 – Leçon 1

Du côté du lexique

1
1. se réveiller – **2.** s'habiller – **3.** se raser – **4.** se peigner – **5.** se brosser les dents – **6.** se doucher

2
1. c – **2.** b – **3.** d – **4.** a – **5.** e
3
1. à, vers – **2.** jusqu'à, jusqu'à, à – **3.** de, à
4
1. Stéphane va à la fac vers 9 heures le lundi et le jeudi matin. – **2.** Il va à l'université tous les après-midi sauf le jeudi. – **3.** Ses cours à l'université se terminent vers 17 heures. – **4.** Le lundi, il va à la piscine à 20 heures et le jeudi à 19 heures. – **5.** Le mardi et le vendredi, il fait du babby-sitting de 20 heures à 23 heures.

Du côté de la grammaire

5
■ *M. Gilles, patron du Café des sports*
« Moi je **me lève** à 6 heures, je **me douche**, je **me rase**, puis je descends dans la salle et je **me fais** un bon café ! »
■ *Mme Fabien, mère de famille*
« Mon mari et moi, nous **nous levons** vers 7 heures du matin, nous **nous préparons** tranquillement, puis c'est le tour des enfants : ils **se réveillent** vers 8 heures et, après la douche, ils **s'habillent** et prennent le petit déjeuner. »
■ *M. Lecornec, boulanger*
« Moi je **me lève** à 4 heures du matin pour faire les premiers croissants de la journée. Ma femme, elle, **se lève** à 6 heures, elle **se prépare**, puis elle descend ouvrir le magasin à 7 heures. »

6
1. te laves – **2.** vous habillez – **3.** vous maquillez – **4.** vous couchez – **5.** t'endors

7
1. Non, je me lève vers 7 heures.
2. Non, ils se couchent vers 22 heures.
3. Non, elle s'endort vers 1 heure du matin.
4. Non, je me douche le matin.
5. Non, ils se brossent les dents trois fois par jour.

Du côté de la communication

8
1. conversation courante – **2.** conversation courante – **3.** conversation courante – **4.** heure officielle – **5.** conversation courante – **6.** conversation courante – **7.** conversation courante

9
1. J'arrive à 10 heures moins le quart. – **2.** J'arrive à minuit et quart. – **3.** J'arrive à midi et demi. – **4.** J'arrive à 4 heures et demi. – **5.** J'arrive à 3 heures moins dix.
10
1. d – **2.** b – **3.** e – **4.** a – **5.** c

En situation

11
a) 1. L'homme qui témoigne fait un métier original. – **2.** Il parle d'une journée habituelle.
b) *Avant le vol :* Je me lève tous les matins vers 6 heures... avec les techniciens. – *Pendant le vol :* En général, j'ai un programme... 1 200 km/heure ! – *Après le vol :* L'après-midi, je me repose... je dois être toujours en bonne forme.

Dossier 4 – Leçon 2

Du côté du lexique

1
1. c, b, f – **2.** a, b, d, e, f – **3.** a, d

2
1. b, c, f – **2.** e – **3.** g – **4.** f, h – **5.** a, b, c, d, h – **6.** b – **7.** a

3
1. chaque après-midi/tous les après-midi – 2. le soir/tous les soirs – **3.** chaque lundi/tous les lundis – **4.** le mardi/chaque mardi – **5.** chaque mercredi/tous les mercredis – **6.** le jeudi/chaque jeudi – **7.** le week-end/tous les week-end

Du côté de la grammaire

4
Participe passé en *-é* : *laissé, appelé, allé, arrivé, resté, visité, rencontré* – Participe passé en *-i* : *sorti, dormi, parti* – Participe passé en *-is, -u,* et *-t* : *fait, lu, venu, couru, pris*

5
1. Salut ! Ce soir je **suis** allé en boîte !
Et tu **as** rencontré des gens sympa ?
Oui, deux garçons super, ils **sont** arrivés avant-hier. J'**ai** dansé avec eux toute la nuit ! Et toi ?
Bof ! J'**ai** travaillé jusqu'à 2 heures du matin...
2. Vous **êtes** partis à quelle heure ?
À 8 heures, on **a** déjeuné à Lyon, et on **est** repartis vers 14 heures.
Et vous **avez** fait bon voyage ?
Oui, très bon. On **est** arrivés ici à 16 heures sans problème.
3. Fred, tu n'**as** pas lu mon texto ?
Non désolé, je **suis** resté au lit et j'**ai** dormi jusqu'à midi.

6
a) Ce matin, j'ai préparé le petit déjeuner, j'ai fait ma toilette et j'ai emmené les enfants à l'école à 8 h 30, puis j'ai couru prendre le métro. Je suis arrivé(e) à mon travail à 9 heures. L'après-midi, la baby-sitter est allée chercher les enfants à l'école à 16 h 30 et, moi, je suis sorti(e) du bureau à 17 h 30, j'ai fait les courses en vitesse et je suis rentré(e) à la maison vers 19 heures. Quand la baby-sitter est partie, moi, j'ai commencé ma deuxième journée...
b) ... ma deuxième journée : j'ai donné un bain aux enfants, j'ai préparé le repas, puis j'ai donné à manger aux enfants. Après j'ai fait la vaisselle, rangé la cuisine et fait le ménage. J'ai repassé les vêtements des enfants en regardant la télé, puis je me suis maquillée et j'ai lu.

7
Programme d'une journée :
1. Non, elle n'est pas sortie à 10 heures mais à 11 heures. – 2. Non, ils n'ont pas pris le bus, ils sont allés au bureau en métro. – 3. Non, hier soir, nous n'avons pas regardé un film à la télé, nous avons regardé un match de foot.
Programme de vacances :
1. Non, nous ne sommes pas allés en Espagne cette année, nous sommes allés en Italie. – 2. Non, je ne suis pas partie avec mes parents, je suis partie toute seule. – 3. Non, il n'a pas pris le train, il a pris l'avion.

Du côté de la communication

9
1. a, c – **2.** a, d

10
1. f – **2.** c – **3.** h – **4.** g – **5.** j – **6.** e – **7.** b – **8.** a – **9.** d – **10.** i

Dossier 4 – Leçon 3

Du côté du lexique

1
1. f – **2.** d – **3.** a – **4.** c – **5.** h – **6.** e – **7.** i – **8.** g – **9.** b

2
1. **Noms de fête :** Saint-Sylvestre, le jour de l'an, mardi gras, réveillon, etc.
2. **Personnes :** amis, parents, copain, etc.
3. **Actions :** danser, manger, boire, jouer, etc.
4. **Choses :** champagne, vin, chocolat, etc.

Du côté de la grammaire

3
a) 1. Vous vous appelez comment ?/Comment est-ce que vous vous appelez ? – 2. Vous faites quoi dans la vie ?/Qu'est-ce que vous faites dans la vie ? – 3. Vous habitez où ?/Où est-ce que vous habitez ? – 4. Vous passez vos week-end comment ?/Comment est-ce que vous passez vos week-end ? – 5. Vous êtes optimiste ?/Est-ce que vous êtes optimiste ?
b) 1. Comment vous appelez-vous ?/Quel est votre nom ? – 2. Que faites-vous dans la vie ?/Quelle est votre profession ? – 3. Aimez-vous la musique classique ? – 4. Pourquoi riez-vous ? – 5. Quand êtes-vous libre ? – 6. Avez-vous un chat ou un chien ?

4
1. disent – **2.** dis – **3.** dit, dit – **4.** dis – **5.** disons – **6.** dis

5
1. Vous allez inviter votre famille – 2. Vous allez aller au marché. – 3. Vous allez faire des courses pour le dîner. – 4. Tu vas décorer la maison. – 5. Tu vas préparer le repas. – 6. Tu vas placer les cadeaux devant le sapin. – 7. Ils vont recevoir leurs amis. – 8. Ils vont réveillonner ensemble. – 9. Ils vont boire du champagne. – 10. Ils vont faire un bon repas. – 11. À minuit, tous les gens vont se souhaiter bonne année.

6
Il va passer chez elle, ils vont aller dîner au restaurant et boire du champagne. Après, ils vont aller danser. Ils vont rentrer, écouter de la musique et vont s'offrir un cadeau.

7
Demain, je vais me lever à 6 heures du matin. Je vais prendre le train à 8 h 15 et je vais arriver à Lyon à 10 h 05. Je vais assister à la réunion de 11 heures et je vais aller déjeuner avec mes collègues. Après le déjeuner, je vais aller visiter des ateliers jusqu'à 18 heures.

À 19 heures, je vais reprendre mon train et je vais arriver à 20 h 50. Je vais dîner vers 21 h 30, puis regarder la télé.

8
1. a, c – **2.** a, c, e – **3.** b, d, e – **4.** a, b, c, d – **5.** a, b, c

Du côté de la communication

9
1. c – **2.** d – **3.** b – **4.** e – **5.** b

En situation

10
Annonce de la fête : Ici, à Paris, ... Noël.
Ambiance : Chaque quartier... dans les rues !
Déroulement de la fête : Ce soir les gens... Bon Noël à tous, aux enfants et aux grands !

Dossier 5 – Leçon 1

Du côté du lexique

1
a) 1. la naissance – **2.** le décès – **3.** le mariage
b) 1. c – **2.** a – **3.** b

2
1. les pieds – **2.** la bouche – **3.** la main – **4.** les jambes – **5.** les mains, les bras, les yeux – **6.** les oreilles – **7.** la gorge – **8.** les yeux, les mains – **9.** les fesses – **10.** le nez

3
1. la tête – **2.** les dents – **3.** les yeux – **4.** le visage, les jambes

4
1. Moi, je m'appelle Jérôme et ma **femme** Sylvie. J'ai trois enfants : mon **fils** s'appelle Thomas et mes **filles** s'appellent Cécile et Pauline.
2. Nous sommes mariés depuis vingt-cinq ans, notre **fils** s'appelle Jérémie et notre **fille** Pascale. Nos **enfants** sont grands maintenant. Pascale et son mari Robert viennent d'avoir un bébé : notre **petite-fille** s'appelle Nathalie.
3. – Tes **parents** s'appellent comment ?
– Gilles et Pierrette.
– Et tes **sœurs** ?
– Édith et Myriam.
– Tes **grands-parents** sont morts ?
– Mon **grand-père** est mort, mais ma **grand-mère** est toujours en vie.
4. – Vos **parents** s'appellent comment ?
– Michèle et Patrick.
– Et vos **grand-parents** s'appellent comment ?
– Henri et Anne.
– Daniel, c'est bien votre **oncle** ?
– Oui, c'est le frère de ma mère.
– Nathalie, c'est votre **tante** ?
– Oui, bien sûr, c'est la femme de mon **oncle** Daniel.
– Et vous avez des **cousins** ?
– Oui, j'ai une **cousine**, Élisa.

Du côté de la grammaire

5
1. notre nouveau magasin, vos anciennes lunettes, nos clients – 2. notre arrivée, nos nouveaux voisins, vos nouveaux voisins – 3. mon anniversaire, tes CDs – 4. mon exposition, mes œuvres

6

1. son – 2. leurs – 3. leur – 4. ses – 5. sa –
6. leurs – 7. son – 8. ses

Du côté de la communication

7

1. c – 2. b – 3. a – 4. a – 5. b

8

1. d – 2. c – 3. a – 4. f – 5. e – 6. b

Dossier 5 – Leçon 2

Du côté du lexique

1

1. séparation – 2. naissance – 3. mariage –
4. divorce – 5. décès

2

1. Nicolas va se remarier.
2. Les parents de Sophie ont divorcé l'an dernier.
3. Mon frère se marie avec Élodie la semaine prochaine.
4. Le grand-père de Marie est mort hier.
5. Erwan est né à la maternité de Brest.

3

1. demi-frère – 2. demi-sœur – 3. beau-père

4

1. Guillaume vient de partir en vacances ce matin. – 2. Anaïs et Clément viennent de se marier la semaine dernière. – 3. Bastien vient de trouver un travail hier. – 4. Nous venons de choisir un prénom pour notre bébé : Miléna ! – 5. Il est 17 h 05, la banque vient de fermer. – 6. 23 décembre, ouf ! On vient de terminer les achats de Noël !

5

1. M. Duchemin vient de se marier, vient d'avoir une promotion au travail, vient de gagner le premier lot au loto et vient d'apprendre qu'il va avoir un bébé. M. et Mme Duchemin vont acheter un appartement plus grand, vont changer de voiture et vont voyager à l'étranger.
2. M. Futile vient de divorcer pour la troisième fois, vient de vendre la grande maison et vient d'emménager dans un appartement plus petit. Il va rechercher une nouvelle femme, va voyager autour du monde et va acheter une nouvelle maison.
3. Mlle Dufresne vient d'inviter un ami au bord de la mer, elle vient de rencontrer de nouveaux amis et elle vient d'avoir de bons résultats aux examens. Elle va faire une fête avec les étudiants et elle va passer un week-end à la mer avec ses nouveaux amis.

Du côté de la communication

6

La personne qui appelle : 1, 5, 6, 8, 11
La personne qui répond : 2, 3, 4, 7, 9, 10, 12

7

1. – Allô ! C'est Alex ?
– Ah non ! C'est Mathieu. Alex vient de sortir. C'est de la part de qui ?
– C'est Nadia. Est-ce que Alex va bientôt rentrer ?
– À la fin de l'après-midi, je pense. Tu veux laisser un message ?

– Oui. Dis que j'ai appelé et que je vais rappeler ce soir.
2. – Cabinet médical, bonjour !
– Bonjour, je voudrais parler au Docteur Lamartin, s'il vous plaît.
– Ah ! Je suis désolée, le Docteur Lamartin n'est pas là aujourd'hui. Vous voulez parler à un autre médecin ?
– Oui, je peux parler aussi au Dr Aubry s'il est là.
– Oui, il est là. C'est de la part de qui ?
– Madame Ledoux
– Ne quittez pas, Mme Ledoux, je vous le passe.
3. – Allô ! Elsa ?
– Pardon ? Vous appelez quel numéro ?
– Je ne suis pas au 01 45 67 08 10 ?
– Ah non, vous faites erreur ! Ici, c'est le 01 45 67 09 10.
– Ah ! Je suis désolé. Au revoir !
4. – Allô ! Bonjour, est-ce que je peux parler à Lucille ?
– Un instant s'il vous plaît !
– D'accord, j'attends.
– Elle est sous la douche, vous pouvez la rappeler dans dix minutes.
– D'accord, dans dix minutes.

8

1. la moitié des élèves – 2. dix pour cent/un dixième des élèves. – 3. un élève sur quatre/un quart des élèves – 4. trente-trois pour cent des élèves/un élève sur trois – 5. vingt pour cent/un cinquième des élèves

9

1. faux – 2. faux – 3. vrai – 4. faux – 5. vrai – 6. faux

Dossier 5 – Leçon 3

Du côté du lexique

1

1. e, i, m, q – 2. f, j, n, r – 3. c, k, s – 4. p

2

naître → la naissance – retourner → le retour – rencontrer → la rencontre – partir → le départ – s'inscrire → l'inscription

Du côté de la grammaire

3

1. est – 2. a – 3. sont – 4. est – 5. ont – 6. est – 7. est – 8. est

4

1. ils se sont rencontrés, ils se sont mariés, ils se sont séparés, ils se sont remariés – 2. on s'est connus, on s'est aimés, on ne s'est plus quittés – 3. nous nous sommes retrouvées, nous ne nous sommes pas vues, nous nous sommes regardées, nous nous sommes reconnues

5

1. Lola Alfonsi et Stefano n'ont pas rompu. – 2. Éva et Christian de France n'ont pas divorcé. – 3. Jennifer et Ben Jonhson n'ont pas passé leurs vacances ensemble. – 4. Arthur et Carine Brunelle ne se sont pas séparés pendant le tournage. – 5. Diane d'Anvers et Étienne de Gilles ne se sont pas fiancés comme prévu.

6

1. C'est un garçon très sympathique, il est grand et sportif : c'est mon joueur de tennis préféré !
2. Il est petit et timide, mais il est très intelligent, et c'est un grand scientifique.
3. C'est une femme indépendante. Elle est blonde, mince et assez grande et c'est une collègue très appréciée !
4. C'est un jeune prince et elle est célibataire.
5. Il est acteur, il est beau et c'est un homme très généreux.
6. Elle est brune et mince et c'est la sœur de ma meilleure amie.

Du côté de la communication

7

1. Elle a une allure sportive, elle a les cheveux frisés et blonds. – 2. Ce sont trois hommes. Le premier a les yeux noirs, des moustaches et les cheveux courts. Le deuxième a les cheveux noirs, des lunettes et il a l'air intelligent. Le troisième est jeune, il a les cheveux blonds. – 3. Elle est blonde, les cheveux frisés. – 4. Il est gros avec des cheveux blancs.

En situation

9

1. Zinedine Zidane
2. Laetitia Casta

10

1. Zinedine Zidane est né le 23 juin 1972 à Marseille. C'est un footballeur. Il a commencé sa carrière professionnelle à 16 ans. En 1991 il est entré dans le club des Girondins de Bordeaux, puis en 1996 il a joué pour la Juventus de Turin. En 1998, il a gagné avec l'équipe de France le Mondial de football. En 2002, son troisième enfant est né et il a décidé d'abandonner l'équipe de France après la défaite de celle-ci en Corée. En 2005, il décide de revenir en équipe de France.
2. Laetitia Casta est née le 11 mai 1978 en Normandie. Elle est d'origine corse. Elle a été mannequin, puis maintenant elle est actrice. En 1993, elle a débuté sa carrière de mannequin, elle a défilé pour les plus grands noms de la couture. En 1998, elle a fait ses débuts au cinéma dans un film avec Gérard Depardieu et, en 1999, elle a obtenu le premier rôle dans un téléfilm. En 2001 est née sa fille et Laetitia Casta continue sa carrière de comédienne. En 2004, elle a fait ses débuts au cinéma.

Dossier 6 – Leçon 1

Du côté du lexique

1

la vue, les yeux, regarder/voir – l'odorat, le nez, sentir – le goût, la bouche/la langue, sentir – l'ouïe, les oreilles, entendre/écouter – le toucher, la main/les doigts, sentir

2
1. entends – **2.** sens – **3.** regardes, regarde – **4.** vois – **5.** sens

4
1. la température – **2.** le brouillard – **3.** la pluie/ la tempête – **4.** la canicule – **5.** le vent – **6.** la neige

5
1. Il fait chaud. – **2.** Il fait froid. – **3.** Il fait moins de zéro degrés. – **4.** C'est pluvieux.

6
1. Nice, le 2 mai : Aujourd'hui la Côte d'Azur **est** sous le soleil ; le ciel est d'un bleu merveilleux, et il **fait** 26 degrés. – **2.** Rennes, le 22 août : Il ne **fait** pas très beau aujourd'hui ; le ciel **est** couvert et les nuages **sont** nombreux. – **3.** Paris, le 16 juillet : Hier, il **a fait** beau et très chaud mais aujourd'hui les orages **sont** là. Les nuages **sont** noirs et la pluie **n'est** pas loin. – **4.** Lyon, le 27 février : Hier il **a fait** très froid pour la saison mais aujourd'hui le temps **est** doux, le ciel **est** dégagé et il **fait** 11 degrés. – **5.** Marseille, le 3 août : Les températures **sont** exceptionnellement chaudes : il **fait** 41 degrés, **c'est** la canicule !

7
1. Léo est né en hiver, début janvier, le premier janvier exactement. – **2.** Louis est né au printemps, mi-mai, le quinze mai exactement. – **3.** Anne-Sophie est née en hiver, début février, le trois février exactement. – **4.** Estelle est née en été, fin juillet, le trente juillet exactement. – **5.** Laura est née au printemps, mi-avril, le seize avril exactement. – **6.** Karim est né été, fin août, le vingt-huit août exactement.

Du côté de la communication

8
1. b – **2.** a – **3.** a – **4.** b – **5.** a – **6.** b

9
Il y a des nuages./C'est nuageux. – Il fait beau./Il y a du soleil./C'est ensoleillé. – Il fait doux. – C'est couvert. – Il y a du vent. – Il fait chaud. – Il fait mauvais temps. – Le ciel est nuageux./Le ciel est couvert. – Il fait froid. – Le temps est couvert.

En situation

10
1. b – **2.** e – **3.** d – **4.** a – **5.** c

Dossier 6 – Leçon 2
Du côté du lexique

1
1. au nord-est – **2.** à l'est – **3.** au sud-est – **4.** au sud – **5.** au sud-ouest – **6.** à l'ouest – **7.** au nord-ouest – **8.** au nord

2
1. dans le nord de – **2.** au centre de – **3.** entre – **4.** sur, dans, à 300 kilomètres de – **5.** près de – **6.** dans, au sud-ouest de

3
1. tropical – **2.** vert – **3.** beau – **4.** grand
a. nouveau – **b.** ancien – **c.** petit – **d.** bruyant

4
1. la plongée – **2.** le surf – **3.** la voile – **4.** la randonnée – **5.** l'équitation – **6.** le ski nautique – **7.** le kayac – **8.** la natation

Du côté de la grammaire

5
1. b – **2.** b – **3.** a – **4.** c – **5.** b – **6.** a

6
1. On y va pour voir un film. Au cinéma. – **2.** On y admire des œuvres d'art. Au musée. – **3.** On y va pour prendre le train. À la gare. – **4.** On y entre pour acheter des médicaments. À la pharmacie. – **5.** On y va pour apprendre. À l'école. – **6.** On y va pour voir un match de football. Au stade. – **7.** On y séjourne quand on est très malade. À l'hôpital. – **8.** On y va pour faire du ski. À la montagne.

7
Cher…,
J'habite dans cette petite/grande/belle maison, ma chambre est au premier étage. De ma fenêtre, j'ai une belle vue sur une petite/grande plage.
Je passe des vacances magnifiques !/de belles vacances !
Bisous
PS : J'ai pris de belles photos !/des photos magnifiques !

Du côté de la communication

8
Cette île se trouve dans l'océan Atlantique. – Ce pays est à des centaines de kilomètres de la France. – Cette ville est au centre de l'Europe. – Cette ville est à l'ouest de la France. – Ce pays est près de la France. – Cette ville est située près de l'océan Atlantique.

9
1. a, b, e – **2.** c, e, f

En situation

10
n° 4 – n° 3 – n° 5 – n° 2 – n° 7 – n° 6 – n° 1

Dossier 6 – Leçon 3
Du côté du lexique

1
1. à l'extérieur – **2.** à l'intérieur – **3.** à l'intérieur – **4.** les deux sont possibles – **5.** les deux sont possibles – **6.** les deux sont possibles – **7.** à l'extérieur

2
1. c – **2.** e – **3.** a, b, c – **4.** d – **5.** a – **6.** f

Du côté de la grammaire

3
a) Nous **irons** – Vous y **découvrirez** – Cette visite **permettra** – Les enfants **auront**
b) Troisième jour : l'après-midi. Nous **partirons** ensuite en direction du Centre canadien d'Architecture : le CCA vous **permettra** de découvrir l'architecture. Sur place, vous **admirerez** ses expositions, vous **resterez** un long moment dans la librairie et vous vous **promènerez** dans le magnifique jardin de sculptures. Les amateurs d'architecture ancienne **visiteront** avec plaisir la maison Shaughnessy construite en 1874 et superbement restaurée.

4
1. Vous êtes en train de prendre une photo. – **2.** Elle est en train d'écrire. – **3.** Je suis en train de faire du vélo. – **4.** Il est en train de dormir. – **5.** Nous sommes en train de dîner/ déjeuner. – **6.** Tu es en train d'acheter un billet de train.

5
Chère Émilie,
Quel bonheur Montréal l'été ! Il y a plein d'animations et de festivals. Avec Pierre, **nous faisons** beaucoup de vélo et de roller (ici **les gens appellent** ça les « patins à roues alignées » !).
Les gens sont très sympathiques. **Les gens se parlent** facilement, le contact est simple et direct. **Nous avons passé** une soirée inoubliable avec les Montréalais hier, et **quelqu'un nous a proposé** de passer le week-end à Québec !
J'ai pris beaucoup de photos et je suis en train de faire un album. **Nous le regarderons** à mon retour ?
Bises
Marie

Du côté de la communication

6
– Allô ! Office de la promotion du tourisme à Bruxelles à votre service !
– Oui, bonjour, monsieur, je voudrais avoir des informations sur le programme culturel de Bruxelles au mois de mai prochain.
– Alors, pour la musique, vous pouvez assister au concours de Musique Internationale Reine Élisabeth ou au jazz marathon.
– Et il y a des expositions de peinture ou de sculpture ?
– Oui, vous pouvez aller au palais du Heysel qui accueille 140 galeries d'art contemporain ou à Saint Gilles où il y a les portes ouvertes d'ateliers d'artistes.
– Ah ! Très bien. Est-ce que vous avez aussi quelque chose avec le cinéma au mois de mai ?
– Non, je suis désolée.
– Bien, merci ! Dernière question : mon fils adore le sport. Est-ce qu'il y a des manifestations sportives prévues à cette époque ?
– Oui, il y a le vingt kilomètres de Bruxelles, c'est une course à pied.
– Je vous remercie beaucoup ! Au revoir !

7
b) Le centre belge de la BD. Deux musées : le musée de l'imaginaire (histoire de la BD en Belgique jusqu'en 1950) et le musée de la BD contemporaine. Il y a une salle de lecture avec plus de 24 000 titres en dix langues. – l'atelier de E.P. Jacobs – une exposition sur l'Art nouveau

Dossier 7 – Leçon 1

Du côté du lexique

1
1. ~~le riz~~ – 2. ~~le comté~~ – 3. ~~les pâtes~~ – 4. ~~le pain~~

2
Entrée : salade de pommes de terre
Plat principal : gratin de courgettes – poulet à l'estragon
Fromage : camembert
Dessert : tarte aux cerises

3
1. du vinaigre, du beurre, des œufs, un citron, du persil, du poisson, de la viande, des pommes de terre, une échalote
2. des artichauts, un citron, des champignons, des petits pois, une carotte

4
a) une salade de riz, un gâteau de riz, une salade de tomates, une purée de tomates, des haricots à la crème, une salade de fraises, un gâteau aux fraises, une tarte aux fraises, un rôti de bœuf aux pommes de terre, une glace à la vanille, un lapin à la crème, un rôti de veau avec des haricots, un gâteau au chocolat, une crêpe au chocolat, une salade avec du comté, une tarte aux cerises
b) un gâteau de veau, un lapin aux cerises, un bœuf à la vanille, etc.

5
1. – Vous prenez **du** poulet ?
– Ah oui ! j'adore **le** poulet.
2. – Vous désirez **un** fruit ?
– Non, je ne mange pas **de** fruit après le fromage.
3. – Vous prenez **des** légumes?
– Non, je prends **du** riz
4. – Qu'est-ce que tu choisis en entrée : **de la** salade ou **de la** terrine de lapin ?
5. – Tu n'aimes pas **les** poireaux, tu détestes **le** chou, mais qu'est-ce que tu aimes ?
– J'aime bien **les** navets.
6. – Tu manges **de la** viande ?
– Oui, mais **de la** viande blanche uniquement : **du** poulet ou **de la** dinde.

Du côté de la communication

6
1. d – 2. b – 3. h – 4. a – 5. g – 6. c – 7. f – 8. e

7 Proposition de corrigé
a) Il mange tout le temps des sandwichs avec beaucoup de sauce et de mayonnaise. Il prend pour son petit déjeuner des gâteaux, des œufs, des pâtes. Le midi, il prend de la charcuterie et des frites. Le soir, il mange du cassoulet ou de la choucroute.
b) Maintenant, il ne mange plus entre les repas. Le matin, il prend des céréales, le midi des légumes vapeurs avec une viande blanche et le soir une salade composée et des fruits.

8 Proposition de corrigé
1. un bébé : de six à huit biberons par jour – 2. un chat : des croquettes à volonté – 3. un sportif : des protéines – 4. un chien : des croquettes matin et soir – 5. un mannequin :

des légumes – 6. un lapin : de l'herbe – 7. un végétarien : aucun produit provenant d'un animal – 8. une vache : de l'herbe

En situation

9
a) Le titre signifie que les adolescents se nourrissent mal, que leur régime alimentaire est déséquilibré et que, si une note devait leur être attribuée (comme à l'école), elle serait en dessous de la moyenne.
b) Proposition de corrigé
Un petit déjeuné inapproprié – Un déjeuner déséquilibré – Le rôle des parents

Dossier 7 – Leçon 2

Du côté du lexique

1
un short uni/en coton/noir/à fleurs… – **un pull** uni/en coton/en soie/à manches longues/noir/à col roulé… – **une jupe** unie/en cuir/en coton/en soie/noire/courte/à fleurs /longue… – **un pantalon** uni/en cuir/en coton/en soie/noir/à fleurs… – **un manteau** en cuir/noir/court/à fleurs/long… – **des chaussures** unies/à talons plats/en cuir/noires… – **un tee-shirt** uni/en coton/en soie/noir/à fleurs… – **un sac** uni/en cuir/noir… – **une veste** unie/en cuir/en coton/en soie/à manches longues/noire/courte/longue/à fleurs… – **des lunettes** noires – **une robe** unie/en cuir/en coton/en soie/à manches longues/noire/courte/à fleurs/longue… – **une écharpe** unie/en coton/en soie/noire/à fleurs…

2
1. maillot de bain – short – sandales – tee-shirt – etc.
2. pull en laine – bonnet – écharpe – gants – etc.
3. costume – robe de soirée – chaussures à talons – etc.

3
a) 1. ~~des chaussettes en laine~~ – 2. ~~un top sans manches~~
b) une robe en soie – une jupe en coton – un top sans manches – des collants en laine.

Du côté de la grammaire

4
1. **a.** les, les – **b.** les – **c.** les ; 2. **a.** le – **b.** le – **c.** le, l' ; 3. **a.** l' – **b.** l' – **c.** l' ; 4. **a.** la – **b.** l' – **c.** la

Du côté de la communication

5 Proposition de corrigé
1. Elle a l'air d'une petite princesse avec son chapeau et sa fleur. Je la trouve ridicule. –
2. Elle a l'air stricte avec son tailleur et sa coupe de cheveux. Je la trouve classique.

6 Proposition de corrigé
Mon amie se trouve trop grosse : Il faut que tu portes du noir, cela amincit et n'hésite pas à mettre des vêtements moins larges !
Évite de mettre aussi des carreaux ou des

vêtements avec des lignes horizontales, cela grossit.
Mon amie se trouve trop maigre : Tu peux porter des vêtements plus larges. N'hésite pas non plus à mettre des couleurs vives !

Dossier 7 – Leçon 3

Du côté du lexique

1
1. a, b, d, h – 2. k, l – 3. f – 4. c, e, g, i, j
2 Proposition de corrigé
1. f, b – 2. d, k – 3. g, r – 4. g, o – 5. i, c – 6. g, r – 7. a, c, d, j, m – 8. a, b, c, f, h, j, p – 9. a, c, d, e, j, l, n, q – 10. c, e, g, o, q

Du côté de la grammaire

3
1. On envoie une carte postale à sa famille pendant les vacances. – 2. Je fais un cadeau à mon père pour sa fête. – 3. Je dis « Je t'aime » à mon compagnon. – 4. On offre surtout des jouets aux enfants. – 5. La police demande à Victor ses papiers. – 6. On parle lentement à nos amis étrangers parce qu'ils ne comprennent pas bien notre langue.

4
a) 1. C'est une personne **que** vous consultez quand vous êtes malade et **qui** vous prescrit des médicaments. → le médecin – 2. C'est une personne **qui** s'occupe des fleurs et des plantes. → le fleuriste/le jardinier – 3. C'est une personne **qui** peut gagner beaucoup d'argent et **qu'**on peut voir au cinéma. → un comédien – 4. C'est une personne **qui** travaille à la radio, à la télé ou pour un journal et **qui** nous informe sur l'actualité. → un journaliste

5
a) 1. C'est un objet que j'utilise pour me laver les dents et qui est indispensable. → une brosse à dents – 2. C'est un objet qui est très pratique pour se coiffer et que l'on peut mettre dans son sac facilement. → un peigne – 3. C'est un objet que j'utilise après ma douche et qui est en coton. → une serviette/un peignoir – 4. C'est un objet en métal et qui permet de cuire les aliments. → une casserole – 5. C'est un objet qui sert à boire du café et du thé et il est souvent en porcelaine. → une tasse

Du côté de la communication

6
1. b – 2. a – 3. f – 4. d – 5. c – 6. e
7
a) 1. Il sert à écrire. – 2. On l'utilise pour ouvrir une porte. – 3. Il permet de conserver les aliments périssables. – 4. On l'utilise pour se rendre à un endroit sans prendre les transports en commun. – 5. Elle sert à ranger ses affaires lorsqu'on part en voyage. – 6. On l'utilise le matin pour nous réveiller. – 7. Il permet de filmer quelque chose.

Dossier 8 – Leçon 1

Du côté du lexique

1

– Bonjour, monsieur.
– Bonjour, madame. Je voudrais **commander** le livre *Nouveaux Contes de Noël*.
– Qui est l'**auteur** ?
– Je ne sais pas.
– Vous connaissez le nom de la maison d'**édition** ?
– C'est publié chez Hachette, je crois.
– Bien, je prends votre **commande**, le livre sera **disponible** dans une semaine.
– Vous pouvez me dire quel est le **prix** du livre ?
– 15,90 €, la **réduction** de 5 % est incluse.

2

1. chez le marchand de légumes – 2. à la pharmacie, chez le pharmacien – 3. à la boucherie, chez le boucher – 4. chez le fleuriste – 5. à l'épicerie, chez l'épicier – 6. à la boulangerie, chez le boulanger – 7. à la poissonnerie, chez le poissonnier

3

1. ~~des carottes~~ – 2. ~~du poulet~~ – 3. ~~du cabillaud~~

4

1. un litre/une bouteille d'huile – 2. un paquet de bonbons – 3. un kilo/500 grammes de beurre – 4. une tranche de jambon – 5. un morceau/un kilo/500 grammes de fromage – 6. une botte de radis – 7. un tube/pot de mayonnaise – 8. un pot de moutarde – 9. un paquet de biscuits

Du côté de la grammaire

5

Pour six personnes, il faut 50 grammes de beurre, mais pour douze personnes il en faut 100.
Pour six personnes, il faut deux œufs, mais pour douze personnes, il en faut quatre.
Pour six personnes, il faut 15 centilitres de crème fraîche, mais pour douze personnes il en faut 30.
Pour six personnes, il faut 12 abricots, mais pour douze personnes, il en faut 24.
Pour six personnes, il faut une cuillère à soupe de sucre vanillé, mais pour douze personnes il en faut deux.
Pour six personnes, il faut 75 grammes de sucre, mais pour douze personnes il en faut 150.

6

1. – Ah non ! Désolé, il ne m'en reste plus. – 2. – Allez, je vous en donne trois kilos pour le prix de deux. – 3. – Oui bien sûr, on en a de différentes marques. – 4. – Je regrette, madame, je n'en ai plus dans cette pointure. – 5. – Oui, il y en a un, mais je ne sais pas où il est ! – 6. – Oui, j'en ai un, mais je ne sais pas où il est. – 7. – Non, je regrette, nous n'en avons pas en ce moment. – 8. – J'en voudrais une dizaine. – 9. – Il y en a trente, en moyenne. – 10. – Oui, ils en ont une toute neuve.

Du côté de la communication

7

1. b – 2. a, b, c – 3. a, b

8

Le vendeur : Vous désirez ?
La cliente : Je voudrais des pommes, s'il vous plaît.
Le vendeur : Combien en voulez-vous ?
La cliente : J'en prends un kilo.
Le vendeur : Et avec ça ?
La cliente : Donnez-moi un melon bien mûr, s'il vous plaît.
Le vendeur : Désolé, je n'en ai plus du tout.
La cliente : Bon, alors je prendrai trois pamplemousses.
Le vendeur : Vous désirez autre chose ?
La cliente : Oui, donnez-moi aussi un kilo de tomates.
Le vendeur : Ce sera tout ?
La cliente : Oui, je vous dois combien ?
Le vendeur : Ça fait 9,10 €.

Dossier 8 – Leçon 2

Du côté du lexique

1

Sorties : pièce de théâtre, concert, spectacle de danse, cirque, opéra, spectacle d'humour...

2

1. cirque – 2. pièce de théâtre – 3. cinéma/film – 4. concert de musique – 5. humour – 6. concert de musique classique

3

a) 1. – Oh ! T'es pas **sympa**, tu sais que j'ai du **boulot** ! – 2. – Bof, pas **terrible** ! – 3. – Trois heures de spectacle ! Je suis **crevé**, je rentre me coucher ! – 4. – Plutôt quelque chose de **marrant**, je n'ai pas envie de pleurer !
b) 1. – Oh ! T'es pas **gentil**, tu sais que j'ai du **travail** ! – 2. – Bof, pas **très bien** ! – 3. – Trois heures de spectacle ! Je suis **fatigué**, je rentre me coucher ! – 4.– Plutôt quelque chose d'**amusant**, je n'ai pas envie de pleurer !

Du côté de la grammaire

4

1. Je n'ai vu que deux films dans l'année. – 2. Tu n'as réservé que pour deux personnes ! – 3. Vous n'avez assisté qu'à un seul festival ! – 4. Nous n'aimons que la musique techno. – 5. Ils ne sont allés qu'une seule fois à l'Opéra. – 6. Elle n'aime que les comédies.

5 Proposition de corrigé

Elle n'a que 100 grammes de farine. Elle n'a plus de parmesan. Il ne reste que 75 grammes de beurre. Elle n'a qu'un œuf. Elle n'a plus de lait.

Du côté de la communication

6

Elle : Regarde le journal, qu'est-ce qu'on donne en ce moment au Théâtre des Nouveautés ?
Lui : **On donne** *Hold-up*.

Elle : Ah, c'est peut-être pas mal ! C'est avec qui ?
Lui : **Avec Jacques Balutin et Darry Cowl.** Tu les connais ?
Elle : Oh oui, ils sont **drôles** !
Lui : Alors on peut y aller dimanche prochain !
Elle : **D'accord.** Mais c'est à quelle heure exactement ?
Lui : **Il y a une représentation à 15 h 30.**
Elle : D'accord, je téléphone tout de suite pour réserver.

En situation

7

1. Bien. Fort en maths – 2. Oui, il en reste 1. Faible en maths – 3. Non, il ne reste rien. Faible en maths

Dossier 8 – Leçon 3

Du côté du lexique

1

1. Bravo ! La cuisine est **délicieuse** et le personnel très **chaleureux** ! – 2. Non, je ne reviendrai plus ici ! L'ambiance est **désagréable** et la cuisine **sans originalité**. – 3. Félicitations pour vos menus à **petits** prix ! La cuisine est très **copieuse**, c'est bien pour les gros appétits. – 4. Bravo pour votre restaurant qui ne ressemble pas aux autres ! Le décor est **génial**, les plats très **variés** : tout le monde peut choisir selon ses goûts. – 5. Votre **nouvelle** carte est formidable, mais je trouve la décoration de la salle un peu **banale**. Dommage !

2

Venez vite découvrir ce petit **restaurant** au cœur de Lyon. La **salle** est belle et l'**ambiance** y est très sympathique. Côté **cuisine**, trois menus avec **entrée**, plat et **dessert** à 15, 20 et 30 €, service compris.
Ouvert toute la semaine.
Fermé le dimanche **soir**.
Réservation conseillée.

Du côté de la grammaire

3

À découvrir
Ce **petit** restaurant de quartier vient de changer : il a un **nouveau** propriétaire. Le chef vous propose une cuisine **variée** à **petits** prix. Vous apprécierez aussi le décor **simple** mais de bon goût, et les vins de **grande** qualité.
Félicitations pour cette **belle** réussite.

4

1. Une recette **facile**, **simple** pour débutants – 2. Un plat **délicieux**, **savoureux** – 3. Une **grande** cuisine. Une cuisine **copieuse**, **variée**, **géniale**

Du côté de la communication

5

Le serveur : 1, 3, 6, 7 – **Le client :** 2, 4, 5, 8

6

1. a – 2. b – 3. b – 4. a

En situation

7

1. faux – **2.** faux – **3.** vrai – **4.** vrai

Dossier 9 – Leçon 1

Du côté du lexique

1

La vie en ville : stress, pollution, béton, métro, bruit, files d'attente, immeubles, distractions, embouteillages, vie culturelle.

La vie à la campagne : verdure, nature, jardinage, promenades, village, calme, espace, bon air, maison individuelles.

Du côté de la grammaire

2

Quand j'**étais** petit, peu de gens **avaient** une voiture : en général, on **partait** en vacances en train. Nous, nous **passions** juillet et août au même endroit parce que nos grands-parents **avaient** une petite maison au bord de la mer et nous **allions** chez eux chaque année. Le premier juillet, papa nous **accompagnait** à la gare et nous prenions le train avec maman et mon frère pour la Bretagne. C'**était** une époque merveilleuse.

3

Le journaliste : Clara, où est-ce que vous **habitiez** quand vous **étiez** petite ?

Clara : Je **vivais** à Strasbourg avec mes parents et ma petite sœur.

Le journaliste : Vous **étiez** une enfant facile ?

Clara : Pas du tout ! au contraire, j'**étais** très agitée et très indisciplinée ; mes parents **avaient** beaucoup de mal avec moi et puis, avec ma sœur, on **criait** tout le temps. Il y **avait** une ambiance explosive à la maison !

Le journaliste : Quelles **étaient** vos activités préférées ?

Clara : Moi, je **faisais** du foot avec les garçons et ma sœur, elle **jouait** avec sa poupée. Nous **avions** des caractères vraiment différents !

Le journaliste : Et physiquement, comment **étiez**-vous ?

Clara : J'**étais** mince, assez petite et j'**avais** les cheveux blonds et longs, une vraie petite fille modèle !

Le journaliste : Et qu'est-ce que vous **vouliez** faire plus tard comme métier ?

Clara : Je **voulais** devenir chauffeur de camion ou garagiste !

4

L'alimentation : À présent, nous avons une alimentation de **meilleure** qualité que dans les années 1950 : nous mangeons **moins de** produits gras, **moins de** sucre, mais **plus de** légumes et **plus de** fruits. Grâce au réfrigérateur, tout est **mieux** conservé !

Les conditions de travail : Aujourd'hui, nous sommes **mieux** payés, nous travaillons **moins** d'heures dans la semaine et nous avons **plus de** loisirs : nos conditions de vie sont vraiment **meilleures** !

La famille : Il y a **moins de** famille classique, mais **plus de** familles recomposées, **moins de** mariages, mais **plus de** divorces. Les adolescents sont **plus** indépendants et **plus** indisciplinés qu'avant. De leur côté, les parents sont **moins** sévères et **moins** exigeants. Enfin, les grands-parents paraissent **plus** jeunes et sont **plus** dynamiques qu'il y a trente ans.

Du côté de la communication

5

Dialogue 1

– Tu te souviens de ce film, un classique américain avec Clark Gable ?

– Quel film ?

– Oh, l'histoire se passait en Virginie au siècle dernier, pendant la guerre entre les Sudistes et les Nordistes...

– Ah oui ! Ce film avec Vivian Leigh, cette belle actrice qui portait des robes longues superbes.

– Oui, avec Clark Gable et Vivian Leigh... le titre du film est assez long...

– Ah oui, *Autant en emporte le vent* !

– Ah oui, c'est ça !

Dialogue 2

– Je cherche le nom de ce petit village sympa où on allait souvent quand on faisait du camping en Bretagne...

– Ploumarec, peut-être ?

– Non, à côté, tu sais il y avait une petite place au centre du village...

– Là où on allait acheter le pain et la viande ?

– Oui, exactement, et le nom du village commençait par Gui...

– Guilvinec ?

– Guilvinec, bien sûr !

En situation

6

1. faux – **2.** vrai – **3.** faux – **4.** vrai

Dossier 9 – Leçon 2

Du côté du lexique

1

Horizontalement **: a.** table, lit – **b.** chaise

Verticalement **: 1.** télévision – **3.** bureau – **7.** fauteuil – **10.** canapé

2

1. la salle de bains – **2.** le jardin – **3.** la cuisine – **4.** la salle à manger – **5.** les toilettes – **6.** la buanderie – **7.** la chambre – **8.** le bureau

Du côté de la grammaire

3

1. depuis – **2.** il y a – **3.** depuis – **4.** depuis – **5.** il y a – **6.** il y a

4

depuis plusieurs années – **il y a** une semaine – **il y a** deux jours

5

1. Avant, j'**adorais** le mobilier ancien mais, un jour, j'en **ai eu** assez et j'**ai décidé** de tout changer. À présent, j'**ai** des meubles ultra-modernes ! – **2.** Maintenant je **travaille** chez moi tout **va** bien, mais l'année dernière, je **devais** faire 100 Km par jour pour aller au bureau. J'**étais** épuisée ! Heureusement, on m'**a proposé** ce travail à domicile et cela **a changé** ma vie ! – **3.** Il y a deux ans encore, nous **habitions** à Paris et notre fils **était** toujours malade à cause de la pollution. Quand mon mari **a obtenu** un poste en province, nous **avons quitté** la région parisienne. À présent nous **sommes** installés près de Grenoble, et on **respire** l'air pur ! – **4.** Depuis mon divorce, je **vis** seule, mais mon fils m'**a offert** un petit chien et ma vie s'**est transformée** : grâce à lui, je ne **suis** plus déprimée.

Du côté de la communication

6

a) 1. la situation avant : f, h, c – **2.** les actions/événements qui sont à l'origine du changement : g, b, e – **3.** la situation actuelle : a, d

b) **En 2003**, je ne me sentais pas bien. Je fumais deux paquets par jour et je n'arrivais pas à arrêter. **Mais un jour**, je suis allé voir le docteur Morand. Il m'a indiqué une nouvelle méthode pour arrêter. J'ai essayé et j'ai réussi. **Maintenant,** je n'ai plus envie de fumer. Et je suis heureux !

Dossier 9 – Leçon 3

Du côté du lexique

1

Madame,

En réponse à votre demande d'appartement à **louer**, je peux vous proposer un **trois pièces** dans un **quartier** ancien qui se trouve dans un **immeuble** très calme.

Le **loyer** est de 700 €, **charges** comprises. L'**appartement** est situé au quatrième **étage** avec **ascenseur**. Il a été **refait** à neuf, et comprend une **cuisine** équipée et une belle **salle de bains**. Il y a un **chauffage** électrique.

Si vous êtes intéressée, téléphonez-moi et vous pourrez le visiter.

Avec mes salutations distinguées.

Vincent Garbet

Directeur de l'agence Immo-centre

2

1. Mais, on ne voit rien ! L'appartement est sombre. – **2.** Quel silence ! L'appartement est calme. – **3.** Mais tout est à refaire ! L'appartement est en mauvais état. – **4.** Même avec les fenêtres fermées, on ne s'entend pas ! L'appartement est bruyant. – **5.** Il y a tout : chaises, lits, tables, rangements ! L'appartement est meublé. – **6.** Il n'y a vraiment pas beaucoup de place ! L'appartement est petit. – **7.** Quelle lumière ! L'appartement est clair. – **8.** Quelle bonne surprise ! Je croyais que l'appartement était à refaire ! L'appartement est rénové.

Du côté de la grammaire

3

1. Moi, je **l'**interroge par téléphone, sur ses goûts musicaux et ses habitudes de ménage. – 2. Moi, si j'ai trois candidats, je **leur** donne rendez-vous en même temps. – 3. Nous, nous **lui** proposons de passer quelques jours dans l'appartement. – 4. Moi, je **lui** fais remplir un questionnaire. – 5. Nous, on **l'**observe bien et on **le** laisse parler. – 6. Moi, je **lui** pose des questions sur ses qualités et ses défauts. – 7. Quand on hésite entre deux candidats, on **les** invite à prendre l'apéritif avec nous.

4

1. J'ai une amie française, elle s'appelle Charlotte. Je **la** connais depuis longtemps. Je **lui** téléphone souvent et je **lui** écris une ou deux fois par an. Quand je vais en France, je **la** vois avec plaisir, je **lui** donne rendez-vous dans un café ou je **l'**invite au restaurant.
2. Cher Diego,
Je suis aux États-Unis depuis deux mois. J'habite chez des amis de mes parents, M. et Mme Douglas. Ils **m'**ont proposé de vivre avec eux, et je **leur** rends quelques petits services en échange. Ils sont très gentils, je **les** adore ! Mes parents **les** connaissent bien et ils vont **les** accueillir dans notre maison de Normandie pendant les prochaines vacances. Je te **les** présenterai à cette occasion.
Je **t'**embrasse.
Marion

Du côté de la communication

5

– Allô ! Bonjour, une amie m'a donné votre numéro de téléphone. Je sais que vous recherchez une colocataire, et je suis intéressée. L'appartement se trouve bien dans Lyon ?
– Oui, il est situé dans le premier arrondissement.
– Quel loyer demandez-vous ?
– 450 €, charges comprises.
– Il se trouve à quel étage ?
– Au quatrième, sans ascenseur.
– Bien, je peux venir le visiter ?
– Oui, mais j'ai une question à vous poser : êtes-vous fumeuse ?
– Non, j'ai arrêté, il y a cinq ans.
– Très bien ! Alors vous pouvez venir demain après-midi si vous voulez.

Horizons

Du côté du lexique

1

1. Il est interdit de courir autour des bassins. – 2. Défense de manger dans la piscine. – 3. Les caleçons de bain sont interdits, seuls les maillots sont autorisés. – 4. Les animaux ne sont pas admis, ni à l'accueil ni autour des bassins. – 5. Pataugeoire : interdite aux enfants de plus de sept ans. – 6. Défense de marcher autour des bassins avec des chaussures. – 7. Les enfants de moins de dix ans sont admis dans la piscine s'ils sont accompagnés par un adulte. – 8. Il est recommandé de porter un bonnet de bain, pour des raisons d'hygiène. – 9. Les toboggans sont interdits aux enfants de moins de quatre ans.

Du côté de la grammaire

2

1. Vous ne devez pas utiliser votre téléphone portable./Interdiction d'utiliser son téléphone portable. – 2. On n'a pas le droit de consulter des documents./Défense de consulter des documents. – 3. Il ne faut pas parler à son voisin./Il est interdit de parler à son voisin. – 4. Vous ne devez pas écrire sur les tables./Interdiction d'écrire sur les tables. – 5. Vous ne pouvez pas sortir de la salle sans autorisation./Il est interdit de sortir de la salle sans autorisation. – 6. Il ne faut pas rendre sa copie en retard./Il est interdit de rendre sa copie en retard.

3

Il faut vous reposer./Reposez-vous. – Il faut bien dormir./Dormez bien. – Il faut faire un peu de sport./Faites un peu de sport. – Il faut aller au cinéma./Allez au cinéma. – Il faut vous coucher tôt./Couchez-vous tôt. – Évitez de trop manger./Ne mangez pas trop./Il ne faut pas trop manger. – Évitez de boire de l'alcool./Évitez l'alcool./Ne buvez pas d'alcool./Il ne faut pas boire d'alcool. – Il faut avoir confiance en vous./Ayez confiance en vous.

Du côté de la communication

4

1. au cinéma/sur une affiche de film – 2. dans un livre/sur un CD – 3. au bord d'un lac/d'une rivière – 4. sur une porte – 5. dans un bus – 6. sur un mur

5

1. f – 2. g – 3. b – 4. e – 5. a – 6. c – 7. d

6

1. – Le lapin aux olives est bon ?
– Oui, mais il n'y en a plus. Vous pouvez prendre le poulet aux aromates, c'est très bon aussi.
2. – Je n'aime que le vin rouge.
– Alors, prenez ce bordeaux, vous allez aimer.
3. – Je ne peux pas manger n'importe quoi, je suis au régime.
– Alors évitez les gâteaux.
4. – J'ai beaucoup de travail et je dors mal en ce moment.
– Évitez de travailler le soir avant de dormir.
5. – Je peux recommencer à faire du sport ?
– Non, il ne faut pas faire de sport avant la guérison complète.
6. – J'ai pris trois kilos en une semaine !
– Il faut faire du sport et changer votre façon de manger.
7. – Cet exercice est difficile, je n'arrive pas à le faire.
– Alors, demande à ton voisin de t'expliquer.
8. – Je ne comprends pas ce mot.
– Vous pouvez le deviner.
9. – Pouvez-vous répéter, s'il vous plaît ?
– Oui, mais il faut bien écouter.

En situation

7

1. C'est un bon conseil, mais cela m'empêche parfois d'écouter le professeur. – 2. C'est un mauvais conseil car je ne travaille plus ma compréhension orale. – 3. C'est un bon conseil, c'est important de demander des explications. – 4. C'est un bon conseil, je peux m'aider du contexte. – 5. C'est un mauvais conseil, j'apprends aussi de mes erreurs. – 6. C'est un bon conseil, je dois avant tout comprendre le sens général. – 7. C'est un mauvais conseil, il y a des temps que je dois identifier mais que je n'utilise pas. – 8. C'est un mauvais conseil si je lui parle en français ! – 9. C'est un mauvais conseil, je ne suis pas en traduction ! – 10. C'est un bon conseil, ainsi je mettrai en place de nouvelles stratégies d'apprentissage.

Imprimé en Italie par Rotolito Lombarda
Dépôt légal : 12/2010 - Collection n° 05
Édition n° 05 - 15/5422/9